课程思政"三金"优秀教学设计案例

（第五辑）

张启鸿　王　伟 ◎ 主编

北京电子科技职业学院 ◎ 编

首都经济贸易大学出版社
Capital University of Economics and Business Press
· 北京 ·

图书在版编目（CIP）数据

课程思政"三金"优秀教学设计案例. 第五辑 / 张启鸿，王伟主编. -- 北京：首都经济贸易大学出版社，2024. 10. -- ISBN 978-7-5638-3730-4

Ⅰ．G711

中国国家版本馆 CIP 数据核字第 202433S0N7 号

课程思政"三金"优秀教学设计案例（第五辑）
张启鸿　王　伟　主编
北京电子科技职业学院　编

责任编辑		晓　地
封面设计		砚祥志远・激光照排　TEL：010-65976003
出版发行		首都经济贸易大学出版社
地　　址		北京市朝阳区红庙（邮编 100026）
电　　话		（010）65976483　65065761　65071505（传真）
网　　址		http://www.sjmcb.com
E- mail		publish@cueb.edu.cn
经　　销		全国新华书店
照　　排		北京砚祥志远激光照排技术有限公司
印　　刷		北京九州迅驰传媒文化有限公司
成品尺寸		170 毫米×240 毫米　1/16
字　　数		471 千字
印　　张		26.25
版　　次		2024 年 10 月第 1 版　2024 年 10 月第 1 次印刷
书　　号		ISBN 978-7-5638-3730-4
定　　价		79.00 元

图书印装若有质量问题，本社负责调换
版权所有　侵权必究

参 编 人 员

主　编：张启鸿　　王　伟
参　编：葛英慧　　林梦圆　　张燕宁　　赵　凯　　姜　斌
　　　　杨　屏　　岳泓宇　　薛宏娇　　耿慧慧　　董　鹏
　　　　吕　航　　王　莹　　刘　萍　　王晓杰　　李景玉
　　　　张泰忠　　曲华杰　　赫铁龙　　李欢欢　　赵　畅
　　　　张宏武　　张　峻　　柏　超　　唐芸莉　　尹传芳
　　　　刘玉娟　　张　娜　　景妮琴　　张　迪　　常　乐
　　　　李　玮　　廖　华　　程雪梅　　彭丽媛　　李倚天
　　　　郑明月　　孔　辉　　马　骏　　左文燕　　王　睿
　　　　张丽荣　　刘　颖　　王　尚　　崔笑宇　　李金义
　　　　曲鸣飞　　张　鑫　　李舜尧　　刘士忠　　张静静
　　　　张　强　　管小清　　王彦侠　　陈开宇　　魏俊琰

前　　言

为深入学习贯彻党的二十大精神和习近平新时代中国特色社会主义思想，坚持和加强党对职业教育工作的全面领导，全面贯彻落实习近平总书记在全国高校思想政治工作会议上的讲话精神，要用好课堂教学这个主渠道，各类课程都要与思想政治理论课同向同行，形成协同效应。高校的育人方向是德字当头，怎样全面做好立德树人工作是每位人民教师应该思考的问题，尤其是教师在授课的过程中怎样把思政元素融入课堂，既可以活跃课堂气氛、增强教学的趣味性，又达到育人的目的，需要我们深入思考。每一门学科、每一节课都蕴含丰富的思想政治教育素材。课程思政不是一门课，而是一种教育理念，就是把思想政治教育元素和思想政治教育功能融入课堂教学各环节，打通全员育人的"最后一公里"，巧妙地进行价值引领与知识传授的融通，实现立德树人润物无声，是一种"接地气"的思想政治教育形式。

北京电子科技职业学院作为全国职业教育先进单位，国家高职示范校，国家高等职业教育综合改革试验区建设单位，全国首批百所现代学徒制试点院校之一，同时荣膺教育部全国职业院校"实习管理 50 强、教学管理 50 强、学生管理 50 强"三项 50 强的全国 7 所高职院校之一，特别是又于 2019 年成功进入教育部中国特色高水平高职学校和专业建设计划项目（"双高"）全国 A 类院校前十行列，长期以来始终坚持以党建为引领，以立德树人为根本，以教育教学为中心，走内涵发展的办学路线。进入新时代，学校党委认真贯彻落实习近平总书记关于教育的重要论述和关于职业教育的重要指示精神，坚持把立德树人作为根本任务，遵循职业教育发展规律，围绕高职人才培养模式，持续推动课程思政改革，让所有教师、所有课程都承担好育人责任，整体构建了党委统一领导、党政齐抓共管、相关部门联动的课程思政建设工作格局。学校结合不同课程的特点，深入挖掘各类课程所蕴含的思政教育资源，将思政元素有机融入专业课程教学，推动"课程教学"向"课程思政"转化、"专业教育"向"专业育人"转化。自2019年起，系统开展了"金扣子""金种子""金点子"课程思政"三金"教学案例评选活动，参加教师400多名，共收集案例890余件，涉及300多门课程，实现了学校专业全覆盖，其中食品微生物检测技术、动力电池及其管理系统两门课程入选教育部课程思政示范项目。

学校各教学单位是教育教学的主阵地，承担着培养人才的主要任务，各单位应结合专业和学科特点，考虑学生不同成长阶段的接受能力，围绕高校课程思政总体部署，出台相应的制度和举措，把课程思政建设落细、落小、落实，引导教师实现观念与行动的双重转变。为了持续提高我校课程思政质量和水平，常态化推进课程思政建设，学校把"三金"评选活动中的优秀课程思政案例汇集成册，使各专业课程与思想政治理论课程同向同行，形成协同效应，实现"知识传授"和"价值引领"的有机统一，对提高教师课程思政育人能力、促进学校课程思政教育体系建设具有积极意义。同时，也为各高职院校课程思政建设工作提供参考、借鉴。

张启鸿　王　伟

2024年3月于北京

目　　录

上篇　"金点子"课程思政优秀教学设计案例

工程力学：低碳钢拉伸应力-应变图 ……………………………………… 3
跨境电子商务运营：海外客户分级 ……………………………………… 10
工厂电器安装与调试：工业液压泵站供电及控制 ……………………… 15
飞机机械系统：飞机氧气系统检测与维护 ……………………………… 19
飞机电气电子系统：交流电源系统——冷舱启动 ……………………… 24
动植物检验检疫技术：检疫性有害生物及风险分析 …………………… 35
电子商务精准运营：店铺活动与促销 …………………………………… 41
经济学概论：国内生产总值与国民收入衡量 …………………………… 49
机械基础：平面连杆机构的特性 ………………………………………… 56

中篇　"金扣子"课程思政优秀教学设计案例

大学物理：光的偏振 ……………………………………………………… 65
网络与综合布线系统工程：网络跳线的制作（RJ45）………………… 71
大数据基础：使用流程控制实现中国空间站轨道参数查询系统 ……… 78
路由与交换技术：链路聚合技术 ………………………………………… 89
食品贮藏与保鲜技术：果蔬辐照保鲜 …………………………………… 96
城市轨道交通概论：认识城市轨道交通车辆 ………………………… 105
自动在线监测设备与运营：费斯托水处理平台基本认识 …………… 112
城市轨道交通信号系统应用与维护：信号机故障检测与处理 ……… 120
跨境电子商务运营：跨境电商与海外市场调研 ……………………… 128
食品快速检测技术：农药残留快速检测 ……………………………… 135
创意思维：以"北京印象"主题设计为例 …………………………… 142
移动通信全网建设：5G站点机房设备部署与线缆连接 ……………… 147
书籍设计：校园联盟百人豆本创作 …………………………………… 159

功能性食品开发：提高机体免疫力类功能性食品开发 …………… 170
数据分析与机器学习算法应用：基于朴素贝叶斯的书法字书体
风格识别 ……………………………………………………… 177
人工智能应用：语音控制无人机 …………………………………… 187
工程制图：螺纹紧固件及其连接 …………………………………… 197
短视频剪辑与特效：优秀国产电影中的声音艺术 ………………… 205
汽车制造工艺：车身面漆后处理 …………………………………… 212
新能源汽车维护与保养：新能源汽车前序断电操作 ……………… 217
语文3：长征胜利万岁 ………………………………………………… 225
项目特效设计："非遗"文创产品设计与制作 …………………… 238
飞机结构与机械系统1：飞行控制传动系统 ……………………… 249
Web前端设计：花丝镶嵌首页界面布局制作 ……………………… 257
语文：小说《荷花淀》 ……………………………………………… 269
电机与电气控制技术：正反转控制电路——按钮控制自动
伸缩门的开关 ………………………………………………… 277
复合材料与密封防腐：认识航空工程材料 ………………………… 287
数据分析与机器学习算法应用：使用KNN算法进行汽车品牌推荐 … 293
单片机技术应用1：定时器/计数器原理与应用 …………………… 303
大学英语1：Unit 4 First Aid ……………………………………… 309
航空专业英语：Hydraulic Systems ………………………………… 315
大学英语1：Small act，BIG HELP！ ……………………………… 321
大学物理：机械波 …………………………………………………… 329
智慧能源管理：建筑用能分类及计算 ……………………………… 335

下篇 "金种子"课程思政优秀教学设计案例

模拟经营——财务分析：企业模拟经营经典案例 ………………… 343
水污染处理技术：厌氧生物处理法 ………………………………… 360
历史1：诸侯纷争与变法运动 ……………………………………… 369
保税物流："一带一路" …………………………………………… 374
文史概论：书愤 ……………………………………………………… 380
游戏概念设计：游戏自然场景元素树的设计 ……………………… 388
电力电子技术：初识电力电子技术 ………………………………… 398
大学英语2：Unit 6 Setting Smart Goals ………………………… 404

上篇

"金点子"课程思政优秀教学设计案例

工程力学：低碳钢拉伸应力-应变图

教师信息：王尚　职称：副教授　学历：博士
研究方向：工程力学、有限元仿真
授课专业：汽车制造技术
课程类别：理实一体化课程
课程性质：专业群技术基础课

第一部分　设计思路

一、本次设计的课程思政目标

职业院校的学生由于年龄小、经验少，对理论知识和专业技能的理解不够深入，在学习上缺乏持之以恒、精益求精的品质。针对这一问题，本次课程紧密围绕"低碳钢拉伸应力-应变图"这一知识点，设计了金点子案例，旨在让学生切实体会到持之以恒、精益求精对学习的重要性。

本次课程设计侧重于方法论层面，具体包括过程论与辩证思维两部分。

过程论的主要思政目标是：

（1）让学生站在更高的角度，更为全面、系统地看待学习过程与学习问题。特别是，在遇到学习瓶颈时如何调整心态？更为深入地理解：好成绩需要持续性的努力和不断的反思。

（2）让学生能够通过课堂案例做到举一反三，在其他学科学习、生活和今后的工作中，能更加系统全面地分析问题，掌握过程论思维和事物发展规律。

辩证思维的主要思政目标是：

（1）让学生认识到片面分析问题的弊端。

（2）让学生懂得从正反两个角度辩证分析问题，懂得马克思主义哲学中的矛盾论。

二、课程思政教学设计内容

1. 课前：课程思政引入

在上次课结束时，布置本次课程的课前作业。让学生通过网络查询、图书馆图书查阅等途径，初步了解"祝融号"（见图1）探测器、石油工人王进喜（见图2）。

图1 "祝融号"探测器　　图2 石油工人王进喜

2. 课中：课程思政贯穿授课过程

教学环节1：结合盾构机研发历程的介绍，向学生灌输习近平总书记提及的"卡脖子技术"必须靠我们中国人自己解决的爱国意识。

教学过渡A：通过介绍盾构机的工作原理，向学生阐述盾构机研发过程的本质——力学问题的分析与高质量合金的研发过程，进一步过渡到本节课的教学内容——低碳钢拉伸应力-应变图。

教学环节2：通过系统讲解低碳钢拉伸应力-应变图对应的四个阶段，引入知识的学习过程的四个阶段。通过四个阶段的逐一对比，强调学习过程中勇于拼搏、持之以恒的重要性。

教学过渡B：结合低碳钢拉伸应力-应变图展示的材料学属性，提出问题：是否弹性模量越大，材料就越好？

教学环节3：通过对不同材料的弹性模量的分析，阐述根据不同工业场景选择、研发合适材料的重要性。结合该案例，向学生介绍马克思主义辩证观，强调观察问题要从对立统一的角度出发。

3. 课末：课程思政总结反思

通过本节课的学习，引起学生对两个问题的深度思考：其一，如何才能把专业知识学扎实？遇到了困惑如何应对？其二，如何用所学知识更加科学地解决实际问题，即如何将书本知识与实践问题联系起来？

在学生思考上述问题的同时，教师要讲述我校汽车工程学院 ST 赛车车队面临的种种问题和不断拼搏克服万难的经历，并以多年来取得的重大荣誉为激励点，让学生懂得"不经历风雨如何见彩虹"的拼搏精神，并注重培养自己专业知识的应用能力。

第二部分　案例描述

低碳钢拉伸应力-应变图

【思政导入】

要求学生以"祝融号"探测器为案例，反思机械装备和力学知识是如何改变世界的，激发学生对专业技术和前沿科学的兴趣，以及学好专业知识的责任感与荣誉感。要求学生结合石油工人王进喜的事迹，反思勇于拼搏、持之以恒的工匠精神是否重要，激发学生对工匠精神的重视，以及学好专业知识的责任感与荣誉感。

【思政贯穿】

教学环节1。

通过国产盾构机（见图3）的生产，向学生简要介绍大国重器——盾构机的研发历程。

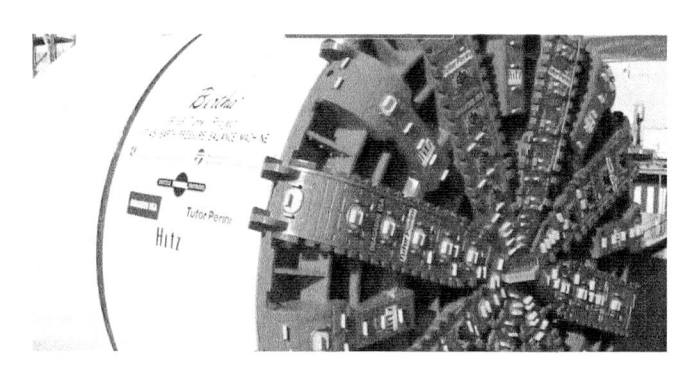

图 3　盾构机

设计 2 个提问环节。

提问1：早期国外的盾构机为什么能够卖 7 亿元的天价？

是因为我们落后，是因为国外的技术壁垒。

提问2：我们出口一个儿童玩具赚取1.5美元，要出口多少儿童玩具才能换来一台盾构机？

我们只有攻坚克难、自主研发，解决技术问题，攻克技术壁垒，才能不依赖进口并赚取出口外汇。一代人有一代人的使命，我们这代人就要不断地攻克各类技术壁垒。

此外，教师应以盾构机为切入点，告知学生目前中国制造在世界制造行业中的地位，使学生初步了解中国制造业近几十年来所取得的成果。还要让学生了解：中国是全世界唯一拥有全部工业门类的国家，中国制造业已经进入世界大国之列。

思政点融入：一方面，增强学生的民族自豪感、自信心、爱国主义情怀，为中国制造贡献力量，为实现中国梦努力奋斗。另一方面，通过中美经济贸易摩擦、技术封锁等背景介绍，向学生灌输习近平总书记提及的"卡脖子技术"必须靠我们中国人自己解决的爱国意识，鼓励学生把爱国精神转化为将来为国奉献的实际行动。

教学环节2。

结合上述教学内容，引入问题：盾构机是一个非常复杂的机械装置，内部有很多的轴承、齿轮。盾构机的研发，本质上是工程中的力学问题分析和解决。进一步地，引入本节课的具体案例，即低碳钢拉伸应力-应变图。首先，结合图4与图5，向学生进行提问：在拉力作用下，低碳钢到底呈现出什么样的变形规律？大致分为几个阶段？低碳钢能够承受的最大应力是多少？盾构机的刀片与普通低碳钢相比，在应力-应变上具有哪些突出特征？

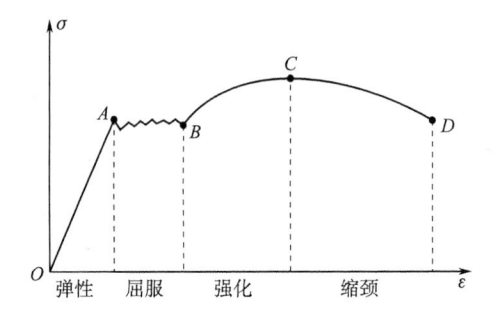

图4　万能力学实验机　　　图5　低碳钢拉伸应力-应变

结合学生的讨论，通过图5应力-应变关系的分析，指导学生充分理解低碳钢在外力作用下的变形规律。需要重点掌握的专业知识是：

在拉伸实验的初始阶段，低碳钢的应力和应变关系呈线性，这一阶段被称为弹性阶段。当应力增加到一定值时，低碳钢进入屈服阶段，应力-应变关系不再呈线性。这个阶段是材料发生塑性变形的开始。在屈服阶段之后，应力的增加会使低碳钢发生更大的塑性变形，这个阶段被称为强化阶段。在强化阶段，低碳钢的塑性变形逐渐增加，但应力增长速度减缓。在缩颈阶段，低碳钢已经"举手投降"了。在这个阶段，试样产生更大的应变，反而需要较小的应力。低碳钢的拉伸应力-应变反映了材料的弹性和塑性性质，这些性质对于理解和预测材料在受力时的行为非常重要。通过对某试样拉伸应力-应变的分析，可以评估其材料的可塑性、韧性和强度等力学性能。

思政点融入：通过低碳钢的拉伸实验，教师要对照低碳钢拉伸应力-应变图，引导学生树立正确的学习观。如图 5 所示，低碳钢拉伸实验可以分为四个截然不同的阶段（弹性阶段、屈服阶段、强化阶段与缩颈阶段）。这一规律特征与知识的学习过程（见图 6）相对应，也与马克思主义哲学中提到的过程论相吻合。

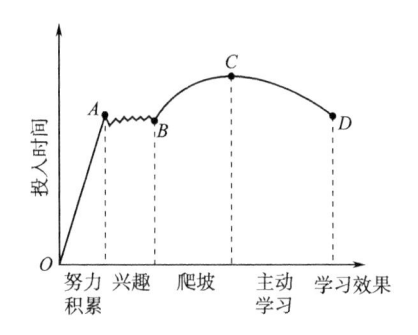

图 6 学习过程论示意图

如图 6 所示，学习的第一个阶段是"努力积累"。该阶段就像低碳钢在小应变时表现出的弹性变形一样。在这个阶段，你付出的时间越多，学习效果越好。这一阶段与中国传统文化提及的"书山有路勤为径，学海无涯苦作舟"等思想相吻合。在这一阶段，教师需要引导学生在平时学习中多积累，将更多的时间投入到学习上，获取更好的学习效果。学习的第二个阶段是"兴趣"阶段。当你学习量积累到一定的程度时，自然会掌握科目学习规律，激发你的学习兴趣，让你的学习更加出彩。这一阶段与中国传统文化中提及的"读书破万卷，下笔如有神""腹有诗书气自华"等思想相吻合。这个阶段就像低碳钢在屈服点后表现出的塑性流动，材料可以在较大范围内自由变形。在这一阶段，教师需要引导学生养成学习的好习惯，让他们在学习中保持好奇心和求知欲，以便更好地掌握学科知识。学习的第三个阶段是"爬坡"阶段。任何学习都会遇到瓶颈期，学习者的学习热情可能会随着知识的深度而减退，出现学习疲态。这就像拉伸实验的强化阶段，材料的变形需要更大的应力。这时，学生需要知难而上，付出更多耐心，才能达到"强度极限"。在这一阶段，教师需要引导学生攻坚克难，只有不断地克服困难，才能更好地掌握学科知识。学习的第四个阶段是"主动学习"阶段。学习者最终克服重重困难，实现从被动学习到主动学习的转变。这就像缩颈阶段，材料达到"强度极限"后可以在很小应力下自发变形。学生将知识体系完全彻底学通学透后，会形成较强的自主学习能力和习惯，达到最佳的学习状态。因此，在这一阶段，教师需要引导学生养成主动学习的好习惯，让他们在学习中不断探索和总结，从而更好地掌握学科知识。

综上所述，通过低碳钢的拉伸实验，教师可以引导学生正确认识学习的过程论。教师需要让学生努力积累、培养兴趣，懂得攻坚克难，并养成主动学习的好习惯。只有这样，学生才能更好地掌握理论知识和专业技能，为未来的事业发展打下坚实的基础。

教学环节 3。

在讲授完上述内容后，教师布置思考题。借助这些思考题的讨论，让学生更深入地理解辩证法的重要性。

具体实施：教师给出一些不同材料的弹性模量数据，并让学生观察这些数据。已有数据表明：陶瓷材料的弹性模量是 300～390 GPa，而低碳钢的弹性模量是 210 GPa。进一步地，教师给出思考题：是否弹性模量越大，材料就越好？

教师借助低碳钢拉伸应力-应变图，引导学生理解不同材料的弹性模量与其性能之间的关系。例如，高弹性模量的材料具有较高的刚度和较低的变形能力，而低弹性模量的材料则具有较低的刚度和较高的变形能力。教师进一步指导学生认识到弹性模量并非越大越好。过大的弹性模量的问题是：可能导致材料的脆性增加，即在使用时容易损坏。因此，在选择材料时，需要根据应用场景权衡弹性模量与其他性能指标的关系。某些应用场景下需要选择高弹性模量的材料，如高精度零件或结构件；而在其他应用场景下则需要选择低弹性模量的材料，如缓冲材料或密封材料。

思政点融入：借助弹性模量是否越大越好的讨论，教师向学生介绍马克思主义辩证法，并强调观察问题、分析问题要从对立统一的角度出发。弹性模量的大小与材料的好坏是对立统一的，需要在具体场景中进行综合考虑。教师让学生以小组形式进行讨论，举例说明在现实生活中是否存在一些因为过于追求某个性能指标而导致其他性能指标下降的情况。引导学生回顾所学知识，结合实际生活举例说明。例如，汽车外壳为了追求轻量化，采用大量的高强度钢，导致成本增加但是重量并未明显减轻。又如，手机设计为了追求薄厚度和美感，采用脆性大的陶瓷背板，导致易碎且维修成本高。这样，学生在讨论中不仅巩固了专业知识，还拓展了自己的视野，能更加系统、全面地看待问题，对辩证思维有了进一步的理解。

【总结反思】

教育的首要目标是培养人，其次是培养人才。在教育过程中，我们应该注重培养学生的爱国主义、集体主义精神，帮助他们树立正确的思想观念，成为有理想、有道德、有文化、有纪律的新一代人才。为了实现这一目标，教师需要结合教学内容，注重思想品德教育，将课程与育人相结合，发挥协同效应，落实立德树人根本任务。只有这样，我们才能为社会培养更多德智体美劳全面发展的人才，为中国特色社会主义事业培养合格的建设者和可靠的接班人。

跨境电子商务运营：海外客户分级

教师信息：崔笑宇　　**职称**：讲师　　**学历**：硕士
研究方向：电子商务运营
授课专业：电子商务
课程类别：理实一体化课程
课程性质：职业技术技能课

第一部分　设计思路

一、本次设计的课程思政目标

对教学内容蕴含的思政元素进行挖掘，找到2个"金点子"——系统思维和辩证思维。通过对海外客户分级的方法、模型、指标的讲解，结合"根据跨境电商店铺数据进行用户分级"的实践任务，将"树立全局视角，增强系统思维，秉承动态原则，把握结构变化"确定为本次课的核心思政目标，引导学生在树立开放包容的全局观和大局观的同时，尊重事物发展的动态性、系统性规律，树立良好的职业素养。

二、课程思政教学设计内容

1. 课前：课程思政引入

课前教师布置调研任务，组织学生以小组为单位，调研客户分级的主要方法和指标。通过调研使学生提前了解课程内容，激发学习兴趣。同时使学生认识到客户分级方法的多样性，需要根据实际情况，实事求是地选择合适的具体方法和指标。

2. 课中：课程思政贯穿授课过程

本次课以"系统思维"为引领，以树立全局观念，把握事物发展的系统性、结构性和动态性为课程思政主线，在教学过程中加强学生对马克思主义辩证思维方法的认识。以亚马逊平台为教学载体，以任务驱动、小组合作、自主探究等方法，引导学生在为跨境店铺进行客户分级的过程中，认识到事物发展的系统性、结构性和动态性，从而增强系统思维和辩证思维能力。

3. 课末：课程思政总结反思

课程思政是落实立德树人根本任务的关键途径，能够增强青年主流意识形态认同，凝聚"价值最大公约数"，画出"理想信念同心圆"。课后以"根据客户分级结果设计分类运营策略"任务检验课程思政成效及课堂教学成果，引发学生课后反思升华，帮助学生树立并增强系统思维和辩证思维能力。

图1展示了本节课的教学策略。

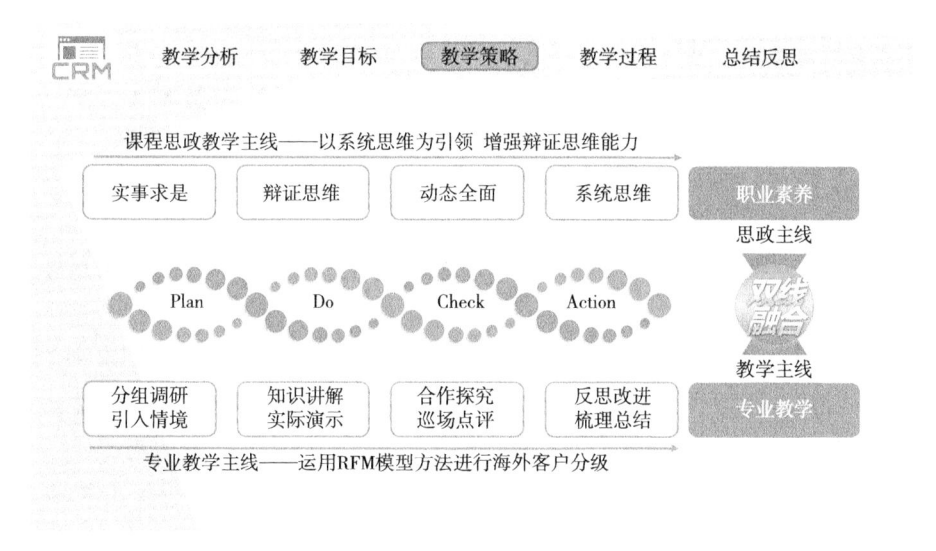

图1 课程思政教学主线和专业教学主线

第二部分 案例描述

运用 RFM 模型进行海外客户分级

一、创设情境、课前探索

课前，教师在学习通平台上传客户分级管理微课学习资源，发布课前调研任务，明确亚马逊店铺 BPI Life 目前所遇到的客户管理难题，创设情境。要求学生以小组为单位，分析任务情境，自主搜集调研客户分级的主要方法和主要指标。同时对调研结果进行梳理总结，制作汇报文档。通过调研任务使学生提前了解课程内容，同时使学生认识到客户分级方法的多样性，激发学生学习兴趣。

二、展示汇报、知识导入

课上，教师根据课前查阅学生调研情况，选取优秀小组进行展示、汇报，教师进行点评、总结，同时引出客户分级管理的概念及方法。通过教师引导，使学生认识到面对客户分级方法的多样性，要根据实际情况，实事求是地选择合适的具体客户分级方法和指标，树立一切从实际出发、实事求是的价值观。结合目前亚马逊店铺 BPI Life 的客户情况，最终选择 RFM 模型方法进行客户分级。

三、聚焦重点：RFM 指标的获取和运用

教师通过讲解展示 RFM 模型具体指标的含义以及在亚马逊卖家后台获取的途径，组织小组运用亚马逊虚拟仿真系统获取相关客户指标数据。学生以小组合作的方式探究亚马逊后台客户指标数据获取途径并分析数值水平，进行课堂练习。小组合作探究过程中，教师下场巡视，及时点评纠正学生。通过点评和反思，纠正学生思维误区，增强独立思考能力。邀请优秀小组上台分享展示 RFM 指标获取和运用的过程，结合教师引导，帮助学生认识到客户分级不能片面地依据某个指标，而是从多个角度、不同维度进行系统性分析。帮助学生树立全局视角，增强系统思维。

四、解决难点：客户分级实践

教师通过知识讲解、实际演示、提问启发等方式，向学生展示如何根据客户 RFM 指标分数，运用 K-Means 聚类分析方法解决对海外客户群体进行层级划分这一教学难点。组织各小组根据亚马逊虚拟仿真平台的客户指标数据，合作探究 K-Means 客户分级操作实践，教师下场巡视，及时点评纠正学生操作实践。通过 K-Means 聚类分析方法对海外客户群体进行分级，帮助学生认识到，对于分级中各项指标都处于较低水平的客户，我们仍需要从全局出发，认识到事物发展的长期性和动态性，明确长尾市场的重要地位，秉承动态原则，关注和把握系统结构变化。

五、验收点评、反思改进

通过对运用 RFM 模型进行海外客户分级教学内容的讲授、演示、练习、纠正，学生已经充分理解和掌握了跨境店铺客户指标的获取和运用、客户分级方法的知识和技巧。在课程后半段，要求各小组针对亚马逊店铺 BPI Life 目前经营情况提交店铺海外客户分级结果报告，教师针对报告进行点评，各小组听取教师点评意见，进行复盘总结和完善改进，从而帮助学生梳理回顾课程内容，加深印象，巩固所学知识。

六、课后拓展

教师布置课后作业，发布"根据客户分级结果设计分类运营策略"任务，要求学生根据亚马逊店铺 BPI Life 海外客户分级结果，进行跨境电商分类运营策略设计，检验课程思政成效及课堂教学成果。通过课后拓展任务，引发学生课后反思升华，帮助学生树立并增强辩证思维和系统思维能力。图 2 展示了本节课的教学过程。

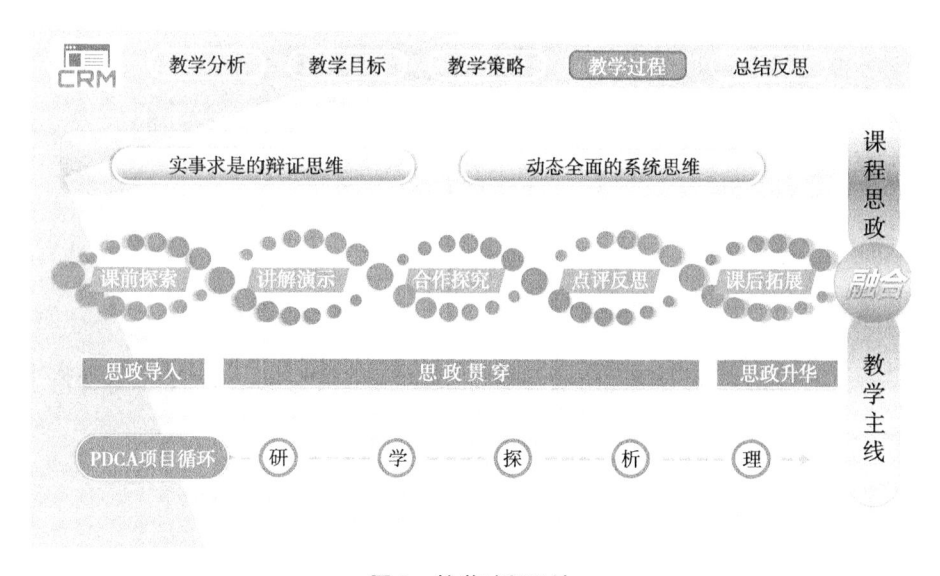

图 2 教学过程设计

【总结反思】

本次课程通过对海外客户分级任务的拆解，分为量化指标获取和客户分类两个知识阶段，分别侧重理论和实践部分，由易到难，逐层递进，符合学生的认知规律。知识讲解配合教师演示、小组合作探究、教师巡场点评、阶段性反思复盘,实现了 PDCA 的项目循环。在对专业知识的深度挖掘、技能传授的同时,需要教师及时升华主题,使学生通过动手实践,深入领会马克思主义世界观的内涵,实现课程思政和专业知识的双线融合,落实"树立全局视角,增强系统思维,秉承动态原则,把握结构变化"课程思政目标(见图3)。

图3 总结反思

工厂电器安装与调试：
工业液压泵站供电及控制

教师信息：李金义　**职称**：副教授　**学历**：本科
研究方向：机械电子工程
授课专业：汽车制造与试验技术
课程类别：理实一体化课程
课程性质：专业群技术基础课

第一部分　设计思路

一、本次设计的课程思政目标

本次课程思政教学设计案例选取优秀毕业生田赫的事迹，通过与"工业液压泵站供电及控制"教学内容的有机融合，侧重于培养学生解决问题的方法论，加强学生对马克思主义辩证思维方法的认识，注重学生创新能力、劳模精神、劳动精神和工匠精神的培养与提升，教育引导奔驰班学生在前行道路上既怀抱梦想又脚踏实地，既敢想敢为又善作善成，立志做有理想、敢担当、能吃苦、肯奋斗的新时代好青年。

二、课程思政教学设计内容

1. 课前：课程思政引入

本次课程创设情境：因企业产品改型升级，需要对原有产品线设备进行升级改造，加工设备增加液压夹具。项目组接到任务：对设备的"工业液压泵站供电及控制"进行设计。本次教学课程思政设计：用毕业生田赫参与 GLK 生产线提速项目的事迹引导青年做有理想、敢担当、能吃苦、肯奋斗的新时代好青年。

（1）课程思政设计。本次课程的重点是过载保护原理及选用电器元件。

课程思政设计：田赫参与 GLK 生产线提速项目，首先克服困难学习新的电器元件，了解元器件的原理、功能等，能够选用元器件应用于改造项目。大部分元器件都是新产品，缺少应用案例，他牺牲大量的个人休息时间进行学习，最终掌握了元器件特性和性能，取得了成功。通过此思政案例，引导学生"能吃苦、肯奋斗"，让学生通过多媒体课件学习"过载""热继电器"等知识，分析控制电路，在实训台搭建过载保护电路。

（2）课程难点课程思政设计。本次课程难点是设计过载保护电路。学生缺乏实际工作经验，对于电路设计更是不知所措。

课程思政设计：田赫在 GLK 生产线提速项目中，与同事一起梳理当前存在的影响产线提速的问题，对梳理的问题进行分析，找出其中的主要问题，根据问题设计解决方案，选型电器设备，设计搭建控制电路。课程通过设计案例，引导学生发现问题、分析问题、解决问题的工作思路和方法。通过案例学习，学生掌握电路设计方法及步骤，完成过载保护电路设计。

2. 课中：课程思政贯穿授课过程

思政目标：企业遇到"急难愁盼"问题时，青年学生挺身而出主动作为，引导学生做有理想、敢担当、能吃苦、肯奋斗的新时代好青年。

3. 课末：围绕目标，检测效果

"榜样匠心润心志，知行合一育匠才"课程思政教学设计案例自然融入课堂教学，达到了预设的思政目标，发挥了较好的育人效果。

第二部分　案例描述

工业液压泵站供电及控制

【思政导入】

习近平总书记在党的二十大报告中指出："当代中国青年生逢其时，施展才干的舞台无比广阔，实现梦想的前景无比光明。"在北京奔驰生产一线，奔驰班优秀毕业生田赫以"我的舞台，自己主宰"为企业提质增效贡献出自己的一份力量，成为北京奔驰历史上最年轻的高级技师，以实际行动诠释着"执着专注、精益求精、一丝不苟、追求卓越"的工匠精神，践行了"施展才干的舞台无比广阔，实现梦想的前景无比光明"的青春寄语。

【思政贯穿】

本次课程创设情境：因企业产品改型升级，需要对原有产线设备进行升级改造，加工设备增加液压夹具，项目组接到任务：对设备的"工业液压泵站供电及控制"进行设计。本次教学课程思政设计：用毕业生田赫参与 GLK 生产线提速项目的事迹引导青年做有理想、敢担当、能吃苦、肯奋斗的新时代好青年。

思政点融入：企业遇到"急难愁盼"问题时，青年学生挺身而出主动作为，引导学生做有理想、敢担当、能吃苦、肯奋斗的新时代好青年。思政教学内容及教学方法设计。

（1）复习：如何实现电动机连续运转控制。此部分采用提问的教学方式。

（2）引入：因企业产品改型升级，需要对原有产线设备进行升级改造，加工设备增加液压夹具。项目组接到任务：对设备的"工业液压泵站供电及控制"进行设计。视频演示（学习通视频资源），田赫事迹，引导学生：有理想，学习榜样，励志成为榜样一样的人物。

（3）任务布置：设计工业液压泵站供电及控制电路。下发任务单，视频演示（学习通视频资源），田赫参与"GLK 生产线提速项目"，引导学生：肯担当，敢于承担重任。

（4）问题提出：上节课学习了电动机连续控制电路，是否可以应用于液压泵电机控制？视频演示（学习通视频资源），观看过载引发安全事故的视频，引导学生培养安全生产意识。

（5）问题解决：

- 过载；
- 热继电器原理及应用；
- 过载电路分析与搭建；

视频演示（学习通视频资源），田赫在项目中克服困难，学习新设备、新工艺。引导学生：能吃苦、肯奋斗，工作中不怕累不怕苦。

- 设计过载电路。引导学生：科学严谨的工作态度。

（6）学习评价：引导学生实事求是、客观公正的评价。

【总结反思】

"榜样匠心润心志，知行合一育匠才"课程思政教学设计案例选取优秀毕业生田赫的事迹，用"身边的事"教育"身边的人"，案例贴近学生实际，通过与"工业液压泵站供电及控制"教学内容的有机融合，侧重于培养学生解决问题的方法论，加强对学生马克思主义辩证思维方法的提升，注重学生创新能力、劳模精神、劳动精神和工匠精神的培养与提升，教育引导奔驰班学生在前行道路上既怀抱梦想又脚踏实地，既敢想敢为又善作善成，立志做有理想、敢担当、能吃苦、肯奋斗的新时代好青年。

"榜样匠心润心志，知行合一育匠才"课程思政教学设计案例自然融入课堂教学，达到了预设的思政目标，发挥了较好的育人效果。

飞机机械系统：
飞机氧气系统检测与维护

教师信息：曲鸣飞　**职称**：教授　**学历**：大学本科
研究方向：电气自动化、飞机维修
授课专业：飞机机电设备维修
课程类别：理实一体化课程
课程性质：专业群技术基础课

第一部分　设计思路

一、本次课程设计的课程思政目标

本次课程将价值塑造、知识传授和能力培养三者融为一体，设计了存敬畏心、行规范事、育工匠才三个层次的思政主线，将价值观引导于知识传授和能力培养之中。本次课的课程思政设计目标主要包括：通过按照工卡进行飞机氧气系统的维护操作教学，强化学生按章操作、保障安全的责任意识；引领学生正确执行并签署工卡，培养学生认真、细致、严谨的工作态度；引入视频案例，弘扬机务工作者"三个敬畏"的高尚工匠精神。本次课有利于学生建立系统思维、法治思维、底线思维，有效加强对马克思主义辩证思维方法的认识，成为具有职业精神、工匠精神的一代新人。

二、课程思政教学设计内容

1. 课前：课程思政引入

教师利用平台布置作业，上传飞机氧气系统维护学习资料，发布预习任务，引导学生观看《中国机长》案例视频，督促学生自主复习预习。学生通过学习通平台接收预习任务，利用课余时间通过网络查阅资料进行调研，认真完成预习任务和课前测验作业，养成良好的学习习惯。

2. 课中：课程思政贯穿教学全程

依据民航飞机维修人员岗位能力素质要求，分层次、系统化设计课程思政。开发了课程思政资源库，以文字、图片、视频、动画形式，建立了"事故库、事件库、人物库、标准库、时政库"五类动态资源库，做到思政元素全面覆盖和适时合理的有机融入。本次课采用了事故库中的《中国机长》案例视频、人物库中的英雄机长刘传健图片简介、标准库中的工卡填写要求文字等思政资源，并将其融入飞机氧气系统检测与维护的各个教学环节当中（见图1）。

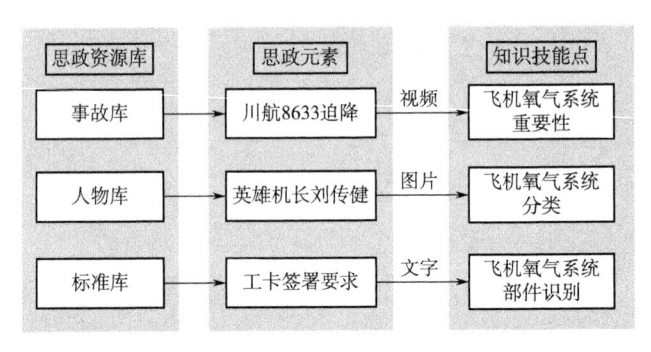

图1 思政元素融入示意图

3. 课末：课程思政总结反思

教师提出问题，组织学生讨论分析，互动分享，思考飞机氧气系统维护的方法和重要性。本课程依据民航机务维修人员岗位能力素质要求，系统设计了思政元素和融入方式，类型丰富多样、层次多维分明。学生知识技能进一步巩固，用手册、工卡解决实际问题的工程思维显著增强，信息化运用能力更加熟练，责任意识明显提高，"规章是底线，诚信是红线"的安全思维显著增强。

第二部分 案例描述

飞机氧气系统概述

一、复习回顾与引入

教学内容。
回顾1：飞机氧气系统的使用场合。

➢释压；

➢医疗；

➢应急。

回顾2：航空用氧的重要性。

引出本次课内容：飞机氧气系统的检测与维护。

教学活动。

教师提问：在什么情况下飞机需要使用氧气？飞机氧气系统的重要性表现在哪些方面？

学生回顾、思考。

教师点评学生回答，强调飞机氧气系统的重要性。

教师播放《中国机长》旅客氧气面罩掉落视频片段，明确飞机氧气系统的重要性（见图2）。

图2 事故库《中国机长》旅客氧气面罩掉落案例视频

思政点融入：通过回顾课前发布的《中国机长》视频片段，让学生了解氧气系统的作用和重要性，培养飞机系统思维，同时对英雄机组的应急处置能力和临危不惧的使命担当留下深刻印象，提高真实工作代入感，培养学生对本专业的热情。

二、飞机氧气系统分类与典型部件识别

1. 氧气系统分类组成

➢机组氧气系统；

➢旅客氧气系统；

➢手提便携氧气系统。

根据应用对象、使用方法和功能特点确定飞机氧气系统分类；查手册确定相关部件的位置。

2. 手册查询方法

章节号查找法；关键词查找法。

3. 飞机氧气系统典型部件位置

见图3。

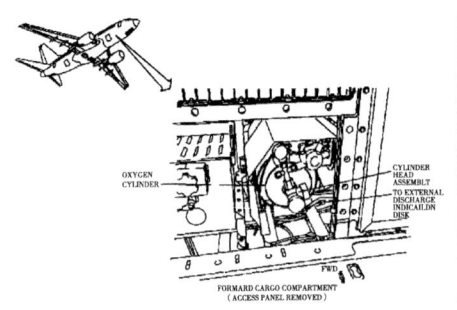

图3 手册查询与查找确认部件位置

教学活动。

（1）教师利用航线维护专用仿真软件结合PPT进行讲解，解读工卡、演示方法。

（2）学生使用学习通平台，小组合作讨论。

➢看演示，听讲解，做记录，有分工；

➢分组实验，记录工卡；

➢模拟机双屏交互查找部件；

➢登录网络教学平台将完成的工卡拍照上传（见图4）。

图4 标准库中工卡填写要求文本

（3）教师归纳小结，播放体现机务工作认真严谨重要性的视频。

思政点融入：通过讲解飞机维修工卡填写要求，强调指出执行工卡一定要一丝不苟，做到"看一项、做一项、签一项"；签署工卡一定要认真细致，体现一丝不苟的机务工作作风，否则会引发严重后果。介绍英雄机长刘传健的事迹，通过提出"遵章守纪刻苦训练，才能在关键时刻把各个环节的工作落实到位"，强调按章操作和责任意识的重要性，并引导大家树立正确的法制观念，今后在工作中做到恪尽职守、依法依规。

【总结反思】

课程通过从本专业课程思政资源库中选取课程思政元素适时合理地融入教学当中，将航空专业课程思政主线贯穿教学全程，体现了机务工匠精神，后续还要深入挖掘持续更新本专业思政资源，不断完善专业课中的课程思政建设。

飞机电气电子系统：
交流电源系统——冷舱启动

教师信息：张鑫　**职称**：副教授　**学历**：本科
研究方向：飞机电气电子系统
授课专业：飞机机电设备维修
课程类别：理实一体化课程
课程性质：职业技术技能课

第一部分　设计思路

一、本次设计的课程思政目标

以 APS 理论为引导，在交流电源系统——冷舱启动课程的学习过程中，在教学中融入中国民航维修管理系统 APS 的应用，培养学生勤于思考、刻苦钻研、应用 APS 理论预防维修差错的意识，并逐步养成严谨、求真的工匠精神，具体 APS 理论内容如图 1 所示。

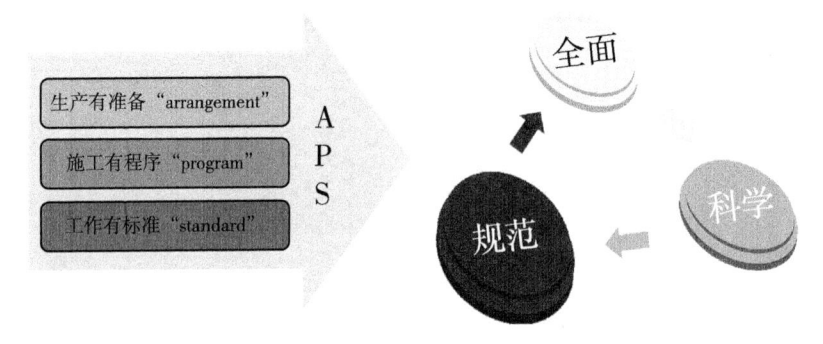

图 1　APS 理论内容

二、课程思政教学设计内容

1. 课前：课程思政引入

通过 APS 理念，引入本次课程要解决的问题——如何完成飞机冷舱启动，激发学生兴趣，引入授课内容，让学生感受 APS 理论在实际工作中的应用，以维修安全为目标对维修差错进行管控。

2. 课中：课程思政贯穿授课过程

引导学生在课程三个阶段（课程导入、理论知识、综合实践）的学习过程中，实现三次知识和思想的提升。

在阶段一，进行全面生产准备：课前预习，观看 B737-600 机型冷舱启动视频，识读工卡。培养学生自学能力，分析问题和解决问题的能力。通过 B737 与 C919 飞机驾驶舱的比较，培养学生民族自豪感。

在阶段二，优化施工程序：查询手册，完成理论知识储备，培养全方位思考、刻苦钻研的工匠精神。

在阶段三，规范工作标准：综合实践，发扬机务精神，建立标准，贯彻标准，提升标准。

3. 课末：课程思政总结反思

对本次课的课程思政进行总结与提升，引导学生全面思考、开拓进取，通过任务分解，将 APS 理论与实际机务维修工作结合，努力学习，实现对维修差错的控制，践行机务精神。

第二部分　案例描述

交流电源系统——冷舱启动

【思政导入】

以中国南航的 APS 理论宣传视频为例（图 2 为 APS 理论的核心理念），开始本次课程，应用 APS 理论完成教学内容。

安全是民航维修业的生命线，是发展的根基。APS 理论于 2014 年提出，最初提出的目的是保障飞行安全。

很长一段时间内，在行业整体环境和企业自身发展阶段要求下，维修行

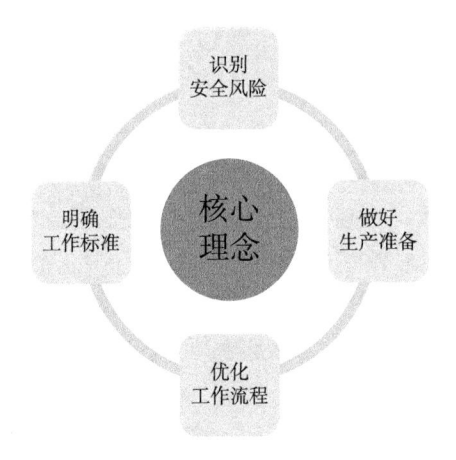

图 2　APS 理论的核心理念

业普遍采用"结果导向"的安全管理模式。

APS 理论以"过程控制"和"源头管理"为导向，从基层、基础和基本功入手，通过完美的过程管理实现理想的结果。在 APS 的推进过程中，中国民航机务发现它不仅对于保障维修安全有用，对于可靠性、成本、效率、维修能力的提升和控制同样有用。

理论的作用是指导实践。中国民航机务按照 APS 理论构建起维修管理体系，以维修过程为主线，集成各类管理要素，建立统一的工作模式和运行机制，将相关管理工具整合为一套科学的方法论。

应用 APS 理论，维修工作可以分为全面生产准备、优化施工程序和规范工作标准三个步骤。将教学工作按照这三个步骤实施，可以提高学生进行机务维修工作的规范性，以"过程控制"和"源头管理"为导向，完成对学生机务维修差错的控制。

一、课程导

专业学习培养：课前预习，观看 B737-600 机型冷舱启动视频，识读工卡。培养学生自学能力、分析问题和解决问题的能力。

思政点融入：生产有准备，准备要全面。全面生产准备是维修工作的前提。

生产有准备。观看 B737-600 机型冷舱启动视频，引导学生在学习的过程中，发扬中国机务维修精神，分解任务，团结奋进。根据图 3，了解 APS 中 A 的含义。通过图 4 中的 APS 案例，了解生产有准备的工作包括哪些内容，引入飞机上电需要哪些生产有准备工作。

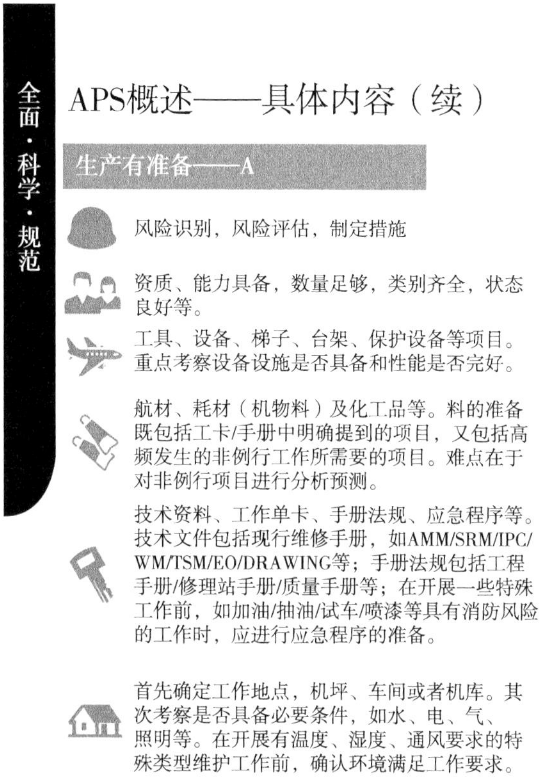

图 3 APS 中 A 的含义

（1）软硬件的准备——飞机模拟系统（见图 5）；
（2）理论支持——原理图（见图 6）；
（3）工作步骤——电瓶-地面电源-ASG-IDG2-IDG1。

二、理论知识

优化施工程序。在中国南航 APS 手册中，优化施工程序的步骤和流程如图 7 和图 8 所示。

专业学习培养：通过手册查询电源系统的操作方法（AMM 手册-工作依据），总结操作方法，完善操作步骤。

思政点融入：优化施工程序，鼓励学生全方位思考、刻苦钻研，用理论知识解决实际问题的工匠精神。

APS案例

1.清洗飞机

编号：APS-320-12-021

A生产有准备		
技术文件	工卡：A20MEX-CLEAN	
工具设备	蓝色大托盘	1个
	白色托盘	30个
	蓝色喷壶	1个
	塑料桶	1个
	擦板	14把
	刷子	14把
	安全带	5条
	警示带	3条
	大毛垫	6条
	洗衣机	2台
	接线盘	1个
	毛巾	190条
	海绵块	5块
航材物资	TURCO5948DPM	1EA
	TURCO4460	1EA
	232-21N	1EA
技术人员	管理人员	3名
	班组长	1名
	组员	15名
工作场所	工作梯	
	相关警示标牌	
	足够的照明条件	

图4　APS中生产有准备案例

（1）根据AMM手册24章（见图9），进行电瓶、地面电源、ASG、IDG2和IDG1操作方法的查询，学生思考、讨论、操作AMM手册并回答问题。教师总结，点评学生回答，总结出设备操作的方法。

（2）下发工卡——飞行检查单（飞行检查单工作流程）（见图10）。

B737推出前检查单：4大项、29项。

B737推出后检查单：2大项、11项。

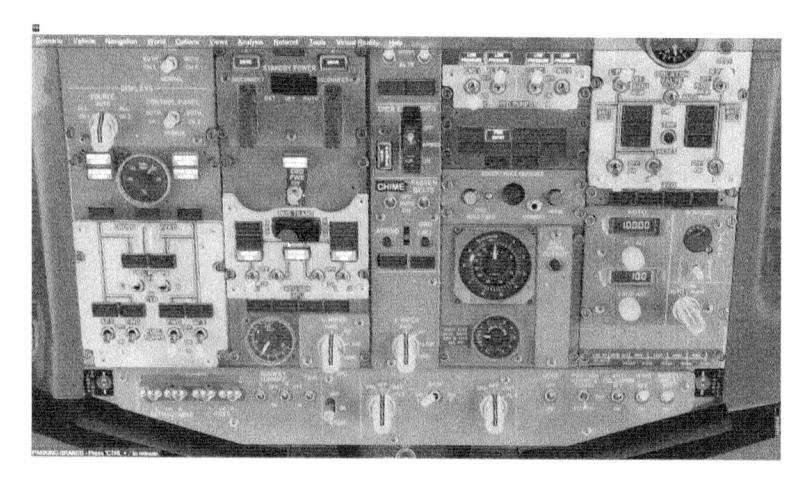

图 5　飞机上电操作视频截图

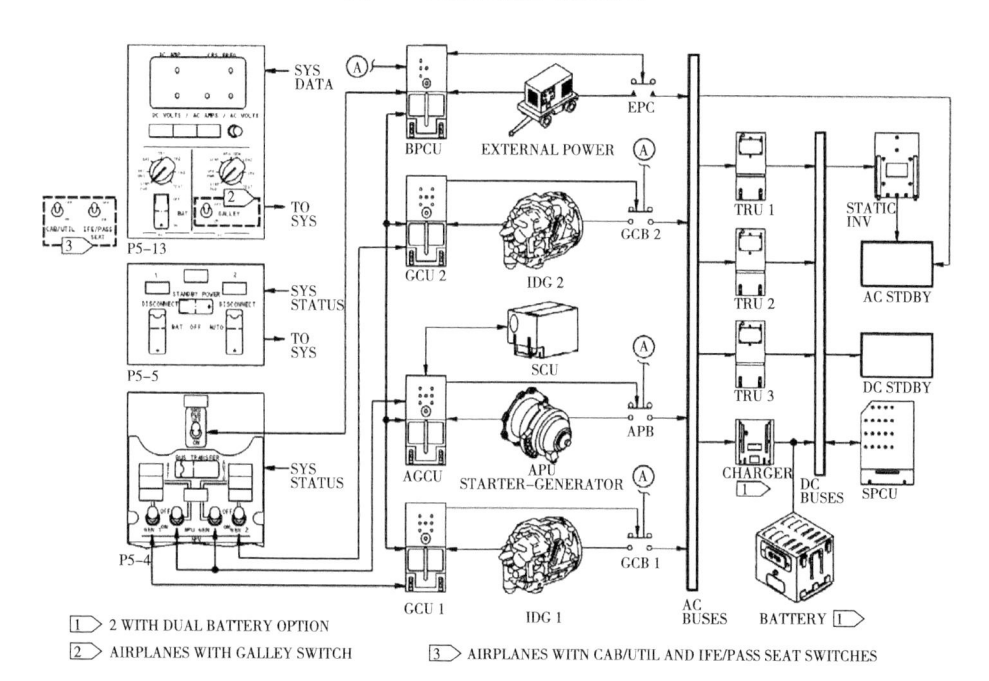

图 6　电源系统原理图

（3）总结冷舱启动，飞行检查单使用根据飞行检查单步骤操作，完成冷舱启动过程。

提问：为什么冷舱启动时，先启动 IDG2，后启动 IDG1，是否可以同时启动两台发动机？

APS概述——具体内容（续）

施工有程序——P

规范操作步骤

当前，在大机队、多机型、执管分散的情况下，同一项维修工作因作业人员文化背景、维修技能的不同导致操作步骤"千人千面"。通过总结归纳系统内的优秀维修经验，制定APS标准作业指南，统一规范操作步骤，并推广到全系统，从而实现"一个公司、一个系统、一个标准"。由"千人千面"转变为"千人一面"，确保所有单位的维修品质保持在较高水准。

工作流程

通过合理安排工序、时序，可以有效减少维修过程中因资源冲突所造成的浪费。维修资源包括工作场地（如驾驶舱、货舱等）、公共资源（如工具/设备/梯子/台架），或清洁等通用工种。

图7　APS中P的含义

APS案例（续）

1.清洗飞机（续）

编号：APS-320-12-021

序号	P施工有程序 步骤	风险提示
1	飞机拖到清洗机位（机库或机坪）后，监管人员绕机检查，主要检查①机关区域，②发动机区域，③大翼区域，④机身区域，⑤尾翼区域，确保状态良好，填写《清洗前交接单》。 	确保发动机，APU等停止转动，轮挡放置到位后才能接近飞机。
2	组织员工进行开工前的安全教育。 	注意个人劳动保护，防止人身伤害。
3	清点工具、消耗品及检查设备可用状态。针对飞机清洗工作所需工具、消耗品较多较杂的情况，对清洁工具进行编号集中控制管理，对毛巾等消耗品进行分区定位使用，避免出现混用失控的情况。 	1.双人清点工具。 2.确保工作梯防撞条、地脚等状态良好。 3.确保毛刷无外露的尖锐硬物。

图8　APS中施工有程序案例

P5 PANEL
SEE A

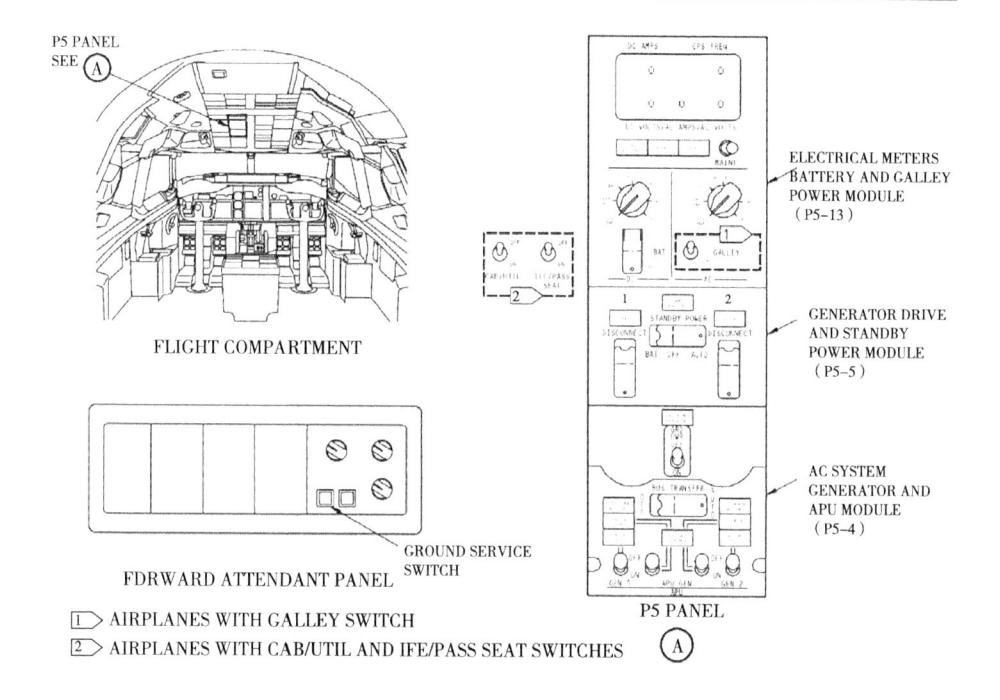

FLIGHT COMPARTMENT

FORWARD ATTENDANT PANEL

GROUND SERVICE SWITCH

1▷ AIRPLANES WITH GALLEY SWITCH
2▷ AIRPLANES WITH CAB/UTIL AND IFE/PASS SEAT SWITCHES

ELECTRICAL METERS BATTERY AND GALLEY POWER MODULE (P5-13)

GENERATOR DRIVE AND STANDBY POWER MODULE (P5-5)

AC SYSTEM GENERATOR AND APU MODULE (P5-4)

P5 PANEL

ELECTRICAL POWER-OPERATION-GENERAL DESCRIPTION

General

You use switches on the forward P5 overhead panel or the forward attendant panel to operate the electrical system. Refer to the distribution general description page in this section for more information about the operation effect on distribution.

Electrical Meters, Battery And Galley Power Module (P5-13)

You put the BAT switch to the ON position to energize these buses and components with battery power:

- Switched hot battery bus
- Battery bus
- Static invertre
- AC standby bus
- DC standby bus
- P5-13 alphanumeric display.

AIRPLANES WITH THE GALLEY SWITCH:

- You use the GALLEY switch to control power to all galleys.

AIRPLANES WITH THE CAB/UTIL AND IFE/PASS SEATS SWITCHES:

- You use the CAB/UTIL switch to control power to all galleys and some utilities.
- You use the IFE/PASS SEATS switch to control power to the passenger entertainment systems.

You use the DC and AC selectors and the alphanumeric display to monitor the electrical power system power sources.

Generator Drive And Standby Power Module (P5-5)

The generator drive disconnect switch operates the disconnect mechanism for its integrated drive generator (IDG). This removes engine accessory gearbox power from the IDG. The engine start lever must be in the idle position for the disconnect function to operate.

The standby power switch gives you manual control of the AC and DC standby power bus sources. In the auto position, the AC standby bus receives power from AC transfer bus 1 and the DC standby bus receives power from DC bus 1 when these sources are available. If the sources are not available, the AC standby bus receives power from the static inverter and the DC bus receives power from the battery.

These are the effects of the standby power switch in the other two positions:

- De-energize the AC standby bus and the DC standby bus (OFF position).
- Energize the AC standby bus with battery power through the static inverter and energize the DC standby bus with battery power (BAT position).

图 9　AMM 手册 24 章

31

///737 飞行检查单///

图10　737 飞行检查单

学生思考、讨论，查看飞行检查单、课程资源、手册并回答问题。由于在操作过程中使用了 APU，APU 使用 1 号油箱，为了保证油量平衡，所以使用 IDG2 先于 IDG1 启动。

三、综合实践

工作有标准，标准要规范。工作标准执行到位与否，直接影响最终的维修结果。在中国南航 APS 手册中，工作标准的含义和案例如图 11 和图 12 所示。

APS概述——具体内容（续）

全面·科学·规范

工作有标准——S

建立标准

手册中有明确标准的，使用手册中的标准，如系统维护人员的操作标准就是AMM ATA20中的标准施工程序，修理人员的操作标准就是PMS和MIL等。手册中没有明确标准的，则要通过评估、拍摄等方式制定出标准，如飞机清洁、客舱修理等。

贯彻标准

统一的标准建立后，应在机务系统范围内选拔教员，统一培训，整齐划一，消除公司内部因地域差异、人员差异造成的工作标准不同，克服师傅带徒弟的弱点。

提升标准

标准不是静态的，而要根据时间的发展和科技的进步不断修订。

图 11　APS 中 S 的含义

APS案例（续）

1.清洗飞机（续）

编号：APS-320-12-021

序号	工作标准
	S工作标准
	所有工作请以工卡或维修手册为标准，以下仅作为补充提醒
1	清洗飞机前清点工具、设备
2	迎角探测器做好保护
3	静压孔做好相应保护
4	禁止在发动机、APU工作、通电情况下清洗飞机，保证工作梯和飞机的30cm安全距离
5	裸露在外的重要部位和结构，如钢索、导线、襟翼蜗杆、各种作动筒镜面、APU进气门等禁止用水冲洗
6	严禁用水冲洗发动机，只能用擦洗的方法清洗发动机包皮
7	完成清洗工作，外表应无油渍、污渍、淤水和清洁剂残留物，驾驶舱、客舱玻璃应明亮
8	完成清洗工作，监管人员对飞机做全面检查，静压孔和迎角探测器的保护已取下，发动机进气道无异常
9	清洗飞机后清点工具、设备，将工作梯送回存放处
10	确认清洗飞机质量符合要求，无任何外表受损及残留物后，填写飞机外表清洁验收交换单，方可撤离工作现场

全面·科学·规范

图12　APS中工作有标准案例

专业学习培养：根据飞行检查单完成飞行检查（飞行模拟器-实践操作）。学生操作界面如图13所示。

思政精神培养：工作有标准，标准要规范。工作标准执行到位与否，直接影响最终的维修结果。

（1）学生根据飞行检查单步骤，完成冷舱启动操作，并填写工卡。

（2）交叉检查，两人互换工位及工卡，检查对方操作，有无维修差错。

（3）教师巡视检查，发现学生不符合标准的操作，并及时修正。

（4）教师总结学生操作，学生总结操作实践，归纳操作中不符合标准的内容，明确操作标准。

1994年6月6日上午，西北航空公司的WH2303航班执行西安—广州任务。其中飞行员5人，乘务组9人，旅客146人。机型为苏制图-154M型B2610号。飞机在距咸阳机场49公里处空中解体，160人无一幸存。

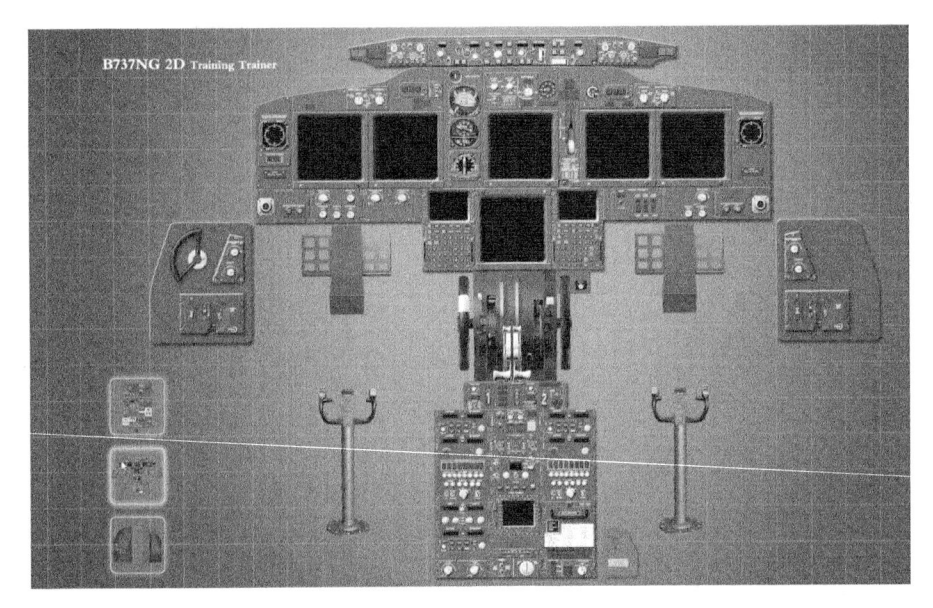

图13　学生操作界面

事故原因：从事故现场收集到的残骸证实，自动驾驶仪安装座上有两个插头相互插错，即控制副翼的插头（绿色）插在了控制航向舵的插座（黄色）中，而控制航向舵的插头（黄色）插在了控制副翼的插座（绿色）中。

两个相互插错的插头导致飞机出现横向飘摆，最终使飞机在空中解体。那么，问题是：两个关键插头为什么会插错？插错后为什么没有被及时发现而加以纠正？飞机离地后出现的横向飘摆为什么得不到正确处置？

（1）工卡未被执行或未被完全执行。

（2）机务人员的责任心及安全意识缺失。

案例反思总结：

（1）从业人员的认真与敬业精神是国家发展的支撑。

（2）手册防错设计是防止人为差错的有效措施。

（3）要加大坚决执行工卡的教育力度。

【总结反思】

中国梦是民族的梦，也是每个中国人的梦。我们把大梦想合理拆解成个人小梦想，只要我们积极奋进、开拓创新，个人梦想一定会实现，同样中国梦也一定会实现。所以我们每一个大学生，在处理我们各项工作和学习中，化大为小，一点一滴地脚踏实地干，就会在新时代干出属于自己的一番事业。

动植物检验检疫技术：
检疫性有害生物及风险分析

教师信息：李舜尧　　**职称**：讲师　　**学历**：博士
研究方向：发育生物学
授课专业：生物产品检验检疫
课程类别：理实一体化课程
课程性质：职业技术技能课

第一部分　设计思路

一、本次设计的课程思政目标

通过讲解检验处理措施，了解对病畜禽和有问题产品进行消毒和无害化处理，有效降低和消除其传播动物疫病、人畜共患病的风险和隐患，从而确保生物安全，使学生体会到检验检疫工作坚守国门、保国安民的重要性。培养学生从事动植物检疫工作的基本素养、基本技能和创新意识，使其具备对现存问题的思辨能力，提升其对全球生物安全挑战、机遇和对策的分析水平，并具有解决动植物检疫复杂问题的能力。

通过课程学习，熟悉海关总署基于口岸动植物检验检疫防控所建立的涉及检疫准入、境外预检、检疫审批、口岸查验、实验室检测、检疫处理、隔离检疫、定点加工以及疫情监测的三道防线九项具体措施的防御体系，了解检疫处理工作存在的风险隐患，防止检疫与监管疫病的传入。有效控制媒介生物的传入。针对检疫处理工作中存在的安全隐患，引导学生思考并找出相应的风险对策，尽可能地把风险控制在最低点。以此培养学生的忧患意识，弘扬中国精神，引导学生构建道德和价值标准，提升道德修养，实现立德树人。

二、课程思政教学内容设计

1. 课前：课程思政引入

观看"满洲里海关截获俄罗斯原木中松材线虫"案例视频，布置思考问题；通过引入《我国进口松材线虫发生国家松木植物检疫要求的公告》，承前启后，引导学生关注生物安全，启发其思考为什么称松材线虫为松树的"癌症"，线虫的风险极高以及如何实施检验检疫，激发其学习热情。

2. 课中：课程思政贯穿授课过程

（1）检疫性病原物。在学习检疫性植物线虫病时启发学生注意观察线虫的头尾特征，在学习了形态特征后及时引入互联网相关报道，并采取问答方式引导学生辨别线虫和蛔虫的差异，提高思辨能力；在学习松材线虫入侵特性时，通过观察线虫福尔马林浸泡标本和线虫生理结构示意图以及互动式问答等，引导学生学习、掌握线虫的基础知识；通过松材线虫危害和防治措施文献的阅读，引导学生关注松材线虫入侵模型等科学问题，培养科学精神。通过自然融入"一带一路"共建国家信息以及海关总署发布的"2023海关截获检疫性有害生物名录"，提高学生对有害生物全球扩散和外来物种入侵风险的认识，使学生充分理解检疫工作的时效性与重要性，引导学生对检疫方法和技术进行创新，培养学生的创新思维。

（2）检疫措施。通过讲解科学家曾士迈院士关于植物检疫必须严防密守的论述，引导学生思考检疫处理可能的措施，强化科学家精神的价值认知，建立科学家精神价值认同的逻辑起点；通过综合分析我国针对松材线虫的检疫规定、现场查验、实验室检测、疫情监测及检疫处理的具体措施，提高学生解决松材线虫入侵防控问题的能力，同时提升学生对动植物检疫使命担当的认识。

（3）检疫性有害生物风险分析。以小组为单位搭建风险分析模型，从风险发现、风险评估、风险识别、风险控制方案到风险管理决策再到风险管理效果评价，形成闭合的循环体系。并利用搭建好的理论模型，对"满洲里海关截获俄罗斯原木中松材线虫"案例进行风险分析，使学生理解：检疫性病原的研究是为了发现风险，检测技术研究是为了识别风险，处理技术研究是为了控制风险，海关的执法监管流程研究是为了优化风险管理的措施组合，以此培养学生的忧患意识和思辨能力，引导学生构建道德和价值标准，提升道德修养和风险意识。

3. 课末：课程思政总结反思

通过检验检疫真实案例结合学生思考讨论导入课程，使同学体会到检验检疫工作坚守国门，保国安民的重要性，增强学生的民族自豪感和自信心，激发学生的爱国热情；在反复的仿真和实操训练的过程中，培养学生科学严谨的实验态度和精益求精的工匠精神；通过自然融入"一带一路"共建国家信息以及近年来海关截获检疫性有害生物名录，提高学生对有害生物全球扩散和外来物种入侵风险的认识，充分理解检疫工作的时效性与重要性；通过动画演示，角色扮演，培养学生从事动植物检疫工作的基本素养、基本技能和创新意识，使其具备对现存问题的思辨能力；通过引入科学家经典论述，弘扬科学家精神，利用所学专业知识投身防疫抗疫，建立起强烈的职业担当精神。

第二部分　案例描述

检疫性有害生物及风险分析

总体设计：通过检验检疫真实案例，结合学生思考讨论导入课程，以检疫性有害生物的疫情防治主线展开课程，有针对性地引入生物安全、"一带一路"、人类命运共同体等重要思想，将检疫性有害生物科学研究及一线实践的思政教育元素融入课堂互动授课与讨论、课后资料阅读与思考等全过程。

一、课前准备和课程导入

1. 课前准备

观看视频"满洲里海关在俄罗斯进口原木中截获松材线虫"，阅读案例资料"海关总署公告2021年第110号《关于进口松材线虫发生国家松木植物检疫要求的公告》"。

2. 小组活动

让学生以小组为单位进行案例分析，分析提纲如下：简要描述案例中的事件，有哪个部门对检疫物进行了查验？现场及实验室检验结果如何？最后的处理办法如何？如果出现漏检，会对我国农作物生产和生态环境造成什么影响？什么风险？从你自身出发，如何建立风险意识？

3. 教师总结

松材线虫是我国进境植物检疫性有害生物和全国林业检疫性有害生物，

其引起的森林病害极具危险性,对我国林业生产和生态安全构成严重威胁,我国林业和草原主管部门对其采取了严格管控措施。为防止松材线虫传入,根据我国相关法律法规和国际植物检疫措施标准,经风险评估,发布了进口松材线虫发生国家松木植物检疫要求。在实际的检疫工作过程中,我们要首先掌握检疫性有害生物的生理特点和生活周期。

思政点融入:海关动植物检疫工作是国家主权在国门生物安全领域的重要体现,是国家维护国门生物安全的重要职责和手段,是实现国门生物安全的第一道防线和屏障。

二、检疫性病原物的理论学习

在学习线虫形态特征时,通过观察图片和福尔马林浸泡标本,请学生观察线虫的头尾特征,并试着找出线虫和蛔虫的差别。

互动式问答。

1. 线虫的外形如何

线虫体形细长,呈圆筒形,两端稍尖,头部较平坦,尾部较尖锐,两侧对称,无节、无色。

2. 观察线虫纵切面图片,说说线虫的肚子里都有什么

线虫的内部结构:线虫有原始的体腔,里面充满体腔液,体腔液有类似血液的功能。在体腔内有消化系统、神经系统、生殖系统和排泄系统。

3. 标本中两种虫有什么区别

线虫和蛔虫的区别:大小、体态、生活周期以及生活条件不同。

思政点融入:检疫性植物线虫病和人畜共患病蛔虫病都是检疫工作中常见的病原物,通过对它们形态、生活环境等特征的对比,防止在未来鉴定工作中出现误检,同时培养学生的辩证思维和职业精神。

资料阅读:①松材线虫被称为松树的"癌症",阅读资料了解松材线虫的危害。②阅读我国与共建"一带一路"国家签署的海关检验检疫合作文件,了解动植物疫病的防治措施。

讲述:引入松材线虫入侵模型,从生态位、时空过程以及生物地理方面,阐述入侵物种的扩散途径及过程。我国与多个共建"一带一路"国家进行着频繁多样的贸易合作,这要求检验检疫工作的效率须大幅提升。同时,重大动植物疫病、新物种传入的问题也越来越突出,检验检疫要从技术水平上提升对重大动植物疫病的识别能力。以美国白蛾的生活史为例(图1),讲解检疫实践工作中复杂多样检疫性病原物的形态特征和生活周期。

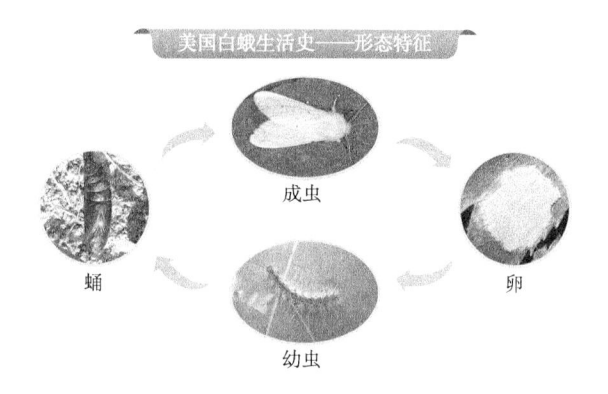

图 1　美国白蛾多变的形态特征

思政点融入：通过教学，使学生掌握检疫性病原物的基础知识，鼓励学生勇于提出新的检疫方法，提高检疫效率，培养学生的创新思维和科学精神。

三、检疫措施的理论学习

"听故事想问题"讲述曾士迈院士的故事。曾士迈待人谦和，平易近人，执教60余年，著书立说，桃李芬芳，为国家培养了大批研究生和优秀的农业技术骨干。他在小麦条锈病定量流行学、大区流行规律及计算机模拟模型等方面，以及植物水平抗病性、抗病性持久化策略以及免疫学与流行学交叉领域，取得了卓越成就。请学生思考检疫的措施有哪些。

讲解：以地中海实蝇和鸡新城疫传染病为例，讲解我国近年来对动植物疫病的检疫规定、现场查验、实验室检测、疫情监测及检疫处理的具体措施。检疫措施的核心是生物安全，其次是最大限度地保护动植物及其产品的经济价值。

思政点融入：通过介绍科学家，将科学家精神融入课程，加强学生对科学精神与科学家精神实质的认识，增强精神认知。

四、小组活动：检疫性有害生物风险分析

发布任务：检疫性有害生物风险分析是对进出口动植物及其产品的可能风险进行科学评估和分析的过程。以小组为单位，对"俄罗斯进口原木截获松材线虫"案例进行风险分析，学习搭建风险分析模型。模型框架为风险发现、风险评估、风险识别、风险控制方案、风险管理决策、风险管理效果评价。

讲解：分析模型是目前科学研究复杂多变问题的常用方法，而检疫中有

害生物的风险又是复杂且多变的，模型中的检疫性病原的研究是为了发现风险，检测技术研究是为了识别风险，而风险识别是通过收集和整理相关信息，确定可能存在的病虫害和有害生物种类，发现可能对国家农业生产和生态安全造成威胁的因素。这一过程需要对进出口动植物及其产品的来源地、生产工艺、运输方式等进行全面调查和了解。处理技术研究是为了控制风险，海关的执法监管流程研究是为了优化风险管理的措施组合。风险评估是对风险的潜在危害程度进行定量或定性分析的过程。通过对风险源、传播途径和受体的研究，评估可能的风险程度和潜在危害。所以，通过风险评估模型可以对风险进行科学、客观的评估。

思政点融入：风险分析对学生来说是相对陌生的概念，给出风险分析模型引导学生利用模型对案例进行风险分析，在小组活动中培养学生的忧患意识和辩证思维，引导学生构建道德和价值标准，提升道德修养和风险意识。

【总结反思】

（1）利用实际案例、标本及图示对检疫性有害生物的形态特点、生活周期及症状特点进行理论知识的学习，同时类比相似形态的有害生物，让学生比较相同点和不同点，揭示有害生物的特点，预防检疫工作中的漏检与误检；培养学生的职业精神和科学精神，激发学生的职业热情；以有害生物入侵为模型，引导学生关注解决科学问题的新方法。

（2）有针对性地引入生物安全、"一带一路"、人类命运共同体等重要思想，将动植物检疫科学研究及一线实践的思政教育元素融入课堂互动授课与讨论、文献检索与分析交流等过程。激发学生勇于实践的创新意识，培养学生勤于思考的学习能力和严谨细致的工匠精神。

（3）引入风险分析模型，训练学生搭建模型，并利用有害生物分析模型进行实际案例的分析。学生充分学习和理解了风险分析的各个环节，能够对检疫风险进行科学、客观的评估。通过这一教学过程，提升了学生的人生观、价值观以及辩证思维能力，同时激发了强烈的爱国主义热情。

电子商务精准运营：店铺活动与促销

教师信息：刘士忠　**职称：**讲师　**学历：**硕士
研究方向：电子商务
授课专业：电子商务
课程类别：理实一体化课程
课程性质：职业技术技能课

第一部分　设计思路

一、本次设计的课程思政目标

根据本课程特点，创设思政场景，结合实际电商平台操作、案例进行课程讲授，充分挖掘专业知识中蕴含的德育因素。网店运营对接电子商务运营的相关岗位，该岗位要求员工在团队工作中，遵纪守法，诚信经营。本课程培养学生工匠精神和服务中国特色社会主义建设的政治立场和价值认同，把社会主义核心价值观教育与职业素养、专业技能培养相结合，把专业教育转化成遵纪守法、诚实守信、爱岗敬业、服务社会、奉献人民的人才培养。

二、课程思政教学设计内容

1. 课前：课程思政引入

布置对各大平台促销活动购物和日常生活中遇到的购物陷阱等进行调研，从3个反面案例（淘宝平台妇女节会员价格高于普通用户；用某App网上订购房间，同一房间三台设备显示价格不一致；李佳琦在直播介绍79元的花西子眉笔时，网友留言说贵）导入本次课程需要探索的思政问题——大数据杀熟。通过引入社会热点案例，对电商平台中的违法违规操作、网红直播出现的问题进行剖析和讨论，让学生透过实际发生的事件现象看本质，提高学生辨别能力，构建正确的思想价值体系，培养社会主义核心价值观。

2. 课中：课程思政贯穿授课过程

根据调研案例分析杀熟内涵，教师通过3个案例引导学生对用户定位、用户细分、目标分层、精准实施四个阶段进行分析，让学生在店铺活动与促销操作时，树立诚信经营理念，培养学生正确的世界观、人生观和价值观，使学生（也是消费者）引起对自身行为数据的重视，从国家法律、平台规则和社会监督角度入手，培养学生遵纪守法、诚信经营。

3. 课末：课程思政总结反思

以调研形成的电商运营中的实际问题作为测试，检测本次课程学生学习效果，总结反思本次课程教学的思政效果，体现法律意识和实践思维及底线思维。

第二部分 案例描述

店铺活动与促销

从杀熟谈电商运营中的遵纪守法、诚信经营。

一、根据调研分析案例：

1. 案例1

如图1所示，妇女节期间，在天猫超市花88元开通的VIP的价格竟然比普通用户的价格还要贵！经常光顾消费的客户看到的价格反而比新客户更贵。

图1 淘宝购物案例

2. 案例2

如图2所示，某App上订购房间，同一房间，3台设备显示的价格却不同。

图 2　App 订购房间案例

3. 案例 3

9 月 10 日，李佳琦在直播介绍 79 元一支的花西子眉笔时，网友留言说贵。

4. 其他案例

一些销售平台，让各商家竞价推广，价高者就能优先被客户搜索到，按实际的"潜在客户访问"数量支付推广费用。

在不同手机使用同一平台的打车软件打车，路程一样，车型一样，会出现几种不同的价格。

你常点外卖就取消优惠折扣，还把送货费增加三五元。

在电影购票 App 里花钱买了会员，票价反而比非会员要高。

讨论总结：大数据杀熟是互联网巨头和资本大鳄联手共推的一种互联网营销手段和套路。杭州市消费者协会发布的大数据杀熟问题调查结果显示，有高达 56.92% 的被调查者表示有过被大数据杀熟的经历。

二、杀熟内涵

杀熟：做生意时，利用熟人对自己的信任，采取不正当手段赚取熟人钱财。

互联网杀熟就是所谓的"大数据杀熟"的现象，表现为各种互联网平台通过记录用户的使用习惯和偏好，对不同用户采取不同的报价方法，同样的商品或服务，老客户看到的价格反而比新客户要贵出许多。

大数据杀熟是社会公众对互联网平台利用大数据和算法对用户进行"画像"分析，从而实施差别待遇、收取不同价格等行为的概括性说法。

三、杀熟流程（见图3）

```
用户定位 → 用户细分 → 目标分层 → 实施杀熟
收集客户各类   分析研究客户   客户归类     榨干用户钱包
行为数据       行为、特征     确认目标
```

图3　杀熟流程

1. 用户定位

即用户画像（见图4）：收集相关平台活跃用户（导入消费者流量）数据，进行分析处理，将用户分成不同的类别。

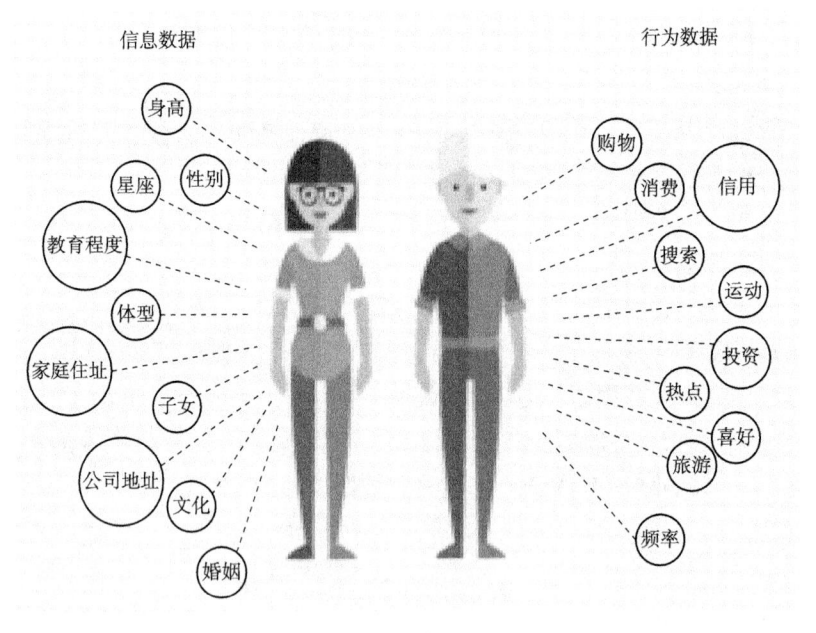

信息数据：身高、星座、性别、教育程度、体型、家庭住址、子女、公司地址、文化、婚姻

行为数据：购物、消费、信用、搜索、运动、投资、热点、喜好、旅游、频率

图4　用户画像

2. 用户细分

在产品层给用户贴上不同的标签，通过收集产品设计中的用户注册信息和其他信息，分成基础标签、行为标签、偏好标签、预测标签、社交标签等用户特征。

3. 目标分层

根据标签类别，划分目标用户，进行杀熟计划策划准备。具体而言，即根据基础标签的年龄、性别、收入等信息，行为标签的购买、关注、浏览、转发分享，偏好标签关注的行业电商平台、旅游、汽车、美食等，预测标签对用户的预测、近期购物需求、旅游出行等将用户划分为活跃用户、潜在用户、新用户、流失用户等，并针对每一类目标用户分别制订杀熟计划。

4. 实施杀熟

针对不同目标用户，执行时再细分用户的购物习惯、购物偏好、购物频次、购物能力，适时推荐商品、发送诱饵（首单优惠，老客户优先等），直到消费者做出购买决策。

四、如何避免被杀熟

被杀熟的原因包括：第一，存在固定消费特征（活跃用户），如长期固定在多个平台、以固定的价格范围购买特定商品。第二，属于优质会员客户，如在多个平台开通黄金会员、白金会员等。第三，属于价格不敏感人群，即不喜欢比价，怕麻烦，只要在一定的差价范围内都可以接受。第四，属于有钱群体（高消费），看到就买，无视价格，果断不犹豫。

要想避免被杀熟，可采取以下措施：

1. 不要频繁使用同一家商家或平台

因为商家或平台通常会对经常使用的用户进行价格或服务的差异化，所以可以轮流使用不同的商家或平台，避免过度依赖某一家商家或平台。

2. 使用匿名浏览模式

在网上购物或浏览网页时，可以使用浏览器的匿名浏览模式，避免商家或平台获取到个人信息。

3. 定期清除浏览器的缓存和 Cookie

这样可以避免商家或平台利用 Cookie 来追踪用户的浏览历史，从而避免被歧视性定价。

4. 不登记自己的真实信息

在一些需要注册的网站上，可以使用虚假的个人信息来避免商家或平台获取到真实的个人信息。

5. 使用比价网站

在网上购物时，可以使用比价网站比较不同商家的价格，从而找到最优惠的价格，避免被歧视性定价。

五、树立遵纪守法、诚信经营理念

1. 环境建设

国家出台法律法规，明确不得进行"大数据杀熟"。2021 年 8 月，全国人大通过《中华人民共和国个人信息保护法》，其中第 24 条规定："个人信息处理者利用个人信息进行自动化决策，应当保证决策的透明度和结果公平、公正，不得对个人在交易价格等交易条件上实行不合理的差别待遇"；2021 年 4 月，市场监管总局会同中央网信办、税务总局召开互联网平台企业指导会，明确指出，必须严肃整治"大数据杀熟"问题；2021 年 11 月，上海市市场监督管理局出台《上海市网络交易平台网络营销活动算法应用指引（试行）》，为规范网络交易平台网络营销活动算法应用行为，引导平台经营者建立算法应用合规体系提供了法律依据；2020 年 11 月，市场监管总局发布《关于平台经济领域的反垄断指南（征求意见稿）》；2020 年 12 月，市场监管总局联合商务部召开规范社区团购秩序行政指导会，阿里巴巴、腾讯、京东、美团、拼多多、滴滴 6 家互联网平台参加，会议要求规范团购经营行为，企业严格遵守"九不得"。

2. 平台自律

如淘宝平台制定了规则要求。淘宝的规则处罚体系分为一般违规、严重违规。平台商户严重违规的店铺将被关闭。图 5、图 6 分别展示了淘宝平台商户违规的行为及违规处罚公示。

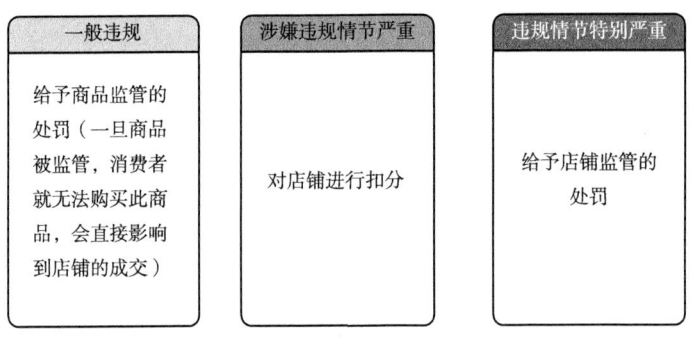

一般违规	涉嫌违规情节严重	违规情节特别严重
给予商品监管的处罚（一旦商品被监管，消费者就无法购买此商品，会直接影响到店铺的成交）	对店铺进行扣分	给予店铺监管的处罚

图 5　淘宝违规行为及处罚

| 违反平台规则行为公示 | 违法行为公示 |

根据《中华人民共和国电子商务法》规定，淘宝网对发生违反法律、法规行为，被实施警示、暂停或者终止服务等措施的违规卖家信息进行如下公示：

时间范围：截至2024-06-20

卖家tb194738880523，于2024-06-18，因危及交易安全违规，被执行监管账号等措施

卖家年卡只需58元，于2024-06-16，因危及交易安全违规，被执行监管账号，限制发布商品等措施

卖家d[s473385034]，于2024-06-16，因节点违规，被执行冻结账号，监管账号，删除全部商品等措施

卖家d[s473385034]，于2024-06-16，因节点违规，被执行搜索屏蔽店铺及全部商品，限制发布商品等措施

卖家d[s473385034]，于2024-06-16，因节点违规，被执行搜索屏蔽店铺及全部商品，限制发布商品，下架全店商品等措施

卖家d[s533276273]，于2024-06-18，因诱导第三方违规，被执行冻结账号等措施

卖家免安装可控，于2024-06-19，因危及交易安全违规，被执行搜索屏蔽店铺及全部商品，限制发布商品，下架全店商品等措施

卖家叶凡软件开发1，于2024-06-17，因危及交易安全违规，被执行搜索屏蔽店铺及全部商品，限制发布商品，下架全店商品等措施

卖家d[s507977873]，于2024-06-16，因出售假冒商品违规，被执行冻结账号，监管账户，删除全部商品等措施

图 6　淘宝对违反平台规则的处罚公示

3. 树立遵纪守法、诚信经营的底线思维理念

在进行经营活动中，考虑消费者的需求，采取相应控制流程，获得共赢。

用户定位即用户画像：收集相关平台活跃用户（导入消费者流量）数据，进行分析处理，将用户分成不同的类别。

用户细分：根据公司实际产品层给用户贴上不同的标签，通过收集产品设计中的用户注册信息和其他信息，分成基础标签、行为标签、偏好标签、预测标签、社交标签等用户特征。

目标分层：根据标签类别，将目标用户划分为活跃用户、潜在用户、新用户、流失用户等目标群体，结合商家产品线提供不同等级的商品和服务。制定个性化经营销售服务计划。

4. 精准运营

合理使用用户画像、用户细分、目标分层等，针对不同目标用户，提供精准个性化服务计划，在执行中注意符合国家法律法规和平台规则，提供消费者反馈评价意见，接受监督，诚信经营。

【总结反思】

大数据杀熟反映出平台和消费者信息极不对称。

平台角度：要倡导平台完善内部治理机制，加强自律机制建设，约束自身和平台内经营者的行为，共同构建良好的平台经济秩序。

商家角度：消费者是流量源泉，诚信经营才能细水长流，保证商家的利润持续增长，否则一旦违规，多年积累毁于一旦。

学生角度：树立正确的价值观和诚信经营理念，敬畏法律，规避风险，坚守底线思维，杜绝违规违法行为，培养良好的个人品德和行业意识。

经济学概论：国内生产总值与国民收入衡量

教师信息：张静静　**职称**：讲师　**学历**：博士
研究方向：管理科学
授课专业：国际金融，大数据与会计，电子商务
课程类别：理论课
课程性质：专业群技术基础课

第一部分　设计思路

一、本次设计的课程思政目标

本次课的思政目标是培养学生的系统思维和辩证思维能力，提升学生的数据溯源与获取能力，增强对GDP等经济数据内涵认识与分析能力，能够辩证地看待GDP，科学认识绿色GDP。通过基础知识+实践操作相结合的方式，培养学生的社会责任感，提升学生节约资源和爱护环境的绿色人文道德修养，锻炼学生知行合一和身体力行的实践能力。具体设计思路如图1所示。

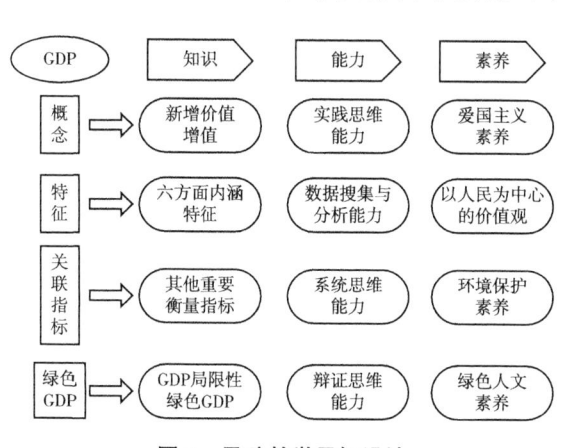

图1　思政教学目标设计

二、课程思政教学设计内容

1. 课前：课程思政引入

课前布置国内生产总值数据源搜索任务，通过小组展示预习作业（国家统计局官网数据库：我国 GDP 数据展示），完成预习检测，分析预习检测结果，确定教学重点难点。通过 GDP 数据的搜集过程，激发学生对于国内生产总值的探究兴趣，通过中国 GDP 与世界 GDP 的发展对比，激发学生对于国家发展进步、国内宏观经济建设和以人民为中心理念的认同。

2. 课中：课程思政贯穿授课过程

全方位各环节"滴入式"渗透课程思政理念。以"时政新闻+数据库操作"的方式开展教学，引导学生关注和大数据与会计、电子商务专业高度相关的时政新闻，用所学知识分析时政，会操作数据库系统，将所学转化为实践动手能力，既能像经济学家一样思考，发现经济现象中存在的问题，研究其中的运行规律；也能像经济学家一样用经济理论分析当前经济政策，培养经济学思维，将知识内化为能力。课中穿插国家统计局数据演练操作示范和国家数据局成立等时政新闻，以培养学生对经济生活和所授知识点的关联思考和数据敏感度。

3. 课末：课程思政总结反思

根据课堂所学所感，记录收获及体会，要求学生运用思维导图进行课后反思回顾和整理。经济学理论需要紧密联系实际生活，因此，通过"思政线贯穿+数据库实践操作+即学即用检测"三条课程思政实现路径，既浸润课程内，更浸润课堂外，力争课程思政像盐溶于水一样，既润化无声，又润化于心。引导学生在实际生活、工作、学习中习惯性地运用和转化理论知识，通过理论学习和实践应用，实现树立正确积极向上生活态度和价值观的课程思政最终目标。

第二部分 案例描述

国内生产总值与国民收入衡量

【思政导入】

课前布置国内生产总值数据源搜索任务，通过小组展示预习作业：从哪些渠道可以找到我国国内生产总值数据并展示找到的数据。

通过小组展示，总结学生搜集的数据渠道主要包括三类：一是国家统计局数据查询；二是全国年度统计公报；三是国家数据局（教师拓展：链接时政新闻国家数据局于2023年10月25日正式挂牌成立）。

通过展示前两类数据源，让学生初步接触国内生产总值，了解数据源自何处。通过小组讨论，总结对历年国内生产总值发展变化趋势的感受和想法。

总结：通过国内生产总值的变化趋势可以看出，我国国内生产总值不断提高，经济飞速发展，感受到中国在促进经济发展和人民生活水平提高过程中所做出的持续努力。

一、宏观经济学

思政点融入：国内生产总值（GDP）是国民收入决定理论的核心指标。国民收入决定理论是宏观经济学的中心理论。由此可见，GDP与宏观经济学的关系体现了系统思维。

宏观经济学是以整个国民经济为研究对象，通过研究经济中各有关总量的决定及变化说明如何从整个社会角度实现资源有效利用以实现社会福利的最大化。宏观经济学的中心理论是国民收入决定理论。核算国民经济活动的核心指标就是国内生产总值。

二、国内生产总值

通过一个简化案例得到GDP的定义。假定一件上衣从生产到消费者最终使用共需经历5个阶段：种棉、纺纱、织布、制衣和销售。各阶段的价值创造即增值＝15+5+10+15+5＝50，正好等于这件上衣的售价（见表1）。

表1　上衣生产的5个阶段

生产阶段	产品价值	中间产品价值	价值创造/增值
种棉	15	0	15
纺纱	20	15	5
织布	30	20	10
制衣	45	30	15
销售	50（最终产品价值）	45	5
合计	160	110	50（价值增值之和）

这个例子说明：一件最终产品在整个生产过程中的价值增值等于该最终产品的价值。扩大到一个国家，一个国家最终产品的价值总和等于生产这些最终产品的各行各业新创造的价值总和。

1. GDP 的定义

国内生产总值（GDP）是在一定时期内，一国或一地区运用生产要素所生产的全部最终产品（物品和劳务）的市场价值总和。

2. GDP 的六个内涵特征

（1）GDP 衡量的是最终产品的价值，中间产品价值不计入 GDP，否则会造成重复计算。

（2）GDP 是一个市场价值概念。

（3）GDP 只计算某一时期新生产的，而不是售卖掉的最终产品的价值。

（4）GDP 是流量而非存量，GDP 是计算期间内生产的最终产品价值。

（5）一般仅指市场活动导致的价值。

（6）GDP 是一国范围内生产的最终产品的市场价值，因而是一个国土概念。

3. 人均 GDP

思政点融入：新时代以来，以人民为中心的发展思想体现在中国特色社会主义建设的各个方面，人均 GDP 的提高就是重要的体现。我国作为世界第二大经济体的地位得到巩固提升，2022 年我国人均国内生产总值达到 85 698 元。

GDP 是衡量一国（或地区）经济运行水平的总量指标，GDP 可以说明一个国家（或地区）的经济实力或综合国力。

人均 GDP 更能说明一个国家居民的生活水平。人均 GDP 数值越大，说明该国居民生产能力越高，则每个居民取得的收入越多，国家经济发展水平也就越高。

人均 GDP 即按当年人口数平均的 GDP，计算公式如下：

某国某年人均 GDP = 当年实际 GDP/当年人口数

演示训练：从国家统计局网站获取人均 GDP 数据。

4. GDP 与 GNP 的关系

（1）GDP 是以国土为标准的一个国土的概念，指一国当年本国公民与在本国领土上居住的外国公民提供的最终产品的价值总和。以地理上的国土/国境为统计标准。计算公式为：

GDP = 本国公民在国内生产的价值+外国公民在国内生产的价值

（2）GNP（Gross National Product）是以人口为标准的一个国民概念，指一国当年本国公民与（暂时）居住外国的本国公民所提供的最终产品价值的总和。以本国公民为统计标准，遵循国民原则。计算公式为：

$$GNP＝本国公民在国内生产的价值+本国公民在国外生产的价值$$

（3）GNP 和 GDP 的关系。

$$GNP＝GDP+本国公民在国外的要素收入额-国外公民在国内的要素收入额$$

三、国民收入的其他衡量指标

思政点融入：除了 GDP 和 GNP 外，还有 NDP、NI、PI、DPI 四个总量指标，它们之间是相互联系的。GDP 与 NDP、NI、PI、DPI 的关系体现了系统思维。人均可支配收入的衡量和核算体现了以人民为中心的价值观。党的十九大报告指出，"坚持在经济增长的同时实现居民收入同步增长"，把提高人民收入水平放在十分突出的地位。党的二十大报告提出，增进民生福祉，提高人民生活品质。居民人均可支配收入是衡量百姓收入水平，进而反映居民生活水平、福祉状况的主要指标，是制定保障和改善民生政策的重要参考依据。

1. 国内生产净值（Net Domestic Product，NDP）

国内生产净值也称净增价值，是指最终产品价值扣去资本设备消耗的价值，即从 GDP 中扣除资本折旧：

$$NDP＝GDP-折旧$$

2. 国民收入（National Income，NI）

国民收入是指按照生产要素报酬计算的国民收入，它是指一国一年内提供生产服务所得的报酬，即工资、利息、租金和利润的总和。

$$NI＝NDP-间接税-企业转移支付+政府补贴$$

间接税和企业转移支付虽然构成了产品的价格，但是不成为要素收入。

企业转移支付指企业对非营利组织的捐赠款及非企业雇员的人身伤害赔偿。

政府给予企业的政府补贴，虽然不记入产品价格，但是成为要素收入。

3. 个人收入（Personal Income，PI）

个人收入是指一国一年内个人所得到的全部收入。

$$PI＝NI-公司所得税-公司未分配利润-社会保险税费+政府给个人的转移支付$$

这里的政府转移支付包括退伍军人津贴、失业救济金、养老金、职工困难补助等。

4. 个人可支配收入（Disposable Personal Income，DPI）

一国一年内个人可支配的全部收入，指个人收入中进行各项扣除后（如个人所得税）剩下的税后个人收入。DPI 最终可以用来消费（C）和储蓄（S）。

$$DPI = PI - 个人所得税 = C + S$$

因此，根据以上分析汇总可知：

$$GDP = 工资 + 利息 + 利润 + 租金 + 间接税和企业转移支付 + 固定资产折旧$$

$$GDP = C + I + G + X - M$$

$$NDP = GDP - 固定资产折旧$$

$$NI = NDP - 间接税 - 企业转移支付 + 政府补贴$$

$$PI = NI - 公司所得税 - 社会保险税费 - 公司未分配利润 + 政府给个人的转移支付$$

$$DPI = PI - 个人所得税 = C + S$$

演示训练：从国家统计局网站获取可支配收入数据。

四、GDP 的局限性和绿色 GDP

思政点融入：正确看待 GDP，认识 GDP 的局限性体现了辩证思维；绿色 GDP 的核算体现了我国为推动绿色发展、建设人与自然和谐共生的美丽中国所做出的不懈努力。

1. GDP 核算的主要局限性

（1）没有考虑经济过程与资源环境的关系问题，忽略了经济产出背后的资源环境投入成本以及经济活动对资源环境的消耗和破坏。

（2）只给出了当期可用于最终使用的最终产品的总价值，但无法说明具体的产品构成，也无法体现一国国民最终可获得的总福利（比如，闲暇时间是增加了还是减少了）以及不同国民群体在享用最终产品、获得福利上的差异，核算结果无法直接用于国民生活质量、分配均等程度等社会问题的分析。

（3）核算范围不够全面，未对非法经济、地下经济、非正规经济等经济活动进行核算，也未包括住户内部的自给性服务（如家务劳动）。

（4）侧重对"有形"的物品（如厂房、设备等）进行核算，而忽视对"无形"的知识经济成分（如技术革新、品牌效应等）进行核算。

2. 绿色 GDP 对 GDP 核算的修正

思政点融入：建设美丽中国，是以习近平同志为核心的党中央深刻把握我国生态文明建设和生态环境保护形势，立足于社会主义现代化建设全局、不断满足人民日益增长的美好生活需要做出的重大战略安排，是对未来中长期推进生态文明建设和生态环境保护的统领性要求。

绿色 GDP 是世界银行 1995 年提出并于 1997 年首次采用的衡量一国真实国民财富的一个总量指标。它是 GDP 扣除资源耗费价值和环境污染损失的余下价值。

$$绿色GDP = GDP - 环境资产消耗$$

其中，环境资产消耗＝资源消耗成本＋环境恶化成本

或者：绿色GDP＝GDP－外部不经济＋外部经济

【总结反思】

通过"思政线贯穿＋数据库实践操作＋即学即用检测"，全方位各环节"滴入式"渗透课程思政理念，设计例题反复测试学习效果，穿插对国家统计局数据的操作演示，较好地提升了学生的数据搜集能力、归纳分析能力和辩证思维能力，提高了学生对数据的敏感度和对国家关键事件的关注度，培养了学生用经济学思维思考经济问题的能力。本次课程思政教学效果较好，但仍有部分学生动手练习意识较弱，课堂中跟练进度较慢，应当加强课后练习和提升，采用帮带、课前小组汇报、课后布置小组作业等方式进一步提升其实操能力。

机械基础：平面连杆机构的特性

教师信息：张强　**职称**：讲师　**学历**：本科
研究方向：机电一体化技术
授课专业：机电一体化技术
课程类别：理论课
课程性质：专业群技术基础课

第一部分　设计思路

一、本次设计的课程思政目标

本节讲授平面连杆机构的特性中急回特性、死点和压力角等内容。在教案设计时，注重专业内容与思政元素的有机融合，遵循思政工作规律、教书育人规律、学生成长规律，适时引入 C919 大飞机、高铁、航天器等大国重器中的典型机构设计，运用辩证思维理解和学习课程内容，培养学生的工匠精神、社会主义核心价值观和用马克思辩证唯物主义解决问题的能力，树立正确的职业价值观和职业道德。

二、课程思政教学设计内容

1. 课前：课程思政引入

教学前让学生观看与课程相关内容的视频、二维动画和实例、实物，介绍连杆机构在 C919 大飞机、航空航天器、"复兴号"高铁等大国重器中的应用，实时引入"中国制造与中国创造""中国制造 2025"等思政元素，调动学生的学习兴趣，让学生知道学有所用，激发学生科技报国的爱国主义情怀。

2. 课中：课程思政贯穿授课过程

（1）教学方法运用。在讲授本节主要内容时，通过观察法、小组讨论法、案例法和制作简易连杆机构等方法，训练学生严谨的逻辑思维能力和观察能力，培养学生动手能力和思考分析能力，增强学生的团结协作精神。

（2）科学合理的连杆结构设计。在讲授"急回特性"时，通过理论知识学习并结合在大国重器中的实际应用，了解科学合理的设计能有效提高机械的工作效率，增强学生科学严谨和创新精神；在讲授"死点"位置的利与弊时，为保证机构传动的顺利进行，想方设法消除"死点"，而有时为了达到某些稳定牢固的目的，恰恰要利用它的特性，以引导学生辩证地、全面地看问题，渗透马克思辩证唯物主义思想，让学生学会用马克思辩证唯物主义的观点和方法，发现问题、分析问题和解决问题。

3. 课末：课程思政总结反思

机械基础是机械类专业的一门重要基础课程，培养学生机械运动原理、机械设计和机械制造等方面的基本理论知识和实践技能。本次授课内容，即急回特性、死点和压力角等内容，是机械类课程重要基础性内容，对培养学生机械综合分析能力和创新设计能力起到重要作用。通过本节课程教学任务的设计和讲授，促进学生积极思考并主动参与课程的学习，引导学生用所学知识解决问题并将知识与实际结合起来。

第二部分　案例描述

平面连杆机构的特性

【思政导入】

播放大国重器视频，展示简易连杆机构动画，介绍中国在大国重器的设计、加工、制造中，不惧国外高科技、高技术的封锁和制裁，勇于创新，突破技术瓶颈，坚定"四个自信"，引导学生树立远大理想和爱国主义情怀，树立正确的世界观、人生观、价值观，勇敢地肩负起时代赋予的光荣使命，激发学生强烈的民族自豪感、爱国主义情怀和为实现中华民族伟大复兴而努力学习的行动自觉。

一、课程引入

通过"学习通"微课视频，介绍平面连杆机构知识点在天宫空间站（图1）、C919大飞机（图2）等大国重器中的设计与使用场景，将我国关键构件的制造技术水平与国外先进制造技术进行对比，并简要说明工业 4.0 和中国制造 2025 的主要情况，从而引入教学内容。

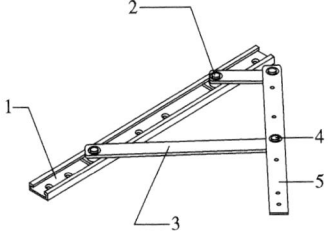

图 1　天宫空间站舱门连杆结构

图 2　飞机起落架平面连杆结构

二、课程内容讲解

课程准备：
(1) 复习上节课平面连杆机构基础知识；
(2) 了解各学习小组制作简易硬纸板四连杆机构情况；
(3) 说明本节课主要内容与重点。

1. 急回特性

(1) 基本概念：以图 3 所示的曲柄摇杆机构为例，曲柄为原动件。

四杆机构的极限位置：当曲柄与连杆二次共线时，摇杆位于机构的最左或最右的位置。

极位夹角（θ）：当动件处于二个极限位置时，相对应的原动件曲柄所夹的锐角。

摆角（ψ）：摇杆（从动件）在两个极限位置 z 之间所夹角称为摇杆的摆角，用 ψ 表示。

极位夹角（θ）的计算公式：

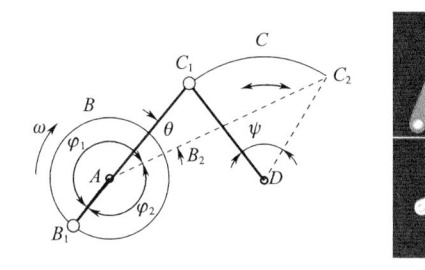

图 3　曲柄摇杆机构

$$\theta = 180° \times \frac{K-1}{K+1}$$

（2）急回特性：原动件曲柄（见图 4）做连续转动时，往复运动的摇杆在空回行程的平均速度大于工作行程的特性。

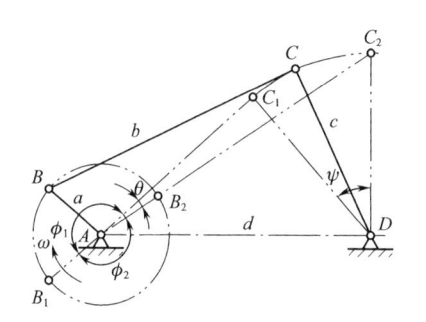

图 4　曲柄摇杆机构（牛头刨）

（3）行程速比系数（K）：从动件空回行程与工作行程的平均速度之比。

$$K = \frac{v_2}{v_1} = \frac{\widehat{C_1 C_2}/t_2}{\widehat{C_2 C_1}/t_1} = \frac{t_1}{t_2} = \frac{\phi_1}{\phi_2} = \frac{180°+\theta}{180°-\theta}$$

或

$$\theta = 180° \times \frac{K-1}{K+1}$$

（4）连杆机构具有急回特性的条件为：①主动件做整周回转；②从动件做往复运动；③极位夹角。

（5）分组讨论：通过各组制作的简易教具，分组讨论急回特性的产生与极位夹角（θ）的关系。

思政点融入：通过实际操作和小组讨论，培养学生善于分析问题和总结的能力，培养学生科学严谨的态度和团队协作的能力，学习大国工匠精益求精、钻研探索的精神。

(6) 教师小结：
① $\theta>0°\to K>1\to$ 此时机构具有急回特性，$\theta\uparrow\to K\uparrow\to$ 急回特性显著。
② $\theta=0°\to K=1$，此时机构无急回特性。

2. "死点"位置

(1) 基本概念：以平面连杆机构（缝纫机，见图5）的简图中的摇杆CD为原动件，BC与AB两次共线时，机构的传动角 $\gamma=0°$（$\alpha=90°$），这时转动力矩为零，AB不转动，机构处于停顿位置称为"死点"位置。

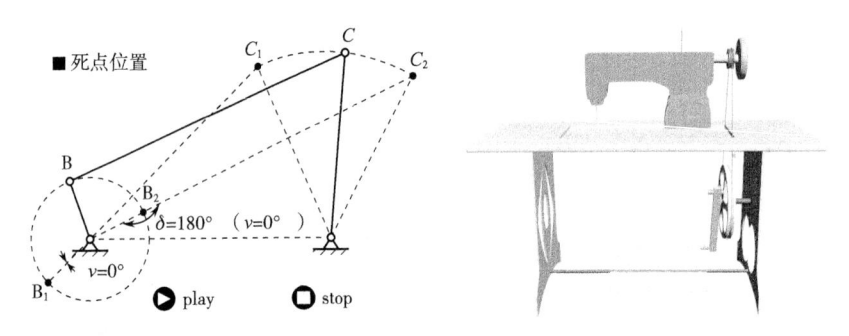

图5 平面连杆机构（缝纫机）

(2) 压力角（α）。从动件上的作用力F与该点速度v_c所夹锐角α称为机构的压力角。

F的两个分力：

$F_n=F\sin\alpha$——引起摩擦力，有害分力；

$F_t=F\cos\alpha$——有效分力。

(3) 传动角（γ）：压力角α的余角，即$\alpha+\gamma=90°$称为传动角（见图6）。

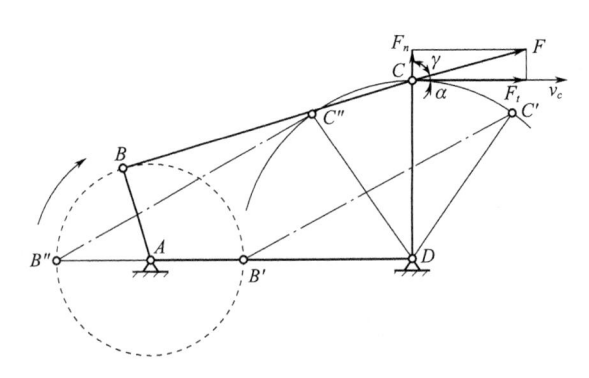

图6 压力角（α）和传动角（γ）

$\alpha \uparrow$（$\gamma \downarrow$）$\rightarrow Fn \uparrow \rightarrow$ 传力性能差；

$\alpha \downarrow$（$\gamma \uparrow$）$\rightarrow Fn \downarrow \rightarrow$ 传力性能好。

(4) δ_{min} 的确定。摇杆 CD 为从动件，曲柄 AB 为原动件（见图7），当原动件 AB 与机架 AD 共线时，传动角最小。比较两者两次共线的 δ_{min}，并取小值为该机构的最小传动角 δ_{min}。

为保证机构的传力性能良好，必须限定机构的最小传动角，通常 $\gamma_{min} \geqslant$ [γ]。对于一般机械，通常 [γ] = 40°~50°，对于传递功率大的机械 [γ] $\geqslant$ 50°，对于一些非传力机构，也可取 [γ] <40°，但不能过小。

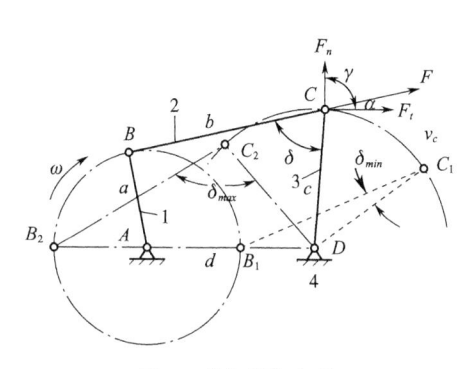

图7 曲柄摇杆机构

(5) 分组讨论："死点"产生原因的利弊及克服方法。

思政点融入：通过讲解"死点位置"的定义、产生原因、"死点"利与弊和消除方法，利用辩证法（事物的两面性）看待问题，逆向思维考虑。每个人都可能遇到自己人生中的"死点"，只要我们坚持不懈地推动它，终有一天，它会带着我们过关斩将，砥砺前行，跨过"死点"，最终赢得一个精彩的人生！

(6) 教师小结。

1) 利：工程上利用死点位置进行工作，如飞机起落架。

2) 弊：机构有死点，从动件出现卡死或运动方向不确定现象，对传动不利，如缝纫机的脚踏机构。

3) 克服死点的方法：增大从动件的质量，利用惯性度过死点位置；在从动曲柄上施加外力或安装飞轮以增加惯性；采用相同的机构错位排列。

三、课堂总结

(1) 总结本次课程的重点，对课堂表现优秀的小组和个人进行表扬；

（2）安排作业，并提出完成要求；
（3）布置下次课程预习内容。

【总结反思】

　　本次课程将工匠精神、爱国情怀、哲学思想和教学内容紧密有机融合，通过对急回特性和"死点"的利弊内容分析，将知识延伸到人生的"飞轮效应"，教育引导学生辩证看待问题，在工作和学习中要养成良好的习惯，经过长时间的积累和磨砺，直到抵达一个"临界点"，产生螺旋上升，最终会获得成功。同时引导学生增强自信心，让工匠精神植入学生内心，激发他们爱岗敬业的品质，培养爱国主义情怀。

中篇

"金扣子"课程思政优秀教学设计案例

大学物理：光的偏振

教师信息：葛英慧　**职称**：讲师　**学历**：博士
研究方向：强子物理
授课专业：机电专业群
课程类别：理论课
课程性质：公共基础课

第一部分　设计思路

一、本次设计的课程思政目标

从3D电影原理引出光的偏振特性，点燃学生求知的欲望，激发学生的学习兴趣和科学探索精神，通过热点话题引发学生探讨，激发其使命担当、爱国热情，弘扬工匠精神，培养创新思维。课上习题让学生体会生活中处处有物理的乐趣，培养理论联系工程实际的辩证思维。课后拓展通过中国天眼的故事感受光的偏振特性在现代科技前沿中发挥的重要作用，强化使命担当，增强学生的责任感和使命感。

二、课程思政教学设计内容

1. 课前：课程思政引入

（1）播放3D电影片段。提问：3D电影画面生动逼真的原理是什么？

（2）分别展示偏光太阳镜和普通太阳镜。提问：通过这两种太阳镜分别观察到了什么现象？偏光太阳镜遮光的原理是什么？

借助生活中的常见实例引发学生对其中蕴含光学原理的兴趣。

达到目的：光的偏振技术应用于3D电影和人们日常生活中，它们不光是书本上的复杂公式，还切实改变着我们的生活，以此激发学生的科学兴趣和探索精神。

2. 课中：课程思政贯穿教学过程

（1）提出问题后，让学生通过旋转偏振片进行自主探究，激发学生的学习热情和探索欲望，培养学生热爱科学、尊重科学的精神。

（2）介绍华为芯片事件，使学生意识到唯有自主研发，才能打破技术封锁，真正成为制造强国，引发学生自主创新的意识，坚定其积极向上的理想信念和民族自信，并使学生意识到专业、敬业、精益求精的工匠精神是中国制造业的精神源泉。

（3）课中习题引导学生理论联系实际，课后拓展让学生感受物理知识在现代科技前沿中发挥的重要作用。

3. 课后：课程思政总结反思

引导学生总结偏振光的知识点时，讨论学习如何领悟科学魅力，感悟科学精神、激发学生的探索精神、创新精神，提高科学思维能力。

祖国是我们强大的依靠，在全球科技竞争日益激烈的情况下，只有在中国共产党的领导下，学以致用，勤于思考，勇于创新，才能肩负起使命与担当，成长为有理想、敢担当、能吃苦、肯奋斗的新时代好青年。

第二部分　案例描述

光的偏振

一、课前任务

复习回顾。

二、引入提问

播放 3D 电影片段（见图 1），分别展示偏光太阳镜和普通太阳镜。

提问：3D 电影画面生动逼真的原理是什么？偏光太阳镜遮光的原理又是什么？

通过提问引起学生对其中蕴含科学原理的兴趣，拿出准备好的偏振片，引导学生通过演示实验探索原理。

思政点融入：设置层层递进的问题，引导学生分组合作进行实验探究，

图1　3D 电影画面

观察实验现象,寻找实验规律。培养学生的动手能力、观察能力和分析问题总结规律的能力。

三、光的偏振性

1. 自然光和偏振光

引入生活中常见的实例揭示各种光的特点。

光刻机作为一种精密的半导体制造设备,在半导体产业中扮演着至关重要的角色。它的基本工作原理是利用光学原理将图案投射到硅片上,涵盖机械技术、电子技术、光学技术等多个领域的知识,需要采用先进的技术和高纯度的原料等。多年来,欧美等西方国家在传统芯片制造中占据技术和市场的制高点,这是我国高端制造的短板之一。2019 年 5 月起,美国以所谓科技网络安全为借口对华为施加多轮制裁,禁止美企向华为出售相关技术和产品。断供四年间,华为加大自主研发力度,积极与国企合作,在芯片等多个领域实现技术突破,华为自主研发芯片到达了一个新的节点。这告诉我们只有自主研发、自主创新,才能提高核心竞争力。中国芯片行业的快速发展离不开那些充满热爱、保持激情、技艺精湛的工匠们,专业、敬业、精益求精的工匠精神是中国制造业的精神源泉。

思政点融入：以光刻机引出华为芯片事件,让学生意识到创新是一个民族进步的灵魂,是一个国家兴旺发达的不竭动力,不依附于任何人,不屈服于任何国家是我们这个国家和民族的底气和自信。通过华为展现出来的中国力量，中国的自主能力和自力更生能力增强了学生的民族自信心和自豪感。在这次事件中，众多国产科技企业纷纷向华为伸出援手，形成团结合作的局面，展现了中国企业在困难面前的团结与支持。让学生意识到中国芯片行业的快速发展同样离不开无处不在的工匠精神。

2. 偏振片

演示实验1 起偏与检偏：请学生透过一张偏振片对灯光、太阳光和手机发出的光进行观察，在观察过程中不断旋转偏振片，看看有什么现象发生。见图2。

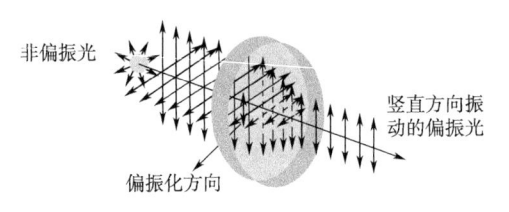

图 2　偏振片特性展示

3. 偏振片的特性

能吸收某一方向光振动，而只让与该方向垂直的光振动通过。同时引入美国物理学家埃德·兰德在19岁制成的世界上第一种人造偏振片的故事。

思政点融入：让学生感受勇于创新、积极探索、勇攀高峰的科学精神。

演示实验2：请学生利用两张偏振片进行观察，固定其中一张偏振片，旋转另一张，观察到了哪些现象？见图3。

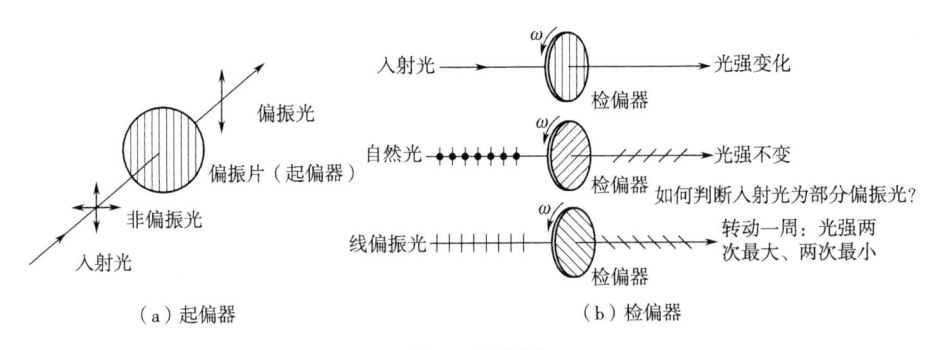

图 3　原理图

起偏：使自然光成为线偏光；

检偏：检验某一光是否为偏振光。

见图4。

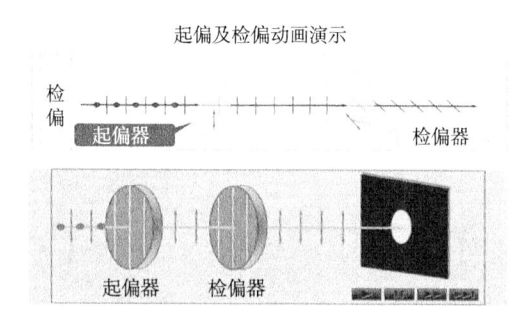

图4 起偏与检偏动画演示

两张偏振片的夹角为任意角度时，如何计算出射光强？引出马吕斯定律。

4. 马吕斯定律

结合动画演示讲解马吕斯定律：

$$I = I_0 \cos^2 \theta$$

并通过习题强化巩固，加深理解和记忆。

课中任务：通过学习通发布讨论题，光的偏振在生活中还有哪些应用？

思政点融入：进一步激发学生的兴趣，让学生体会生活中处处有物理的乐趣，培养理论联系工程实际的辩证思维。

四、反射光和折射光的偏振

当自然光入射到折射率为 n_1 和 n_2 的两种介质的分界面上时，反射光和折射光都是部分偏振光。

布儒斯特定律

当入射角 i_B 满足条件 $\tan i_B = \dfrac{n_2}{n_1}$ 时，反射光成为完全偏振光，其光振动垂直于入射面，折射光与反射光的传播方向互相垂直，i_B 称为布儒斯特角。

五、课后拓展

课后在学习通推送纪录片《天眼FAST》（见图5）和新闻《中国天眼FAST发现首例持续活跃快速射电暴》，学生观看并参与学习通线上讨论。

思政点融入：让学生感受光的偏振特性在现代科技前沿中发挥的重要作用，强化自立自强的意识。

图 5　天眼 FAST

【总结反思】

本节课程学习了光的偏振，包括光的偏振性、起偏与检偏和马吕斯定律。课前导入让学生思考生活中常见实例的物理原理，之后通过自主探究实验让学生分组合作观察实验现象、总结实验规律。通过华为芯片事件，引导学生理解制造强国需要自主创新，需要弘扬工匠精神，需要科研攻关型人才，同时也需要更多高水平技能型人才和大国工匠。青春正当时，兴国需奋斗。学生要牢固树立爱国意识和民族意识，立鸿鹄之志，让青春绽放在祖国最需要的地方。学习完理论知识后，在习题中引导学生联系生活和工程实际。课后拓展让学生感受光的偏振特性在现代科技前沿中发挥的重要作用，了解"国之重器"背后的科学知识和研发历程，强化自立自强的意识。

网络与综合布线系统工程：网络跳线的制作（RJ45）

教师信息：林梦圆　**职称**：副教授　　**学历**：本科
研究方向：建筑智能化
授课专业：建筑智能化工程技术
课程类别：理实一体化课程
课程性质：职业技术技能课

第一部分　设计思路

一、本次设计的课程思政目标

依据建筑智能化工程技术人才培养方案中的课程思政要求，始终将立德树人作为根本任务，培养"爱党爱国、德技并修、勇于创新"的高素质复合型人才，培养理想信念坚定，德、智、体、美、劳全面发展，具有良好的人文素养、职业道德和劳模精神、工匠精神、规范意识、工程意识、创新意识、环保意识，较强可持续发展的能力，从事智能建筑综合布线设计、安装与调试、建筑节能等领域的高素质复合型人才，见图1。

二、课程思政教学设计内容

1. 课前：课程思政引入

（1）在学习通平台观看人民日报一则关于中国布线工程师与德国布线工程师所做工程项目照片对比并讨论，引入工匠精神、工程意识、劳模精神、爱国情怀、民族自豪感等课程思政元素。

（2）在学习通平台预习《综合布线系统工程设计规范》《综合布线系统工程验收规范》等国家标准与规范中与"跳线"有关的内容，通过对标准的预习，培养学生的贯标意识和自我学习的能力，并进行中国特色社会主义法

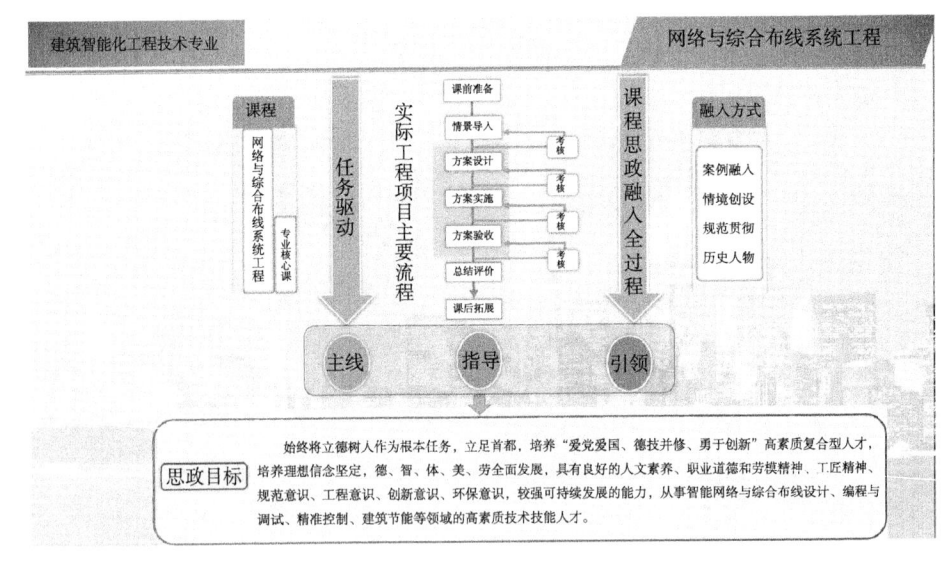

图 1 网络与综合布线系统工程课程思政总设计思路

律教育，使学生懂得做事要遵纪守法的品质。

2. 课中：课程思政贯穿授课过程

（1）通过"德国电工布线火了，中国工程师表示不服"的新闻引入，并展开讨论，培养学生工匠精神、工程意识、劳模精神、爱国情怀，增强民族自豪感。

（2）分析 T568B（白橙、橙、白绿、蓝、白蓝、绿、白棕、棕）的顺序，结合《综合布线系统工程设计规范》等国家标准与规范，培养学生遵守国家标准与规范，遵纪守法的品质。

（3）个别学生做跳线实施过程当中，把线序做反了，及时分析调整，引出课程思政内容：做事要严谨细心，扣好人生第一粒扣子。

3. 课后：课程思政总结反思

（1）思政目标要与专业教育有机融合，落到实处。本次课将社会主义道德教育（社会公德、职业道德、个人品德）、中国特色社会主义法制教育、真善美教育（职业精神、工匠精神、劳动教育）等方面的思政目标，有机融入教学的各个环节，悄然渗透到各个知识点。

（2）运用不同的教学方法以及多样化的教学手段，助力课程思政的实施，收到很好的专业教学效果与思政效果。充分利用学习通平台，通过视频、抖音等信息化教学手段，增强思政点的吸引力、感染力，激发学生学习兴趣，提高学习效率。

第二部分　案例描述

网络跳线的制作（RJ45）

【思政导入】

学生提前在学习通平台中预习观看人民日报一则关于中国布线工程师与德国布线工程师布线对比的新闻，见图2。

图2　德国工程师与中国工程师布线效果对比

教师引入：同学们，看完中国布线工程师与德国布线工程师布线的工程照片后，你们有什么感受？

学生分组讨论：①"德国工程师布线水平确实高，项目很漂亮"；②"中国工程师也相当不错，不比德国工程师差！有民族自豪感！"③"漂亮项目的背后折射出工程师艰辛的技能训练，台上一分钟，台下十年功"；④"我以后要做出比德国工程师还漂亮的工程项目！"……

教师点评：同学们，看了中国工程师与德国工程师的项目，你们觉得谁更胜一筹呢？刚才同学们讨论得很激烈，也说得很好，其实，咱们中国也有很多技艺精湛的工程师，他们身上不乏我们所说的工匠精神，为中国制造加油，为中国人的工匠精神点赞！我们要有文化自信，为中国工程师而感到骄傲与自豪！

同学们，你们想做出如此漂亮的网络线吗？那咱们今天就一起来学习网络跳线的制作吧。

本次课的教学任务是网络跳线的制作（RJ45），任务流程包括任务分析、规范与标准的学习（线序）、相关知识点学习与讨论、跳线的制作、小组展示并互评、教师点评、课后拓展。思政元素贯穿每一个教学环节。

一、任务分析

（1）熟悉相关标准与规范；
（2）参照标准与规范，熟练排列 T568A 和 T568B 的线序；
（3）跳线的制作；
（4）小组展示并互评；
（5）教师点评；
（6）课后拓展，并将实施结果拍照上传到学习通。

二、熟悉相关标准与规范

教师分析：同学们通过在学习通平台自学《综合布线系统工程设计规范》（GB 50311—2016）、《综合布线系统工程验收规范》（GB/T 50312—2016）等国家标准与规范，有什么收获呢？我们想做出比德国工程师还要好的布线项目，一定要遵守国家标准与规范，没有规矩不成方圆，所以我们要遵纪守法，全面依法治国，同时，我们也需要尊重甲方需求，树立以人为本的理念。

三、参照标准与规范，熟练排列 T568A 和 T568B 的线序

T568B：白橙、橙、白绿、蓝、白蓝、绿、白棕、棕
T568A：白绿、绿、白橙、蓝、白蓝、橙、白棕、棕
见图 3。

思政点融入：同学们，要理解记忆两种线序的排序，建议大家先记 T568B 的线序。大家不要记错，错一根，就会全部错。所以大家做事要严谨仔细，同时人生第一粒扣子一定要扣好，抓住在校学习机会，不能错失学习良机。

四、跳线的制作

通过学习通的跳线制作视频分析制作步骤要点。

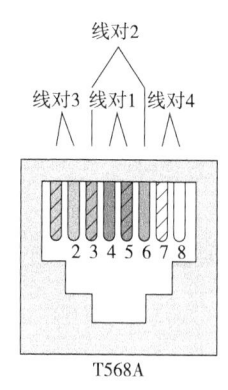

白橙、橙、白绿、蓝、白蓝、绿、白棕、棕　　白绿、绿、白橙、蓝、白蓝、橙、白棕、棕

图 3　T568B 与 T568A 线序对比

剥–排–理–剪–插–压–测。

思政点融入：在制作过程中，主要顺序一定不能颠倒，人生的第一粒扣子一定要扣好。同时引导学生注意安全操作，按照规程操作，提高安全生产意识；在制作的时候，要节约用线，要有节能环保意识。

五、小组展示并互评

共分为 7 个小组，每组 6 位学生，每组派代表将本组所做的成果上台展示，并进行自评，其他组学生进行互评。

通过分组完成跳线的制作，提升学生团结协作的能力，同时由其他组成员进行评价。

六、教师点评

教师对各组以及全体做出评价，对制作过程中存在的问题与不足给予纠正，及时调整教学策略。

思政点融入：今天各组表现都很积极，基本上都做出了达标的跳线，有个别组的同学制作较慢，质量还没有达标，即便测试通了，但是从外观看，还不符合标准，是不合格的。所以今后在制作的过程中，要严格遵守标准与规范，用工匠精神来制作跳线，力争做出比德国工程师更好的综合布线项目。

七、课后拓展分析

每位学生将自己所做跳线结果拍照上传到学习通，完成当天的作业，并从学习通预习下次课"模块的端接"。

思政点融入：请同学们课后利用 FLASH 软件，继续完成 T568B 线序的游戏（见图 4），同时思考能否用 FLASH 软件开发 T568A 的线序。大家要具有自我学习的能力与创新能力，要有大胆尝试、开拓进取的能力，要有战略思维及敢于实践的精神。

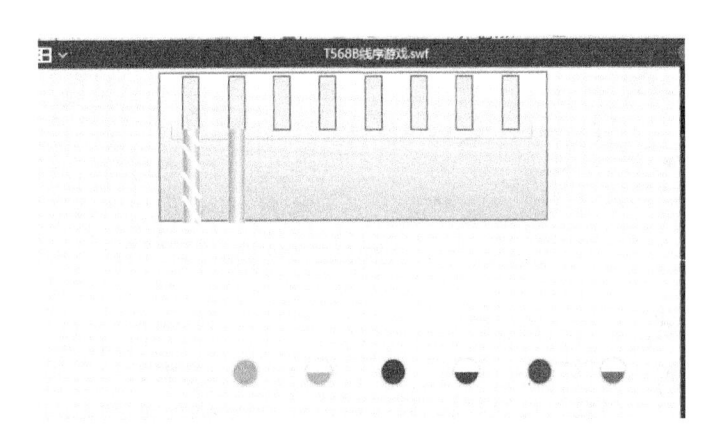

图 4　T568B 线序游戏

【总结反思】

通过分组讨论、实操练习，培养学生的工匠精神、团队协作精神、精益求精、安全意识。

组织学生做好个人卫生与保护，既保护了自己，也保护了他人，融入社会主义道德教育（社会公德、职业道德、个人品德）；培养学生热爱劳动、节约能源、环保意识及善始善终的职业素养；树立正确的世界观、人生观和价值观。

（1）思政目标落实情况：通过网络跳线制作的教学活动，挖掘课程思政元素，将课程思政元素融入教学活动各个环节，取得了润物细无声的效果，学生对社会主义核心价值观有了更深的认知，主要包括社会主义道德教育（社会公德、职业道德、个人品德）、中国特色社会主义法制教育、真善美教育（职业精神、工匠精神、劳动教育）等方面，达到了课前设定的课程思政目标。

（2）应用学习通平台，采用课前线上预习、课中线上线下混动、课后线上练习的模式，并充分利用 FLASH 动画等现代化的信息手段，充分调动学生学习的兴趣，将课程思政融入每个教学环节，学生对专业知识与技能掌握得更加牢固，学习目的更加明确，学习更加有动力，学生的能力更加全面，收到了很好的效果。

（3）个别地方课程思政还没有完全达到理想的效果，今后将进一步调整课程思政教学策略，将课程思政贯穿到课程教学的每一个环节，恰到好处地融入课程思政，按照人才培养方案的要求，为社会、为国家培养出更多的德智体美劳全面发展的人才。

大数据基础：使用流程控制实现中国空间站轨道参数查询系统

教师信息：张燕宁　**职称**：副教授　**学历**：本科
研究方向：计算机应用
授课专业：计算机应用技术
课程类别：理实一体化课程
课程性质：专业群技术基础课

第一部分　设计思路

一、本次设计的课程思政目标

以红绿灯设计原理为切入点，引导学生思考规则对人类生活的影响，再由人类生活规则抽象到大疆无人机和疫情防控处置方法的事件处理规则，引出本次课的教学内容：使用流程控制实现中国空间站轨道参数信息查询系统。在学习过程中，融入对中国民族文化、国家科技发展的民族自豪感，培养学生勤于思考、刻苦钻研、勇于创新的意识，并逐步养成细节制胜、专注笃定的工匠精神，坚定科技报国的决心，践行文明、诚信、爱国的社会主义核心价值观。

二、课程思政教学设计内容

1. 课前：课程思政引入

教师通过学习通发布学习任务，要求学生自主探究学习红绿灯设计原理，观看中国空间站与国际空间站的区别、从零到太空母港，中国空间站取得了哪些成就的视频，了解中国空间站的历史和意义，查阅收集整理资料"中国空间站轨道参数"，整理成思维导图或手抄报提交。

2. 课中：课程思政贯穿授课过程

（1）播放视频《从神话到现实，中国空间站进入应用与发展新阶段》进行课程导入，让学生关注我国科技发展的最新动态，增强专业自信和国家科技自信；从就业岗位出发，结合课前预习作业展示与点评讲解本次课程的内容。

（2）教师要求学生通过学习通观看动画"流程控制"，理解如何利用流程控制完成交互程序设计；教师结合案例讲解流程控制语句的作用和语法结构，并进行代码演示。

（3）教师引导学生利用新形态教材和学习通任务清单，完成中国空间站轨道参数查询系统。

3. 课末：课程思政总结反思

教师讲述航天人从失败中积累经验，不断探索最终取得成功的故事，鼓励学生学习航天人不屈不挠、勇于探索的科研精神，引导学生全面思考、开拓进取，通过任务分解，将科技热点和教学实践相结合，不懈的努力奋斗，为科技强国贡献力量。鼓励学生通过两种方法实现数据可变功能，要求学生按时提交作业提升项目，并对实现方法进行总结；培养学生面对困难不轻言放弃、一丝不苟、开拓创新、积极进取。

第二部分　案例描述

使用流程控制实现中国空间站轨道参数查询系统

一、思政引入

通过课前自学和讨论，培养学生文化素养和遵守规则的法治精神。

红绿灯是重要的交通信号灯，从小我们就熟知红灯停绿灯行的交通规则。

红绿灯是基于人类视觉结构对不同颜色做出不同心理反应的原理设计的，红色危险，黄色警示，绿色安全，因此就采用了这三种颜色。见图1。

图1　红绿灯示意图

无论是出于习惯还是视觉结构方面的考虑，交通参与者遇到不同颜色的指示灯要做出不同的反应。

除红绿灯外，我们使用无人机拍摄，要根据拍摄对象选择无人机的飞行方向和角度。提到无人机，大家最先想到的应该就是大疆无人机。见图 2。

图 2　大疆无人机

2015 年，大疆作为唯一的中国本土企业被美国著名商业杂志评选为十大消费类电子产品创新型公司，位列第三。2020 年，美国商务部将大疆列入"实体清单"对进出口美国实行"管制"。大疆无人机的成功彰显了我国的科技影响力，我们应该为之骄傲和自豪。

融入我国先进科技思政元素，激发学生爱国情怀、民族自豪感，坚定科技报国信念。

二、流程控制

在程序设计中也是如此，程序需要根据用户选择来决定做什么，以及怎么做。这种根据需求控制程序执行内容的做法，就是流程控制。

三、任务分析

专业学习培养：流程控制语句改变程序执行顺序。

思政精神培养：通过播放视频和讨论环节，激发学生民族自豪感，培养学生良好的沟通能力（业务素养）、总结分析能力（业务素养）、团结合作能力（职业素养）。

2023 年 5 月 30 日，神舟十六号载人飞船发射圆满成功，其主要任务之一是对空间站进行维护维修等。

中国空间站，是我国自主研发的国家级太空实验室，是衡量我国综合国力的重要标志，也向世界展现了我国航天强大的实力。

在课前预习的基础上，引导学生观看《从神话到现实，中国空间站进入应用与发展新阶段》的视频，进一步了解中国空间站的发展历程，激发学生的民族自豪感和科技报国心。引导学生在学习的过程中，发扬航天人勇于探索、不断进取的精神。

本次课的任务是仿照中国空间站轨道参数信息查询页面，使用流程控制语句，设计参数信息查询系统。

用户能够根据需求输入菜单编号，系统输出相应时间段的信息。

真实案例："中国载人航天——中国空间站轨道参数"页面信息。见图3。

图3 中国空间站轨道参数信息

根据网页内容，设计中国空间站轨道参数查询系统，如图4所示。

流程控制对任何一门编程语言都是重要且必要的。

Python编程语句有3种流程控制语句结构：顺序结构、分支结构、循环结构。

顺序结构是程序执行流程的默认结构，也是程序的基本结构。在顺序结构中，程序按照语句出现的先后次序依次执行。

分支结构一般是指条件语句，通过一条或多条语句的执行结果决定将要执行的代码块。

循环结构是指循环语句，在程序中重复执行某几条语句，一般会有一个退出循环的条件，满足这个条件，循环不再继续。

四、任务研讨

专业学习培养：理论知识储备。

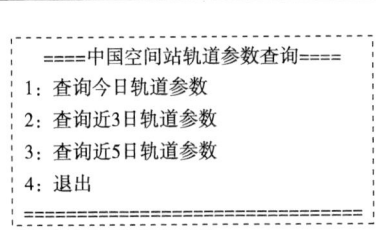

```
====中国空间站轨道参数查询====
1：查询今日轨道参数
2：查询近3日轨道参数
3：查询近5日轨道参数
4：退出
==============================
请选择功能：2
近3日轨道参数
day1: 1 48274U 21035A 23152.00000000  .00025493  00000-0  27224-3 0  9992
      2 48274  41.4744 254.2360 0003906 273.4096 273.4752 15.59533443119319
day2: 1 48274U 21035A 23152.00000000  .00025493  00000-0  27224-3 0  9992
      2 48274  41.4744 254.2360 0003906 273.4096 273.4752 15.59533443119319
day3: 1 48274U 21035A 23152.00000000  .00025493  00000-0  27224-3 0  9992
      2 48274  41.4744 254.2360 0003906 273.4096 273.4752 15.59533443119319
请选择功能：
```

图 4　中国空间站轨道参数查询系统

思政精神培养：通过课堂案例，树立和培养学生爱国、敬业的社会主义核心价值观；通过分支结构和循环结构的学习，培养学生科学严谨、精益求精的工匠精神。

1. 分支结构

Python 中的分支结构是一种用于根据条件选择不同执行路径的控制结构。它允许程序根据特定条件的真假进行不同的操作，从而实现灵活的程序控制流程。

常用的分支结构主要有三种，分别是单分支结构、二分支结构和多分支结构。见图 5。

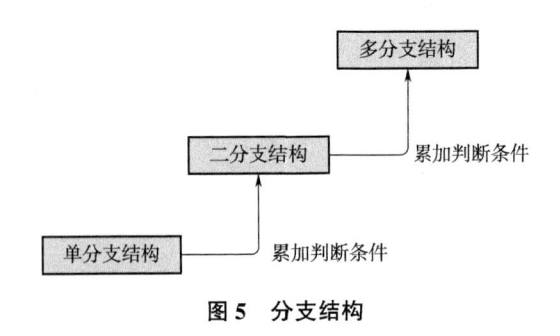

图 5　分支结构

Python 中使用 if 保留字来构成分支结构。

（1）单分支结构：当条件为 True 或等价于 True（如非 0、非空字符串等）时，执行后面的语句块，语法格式为：

　　if 条件：

　　　　语句块

条件表达式可以是一个单纯的布尔值或变量，也可以是比较表达式或逻辑表达式。

如果条件表达式的值为 True，则运行"<语句块>"；如果条件表达式的值为 False，就跳过"<语句块>"，继续运行后面的语句。

（2）二分支结构：条件为 True 或等价于 True 时，执行语句块 1；条件为 False 或等价于 False 时，执行语句块 2。语法格式为：

　　if 条件：

　　　　语句块 1

　　else：

　　　　语句块 2

注意：if 和 else 必须对齐，语句块 1 和语句块 2 必须有相同的缩进。

（3）多分支结构：首先判断条件 1 是否为 True，如是，则执行语句块 1，然后结束整个 if 语句；否则，判断条件 2 是否为 True，如是，则执行语句块 2，然后结束整个 if 语句；以此类推，如果条件 n 也不成立，则执行语句块 n+1。语法格式为：

if 条件 1：

　　语句块 1

elif 条件 2：

　　语句块 2

elif 条件 3：

　　语句块 3

……

elif 条件 n：

　　语句块 n

else：

　　语句块 n+1

学生实践时，给学生讲述航天员景海鹏的故事，鼓励学生向英雄学习，培养学生敬业尽职、勤于分析、专注笃定、勇于创新的工匠精神。

神舟十六号飞行任务的 3 名航天员备受关注，其中担任指令长的景海鹏是中国首位第四次飞天的航天员。作为中国四度飞天第一人，景海鹏接受记者采访时说：航天员要具备举一反三、教一会三、教一会十的能力。科研人员要培养航天员在轨操作能力、飞行品质和飞行细节等，我们在地面训练的时候，要能准确无误地操作新手册。

2. 循环结构

循环结构就是重复执行一条或若干条语句（见图6）。Python中的循环有两大类：while条件控制循环与for计数循环。

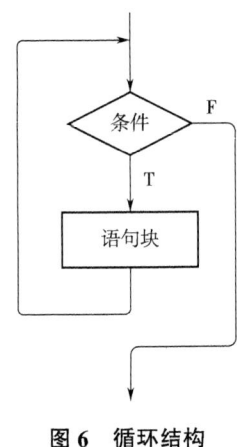

图6 循环结构

（1）while条件控制循环：当条件表达式的值为True时，则运行循环体的语句块；运行一次后，重新判断条件表达式的值，直到条件表达式的值为False时，退出while循环。语法格式为：

```
while 条件：
    <语句块>
```

（2）for计数循环：对可迭代对象中的每个元素执行一遍循环体。每次循环时自动把可迭代对象中的当前元素分配给变量并执行循环体，直到整个可迭代对象中的元素取完为止。通常用于遍历序列中的元素（如字符串、元组、列表等）或其他可迭代对象，它按照元素在可迭代对象中的顺序一一迭代，在处理完所有元素后自动结束循环。也即对序列中的每个元素都执行一遍循环体。

语法格式为：

```
for  <循环变量>  in  <迭代对象>：
    <语句块>
```

循环变量用于保存取出的值。序列结构为要遍历或迭代的序列对象，如字符串、列表、元组等。语句块为一组被重复运行的多条语句。

（3）Range 函数：用于生成一个等差整数列表，经常用在 for 循环中生成迭代对象。

range（）函数使用格式：

range（[start,] stop [, step])

《周易·系辞上》："引而伸之，触类而长之，天下之能事毕矣也。"又《乾》："六爻发挥，旁通情也。"后以"触类旁通"谓掌握了某一些事物的规律，就能知同类事物，培养学生勤于分析、刻苦钻研的职业精神。

3. 注释

（1）注释的概念：使用自己熟悉的语言，在程序中对某些代码进行标注说明，能够大大增强程序的可读性。

（2）注释的分类。

a. 单行注释：以#开头，#右边的所有内容当作说明，而不是真正要执行的程序，起辅助说明作用。从符号"#"开始直到换行为止，"#"后面所有的内容都作为注释的内容。单行注释可以放在要注释代码的前一行，也可以放在要注释代码的右侧。

b. 多行注释：如果注释信息很多，一行无法显示，可以使用多行注释。Python 程序中的多行注释可用一对连续的三个引号（单引号和双引号都可以）。

通过学习给代码添加注释，使程序在满足功能的前提下，提高可读性和标准性，培养学生敬业尽职、精益求精、专注笃定、勇于创新的工匠精神。

五、任务应用

专业学习培养：流程控制语句实现查询界面。

思政精神培养：通过任务执行环节，培养学生知行合一、细节制胜的工匠精神，同时要求小组成员互相帮助，培养团队意识。通过学习通 1+X 试题库测试题，直击真题，进行取证环节的零对接，培养学生行为反思（业务素养）能力。分层环节，培养学生时间控制能力和自学能力（业务素养）。

轨道参数查询有很多种方式，请大家进阶完成如下界面和菜单功能效果图（见图7、图8、图9）。

```
====中国空间站轨道参数查询====
1：查询今日轨道参数
2：查询近3日轨道参数
3：查询近5日轨道参数
4：退出
==============================
请选择功能：
```

图7 顺序结构输出菜单界面

```
====中国空间站轨道参数查询====
1：查询今日轨道参数
2：查询近3日轨道参数
3：查询近5日轨道参数
4：退出
==============================
请选择功能：1
今日轨道参数
请选择功能：2
近3日轨道参数
请选择功能：3
近5日轨道参数
请选择功能：5
序号输入错误
请选择功能：4
Process finished with exit code 0
```

图8 分支结构实现功能选择

```
====中国空间站轨道参数查询====
1：查询今日轨道参数
2：查询近3日轨道参数
3：查询近5日轨道参数
4：退出
==============================
请选择功能：2
近3日轨道参数
day1： 1 48274U 21035A 23152.00000000 .00025493 00000-0 27224-3 0 9992
       2 48274 41.4744 254.2360 0003906 273.4096 273.4752 15.59533443119319
day2： 1 48274U 21035A 23152.00000000 .00025493 00000-0 27224-3 0 9992
       2 48274 41.4744 254.2360 0003906 273.4096 273.4752 15.59533443119319
day3： 1 48274U 21035A 23152.00000000 .00025493 00000-0 27224-3 0 9992
       2 48274 41.4744 254.2360 0003906 273.4096 273.4752 15.59533443119319
请选择功能：
```

图9 循环结构实现轨道参数输出

《论语·先进》："过犹不及。"宋朱熹集注："夫过不及，均也。差之毫厘，谬以千里。"在教学中，提示学生在设计轨道参数输出时要注意数据格式、参数设定等，培养专注笃定、精益求精精神。

六、任务评价

专业学习培养：知识评价与反思。

思政精神培养：通过与企业工程师的交流，教育学生在工作中要以项目为核心，保持谦虚严谨的工作作风（业务素养），践行精益求精、细节制胜的工匠精神。

七、任务创新

专业学习培养：实践探索制作"可变数据的中国空间站轨道参数查询"系统。

思政精神培养：通过企业真实工作过程，弘扬航天人精神，培养学生面对困难不轻言放弃、一丝不苟、开拓创新、积极进取的工匠精神。

企业案例"可变数据的中国空间站轨道参数查询"系统的实现，具体见新形态教材的任务单。

如今，我们听到的都是火箭发射成功的好消息，在成为航天强国的路上，我们并非一路坦途。1974年11月5日，长征二号首飞失利，仅仅在发射20秒后，火箭凌空爆炸，星舰俱毁。这场全球转播的火箭发射失败，是中国航天史上的至暗时刻。10年后，1984年1月29日，长征三号首飞由于三级发动机第二次点火失败，火箭未能入轨。1995年，长征二号E发射亚太二号通信卫星时，升空50秒后凌空爆炸。1996年长征三号乙发射美国通信卫星国际708，火箭升空后突然发生倾斜，撞向一座山，炸成一片火海，星舰俱损，造成6死57伤的悲剧。火箭发射失败让中国航天声誉一落千丈，中国航天也从一次次失败中成长。2022年，我国将火箭发射成功率做到了世界第一，从全面落后到航天强国，中国航天面对失败没有退缩，自查自省，找到失败原因，"双五归零"等一系列严苛的质量管理制度诞生，上到火箭发射，下到一颗螺丝，都要重视，这才让我国抓住了翻盘的机会，铸就了中国如今的航天事业。

通过此故事鼓励学生学习航天人的精神，面对困难不轻言放弃、一丝不苟、开拓创新、积极进取。

【总结反思】

（1）让全体学生都参与学习，学生学习，教师陪伴，学习感悟，教师渗透。

（2）抓住部分学生的生成性学习：①学生有多种解决问题的思路；②学生有奇特的观点；③学生并未跟上教学节奏。

（3）善于给课堂做减法，知识讲授有取舍，给课堂留下时间去练习、总结和发现。

（4）学习过程中选取项目实际案例，教学标准与企业标准、教学过程与企业真实工作过程无缝对接。

（5）根据职业岗位需求，教师对系统设计重点难点进行有效、规范、娴熟的示范，并强调注释的必要性。

（6）工程师参与教学，将工匠精神融入教学，通过对学生业务素养、政治素养、身心素养的培养，实现学生到职业人的转变。

（7）职业教育培养的是能动脑子的工匠，而不是只会动手的机器人。

路由与交换技术：链路聚合技术

教师信息：赵凯　**职称**：副教授　　**学历**：本科
研究方向：计算机网络技术、信息安全管理
授课专业：计算机网络技术
课程类别：理实一体化课程
课程性质：职业技术技能课

第一部分　设计思路

一、本次设计的课程思政目标

课程思政的目标是让学生学习专业知识技能的同时学习党的二十大报告中有关"网络强国"的论述、《习近平关于网络强国论述摘编》及《论科技自立自强》等，树立学习专业的信心。通过使用华为设备引出华为精神，通过将链路聚合的原理与团结合作精神进行类比引出中华传统文化，培养学生团结合作、甘于奉献的精神和爱国情怀。通过实践操作培养学生的全局观、职业素养及工匠精神，锻炼学生的工程实践能力，养成良好的组织纪律、集体意识和系统安全意识，面对挑战永不言弃，为实现中国梦积蓄力量。

二、课程思政教学设计内容

1. 课前：课程思政引入

（1）建设"数字中国、网络强国"。党的二十大报告中提出"坚持把发展经济的着力点放在实体经济上，推进新型工业化，加快建设制造强国、质量强国、航天强国、交通强国、网络强国、数字中国"。数据的互联互通与信息安全被提升到了新的高度，在国家层面为网络及相关专业的发展指明了方向。课程内容涉及网络建设，计算机网络及相关专业，有很好的发展前景。

（2）科技自立自强。科技自立自强是国家强盛之基、安全之要。中央文

献出版社出版的《论科技自立自强》收录了习近平总书记关于科技自立自强的诸多重要论述，系统阐述了推进我国科技创新的战略目标、重点任务、重大举措和基本要求。

作为科技自立自强的代表，华为公司是中国人的骄傲。华为曾面临着来自美国和其他国家的巨大压力和阻碍，甚至被列入实体清单。然而，华为人没有被困境所动摇，反而以此为动力，不断加大自主创新力度，强化技术研发和产品竞争力。他们以自己的实际行动诠释了"团结奋进，永争先锋，甘于奉献，不知疲倦"的精神。正是这种精神的传承和发扬，使华为在国际舞台上崛起，并取得了令人瞩目的成就。华为公司作为信息与通信技术（ICT）领域的领军企业，在多个领域取得重大成果，开发了完整的网络通信设备及协议。课程中基于华为的设备完成网络的组建与维护工作。

（3）团结合作（与课程内容深度融合）。单丝不成线，独木不成林。团结产生力量，凝聚诞生兴旺。团结合作作为中华民族传统文化中的重要组成部分，贯穿于整个社会发展进程中，无论在工作生活还是专业学习中，都能找到有关团结合作的例子。比如，使用华为设备完成链路聚合操作就用到了"团结合作"的理念。

2. 课中：课程思政贯穿授课过程

根据本次课程思政目标，本节思政教学内容重点是让学生了解国家在科技领域的政策，通过列举大家熟知的重大科技成果，鼓舞学生，帮助学生树立学好专业、报效祖国的信念，在各种科技成果中突出华为公司的成果，同时告诉学生课程使用的设备就是华为公司生产的。结合建设网络强国的目标，指出本次课程的重要性，所有的成果都离不开大家的团结合作，课程主要内容"链路聚合技术"的完成思路与团结合作精神相契合。

课程中主要通过讲解国家政策，展望专业发展前景，讲述大家所熟知的华为公司的故事，引出课程内容，同时将课程内容与团结合作精神相结合，在完成专业教学的同时实现爱国主义教育，激发学生的民族自豪感。

3. 课末：课程思政总结反思

通过用链路与个体进行类比，让学生明白团结就是力量的道理，使学生在课程的学习中能够有组织纪律和集体意识，能够团结同学、乐于助人。通过观察学生的学习状态及进度，了解学生对专业知识的掌握情况，在与学生讨论国家政策、科技自立自强、科技成果时，大多数学生会积极参与讨论，尤其是涉及学生所知道的内容（科技重大成果）时，他们的热情会更高。团结合作贯穿于整个课堂，具体的表现为学生会主动寻求帮助，主动帮助别人，全班同学可以同向同行，认真学习，增强课堂的凝聚力。本节课所设计的网络拓扑考虑了安全因素，能够实现链路的聚合，操作规范。

第二部分　案例描述

链路聚合技术

一、课前点名

课前点名，是师生彼此熟悉的关键过程，强调不能迟到、早退，不能在机房吃东西，要遵守学校机房管理规定，让学生树立诚信守时的良好习惯。

二、本课引言

党的二十大报告提出"坚持把发展经济的着力点放在实体经济上，推进新型工业化，加快建设制造强国、质量强国、航天强国、交通强国、网络强国、数字中国"。数据的互联互通与信息安全被提升到了新的高度，在国家层面为网络及相关专业的发展指明了方向。

近年来，我国取得了诸多重大科技成果，如人造太阳、火星探测、华龙一号、国产大飞机 C919、一箭 41 星、运载火箭等，其中华为公司推出的智能手机 Mate 60 Pro 更是突破了国外的封锁，实现了真正的 5G 通信并有多项创新。

所有成果都不是一两个人可以完成的，都是团队合作的结果。本门课程全部使用华为的网络设备授课，解决网络通信中的链路连接问题。通过多条链路的"团结合作"提升网络系统的安全性及可靠性。

三、课程主要内容

1. 传统网络连接中存在的问题

随着网络中部署的业务量不断增多，对于全双工点对点链路，单条物理链路的带宽已不能满足正常的业务流量需求。如果升级硬件，则会浪费现有的设备资源，而且升级代价较大。如果增加设备间的链路数量，则在作为三层接口使用时需要在每个接口上配置 IP 地址，从而导致浪费 IP 地址资源。解决方案是使用华为设备，配置链路聚合。链路聚合是网络系统中的重要组成部分。该技术也是本次课程学习的专业目标。

2. 链路聚合技术的功能

以太网链路聚合简称链路聚合，它通过将多条以太网物理链路捆绑在一起成为一条逻辑链路，从而实现增加链路带宽的目的，如图 1 所示。同时，这些捆绑在一起的链路通过相互间的动态备份，可以有效地提高链路的可靠性。

图 1　链路聚合示意图

3. 链路聚合的应用场景

链路聚合一般部署在核心节点，以提升整个网络的数据吞吐量，提高链路带宽，增强网络可用性，支持负载分担。在企业网络中，所有设备的流量在转发到其他网络前都会汇聚到核心层，再由核心区设备转发到其他网络，或者转发到外网。因此，在核心层设备负责数据的高速交换时，容易发生拥塞。在核心层部署链路聚合，可以提升整个网络的数据吞吐量，解决拥塞问题。

4. 链路聚合的模式

链路聚合包含两种模式：手工负载均衡模式和 LACP（Link Aggregation Control Protocol）模式，如图 2 所示。

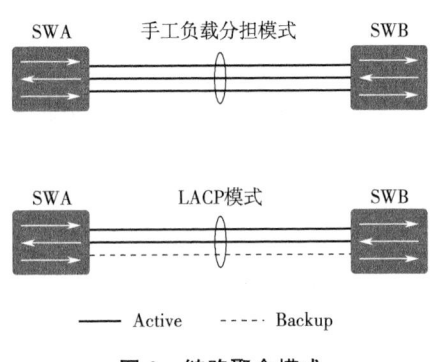

图 2　链路聚合模式

（1）在手工负载分担模式下，所有活动接口都参与数据的转发，分担负载流量。可以把一次数据传输看作是一项任务，团队所有成员都要参与其中，在思想和行动上要统一，心往一处想，劲往一处使，在数据传输效率大幅提升的同时，每个成员都会主动承担任务，都会处于活跃状态。

（2）在 LACP 模式中，链路两端的设备相互发送 LACP 报文，协商聚合参数。协商完成后，两台设备确定活动接口和非活动接口。在 LACP 模式中，需要手动创建一个 Eth-Trunk 口，并添加成员口。

5. LACP 模式活动链路的选取

见图 3。

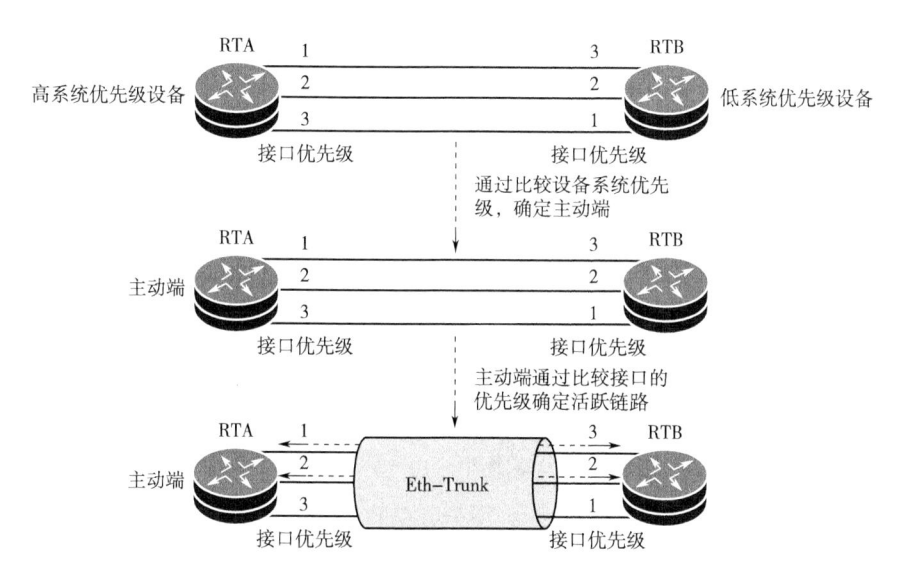

图 3　LACP 模式活动链路的选取

设备之间相连的链路数为 3 条，设置的最大活跃链路数为 2，即 2 条链路处于转发状态，1 条链路处于备份状态。

在 LACP 模式的 Eth-Trunk 中加入成员接口后，这些接口将向对端通告自己的系统优先级、MAC 地址、接口优先级、接口号等信息。对端接收到这些信息后，将这些信息与自身接口所保存的信息进行比较以选择能够聚合的接口，双方对哪些接口能够成为活动接口达成一致，确定活动链路。

在两端设备中选择系统 LACP 优先级较高的一端作为主动端。如果系统 LACP 优先级相同，则选择 MAC 地址较小的一端作为主动端。

系统 LACP 优先级的值越小，则优先级越高。缺省情况下，系统 LACP 优先级的值为 32 768。

接口 LACP 优先级的值越小，则优先级越高。如果接口 LACP 优先级相同，接口 ID（接口号）小的接口被优先选为活动接口。

接口 LACP 优先级是为了区别同一个 Eth-Trunk 中的不同接口被选为活动接口的优先程度，优先级高的接口将优先被选为活动接口。

6. 链路聚合配置实例

见图 4。

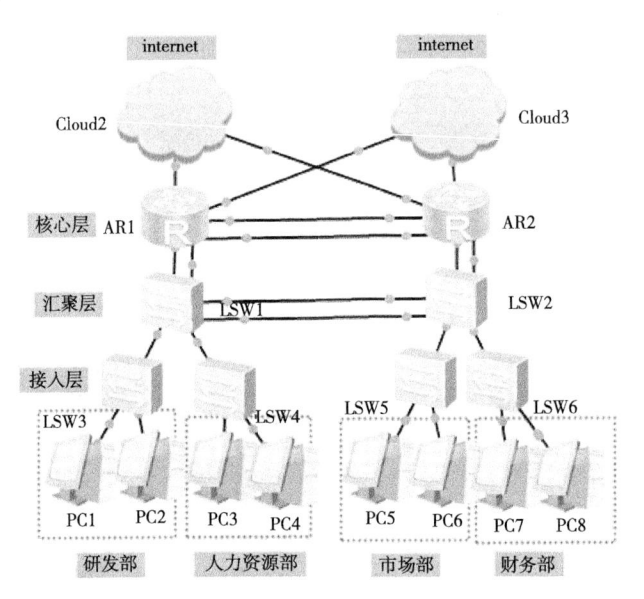

图 4 课程实验拓扑

以核心层 AR1 路由器为例说明部分配置如下：

interface Eth-Trunk1

undo portswitch　　//将接口转换为三层接口

description" Core-R1 to Aggregate-SW1" //描述信息，便于管理员了解接口对端所连接的设备

ip address 192.168.1.254 255.255.255.0

\#

interface Eth-Trunk12

undo portswitch

description " Core-R1 to Core-R2"

ip address 192.168.12.1 255.255.255.0

将物理接口添加入 Eth-Trunk 中：
interface GigabitEthernet0/0/0
eth-trunk 1
interface GigabitEthernet0/0/1
eth-trunk 1
#
interface GigabitEthernet1/0/0
eth-trunk 2
interface GigabitEthernet1/0/1
eth-trunk 2
其他设备操作省略，操作结果如下：
查看详细信息使用命令：display interface Eth-Trunk
display eth-trunk
Eth-Trunk1's state information is：
WorkingMode：NORMAL   Hash arithmetic：According to SIP-XOR-DIP
Least Active-linknumber：1   Max Bandwidth-affected-linknumber：8
Operate status：up   Number Of Up Port In Trunk：2

PortName	Status	Weight
Ethernet0/0/1	Up	1
Ethernet0/0/2	Up	1

学生实践并在学习通中提交作业。

完成系统配置，进行完整性、有效性及安全性测试。鼓励学生互助，在完成专业学习的同时增进同学间的友谊，在实践中锻炼学生逻辑思维能力及排错能力，培养学生的合作意识、整体意识及全局意识。

【总结反思】

梳理课程内容，布置课后任务。例如，实现三层设备间的 LACP 链路，在实践过程中要充分考虑安全问题，设定好备份链路的数量。采用哪种链路聚合的模式要根据实际情况来定，要学会活学活用，在小组任务中，要多思考、多付出，强化职业技能，突出踏实、认真、严谨的职业精神，加深对开放、包容、共享的理解及对网络系统安全的认识，理解所学内容与"网络强国"建设的关系，实现在学习专业知识的同时加深对中国文化和政策的理解。

食品贮藏与保鲜技术：果蔬辐照保鲜

教师信息：姜斌　**职称**：讲师　**学历**：博士
研究方向：食品加工技术
授课专业：食品质量与安全
课程类别：理实一体化课程
课程性质：专业模块化课程

第一部分　设计思路

一、本次设计的课程思政目标

以习近平新时代中国特色社会主义思想为核心价值引领，围绕立德树人根本任务，系统化设计课程思政内容，落实"铸匠魂、怀匠心、守匠情、践匠行"思政主线：引领学生"铸匠魂"——树立职业理想，"怀匠心"——筑牢职业信念，"守匠情"——秉持职业精神，"践匠行"——实践职业行为（见图1）。从职业理想、职业信念、职业精神、职业行为四个方面深入挖掘课程思政元素，达到培养具有崇高职业理想、坚定职业信念、高尚职业精神、良好职业行为的食品行业技术人才的目标。

二、课程思政教学设计内容

1. 课前：课程思政引入

在学习通发布与辐照技术相关的社会热点问题、辐照技术国家标准和职业资格证书要求、任务单等学习资源和课前任务，激发学生兴趣，帮助学生自主学习，明确教学难点，通过评价学生问卷和收集疑难问题，调整教学设计。

通过阅读辐照技术国家标准和职业资格证书的要求，帮助学生明确果蔬辐照保鲜应当做到合规操作，做好安全防护。引导学生树立规范操作的安全

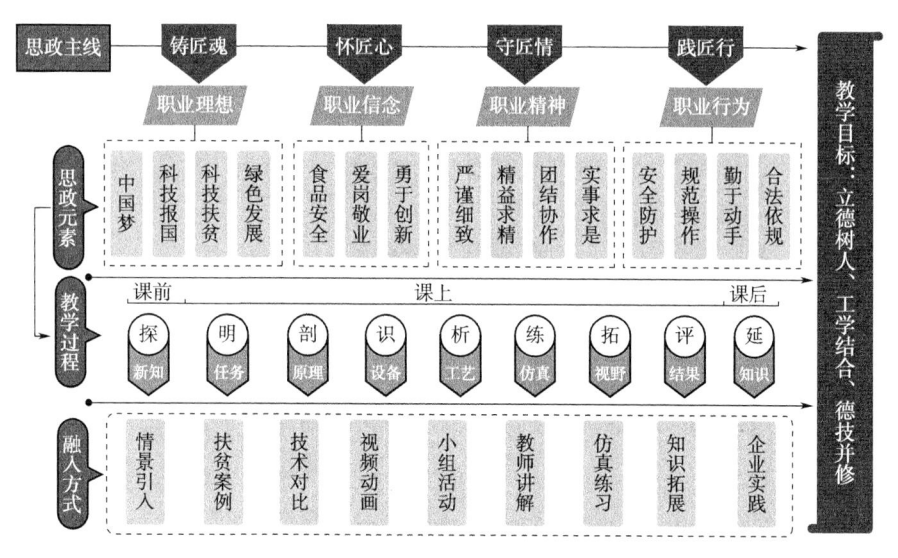

图 1　课程思政设计

责任意识。

2. 课中：课程思政贯穿授课过程

辐照技术是生鲜及加工果蔬产品延长贮藏期的一个常用手段。通过案例引入、情景设置、分组讨论、仿真练习等教学环节，剖析果蔬辐照保鲜原理、辐照处理果蔬的工艺流程及工艺参数设置，培养学生食品安全责任感，严谨细致、精益求精的工匠精神和团结协作的职业精神，训练学生操作辐照设备处理果蔬，培养学生安全规范操作的责任意识和勤于动手的劳动精神。将科技扶贫精神、科技报国情怀以及绿色发展观等思政元素以"润物无声"的方式融入课堂教学，实现立德树人、工学结合、德技并修。帮助学生树立为实现中国梦努力奋斗的理想。

3. 课末：课程思政总结反思

在学习通发布拓展学习资料和课后作业，教师对课堂教学进行回顾和反思。组织学生进入企业实地考察和了解果蔬辐照保鲜技术的情况。强化学生的学习效果，提升学生对果蔬辐照保鲜的理解与掌握，培养学生的创新意识，把立德树人落到实处。

第二部分 案例描述

果蔬辐照保鲜

【思政导入】

播放视频：运用视频案例法引入果蔬辐照保鲜。2020年10月29日，我国首个农产品原产地电子束辐照保鲜示范中心在广西壮族自治区百色市正式投运。作为科技产业扶贫重大项目，该中心将为百色周边200公里范围内的农户提供农产品电子束辐照保鲜服务，有效延长农产品保鲜期，实现错峰销售，解决采后升值和农民增收问题，有利于培养和推广特色农产品，推动特色农业稳定发展，是帮助贫困地区实现脱贫致富的有效手段。

教师提问：辐照是一项什么技术？

思政点融入：通过上述材料，让学生理解辐照技术在农产品保鲜中的重要性——辐照实现果蔬保鲜，延长了果蔬的贮藏期，助力了果农脱贫攻坚。引导学生努力学习，立志科技扶贫，弘扬脱贫攻坚精神。

2020年底，中国如期完成新时代脱贫攻坚目标任务，习近平总书记在全国脱贫攻坚总结表彰大会上发表重要讲话指出，脱贫攻坚伟大斗争，锻造形成了"上下同心、尽锐出战、精准务实、开拓创新、攻坚克难、不负人民"的脱贫攻坚精神。鼓励学生大力弘扬脱贫攻坚精神，英勇奋斗，坚决战胜前进道路上的一切困难和风险，通过专业学习为祖国发展贡献自己的力量。

一、明任务

教师讲解定义：利用辐射源发出的射线，如 γ 射线、X 射线和电子束，在食品中产生辐射化学效应和辐射生物学效应，达到抑制发芽、延迟成熟、杀菌杀虫等目的的过程。

三大特点：①射线具有穿透力，可以在不破坏包装、不破坏食品品质的前提下实现食品的保鲜；②能耗小，符合建设节约型社会的要求（见图2）；③辐照处理后的食品安全可靠。

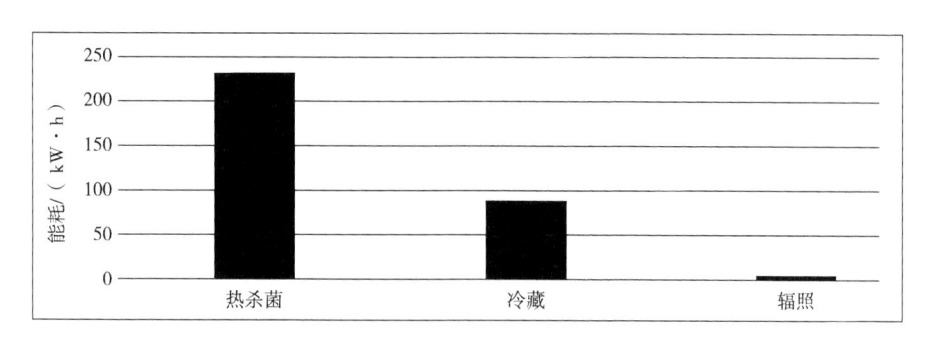

图2　不同贮藏方法的能耗比较

思政点融入：通过能耗对比，展示辐照技术的优势，并讲解我国"碳达峰""碳中和"目标和绿色发展理念。"碳达峰"和"碳中和"发展目标顺应我国可持续发展的内在要求，有利于构建绿色低碳可持续的循环经济，助推生态优先、绿色低碳的高质量发展，实现中华民族永续发展，以此培养学生生态文明理念。

二、剖原理

分组讨论：组织学生根据课前学习积累，小组讨论果蔬辐照原理，将结果提交至学习通。

教师讲解：教师结合学生讨论结果，利用原理动画演示抽象理论，引导学生总结得出果蔬辐照保鲜原理。学生通过完成"技术原理"通关游戏检验学习效果，突破教学难点。

1. 辐照的化学效应

见图3。

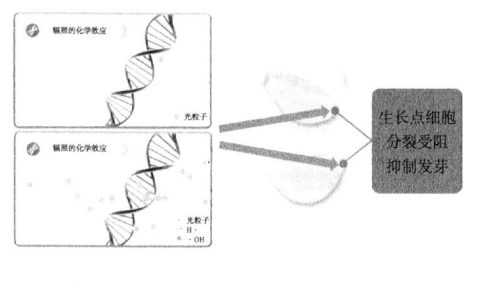

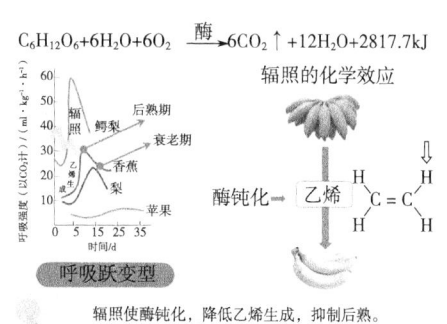

图3　辐照的化学效应

（1）钝酶；
（2）造成DNA损伤。

2. 辐照的生物学效应

见图4。

（1）微生物死亡；
（2）昆虫的不育、致死。

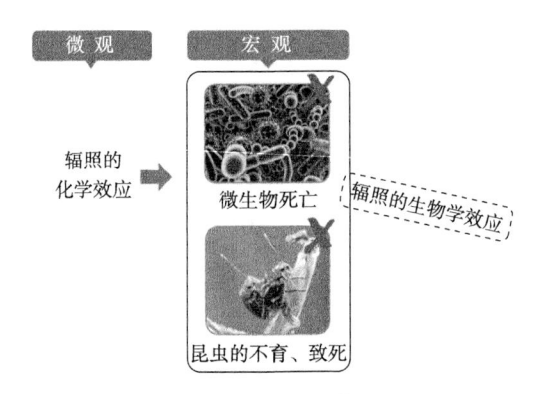

图4　辐照的生物学效应

思政点融入：通过剖析果蔬辐照保鲜原理，强化学生的食品安全意识。2016年8月，习近平总书记在全国卫生与健康大会上提出"要把人民健康放在优先发展的战略地位"，对"健康中国"建设做出全面部署，明确了食品安全、公共安全等部门须"守土有责"。"民以食为天，食以安为先"，食品安全已上升为国家战略，确保人民群众"舌尖上的安全"关乎我国改革发展稳定大局。党的十九大报告提出，要"实施食品安全战略，让人们吃得放心"。同时引导学生深入学习贯彻习近平总书记关于食品安全的重要讲话和批示精神，增强做好食品安全工作的责任感和使命感，牢固树立以人民为中心的发展理念，坚决落实"四个最严"要求，即必须坚持"最严谨的标准、最严格的监管、最严厉的处罚、最严肃的问责"。《"健康中国2030"规划纲要》指出，"健全从源头到消费全过程的监管格局，严守从农田到餐桌的每一道防线，让人民群众吃得安全、吃得放心"。

三、识设备

观看视频，分组讨论："工欲善其事，必先利其器。"完成任务要从"设备认知"开始。由于辐照过程具有危险性，如何安全运行辐照设备一直是职业资格要求的重点。利用虚拟仿真平台介绍辐照设备结构组成（见图5）。学生观看企业辐照处理食品操作流程，结合国标 GB/T 18527.2—2001《大蒜辐照抑制发芽工艺》，分组研讨辐射危害控制注意事项、运行记录事项和工艺操作规程，提炼总结操作流程提交至学习通。

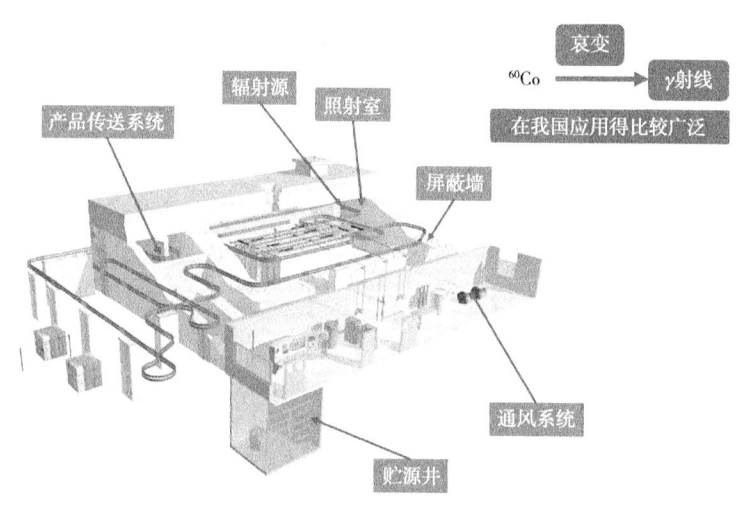

图 5　辐照设备结构组成

教师讲解：针对学生讨论结果，借助虚拟仿真平台进行讲解。
仿真练习：学生在平台上模拟练习，强化规范操作。
思政点融入：由于辐照操作具有一定的危险性，因此必须先通过职业资格证的考试，持证上岗，严格按照规范进行操作，并做好运行记录。这一过程中，要求学生严谨细致，养成规范操作、安全防护的职业习惯，强化安全意识。

良好的团结协作精神是必备的职业素养。通过小组合作研讨攻克难关，提出解决方案，有效地培养了学生的团结协作精神。

四、析工艺

举例讲解：辐照剂量的确定，带领学生完成辐照剂量的计算。

1. 计算辐照剂量

方法：查找目标菌的 D_{10}，根据公式 $\lg N/N_0 = -D/D_{10}$ 计算。
随堂练习：学生通过完成随堂练习检验学习效果，突破教学难点。
分组讨论：学生查阅国标，分组讨论，总结国标中的辐照剂量要求。

2. 辐照种类

根据目的不同、食品种类不同，可采用的剂量范围也不同（见图6）。

辐照食品种类及剂量标准

抑制长芽吸收剂量/kGy
马铃薯（0.1）洋葱（0.1）
大蒜（0.1）生姜（0.1）

辐照食品标识

延迟后熟吸收剂量/kGy
苹果（0.5）荔枝（0.5）
葡萄（1.0）猕猴桃（0.5）

杀菌杀虫吸收剂量/kGy
橙子（5.0）
红枣（0.3~1.0）

图6 辐照剂量

思政点融入：2022年五一国际劳动节前夕，习近平总书记在致首届大国工匠创新交流大会的贺信中强调："我国工人阶级和广大劳动群众要大力弘扬劳模精神、劳动精神、工匠精神，适应当今世界科技革命和产业变革的需要，勤学苦练、深入钻研，勇于创新、敢为人先，不断提高技术技能水平，为推动高质量发展、实施制造强国战略、全面建设社会主义现代化国家贡献智慧和力量。"作为未来的一名技术人员，工匠精神是必备的职业素养。通过确定辐照剂量的过程——综合杀灭目标菌的计算和查阅国标，培养学生严谨细致、一丝不苟的工匠精神。同时，针对不同产品选取恰当的辐照剂量，培养学生精益求精的工匠精神，强化食品安全责任感。

五、仿真练

仿真练习，随堂测试：学生将理论付诸实践，在虚拟仿真平台上模拟练习大蒜辐照过程，包括操作流程、参数设置、辐照安全控制和危险环节警示，最后在平台上完成仿真测试，确保掌握辐照处理过程中的每一个环节。

思政点融入：通过操作练习，培养学生勤于动手的劳动精神，强化规范使用设备，养成良好的安全操作意识和习惯；操作过程中要求学生严谨、细致，认真完整地记录实验流程和原始实验数据，培养学生实事求是、精益求精的职业精神，时刻告诫学生作为一名食品从业者，必须沉下心来脚踏实地做事，按照操作规程加工出质量过关的安全食品，服务于人民群众的身体健康。

六、拓视野

实物讲解：辐照除了能实现果蔬保鲜以外，在其他食品领域也有广泛的应用，如方便面和泡椒凤爪，按照国家规定，都在产品包装上标注了辐照字样。

思政点融入：通过知识的延伸，一方面要求学生按照国家要求标注辐照食品，培养学生树立标准意识和法规意识；另一方面从同一种技术的跨领域应用，启发学生的创新意识，弘扬科技报国的情怀。

七、评结果

1. 学生评价与课堂小结

学生完成随堂测验。根据学习通汇总两节课及课前各环节信息输出的评价结果，总结点评学生的知识掌握、专业技能和素质，并以此为依据，课下为学生推送个性化资料，实现个性化培养。

思政点融入：通过学习本次课程，学生掌握了果蔬辐照保鲜技术的原理、工艺流程等，能根据产品要求选取合适的辐射剂量，并在虚拟仿真平台练习操作。课程实现了价值塑造、知识传授和能力培养三者有机融合，发挥了课堂教学立德树人"主渠道"的作用，提升了课程的育人功能。

2. 布置课下实践任务与作业

组织学生进入企业实地考察和了解辐照保鲜技术的情况，撰写一份调研报告。

思政点融入：利用课下实践弥补学校设备所限，巩固课上所学，进一步提升学生的学习兴趣，强化安全意识、爱岗敬业和劳动精神。

【总结反思】

围绕"培养什么人、怎么培养人、为谁培养人"的根本问题，突出"铸匠魂、怀匠心、守匠情、践匠行"思政主线，深入挖掘食品贮藏与保鲜技术课程中蕴含的思政元素，形成"职业理想、职业信念、职业精神、职业行为"四个方面的思政体系，将这四个方面内化于心、外化于行，贯穿课程教学的全过程，充分发挥专业课程的育人功能。

通过任务驱动，将真实工作过程引入课堂，学生课上模拟训练，课下赴企业实践，评价标准对接国标和职业资格标准，实现教学与就业岗位无缝衔接，学生学习兴趣、专业知识能力有了显著提升。坚持理论与实践一体化教学，实现课内课外相结合的协同育人效应，课上"明—剖—识—析—练—拓—评"环环紧扣；案例、视频、动画、虚拟仿真平台、学习通平台等教学资源丰富，教师剖析、学生分组讨论、仿真训练等教学方法多样，思政元素在各环节各要素中均有机融入，以丰富的形式与教学内容、教学组织融为一体，实现"润物细无声"。

"线上+线下"过程性评价细分为"课前+课上+课后"综合评价，通过自我评价、小组评价、教师评价等多元化的评价方式，将思政元素融入课程评价，紧跟教学设计的调整，量化课程思政育人效果，将立德树人任务有效落地。

城市轨道交通概论：
认识城市轨道交通车辆

教师信息： 杨屏　　**职称：** 副教授　　**学历：** 本科
研究方向： 轨道交通
授课专业： 城市轨道交通机电技术
课程类别： 理实一体化课程
课程性质： 职业技术技能课

第一部分　设计思路

一、本次设计的课程思政目标

通过国内外轨道交通现状对比和中国中车的快速发展介绍，使学生了解到我国轨道交通车辆制造技术在世界舞台的领先位置，增强学生的民族自豪与自信。认识科学技术发展在祖国发展壮大中的重要性，体会城市轨道交通车辆驾驶与维修人员兢兢业业的职业精神，通过加深对职业精神的认识，逐步形成自己（合格地铁人）的职业精神。结合课程教学内容融入科学精神、职业精神、工匠精神。

二、课程思政教学设计内容

1. 课前：课程思政引入

课前，让学生通过网络、实地考察等方式，调研目前北京地铁行业中轨道交通车辆的类型与特点，并与国外现状进行对比分析，形成调研报告。激发民族自豪感和自信心。

2. 课中：课程思政贯穿授课过程

（1）在总结学生对国内外轨道交通车辆发展现状对比分析后，播放我国轨道交通车辆发展的相关视频，通过充满科技感的镜头、专业的讲解，激发学生对祖国轨道交通车辆发展的自豪感。由衷地对大国重器产生敬佩之情，更加坚定道路自信、理论自信、制度自信和文化自信。

（2）通过视频、图片，认识轨道交通车辆的构成，讨论、分析电动客车的特殊结构性能。教师再进一步分析当前的技术现状和开发的难点，引起学生对如何解决这些难点的好奇心，逐渐成为对科学精神和职业精神的追求。让学生意识到科技发展的重要性，创新永无止境。

（3）播放轨道交通车辆的驾驶视频，并对细节做补充说明，使学生了解轨道交通车辆的维修工作、克服困难的具体过程和细节，进而体会到城市轨道交通车辆驾驶与维修人员兢兢业业、迎难而上的职业精神。通过讲解，帮助学生树立作为未来地铁人的职业精神。

（4）观看"北京市劳动模范"列车司机王宏江和"优秀共产党员"运营维修工区维修工秦涛的采访小视频，并组织讨论，学习在他们身上体现出的工匠精神。通过先进示范引领形成科学的方法论，形成正确有效的工匠思维模式。

（5）学生分组讨论绘制轨道交通车辆的构成图及主要应用案例。通过相互探讨、资料查询、深入分析、精细绘制等，将对科学精神、职业精神、工匠精神的体会融入绘制过程。

3. 课末：课程思政总结反思

展示每组绘制的轨道交通车辆构成图，通过梳理、对比，具体分析每组中体现出来的对科学精神、职业精神、工匠精神的孜孜追求。对轨道交通车辆构成图的绘制、选取的合适应用案例（车辆拆装）等体现了对科学精神的追求；对案例中使用的轨道交通车辆特殊结构性能的深入分析体现了对职业精神的追求；绘制过程中的反复斟酌、细节上的处理、最终的精美展现体现了对工匠精神的追求。

第二部分　案例描述

认识城市轨道交通车辆

一、情景导入

通过轨道交通车辆控制操作，引入轨道交通车辆的应急故障处理案例。

1. 北京地铁 1 号线电动客车控制操作

每次送电前，应按规程对列车进行检查，使列车处于整备状态，各部分的状态良好、无故障及无故障隐患。确认列车的状态正常后送电。送电后按下述操作规程进行操作，实现列车起车与运行控制：

闭合 TC 车车下蓄电池箱内的蓄电池空气断路器 KNF1、KNF2，以及车上电器柜内控制及负载电源用空气断路器；接下来将操作驾驶室的司机控制器钥匙转换到运行位；然后依次进行辅助起动操作、开关门操作、动车操作，列车开始运行。

2. 全列车门打不开应急处理

2014 年 9 月 28 日，1 号线上一列使用自动驾驶模式运行的列车，门模式为"半自动"，在某站台进站停稳后，操纵台上的"门允许灯"不点亮，全列客室车门不动作。司机将驾驶模式降至自动防护人工驾驶模式，扳动"门选向"开关至站台侧，按下相应开门按钮，列车车门仍然没有反应。可采用以下步骤排除故障。电气控制部分如图 1 所示。

（1）检查列车门保险是否跳开。若跳开，将其闭合。

（2）检查门允许灯是否点亮。若仍不亮，按"门允许"按钮查看是否点亮；若无效，将驾驶模式降至限制人工驾驶模式（RM），司机控制器主手柄置于"紧急"位，门选向开关扳至站台侧，门模式开关至"手动"位。

（3）检查门允许灯是否点亮。若仍不亮，将"零速旁路"开关扳至"旁路"位试验，听到零速旁路蜂鸣器响。

（4）检查门允许灯是否点亮。按开门按钮进行开门试验（可分别试验操纵台上和侧墙上的开门按钮）；若仍不能打开，更换到尾端驾驶室进行试验。

（5）若仍不能打开车门，视情况使用车内或车外紧急解锁装置，手动打开车门，并与行车调度员联系。

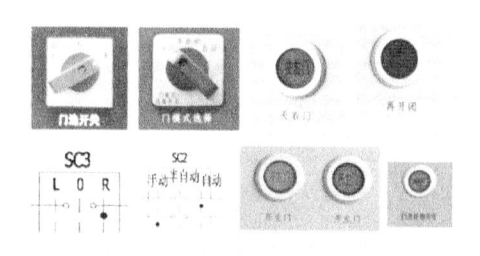

图 1　电气控制部分

二、通过课堂活动贯穿思政内容

通过视频、讨论、分析、绘制结构图等活动,思政贯穿授课过程。

任务一:通过播放中国中车车辆制造视频,讲解电动客车的特殊性。

播放轨道交通车辆(中车)的制造视频后,深入介绍电动客车的结构性能,如图2所示。通过充满科技感的镜头、专业的讲解,激发学生对祖国轨道交通车辆技术发展成果的自豪感。

图 2 电动客车的制造

通过图片和学生对以往乘坐地铁的认识,讨论、分析电动客车的特殊性。教师进一步分析技术现状和制造的难点,引起学生对如何解决这些难点的好奇心,增强对科学精神和职业精神的追求。电动客车的结构与普通的汽车差别很大,电动客车的外部结构如图3所示。

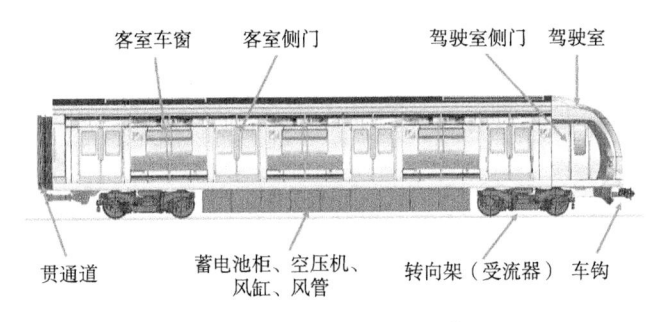

图 3 电动客车的外部结构

城市轨道交通车辆是指城市轨道交通系统中,由电力牵引搭载乘客,在固定导轨上行驶的一种运输工具。城市轨道交通车辆的特点包括:较强的载客能力；良好的动力性能（速度快，制动效果佳）；最优的安全可靠性（故障率低，设备先进，可靠性强）；舒适的乘车环境条件（照明、空调、座位等）；合适的牵引特征（根据不同的线路特征，可以选择不同的牵引方式）；节约能源和环保；控制自动化程度高等。城市轨道交通车辆按车体轮廓尺寸分为：A 型车辆、B 型车辆、C 型车辆。

（1）车体的承载方式一般有底架承载和整体承载两种方式。地铁车辆的车体是由底架、侧墙、车顶和端墙等部件组成的筒形结构共同承载，即采用整体承载方式。

（2）车底设备主要由车体、车底架、走行部，车钩缓冲装置，制动装置组成。转向架由两组轮对和侧架、摇枕、弹簧减震装置、车轴箱油装置等组成。

（3）转向架是支撑车体并担负车辆沿轨道运行的行走装置，它是轨道车辆最重要的组成部件之一，保证车辆安全运行，能灵活地沿着线路运行及顺利地通过曲线。转向架对车辆的运行性能和行车安全至关重要，对轨道交通系统运行的经济性有重大影响。

车辆走行部分在车辆运行中起着非常重要的作用，其不仅承受了车体的载荷，而且传递纵向力、垂向力和横向力。为了便于通过曲线，在车体和转向架之间设有心盘或回转轴，转向架可以绕心盘或回转轴相对车体转动。由于车辆在线路上运行时通过道岔、弯道及车辆加速、减速等原因会产生各种冲击和振动，为了改善车辆的运行品质和满足运行要求，在转向架上设有弹簧减振装置和制动装置。对于动车，转向架上还装有牵引电动机和减速机构，将牵引电动机的转矩通过齿轮转动传递给轮对，转化为列车前进的牵引力，以驱动车辆运行。

请学生在作业本上绘制出电动客车的外部结构图，并标注各组成设备名称和位置。培养学生兢兢业业、迎难而上的科学精神。

任务二：播放优秀地铁人小视频，并进行操作分析。

（1）观看"北京市劳动模范"列车司机王宏江的采访小视频，如图 4 所示。

王宏江，47 岁，2009 年入职京港地铁，是京港地铁 4 号线首批地铁列车司机，参与过地铁 4 号线和大兴线开通前的调试工作。从业 13 年来，王宏江累计安全驾驶近 40 万公里，连续 13 年在京港地铁客车司机排名中累计运营里程数第一，累计安全公里第一。2020 年，他获得了"北京市劳动模范"荣誉称号。多年工作中，他始终本着安全第一、以客为先的服务理念，

图 4　采访王宏江

无论是恶劣天气还是疫情面前，精诚服务乘客，将乘客安全、顺畅地送达目的地。

（2）观看"优秀共产党员"运营维修工区维修工秦涛的先进事迹介绍小视频，如图 5 所示。

图 5　秦涛在工作中

秦涛，中共党员，1996 年入职，现任运营一分公司 6 号线检修中心运营维修工区维修工，曾荣获运营一分公司"优秀共产党员""质量之星""铜扳手"等荣誉称号。2021 年，6 号线检修中心成立"迎建党百年 车辆专项普查保障组"，秦涛作为负责人，带领保障组出色完成了 84 组列车专项普查工作，确保了重大节日期间车辆安全运营。

20 多年来，秦涛扎根一线检修工作，用热忱和忠诚铺就了乘客平安、顺畅的出行之路。他将对工作的热爱内化于心、外化于行，在关键时刻亮身份、见行动，充分展现出一名共产党员的责任与担当，为首都地铁高质量发展贡献了自己的一份力量。

请学生进行分析与总结,学习优秀地铁人精益求精的工匠精神。

任务三:绘制轨道交通车辆的构成图。

学生分组讨论并绘制轨道交通车辆构成图,将标准化作业的职业精神融入绘制过程。

学生分组讨论绘制轨道交通车辆构成图,并选取相应的案例(车辆的拆装过程与步骤演示如图 6 所示)。教师引导学生共同探讨、深入分析、精细绘制。将对科学精神的追求融入轨道交通车辆分类合理、应用案例筛选适中;将对职业精神的追求融入对车辆性能编号的深入分析中;将对工匠精神的追求融入绘制过程中的反复斟酌、细节上的处理、最终的精美展现中。

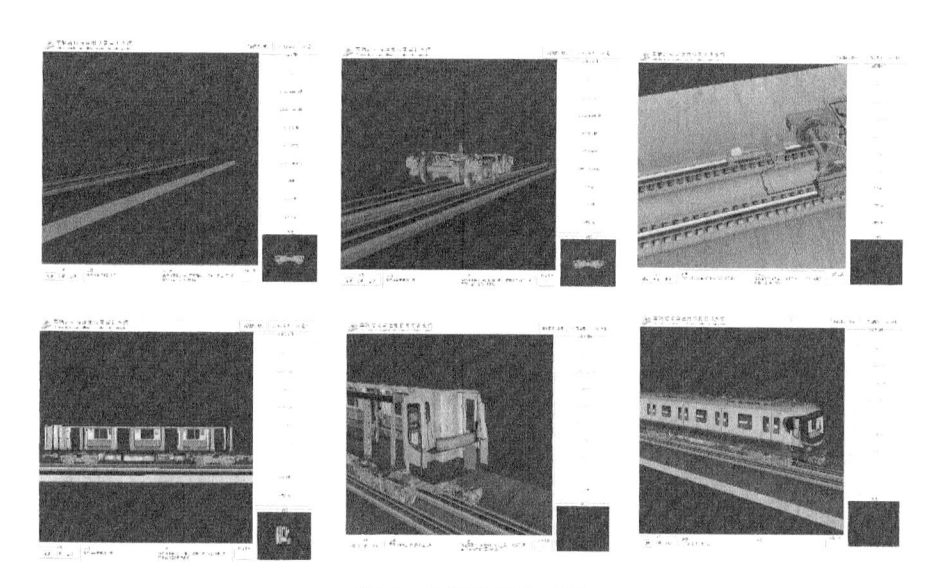

图 6 车辆的组装过程

【总结反思】

通过本次课,学生借助我国轨道交通车辆的发展、轨道交通车辆操作应用实例、"北京市劳动模范"列车司机王宏江的事迹,以及"优秀共产党员"运营维修工区维修工秦涛的事迹介绍,进一步理解了科学精神、职业精神、工匠精神。通过参加小组活动,分组讨论绘制合理完整、精美的轨道交通车辆的构成图,深入分析所选取的应用案例中使用车辆的编号、性能,解决这些具体的问题,将自己对以上三方面的理解落到实处。

自动在线监测设备与运营：费斯托水处理平台基本认识

教师信息：岳泓宇　**职称**：讲师　**学历**：博士
研究方向：大气科学
授课专业：环境工程技术、食品检验检测技术、药品生物技术
课程类别：理实一体化课程
课程性质：专业模块化课程

第一部分　设计思路

一、本次设计的课程思政目标

（1）带领学生了解世界技能大赛水处理项目，培养学生尊重劳动、崇尚技能的精神，激励学生走技能成才、技能报国之路。

（2）引导学生熟悉大赛模块之一：自动在线设备——费斯托水处理平台。让学生认识到在资源约束趋紧、环境污染严重的当下，自动在线系统对生态文明建设的重要性，培养学生作为环保人的社会责任感。

（3）解读世界技能大赛水处理项目比赛模块费斯托水处理平台安装的技术要求和规则标准，让学生了解世界技能大赛高标准和高要求，培养学生执着专注、精益求精、一丝不苟、追求卓越的工匠精神。

二、课程思政教学设计内容

1. 课前：课程思政引入

根据本课程的3个思政目标，通过学习通给各个小组发布相关的3个课前学习任务，引入对应的课程思政元素。

任务1：收集学习相应的网络资源，了解世界技能大赛的发展历程和我国参加世界技能大赛取得的优异成绩。

任务2：根据学习通的视频和课件资料，调研与水处理技术相关的自动在线技术，如费斯托流体输送装备（Edukit PA）、水循环利用设备（Eds）等，了解在线自动水处理技术作为一项绿色、环保的工程技术，在解决人类水资源短缺、治理水环境污染方面发挥着越来越重要的作用，培养学生作为环保人的社会责任感。

任务3：学生通过预习学习通中世界技能大赛水处理项目的技术要求和评判规则，在小组内讨论，找出自己平时实验操作与大赛要求的差距，引导启发学生崇尚工匠精神。

2. 课中：课程思政贯穿授课过程

首先，教师通过视频和课件介绍世界技能大赛以及我国自从参加世界技能大赛以来所取得的优异成绩，引导学生代入参赛选手的角色，体验我国选手赛场拼搏努力夺金的国家荣誉感和民族自豪感，激发学生技能成才和技能报国的热情。

其次，教师先简单介绍全球水资源现状，激发学生作为环保人的社会责任感；随后介绍自动水处理技术在解决全球水资源现状中的重要作用，然后通过案例分析法，以大赛项目之一的费斯托 Edukit PA 水处理平台为例，利用课件演示和实物讲解方法带领学生了解 Edukit PA 水处理平台的构成和安装；最后让学生模拟参赛选手身份，以小组为单位进行 Edukit PA 水处理平台的安装，培养学生尊重劳动、崇尚技能的劳动精神。

最后，学生以小组为单位完成安装 Edukit PA 水处理平台后，教师带领学生学习世界技能大赛评分规则，根据评分规则从安装完成度和美观程度先进行小组互评，然后教师依次对每组进行评价，指导学生认识到自身的技能水平与世界水平的差距，鼓励学生以世赛标准为目标，追求执着专注、精益求精、一丝不苟的工匠精神。

3. 课末：课程思政总结反思

根据本课程的3个思政目标，通过学习通布置课后任务，以检测课堂思政效果。

任务1：要求学生根据模拟参赛的经历，谈一谈自己对世赛的理解和感想。此项任务主要是通过了解学生的想法，检测思政教学是否调动了学生的技能成才和技能报国之心。

任务2：根据本节课内容认知的水资源现状，谈谈对自动水处理技术的认识，并探讨自身在其中能够起到的作用。此项任务主要是进一步启迪学生作为环保人的社会责任感。

任务 3：要求学生以小组为单位，复盘参赛过程，找出自己存在的不足，并提出改进方案。此项任务主要是进一步培养学生精益求精的工匠精神和善于思考的创新意识。

第二部分　案例描述

费斯托水处理平台基本认识

一、课前铺垫，引发思考，启蒙思想

（1）通过学习通发布课前任务，要求学生查找各类资源，了解世界技能大赛发展历程和我国参赛经历，并以小组为单位开展讨论和思考。

1）世界技能大赛由世界技能组织每两年举办一次，被誉为"世界技能奥林匹克"，它是怎样一步一步发展起来的？

2）我国从 2011 年参加世界技能大赛，首次参赛仅参加 6 个项目取得 1 枚银牌，直到 2019 年参加全部 56 个项目，取得 16 枚金牌、4 枚银牌和 5 枚铜牌，成绩实现了质的飞跃，这其中的原因是什么？

思政点融入：通过了解职业技能的世界水平，引发学生思考自身与世界水平的差距，让学生看到自身的成长空间。通过了解我国参赛经历，提升学生国家荣誉感和民族自豪感，进一步激发学生的学习兴趣。

（2）观看学习通中全球环境现状相关视频，并通过资料了解自动化水处理技术，以小组为单位开展讨论和思考。

1）全球环境现状堪忧，想要改善目前的环境现状有什么方法？

2）自动水处理技术作为一项绿色、环保的工程技术，在解决人类水资源短缺、治理水环境污染方面，到底起到什么样的作用？

思政点融入：通过了解全球资源趋紧现状，以及自动化水处理技术作为重要的解决途径在其中发挥的重要作用，激发学生的社会责任感和职业价值感。

（3）阅读学习通中关于世界技能大赛水处理项目 Edukit PA 模块的安装技术要求和评判规则，以小组为单位开展讨论和思考。

1）世界技能大赛为什么能够代表职业技能发展的世界水平？

2）Edukit PA 模块主要考察选手哪些方面的技能？

思政点融入：通过提前了解世界技能大赛的高水平和高要求，为课堂 Edukit PA 水处理平台的安装讲解做铺垫，引导学生崇尚工匠精神，努力赶超世界水平，培养学生热爱学习、努力拼搏的精神。

二、课程导入，赛课协同，激发兴趣

（1）开课伊始，通过带领学生观看第 45 届俄罗斯喀山世界技能大赛和第 46 届中国上海世界技能大赛宣传视频将大赛元素引入课程，并要求学生在观看后讨论回答以下问题：

1）两届世界技能大赛的宣传片展现了怎样的主题？有什么相似之处和不同之处？

2）结合课前的预习任务和宣传片，谈一谈对世界技能大赛的认识。

（2）观看第 45 届世界技能大赛水处理技术项目金牌获得者曾璐峰事迹汇报，并在观看后讨论回答以下问题：

1）曾璐峰参加世界技能大赛水处理技术项目并获得金牌的事迹对你学习这门课程有什么启发？

2）你认为曾璐峰身上的哪些品质和精神是值得你学习的？

思政点融入：通过了解我国以世界技能大赛为引领的特色职业技能竞赛体系以及我国选手永不言弃、勇于拼搏的精神，以赛促学，提升学生的职业荣誉感和民族自豪感，同时进一步激发学生的学习兴趣和热情。

三、课中引导，情景模拟，技能实践

（1）自动监测、污染防治监测实例。引用日本排放核污水案例，通过模拟动图（摘自清华大学：《福岛核事故处理水的排放——宏观与微观模拟》）展示日本核污水排放后的扩散影响（见图 1），引导学生回答以下问题：

1）在日本核污水排放案例中，自动监测系统起到了怎样的作用？

2）如果你是负责人，你应该如何布设自动监测点位？

思政点融入：紧跟时事，通过参与日本核污水排放案例的讨论，让学生产生代入感，培养其作为环保人的社会责任感。

（2）自动在线系统有很多类型，本节课以世界技能大赛水处理技术比赛项目之一的费斯托水处理平台 Edukit PA 为例，带领学生认识这一自动在线系统。

1）Edukit PA 设备实际上是一个流体输送装置，通过泵将低位槽中的液

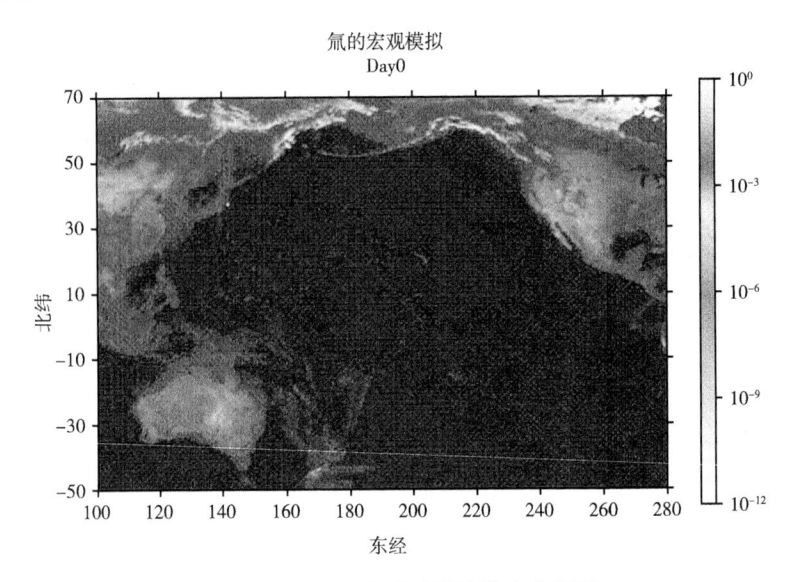

图 1　日本核污水排放扩散影响动态图

体输送至高位槽,由配置的液位传感器、压力表流量计、电磁阀及手动阀门等,实现液体自动化输送(见图 2)。

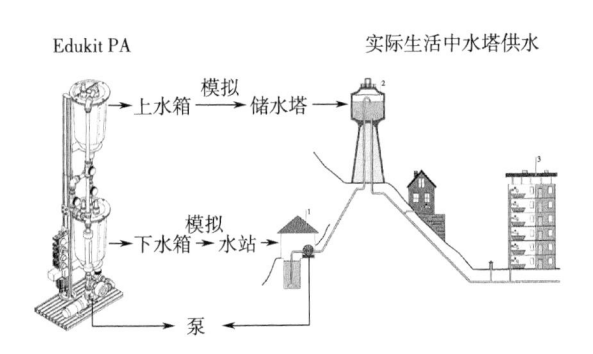

图 2　Edukit PA 模拟实现水自动化输送示意图

2) EduKit PA 模块设备的基本构成。Edukit PA 是一款学习过程自动化技术的入门级产品,由铝合金底座、支架、泵、水箱、控制板、管路等组成机械路。由接线 I/O 板、电容传感器、超声波传感器、压力传感器、流量传感器、两通电磁阀等组成电气路(见图 3)。通过实物讲解法,让学生一一对应地认识该模块的所有组成元件。

(3)通过教学演示和学生扮演参赛选手方法,指导学生以小组为单位实际操作组装 Edukit PA 设备。

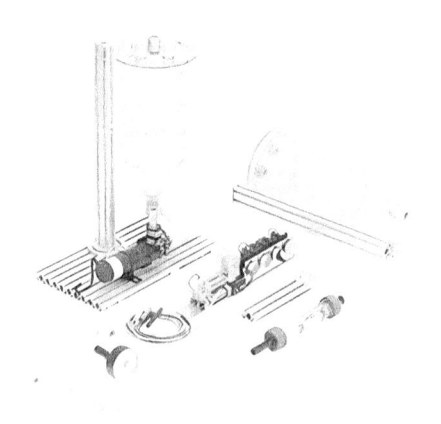

图 3　Edukit PA 基本构成

1）教学演示。教师通过课件展示和实物讲解 Edukit PA 模块的安装过程，提示学生此模块主要考察安全规范、物料核对、机械安装、电器接线、控制连接、测量与控制等环节。

安全规范：操作安全与规范是每位操作者必须首先遵守的基本原则。它包括个人操作安全和设备操作安全。个人安全包括穿防护工作服、穿工作鞋、戴设备防护眼镜和工作手套。

物料核对：在装配工作前，需要确认设备、工具、备品备件的完整齐全，并将需要的物品规范摆放。

机械安装：包括底座与立柱、两个水箱、泵、阀门和管件的安装。教师通过实物讲解的方法，为学生简单示范安装过程，尤其是强调在阀门和管件的安装过程中要注意连接规范。首先，要注意阀门的方向。其次，由于管件间的连接是"插-拔"式操作，内有不锈钢弹簧及封圈，要注意水平插入；拔出时，将弹簧与锁扣垫水平下压到底，即可将管拔出，特别强调必须将管插到接头的底部，否则会出现漏水、渗水现象。演示完成后，教师向学生展示几种错误的连接方式，然后让学生做出判断，并指出错误的原因。

电器安装：包括电磁阀、电容传感器 1（上水箱）和电容传感器 2（下水箱）、超声波传感器、流量传感器、压力传感器、地线的连接。由于课程时间原因，本次课程仅进行设备的机械安装和简单的传感器安装，相关电路接线和控制连接、测量与控制环节在后面的课程中讲解。

2）情景模拟。学生以小组为单位模拟参赛，一共分为 5 个小组，每个小组负责组装一台 Edukit PA 设备。根据教师教学演示的步骤，小组内做好分工，要求在规定时间内完成组装，并且作品要兼顾完成度和美观度。

思政点融入：Edukit PA 是一款学习过程自动化技术的入门级产品，其以简单安全的方式介绍了过程工程和闭环控制，有助于学生学习水处理工作中的基本准则和闭环控制的基本原理。学生模拟参赛，以赛促学，有助于激发学生学习热情、启迪学生崇尚技能之心；学生以小组为单位进行实操，有助于培养团队沟通能力和合作意识。

四、课末评价，师生点评，取长补短

（1）根据学生课前预习任务，通过课件演示方法带领学生了解 Edukit PA 模块的安装技术要求和评判规则，并指出其中的重点和易扣分项。

（2）小组互评。各小组根据课前预习的成果和教师课件展示的内容进行小组之间的评价。要求：①每个小组要找出其他小组作品至少一项优点和一项缺点，并能够给出依据；②在评价其他小组作品时，也要找到自己小组作品与其他小组相比的优点和缺点。

（3）教师评价。小组互评完成后，教师严格按照大赛评分规则对 5 个小组的作品进行逐一打分，并指出各个安装作品的优点和存在的问题，针对出现问题最多的安装环节进一步进行详细讲解，最后请得分最高的小组代表分享安装经验。

思政点融入：通过小组互评和教师评价，找出各个小组模块组装的成功之处，激发学生的学习热情和技能成才之心；指出各个小组模块组装的问题和不足，使学生认识到与世界水平的差距，激励学生崇尚工匠精神，勇于拼搏奋进，争取赶超世界水平。

五、课后巩固，回顾反思，拓展提升

根据课堂上讲到的三部分内容，通过学习通平台布置课后任务。
（1）学生根据模拟参赛的经历，谈一谈自身对世赛的理解和感想。
（2）根据本节课内容认知的水资源现状，谈谈对自动水处理技术的认识，并探讨自身在其中能够起到的作用。
（3）以小组为单位，复盘参赛过程，找出自身存在的不足，并提出改进方案。

思政点融入：通过回顾课堂所学知识点，考察自己对知识点掌握的熟练程度，培养学生日省吾身的自主学习能力；通过将自身发展与国家环保需求联系在一起，激发学生技能成才、技能报国之心；通过复盘参赛过程，再次寻找自身不足，进一步激励学生追求精益求精的工匠精神。

【总结反思】

本次课程将大赛模块引入课堂，思政元素贯穿课前、课中、课后整个教学环节，通过思政课堂与专业课堂、理论学习与实践操作相结合的方式，充分发挥了大赛教学、课程思政在培养学生社会主义核心价值观和激发学生学习兴趣方面的作用，最终完成立德树人的根本任务。在实施过程中，形成以下3点反思：

（1）课堂是课程思政的主阵地，思政教育要立足于课堂，但不能止步于课堂。课程思政不仅要贯穿课堂，还要贯穿课程标准设定、大纲修订、教材编订等教育教学过程，实现思政元素的全覆盖。

（2）课程思政应该始于学生，目的在于培养学生的社会主义核心价值观；行于课堂，思政元素融入课堂教学并与专业教学协同，构建全课程育人体系；终于学生，课程思政成果的检验最终还是要落在学生身上，不能够高高拿起又轻轻放下，只有思政元素最终在学生身上有所体现，思政教育才能够形成完美闭环，体现立德树人的真正价值。

（3）课程思政的关键主体是教师，思政元素是否能与学生产生化学反应，只能看教师这个"催化剂"是否能够起到关键作用。所以，教育大计，教师为本，要以习近平总书记对思政教师的要求为标准，努力做到"政治强、情怀深、思维新、视野广、自律严、人格正"，承担起为国家培养具有社会责任感和创新能力的高素质技能人才的重担。

城市轨道交通信号系统应用与维护：信号机故障检测与处理

教师信息：薛宏娇　　职称：副教授　　学历：博士
研究方向：轨道交通信号控制
授课专业：城市轨道交通机电技术
课程类别：理实一体化课程
课程性质：专业模块化课程

第一部分　设计思路

一、本次设计的课程思政目标

课程设计依据企业工作流程，将教学流程分解为"备-引-析-做-评-拓"六个环节，将"四精神四意识"课程思政主线贯穿于教学流程的始终（如图1所示）。通过本次课程的教学，培养学生具备自主学习的探究精神，具备实际操作的工匠精神和劳动精神，具备总结改进的创新精神，同时提升学生立足岗位的规范意识、安全意识、责任意识和质量意识。

二、课程思政教学设计内容

1. 课前：课程思政引入

课前，教师在学习通发布学习任务，学生进行自主学习并完成知识测验。通过此环节，培养学生自主学习的探究精神。

2. 课中：课程思政贯穿授课过程

任务引入环节，通过设置信号机故障情境，培养学生具备安全意识和立足岗位的责任意识。任务分析环节，通过小组合作探究知识，培养学生具备探究精神，依据所学知识分析故障原因，锻炼学生的逻辑思维能力。任务操作环节，通过制定信号机故障处理流程，培养学生具备探究精神和规范意识；

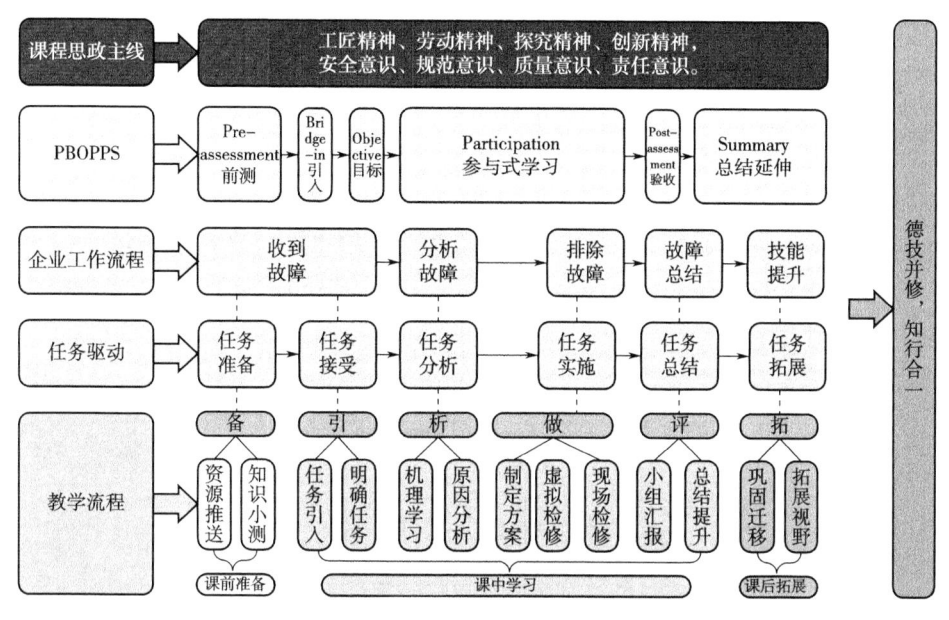

图 1　课程教学模式

通过虚拟实操和现场实操的练习，培养学生具备工匠精神和劳动精神，提升学生的安全意识、质量意识和责任意识。

3. 课末：课程思政总结反思

通过总结反思信号机故障处理流程和实际操作环节，探究信号机故障处理流程和实际操作要点有哪些改进之处，培养学生具备不断总结不断改进的创新精神。

第二部分　案例描述

信号机故障检测与处理

【思政导入】

课前，教师在学习通推送地面信号机的类型、设置方式以及信号显示含义等学习资源，引导学生通过自主探究的方式进行学习，并完成教师发布的知识测验，为课中学习环节储备知识，同时培养学生自主学习的探究精神。

一、任务引入

当采用人工驾驶模式时,司机遵照地面信号机的颜色驾驶列车运行。信号机故障严重影响着列车运行的安全以及运行效率。在轨道交通信号实训室(如图 2 所示),通过设置防护信号机 F3 绿灯不点亮故障,列车不得不在 F3 信号机前停车,等待行车调度员命令才能驾驶列车再次运行的情境(视频 1),引出本次课的任务:作为一名地铁信号工,请对现场信号机故障进行快速检测和处理。

通过信号机故障情境引入,培养学生具备保障地铁正常运营的安全意识;立足信号工岗位,培养学生具备岗位必备的责任意识。

图 2　情境引入实训环境

二、任务分析

分析汇总出导致信号机故障原因的关键是,掌握信号机的结构、内部电路以及点灯电路的工作原理。因此,在任务分析环节,教师首先引领学生对信号机的结构、信号机内部电路和信号机点灯电路原理进行探究。然后,依照信号机结构和电路原理,分析汇总出导致信号机故障的原因。

1. 信号机结构及内部电路探究

学生以小组为单位,以合作探究的方式自主学习信号机结构及内部接线图(如图 3 所示)学习资料,结合实训室信号机实物,各小组录制信号机结构及内部电路接线讲解视频上传至学习通。通过此环节的学习,培养学生团队合作、互帮互助的学习探究精神。

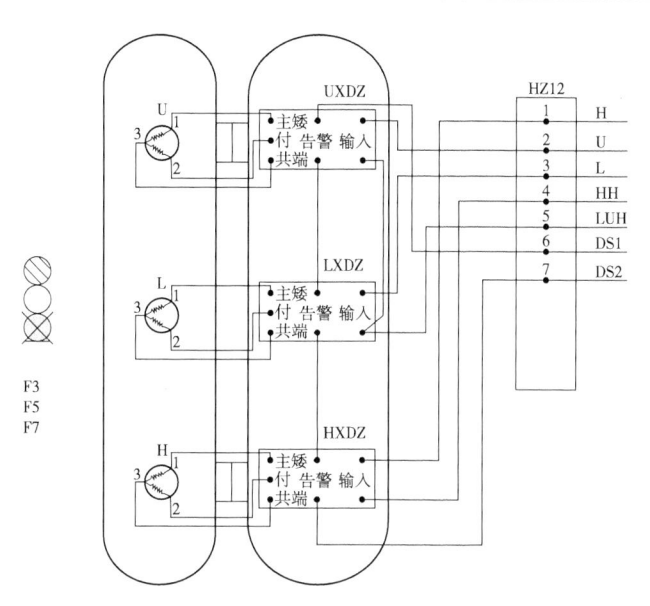

图3 信号机内部电路接线图

2. 信号机点灯电路原理探究

教师引导学生以小组为单位，绘制信号机点灯电路图（如图4所示），学生通过查看学习通视频资料自主学习信号机点灯电路原理。学习完成后，

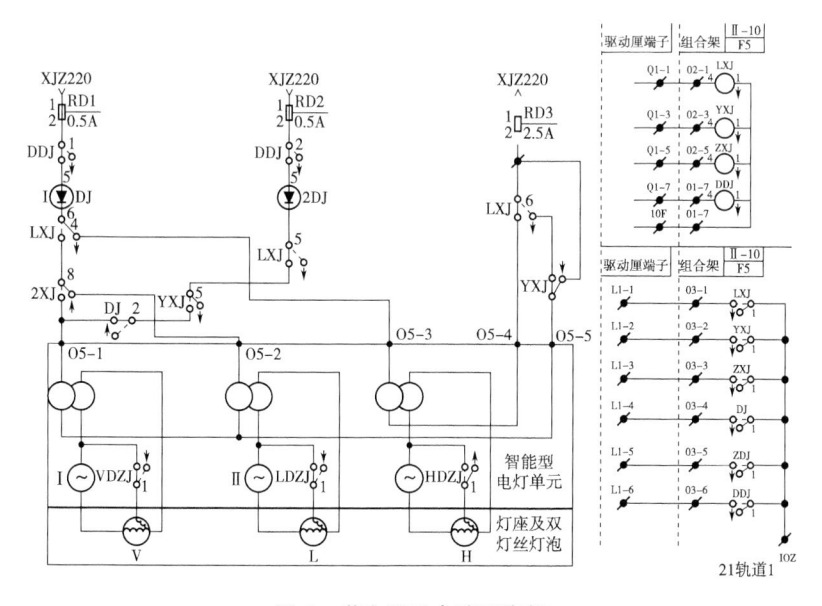

图4 学生展示电路图海报

各小组组内分工，汇报展示信号机点灯电路的工作原理。通过小组合作自主学习，培养学生的学习探究精神。通过评比各组之间信号机点灯电路图制作的规范性，培养学生的规范意识。

3. 信号机故障原因分析

教师讲解信号机故障原因分析思路，引导学生以小组为单位，制作信号机故障原因分析思维导图（如图5所示）。教师逐一对学生制作的思维导图进行点评和辅导，引导学生对没有考虑到的原因进行补充和完善。通过此环节的学习，培养学生的学习探究精神，锻炼学生的逻辑思维能力。

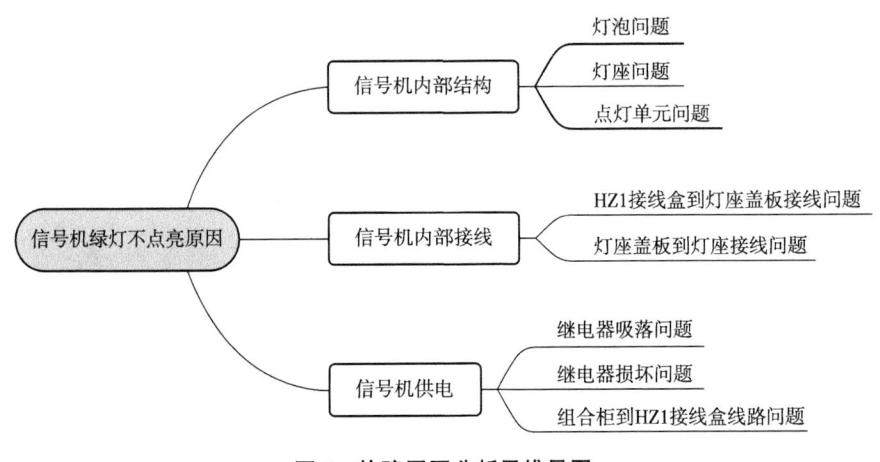

图5 故障原因分析思维导图

三、任务操作

1. 制定故障检测和处理流程

教师引导各小组学生依据信号机故障原因分析思维导图，制定信号机故障检测和处理流程。各小组采用汇报、小组之间点评、完善方案的方式，师生共同研讨出合理可实施的信号机故障检测和处理流程。此环节培养学生具备学习探究精神，提升学生制定流程的规范意识。

2. 故障检测和处理虚拟练习

学生以小组为单位，通过学习通视频自学虚拟软件的使用方法，利用信号机故障检测与处理仿真软件（如图6所示），虚拟练习信号机故障检测和信号机故障处理的操作要点。虚拟仿真软件评分满分的小组，可进入实训室进行实操练习。评分没有达到满分的小组，教师辅导继续练习，直至满分进入实操环节。通过此环节，培养学生的学习探究精神，提升学生操作的规范意识。

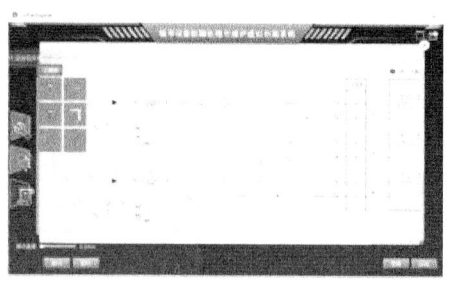

图 6　虚拟仿真软件

3. 故障检测和处理实操练习

教师设置导致绿灯不点亮的信号机故障，各小组按照故障检测和处理流程排除故障。学生实际操作环节（如图 7 所示），采用企业导师视频远程点评和教师现场点评的双点评方式。针对学生操作不规范之处，企业导师指导教师现场示范，及时帮助学生改正不规范的操作点。通过此环节，培养学生具备工匠精神和劳动精神，提升学生的安全意识、质量意识和责任意识。

图 7　现场实操练习

四、任务评价

采用课前、课中和课后全过程评价，评价内容不仅考虑到学生对于任务点的完成及掌握情况（如表 1 所示），同时覆盖学生各环节课程思政点的考核（如表 2 所示）。通过评价表，可以直观地反映学生存在的薄弱点，不仅能够帮助教师及时进行教学策略的调整，而且能够帮助学生认清自己与其他同学存在的差异，找到努力提高的方向。

表 1　课程任务评价（70%）

姓名	课前（10%）	课中（80%）						课后（10%）	学习成绩
		任务分析（30%）			任务操作（50%）			总结探究	
	知识小测	结构	电路原理	原因分析	制定流程	虚拟练习	实操练习		

表 2　课程思政点评价（30%）

姓名	课前（10%）	课中（80%）						课后（10%）	学习成绩
		任务分析（30%）			任务操作（50%）			总结探究	
	知识小测	结构	电路原理	原因分析	制定流程	虚拟练习	实操练习		

续表

姓名	课前（10%）	课中（80%）						课后（10%）	学习成绩
		任务分析（30%）			任务操作（50%）				
	知识小测	结构	电路原理	原因分析	制定流程	虚拟练习	实操练习	总结探究	

【总结反思】

（1）思政教育贯穿教学流程始终。本次课将信号机故障检测与处理内容，依据企业工作流程，分解为"备-引-析-做-评-拓"六个环节，将"四精神四意识"融入教学的各个环节，做到课程思政教育的润物无声。

（2）"课程任务+课程思政点"双评价。将课程思政点的考核与课程任务考核同样进行量化处理，通过量化分数分析学生课程任务和思政点的薄弱点，作为课程任务及课程思政点改进设计的依据。

（3）思政课程资源亟须开发。课程任务与课程思政点有机融合的课程资源目前比较缺乏，在今后的课程建设中，亟须进一步开发。

跨境电子商务运营：
跨境电商与海外市场调研

教师信息： 耿慧慧　**职称：** 讲师　**学历：** 硕士
研究方向： 跨境电子商务
授课专业： 电子商务
课程类别： 理实一体化课程
课程性质： 职业技术技能课

第一部分　设计思路

一、本次设计的课程思政目标

本次课的课程思政设计目标是社会主义核心价值观的培养，落实习近平新时代中国特色社会主义思想进教案、进课堂、进学生头脑，在教学过程中加强学生对马克思主义辩证思维方法的认识。具体而言，在教学过程中注重渗透理想信念教育、中国精神教育和真善美教育，辅以法治思维和实践思维等。

二、课程思政教学设计内容

1. 课前：课程思政引入

学生已系统学过市场调研理论和方法，且能浏览国外英文网站，但尚未开展过海外市场调研和分析。教师课前布置中国传统茶文化与海外传播、丝路电商对茶叶的影响以及茶叶借助跨境电商进入"一带一路"沿线国家/地区的经贸因素调研等小组任务，帮助学生在运用市场调研钻石模型等理论知识的基础上，提出本次课的思政目标：以海外客户需求为导向，坚持守正创新，借助"丝路电商"将中华优秀传统文化推向世界舞台，为构建人类命运共同体继续贡献我们的中国智慧、中国方案、中国力量。

2. 课中：课程思政贯穿授课过程

本次课遵循以学生为主体、教师为主导的教学理念，以将优质茶叶农产品推向国际市场为载体,按照跨境电商运营工作流程,以敬业修德、铸魂育人为思政主线,基于 ARCS 模型,实施教学任务。将课程思政与专业培养相融合,在完成学习任务的过程中培养学生发现、分析、解决问题的能力,培育学生终身受益的优良品格和追求卓越的职业精神,将立德树人落到实处。见图 1。

3. 课末:课程思政总结反思

课程结合跨境电商行业需求与课程特点,凝练课程思政目标,实现专业培养与课程思政双线有机融合。学生完成课后拓展任务,利用双创基地和第二课堂(科研项目、跨境电商比赛)等深化学习,引导学生内化四个自信、创新思维和实践思维,并将油然而生的自豪感和爱国主义共鸣细化落实到课业学习中,落实到自己的言行中。

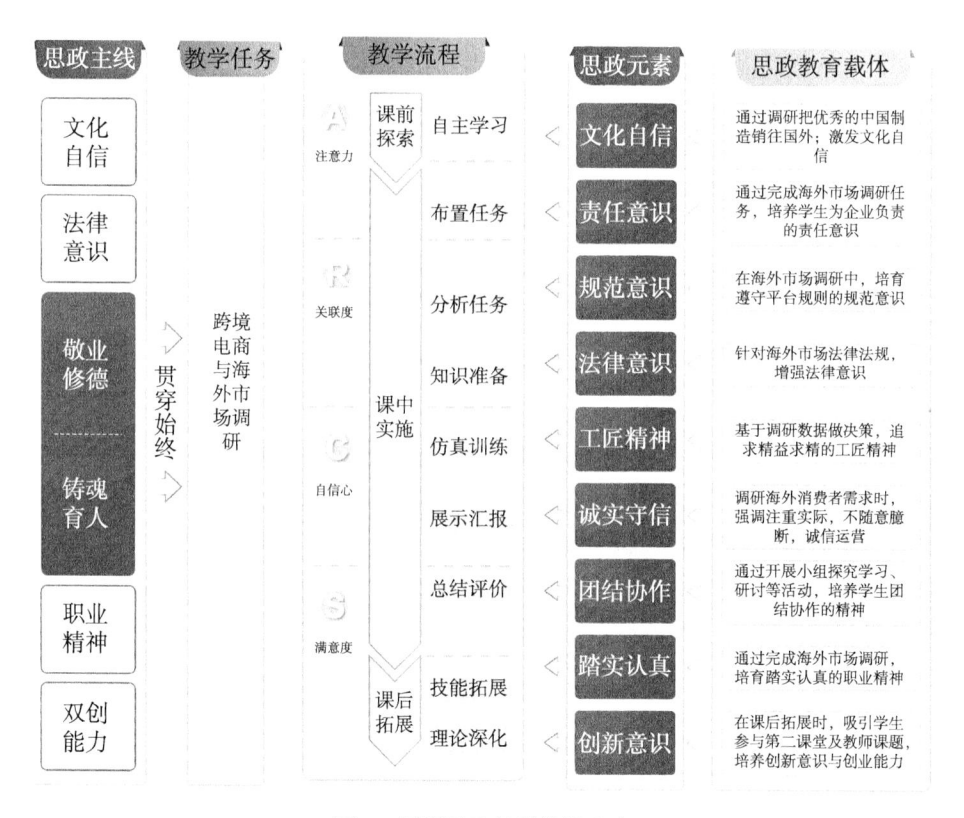

图 1　课程思政教学设计内容

第二部分 案例描述

跨境电商与海外市场调研

【思政导入】

党中央、国务院高度重视外贸新业态、新模式的发展。2023年10月17日至18日，第三届"一带一路"国际合作高峰论坛在北京举行，习近平主席发表主旨演讲，宣布中国支持高质量共建"一带一路"八项行动。作为外贸新常态下的一匹黑马，跨境电商已成为助推"一带一路"建设的重要抓手。"一带一路"倡议提出10年来，随着"丝路电商"进一步发展，有关国家与我国的经贸合作进一步加深，国内企业也纷纷瞄准了这个广大的市场，不断加深在共建"一带一路"国家的电商产业布局。截至2023年1月，与中国建立丝路电商合作的国家已达29个，遍及五大洲。

那么，结合茶叶的海外传播路径，在"一带一路"倡议、"文化走出去"等战略的指引下，如何借助跨境电商继续让茶文化走向世界，是每一位关心中国茶文化传承和发展的国人的责任和担当。

思政点融入：思政导入结合中国古代茶叶的海外传播路径，在"一带一路"倡议、"文化走出去"等战略的指引下，思考基于区位优势理论、钻石模型、PEST等市场调研相关的理论知识，如何对丝路电商沿线的海外市场进行分析，进而继续让中华优秀的传统文化（茶文化）走向世界，在全球跨境电商市场上打造中国跨境电商发展样板，激发学生民族自豪感和坚定走中国道路的自信心，为构建人类命运共同体不断贡献我们的中国智慧、中国方案、中国力量。见图2。

依据学情分析，将茶叶及茶文化的跨境运营引入课堂，以敬业修德、铸魂育人为思政主线，基于ARCS学习动机激励模型，通过任务驱动、问题引领，将跨境海外市场分析工作流程转化为符合教学规律和学生认知的教学流程，教学过程贯穿课程思政，将立德树人落到实处。

一、课前探索

学生在市场营销和电子商务精准运营两门课程中已学过市场调研知识和

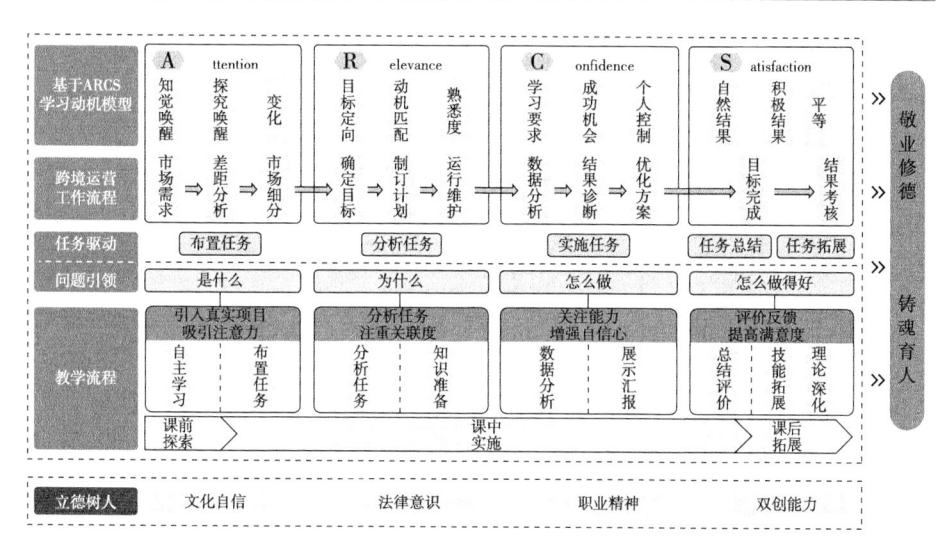

图 2　ARCS 教学模式

方法，且能浏览国外英文网站，但尚未在国际环境中开展市场调研及分析。教师在课前准备市场调研钻石模型、PEST 理论知识，学生结合自己实际自主选择学习并完成测验，分组完成茶文化传播及丝路电商对茶叶的影响和茶叶企业进入中东欧市场的经贸因素分析调研。

思政点融入：通过调研分析中国传统茶文化与海外传播、丝路电商对茶叶的影响，以及茶叶企业进入中东欧市场的经贸因素，一来让学生深化对中国传统文化的理解。二来明确我国在"一带一路"建设中取得的优异成绩，深刻理解共建"一带一路"是推动构建人类命运共同体的生动实践、重大实践。三来提升在法治轨道上推动共建"一带一路"高质量发展的意识，进而增强中国特色社会主义制度自信和文化自信，强化学生团队精神、实践思维。见图 3。

二、课中实施

1. 引入真实项目，吸引注意力（attention）

播放视频引入关于我国优质的红茶、绿茶、高山茶等的跨境运营真实项目，启发学生思考，在以高质量共建"一带一路"助推中国式现代化中，与传统欧美海外市场相比，像东南亚等"一带一路"沿线国家及地区这类新兴的海外市场有哪些特征？这些市场中的消费者对不同茶的需求特点及需求量如何？

思政点融入：中国茶文化依托"一带一路"走向世界。在过去，茶作为

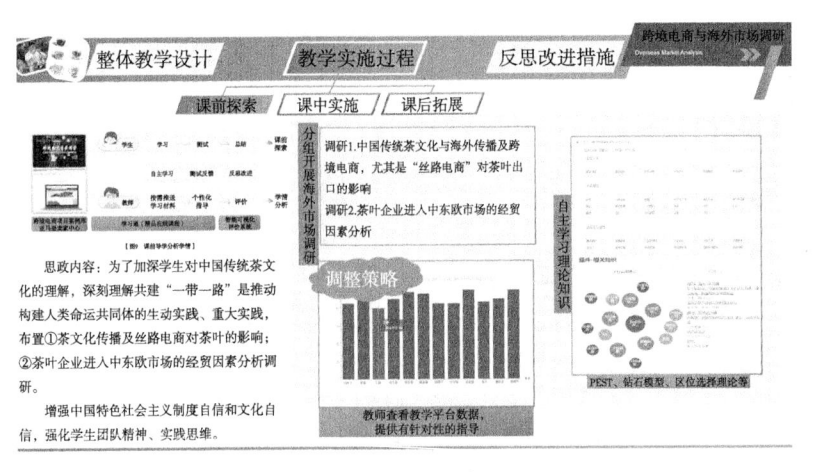

图 3　课前探索

外交的种子，曾沿着古丝绸之路、茶马古道，开启了一扇又一扇睦邻邦交的大门；如今，茶成为连接中国与世界的文化符号，伴随着"一带一路"建设成为中国与世界对话的重要媒介，在重要场合传递出别样的内涵。中国是世界茶文化发源地，在"一带一路"沿线的 131 个国家中，许多国家有饮茶的习惯，但其中的一些国家并不是产茶国，对茶叶需求依赖进口，这类国家占比很大。因此，"一带一路"建设为我国茶叶出口创造了机遇，湖北、四川、安徽、福建等茶区乘着"一带一路"东风纷纷出海，为世界送上来自东方的神奇饮品和文化。据统计，2022 年我国茶叶出口至 126 个国家和地区，出口量 37.52 万吨，出口总额 20.82 亿美元。那么，结合茶叶的海外传播路径，在"一带一路"倡议、"文化走出去"等战略的指引下，如何借助跨境电商继续让茶文化走向世界，是每一位关心中国茶文化传承和发展的国人的责任和担当。

2. 分析任务，注重关联度（relevance）

在教师引导下小组讨论，共同得出将任务分解为"基于六维模型进行市场环境调研""基于跨境平台开展茶叶竞品调研""基于数据开展海外消费者行为调研"。其中，市场环境调研依据区位选择理论和 PEST 分析模型，重点调研"目标国茶叶企业营商环境""目标国茶叶企业发展环境""目标国茶叶市场消费前景""目标国茶叶消费能力""目标国/地区风险""目标国参与度"六个方面。竞品调研和消费者行为调研主要在跨境电商平台如速卖通、Lazada 及 Shopee 展开。

思政点融入：为了加强学生理想信念教育和中国精神教育，坚定中国特色社会主义共同理想，引入古法制茶等中国传统美食文化案例视频，向世界展示一个更加立体、全面、真实的中国，让大家看到令人惊艳的中国文化，有人因此爱上中国传统文化。另外，通过多年努力，中国企业和中国品牌已获得国际市场的广泛认可，中国经验、中国方案已成为世界跨境电商发展的新样本，为各个国家发展电商提供了借鉴。通过此环节激发学生把优质茶叶及传统茶文化推向"一带一路"沿线国家、地区的文化自信和爱国情怀，树立坚持走中国特色社会主义道路的自信心。

3. 关注能力，增强自信心（confidence）

在完成三个子任务时，学生利用 AI 品类分析大数据工具洞察消费者需求，分组开展海外市场调研，进行展示汇报。

思政点融入：①2022 年 1 月，RCEP 生效，中国茶叶的跨境销售因此更加便利。例如，原本国内茶叶要对外销售，需要先加工包装，采用传统外贸或小包直邮的销售方式。但 RCEP 生效之后，马来西亚本地茶商根据原产地原则，可以直接从中国进口鲜茶叶，然后在马来西亚加工销售，这使国内跨境电商茶叶企业的产品品类扩大，经营深度增加。在"一带一路"倡议下，随着我国"互联网+农业"的兴起，农产品跨境电商蓬勃发展，然而"一带一路"沿线国家在食品安全监管上往往都有庞杂繁多的法律条文体系，由于语言差异大、贸易水平低、通报机制不畅等原因，需要结合目标国/区域进行有针对性的市场分析。②在实际交易的过程中，不同国家和地区的消费者需求不同，有的偏爱红茶，有的偏爱绿茶。在跨境电商模式下，我们要结合海外消费者饮食习惯，坚持因地制宜的销售原则，为买家提供适销对路的产品。此外，奶茶、水果茶等茶饮料在国内外也受到极大的欢迎，如苹果酒茶、养生茶、花茶等茶饮料的销量开始不断上涨。因此，在竞品调研和消费者行为调研过程中要把思路打开，培养学生创新思维和实践思维，为适应跨境电子商务运营岗位做好准备。同时，培育学生团队精神以及倾听并尊重他人意见的良好素质。

4. 评价反馈，提高满意度（satisfaction）

教师归纳总结，利用智能可视化系统分析学习情况，进行增益综合评价。

思政点融入：培养学生倾听并尊重他人意见的良好素质。

三、课后拓展

在课后，一方面鼓励并指导学生围绕海外市场调研及传统文化海外传播等文献，继续深化对以中国传统文化载体产品开展跨境出口的认知，自主开展文献研读，阅读并撰写文献述评，培养创新思维。另一方面，与校外双创基地合作，以小组为单位，自主探索家乡特色产品的海外市场调研，培养动手实践思维能力。

【总结反思】

本次课基于"ARCS"教学模式，将思政元素渗透到每个教学环节，重点展开了理想信念教育（中国特色社会主义）、中国精神教育（中华优秀传统文化）和真善美教育，并且辅以法治思维和实践思维等。本次课校企合作搭建人才培养平台，教学团队探索式设计课程思政模式，并付诸实践，构建"ARCS"教学模式，通过完成跨境电商与海外市场调研分析任务，引导学生不仅掌握海外市场调研分析的技能，还要以海外客户需求为导向，坚持守正创新，借助"丝路电商"将中华优秀传统文化推向世界舞台，为构建人类命运共同体继续贡献我们的中国智慧、中国方案、中国力量。

食品快速检测技术：农药残留快速检测

教师信息： 董鹏　**职称：** 讲师　**学历：** 博士
研究方向： 食品科学
授课专业： 食品检验检测技术
课程类别： 理实一体化课程
课程性质： 专业模块化课

第一部分　设计思路

一、本次设计的课程思政目标

以习近平新时代中国特色社会主义思想为核心价值引领，围绕立德树人根本任务，将专业知识与思政元素有机融合，秉承价值塑造、能力培养、知识传授"三位一体"的教育理念，借力课堂教学"主渠道"的功能，有效提升课程思政育人实效。

（1）引导学生树立以人民为中心的价值观，始终把人民的生命安全放在首位，具有职业责任感和使命感，履行食品安全责任。

（2）增强学生法制观念，培养学生知法守法意识。

（3）培养学生严谨细致、精益求精的工匠精神和勤于实践的劳动精神。

（4）培养学生勇于探索、攻坚克难的创新精神。

二、课程思政教学设计内容

1. 课前：课程思政引入

通过在学习通发布教学视频、课件、动画资源、社会热点问题等学习资料和学习任务，学习农药残留的相关概念、检测技术现状，帮助学生自主学习和理解教学重点和难点。教师定时与学生在线互动交流、答疑，学生彼此间就课程内容进行在线讨论。集体观看新闻联播视频，学习习近平总书记对食品安全工作的重要指示，观看农业农村部监督抽查发现的农残超标情况的通告，让学生认识到食品安全责任重于泰山。

2. 课中：课程思政贯穿授课过程

通过教师讲授、案例引入、课堂讨论等方式创新课程教学模式。教学中以学生为中心，运用案例分析、任务驱动等多种教学方法，让学生了解常见农药的分类、性质、危害，熟悉农药残留相关国家标准，重点掌握有机磷及氨基甲酸酯类农药的检测原理和快速检测操作技能，见图1。

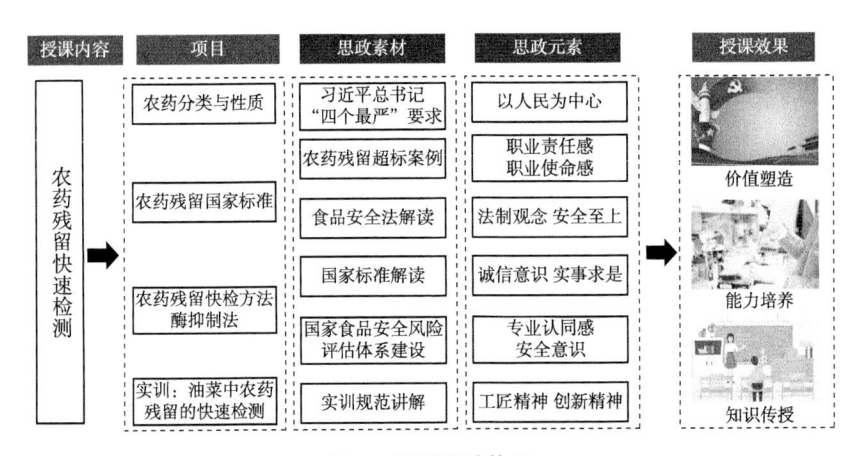

授课内容	项目	思政素材	思政元素	授课效果
农药残留快速检测	农药分类与性质	习近平总书记"四个最严"要求	以人民为中心	价值塑造
		农药残留超标案例	职业责任感 职业使命感	
	农药残留国家标准	食品安全法解读	法制观念 安全至上	能力培养
		国家标准解读	诚信意识 实事求是	
	农药残留快检方法 酶抑制法	国家食品安全风险评估体系建设	专业认同感 安全意识	知识传授
	实训：油菜中农药残留的快速检测	实训规范讲解	工匠精神 创新精神	

图1　课程思政体系

3. 课末：课程思政总结反思

教师线上发布相关拓展资料和课后习题，规定学生在相应时间节点前完成，同时教师对学生线上线下学习数据以及学习效果进行回顾与总结。反思课堂中的教学活动是否与学习效果相匹配；是否能充分调动学生兴趣与积极性，起到全体学生参与、师生互动的目的；是否促进学生对理论知识的内化理解，提高学生解决实际问题的能力。

第二部分　案例描述

农药残留快速检测

【思政导入】

师生集体观看新闻联播，观看农业农村部对豇豆农药残留超标情况的通报（见图2、图3）。提出问题：在如此严格的食品安全监管下，为什么还存在豇豆农药残留超标的现象？导致豇豆农药残留超标的原因可能有哪些？

图2 新闻联播视频截图

图3 农业农村部网站截图

请两名学生分别回答问题，教师进行讲述。

近10年来，关于中国食品安全监管，出现频率最高的是这句话：最严谨的标准、最严格的监管、最严厉的处罚、最严肃的问责（"四个最严"）。党的十八大以来，"四个最严"要求为食品安全治理工作指明了方向。

食品安全关系每个人的身体健康和生命安全，必须抓得紧而又紧。尽管党和政府做了大量工作，但保障食品安全仍面临艰巨任务，要毫不懈怠，持续攻坚。习近平对食品安全工作做出重要指示，强调确保食品安全是民生工程、民心工程，是各级党委、政府义不容辞之责，要牢固树立以人民为中心的发展理念，落实"四个最严"的要求，切实保障人民群众"舌尖上的安全"。

2023年，农业农村部部署开展了国家豇豆质量安全专项监督抽查。5—7月，共从北京、天津、河北、辽宁等22个省份抽检1 418批次豇豆样品，发现16批次样品存在问题。其中，9批次样品检出蔬菜禁用农药，7批次样品常规农药残留超标。用药不规范、用药频繁、采摘间隔短是可能导致农药残留超标的原因。

思政点融入： 通过案例的学习，让学生明白食品安全无小事，引导学生牢固树立以人民为中心的价值观，落实"四个最严"的要求，始终把人民的生命安全放在首位，履行食品安全责任。

食品安全事故频发，原因众多，但主要是由于食品生产经营者"不诚信""不守法"，没有按照产品标准要求生产合格产品。教导学生做"懂法、知法、学法、守法"的"食品人"。培养学生诚信意识、职业使命感和社会责任感，增强学生食品安全法律意识、道德修养，引导学生树立正确的人生观、价值观。

一、农药分类与性质

学生查阅资料，总结常见的农药及性质，并进行小组汇报。常见的农药按照化学结构可以分为有机氯类、有机磷类、氨基甲酸酯类、拟除虫菊酯类。有机磷类农药具有药效高、毒性大、易降解、广谱性等特点，成为世界上生产和使用最多的农药品种。氨基甲酸酯类农药是继有机磷之后出现的一类农药。20世纪70年代以来，由于有机氯农药受到禁用或限用，以及抗有机磷杀虫剂的昆虫品种日益增多，氨基甲酸酯类农药的用量逐年增加，日益受到关注。

思政点融入： 学生小组汇报常见的农药及性质，培养团结协作、创新能力。

二、农药残留的国家标准

结合之前的案例，要求学生以豇豆的农药残留为例，选取一种农药，查阅其危害，并查阅国家标准《食品安全国家标准 食品中农药最大残留限量》（GB 2763—2021），明确其最大残留量。

例如，氯氟氰菊酯是拟除虫菊酯类农药，对人体中枢神经系统有毒害作用，使用或运输储存不当也会造成环境污染，可用于防治棉花、果树、蔬菜、大豆等作物上的多种害虫，使用时须严格遵守农药标签上的用药剂量、用药方法、用药次数和安全间隔期。按照国家标准，氯氟氰菊酯在豇豆中的最大残留限量为 0.2 mg/kg。

思政点融入：应该严格遵守《中华人民共和国食品安全法》等法律法规及《食品安全国家标准 食品中农药最大残留限量》等国家标准，做到"识标、懂标、用标"，按制度、按规章办事，树立高尚的职业情操，实事求是。在授课过程中通过真实的违法、违规案例，叮嘱学生从事食品工作，关乎人的生命健康，必须遵纪守法，恪尽职守。培养学生遵纪守法意识，增强学生法制观念，使学生成为守法、知法、懂法，具有社会责任感的食品从业者。

三、农药残留的快速检测方法：酶抑制法

酶抑制法是基于有机磷和氨基甲酸酯类农药（大部分是高毒农药）对胆碱酯酶的抑制作用，加入特定的显色剂，通过颜色深浅的变化确定是否有农药残留或农药残留相对量的快速检测方法。该方法具有操作简便、同时检测多残留等特点，被广泛用于我国基层农产品质量安全日常监管和相关生产经营主体自控自检。见图4。

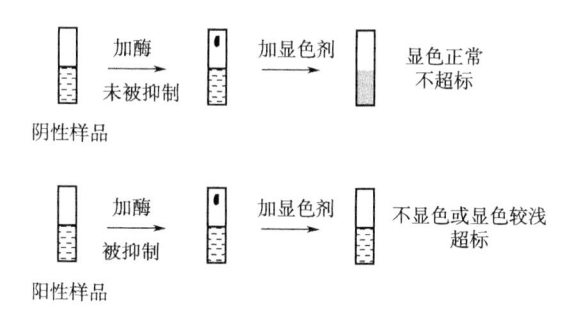

图4 酶抑制法的基本原理示意图

思政点融入：让老百姓吃得安心，食品安全风险监测和评估是"守门人"。目前，中国已经建立国家、省、市、县四级食品污染和有害因素监测、食源性疾病监测两大监测网络以及国家食品安全风险评估体系。食品污染和有害因素监测已覆盖99%的县区。引导学生认识到食品检验检测专业的重要作用，增强职业认同感和使命感，树立食品安全责任意识。

四、实训：油菜中农药残留的快速检测

以小组为单位，根据农药残留快速检测试剂盒操作说明，完成检测任务，各组将结果上传到学习通。见图5、图6。

思政点融入：实训过程中要自觉遵守实验室规章制度、规范操作，帮助

① 准备好蔬菜，擦去蔬菜表面的泥土

② 滴2~3滴洗脱液在蔬菜表面

③ 用另外一片菜叶在滴液处轻轻摩擦

④ 取一片农药残留速测卡，将蔬菜上的滴液，滴加在白色药片上

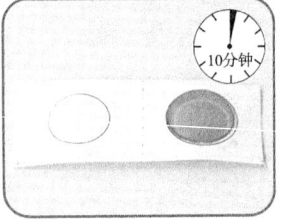

⑤ 放置10分钟以上进行预反应，反应后的药片表面必须保持湿润

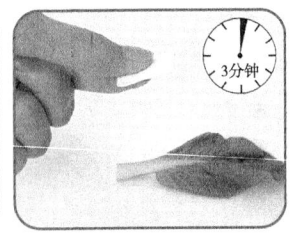

⑥ 将农药残留速测卡对折，用手捏3分钟，使红色药片与白色药片叠合发生反应

图5　农药残留快速检测操作步骤（表面测定法）

白色药片不变色或略有浅蓝色均为阳性结果（不合格）

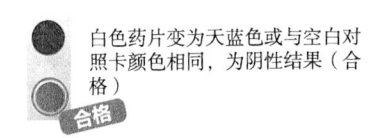

白色药片变为天蓝色或与空白对照卡颜色相同，为阴性结果（合格）

注意事项：请与空白对照卡比较（以上药片红色圆圈区域为检测结果区域）

图6　农药残留快速检测结果判定（表面测定法）

学生养成良好的安全操作意识和习惯；实训中将学生着装、环境卫生等纳入考核环节中，让学生将外在要求内化成自身素质，养成良好的职业习惯，形成正确的价值观和职业发展观；实训过程中要求学生节约原料，避免浪费，科学处理"三废"，培养学生的生态环保理念；通过实训，培养学生严谨细致、精益求精的工匠精神，勤于实践的劳动精神，勇于探索和创新的职业精神。

五、课堂小结

通过本次课程的学习，学生能够熟悉常见的农药及分类，能够查阅相关国家标准，掌握酶抑制法快速检测农药残留的原理及操作，并能按照快速检测要求完成检测。教学过程中将思政元素有机融入课堂教学，实现了价值塑造、知识传授和能力培养的有机融合，发挥了课堂教学"主渠道"的作用，提升了课程的育人功能。

布置作业。遵照习近平总书记"四个最严"要求和重要批示精神，2021年6月，农业农村部等七部门印发《食用农产品"治违禁 控药残 促提升"三年行动方案》，其中对于蔬菜，提到了"三棵菜"即豇豆、韭菜、芹菜，将着力解决使用违禁农药和农药残留的问题。请大家课后查阅2021年至今"三棵菜"中农药的违规使用情况，并小组讨论禁用药物违法使用、常规农药残留超标等问题的解决思路。

思政点融入：以小组为单元，通过课后查阅资料等方式，进一步提升学生对农药残留问题及其解决方案的理解，培养学生独立思考、严谨细致、团队协作的能力；培养学生勇于探索、攻坚克难的创新精神；培养学生具备食品安全的风险意识。

【总结反思】

(1) 深入挖掘课程思政元素。在课程教学中，秉承价值塑造、能力培养、知识传授"三位一体"的教育理念，深入挖掘课程思政元素。结合课程特色，围绕立德树人根本任务，对课程内容进行整体设计，对知识点所蕴含的思想政治教育元素进行梳理，形成课程与思想政治教育的有机融合，达到润物无声的效果。

(2) 丰富课程思政组织形式。课前观看视频、典型案例等，提升学生的职业使命感，激发学习兴趣；课中设置小组讨论等教学活动，通过案例法教学、任务驱动激发学生兴趣，小组合作提升学生学习的积极性，培养学生团队合作意识，加深育人效果；课后引导学生查阅相关资料，培养学生自主学习能力，培养创新意识。利用"学习通教学平台+课堂教学"线上线下混合式学习平台，形成课程思政的合力，推进专业知识与思政元素的有机结合，实现显性教育与隐性教育的贯通融合。

(3) 突出课程思政育人效果。深化课程评价模式，采用"线上+线下"过程性评价，细分为"课前+课中+课后"综合评价，同时将诚实守信、工匠精神、安全规范操作意识、劳动精神等思政元素融入课程评价。通过自我评价、小组评价、教师评价等多元化的评价方式，既有利于学生端正学习态度，积极主动参与教学活动，又能将思政教育与专业教学相结合，深化课程思政育人效果。

创意思维：以"北京印象"主题设计为例

教师信息： 吕航　**职称：** 讲师　**学历：** 硕士
研究方向： 视觉传达设计
授课专业： 数字媒体艺术设计
课程类别： 理实一体化课程
课程性质： 通用技术课

第一部分　设计思路

一、本次设计的课程思政目标

本课程以"北京印象"海报设计为切入点，重点讲解创意思维中发散思维 A+B 创意方法，在优秀作品剖析中润物细无声地融入思政元素。在教学中，既要讲授基础知识，又要讲授传统文化元素在现代设计中的应用技巧，从而提升学生的专业技能和创意能力。

二、课程思政教学设计内容

1. 课前：课程思政引入

中华优秀传统文化源远流长、博大精深，它是民族文化的血脉，是中华民族实现伟大复兴的文化之根。通过在创意思维课程中设计"北京印象"整合宣传方案的课程内容，注重营造优秀传统文化学习氛围，增加学生对传统文化了解和学习的机会。高校作为新时期育人的主要阵地，在传播科学知识的同时，还肩负着弘扬民族精神、守住民族文化主流阵地的重任。

2. 课中：课程思政贯穿授课过程

在课程中融入爱党、爱国的家国情怀，激发学习热情，树立学生的自信心，坚定学生的信念，培养学生敬业专注、精益求精的工匠精神。案例分析能够促进学生对专业知识的吸收和理解，启发学生的思维和引发学生的讨论，同时以调动、感化、激活学生内心的情感为手段，强化学生的情感共鸣。

3. 课末：课程思政总结反思

通过本课程学习，巩固数字媒体艺术设计专业学生的创意及绘画基础，在作品立意方面加强对传统文化的理解和文化价值引导，步步深入分析学生的学习需求、创作实践，结合前导课程与后续课程的内容，做好专业知识的衔接，不断提升课程思政的效果和质量，更好地实现课程思政的目标。深挖课程中的思政元素，不断在教材、教学方法中寻找创新点和突破点，分析学生的学习和成长需要，在课堂上开展学生喜闻乐见并且富有成效的教学活动，让学生学有所获，学有所感。

第二部分　案例描述

以"北京印象"主题设计为例

【思政导入】

引言/导入语。

歌曲《北京欢迎你》是2008年北京奥运会召开期间的宣传主题曲，歌曲的MV视觉演绎（见图1）中出现了北海公园、八达岭长城、鸟巢、北京四合院等代表北京形象的地标性建筑，以及北京风筝、京剧脸谱、面人儿等地域文化传统艺术。通过思考如何用视频的方式"讲好中国故事"，导入课程的主要内容：发散思维A+B的创意方法及其在"北京印象"设计案例中的应用。

图1　《北京欢迎你》MV片段

一、发散思维的基础理论知识

发散思维 A+B 的方法是一种创造性的思维方式，其核心思想是将两个或多个不同的概念或想法结合起来，以产生新的创意或解决方案。这种方法可以帮助人们从不同的角度和维度思考问题，从而激发创造力和想象力。

1. 发散思维 A+B 的方法

（1）选择两个或多个概念或想法（A 和 B）（见图 2），这些概念或想法可以是任何东西，例如，物体、想法、词语、人物等。

（2）确定两个或多个概念或想法（A 和 B）之间的相似性和差异性。思考如何将这两个概念或想法结合起来。这可以通过联想、比喻、类比等方式实现。尝试从不同的角度和维度思考，以产生新的创意或解决方案。

（3）记录下你的创意或解决方案，形成思维导图，帮助你回顾和进一步发展你的想法。

图 2　字母 A+字母 B

使用发散思维 A+B 的方法，进行"北京印象"城市宣传的设计，通过一首歌曲的视频内容入手，加强学生对传统文化的理解，增强文化自信，导入"北京印象"城市宣传设计项目，可以用手绘、电脑软件的形式，把北京地域传统文化元素融入设计中，以视觉方式呈现出来。

2. 思维导图

思维导图是一种可视化思维工具，它可以帮助人们将复杂的想法、概念或信息以图形化的方式呈现出来，从而更好地理解和组织信息。思维导图是发散思维的辅助工具，将发散思维中复杂的想法和信息更好地组织和呈现。通过使用图形、颜色和关键词，整理信息，突出创意点，提高创意思维能力。

思维导图的制作步骤：

（1）确定主题。确定设计主题及相关信息，并将其作为思维导图的中心点。根据主题，列出与主题相关的分支。这些分支可以是子主题、关键词或相关的想法。

（2）添加细节。对于每个分支，添加更多的细节或子分支，以便更全面地呈现信息。

（3）使用图形和颜色。使用图形和颜色增加思维导图的视觉效果。这有助于突出重点和使思维导图更加生动有趣。

（4）不断修改和完善。在制作思维导图的过程中，不断修改和完善它。添加或删除分支，重新组织信息，以确保思维导图清晰、简洁和易于理解。

见图3。

图3 发散思维导图

思政点融入："北京印象"设计的主题是家国情怀的具体体现，通过分析歌曲的视觉化表现手法，激发学生对中华文化的自豪感和自信心。通过学习，深入了解北京的传统文化、地域文化、中轴线文化等，更好地认识和传承中华优秀传统文化，增强民族凝聚力和向心力。通过发散思维将传统与现代相结合，促进中华文化的传承与创新。通过中国风设计，培养学生时代审美能力、精益求精的工匠精神。

二、发散思维 A+B 创意方法实现

1. 发散思维之字体设计

发散思维 A+B 字体创意方法：飞檐翘角+城门楼名称（见图4）。

（1）城门楼名称的中文字体与建筑特征结合。例如，建筑细节进行图形

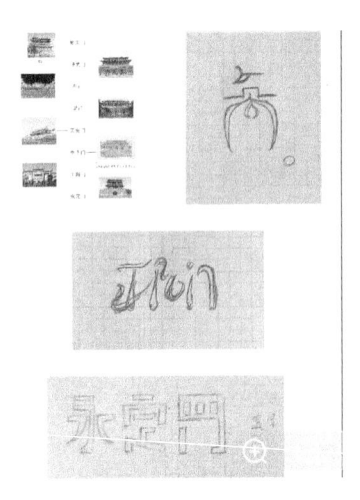

图 4 字体设计

图 5 图形设计

创作练习，结合北京中轴线上的城门楼文字设计，完成视觉传达设计内容的创作。

（2）飞檐翘角是中国古建筑里面极具特色的结构形式，表现出中国建筑的独特韵味，适宜用于笔画中的横笔起笔与收笔之处。例如，图 4 中的文字在横笔和上部的折角做了类似飞檐翘角的处理，字体就会表现出浓浓的中国风。

2. 发散思维之图形设计

发散思维 A+B 图形创意方法：北京地标性建筑+邮票（见图 5）。

（1）北京的地标性建筑，既有中轴线上的古建筑，也有 CBD 国贸核心区的现代建筑，还有北京夏季和冬季奥运场馆。从这些建筑中寻找灵感，先进行手绘草图的描绘，再利用计算机绘图软件加以呈现。

（2）园林中的窗，剪纸、印章等中国传统元素具有深厚的文化内涵，这些元素在图形图案设计，特别是具有中国特色的邮票设计中有广泛的应用。

【总结反思】

通过视频、图文解析将课程思政元素全程融入知识技能中，讲解案例和方法时自然融入爱国精神、家国情怀；讲解图形图像设计时融入传统美学。这种先锋与复古碰撞的创意，在追求个性化表达的学生群体之中颇具吸引力，有助于学生建立文化自信，弘扬民族精神和时代精神。

移动通信全网建设：
5G 站点机房设备部署与线缆连接

教师信息：王莹　　**职称**：讲师　　**学历**：本科
研究方向：通信技术
授课专业：现代通信技术
课程类别：理实一体化课程
课程性质：专业模块化课

第一部分　设计思路

一、本次设计的课程思政目标

本次课以"大国工匠张嘉：匠心铸就冬奥5G高速通信网"代入情景，结合"1+X 5G 移动网络运维"职业技能考核标准，采用任务驱动教学法，通过"5G 站点机房设备部署与线缆连接"任务实施，增强学生爱岗敬业、科技报国的使命感，树立理论结合实践的科学认知、科学思维意识，培养学生劳动精神、工匠精神，树立质量意识、责任意识，养成良好的职业习惯。

二、课程思政教学设计内容

课程思政设计融入教学全过程，如图1所示。

1. 课前：课程思政引入

以"大国工匠张嘉：匠心铸就冬奥5G高速通信网"视频为背景，在树立民族自豪感的同时，认识到执着专注、全力以赴提高技术水平是成为大国工匠的必备素质，激发学生对专业的热情。立足"5G 基站建设"工作岗位，结合职业技能等级标准，通过学习通平台发布相关知识与职业素养测试及讨论，掌握学生理论知识以及工匠精神、责任意识等课程思政状况，为本次"5G 站点机房设备部署与线缆连接"任务做准备；引导学生养成良好的学习习惯，

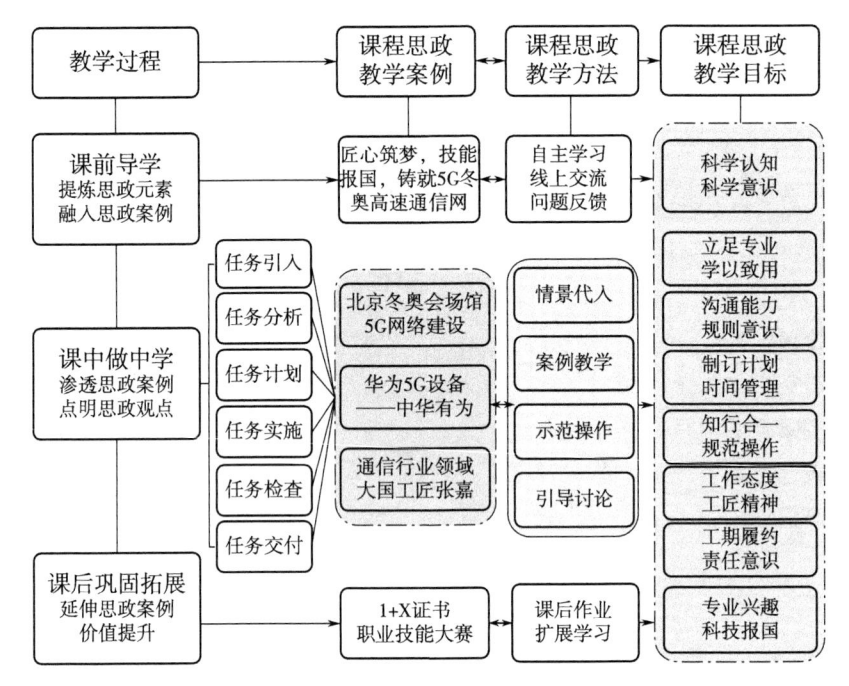

图 1　课程思政教学设计图

培养学生自主获取知识的能力，树立理论结合实践的科学认知、科学思维意识，凡事以事实为根据，尊重科学，善于总结的科学精神。

2. 课中：课程思政贯穿授课过程

采用任务驱动教学法，按任务引入→任务分析→任务计划→任务实施→任务检查→任务交付 6 个环节展开。

（1）以"北京冬奥会场馆 5G 网络建设之 5G 站点机房硬件设备部署与线缆连接"将学生代入情景，引入任务，培养学生立足专业，学以致用，专业报国的精神。

（2）分析"5G 站点机房设备部署与线缆连接"工作任务，启发引导学生思考，提高学生自主学习、解决问题的能力，培养学生规则意识。

（3）通过制订 5G 站点机房设备安装部署进度计划，培养学生做好时间管理，树立工期履约意识。

（4）任务实施环节，以华为 5G 基站设备为载体，强调把关键核心技术牢牢掌握在自己手中，高水平科技自立自强是建设社会主义强国的关键；使用"1+X 5G 移动网络运维"虚拟仿真系统进行"5G 站点机房设备部署与线缆连接"实践，运用案例教学、示范操作、实践引导、讨论等方式，在做中学、学中做的过程中渗透知行合一、学以致用，提高学生规范操作意识、安全意识，培养学生劳动精神、工匠精神。

（5）设备上电前的检查，培养学生严谨的工作态度、团结协作能力。

（6）任务交付环节，培养学生树立工期履约意识、质量意识、责任意识，养成良好的职业习惯。

3. 课末：课程思政总结反思

引导学生通过"1+X 5G 移动网络运维"项目及"5G 移动网络运维大赛"项目进行拓展学习和技能训练，强化学以致用、用以致学、知行合一，激发学生专业兴趣，增强自信心，提升学生解决问题的能力。

第二部分 案例描述

5G 站点机房设备部署与线缆连接

【思政导入】

播放"大国工匠张嘉：匠心铸就冬奥 5G 高速通信网"视频，了解冬奥会 5G 网络建设（见图 2）。

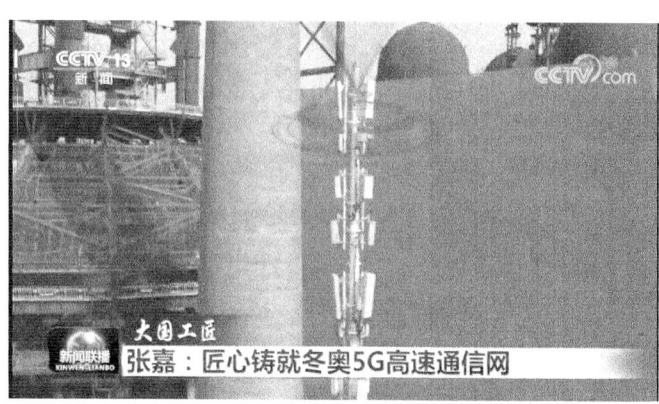

图 2 "大国工匠张嘉：匠心铸就冬奥 5G 高速通信网"视频

思政点融入：2022 年北京冬奥会期间，一场场精彩赛事让全球观众享受到了无与伦比的视觉盛宴，而正是覆盖在冬奥场馆稳定的 5G 网络，为赛场人员和亿万观众带来了高速、稳定的通信体验。冬奥会 5G 网络背后的建造者和维护者，秉承"执着专注、全力以赴"做好技术工作的品质、实干精神，为 5G 通信保驾护航。根据工信部 2023 年 9 月的统计数据，目前，我国已建成全球规模最大、技术领先的 5G 网络，后续将进一步夯实网络能力，加快推进地级及以上城市 5G 网络深度覆盖。通过了解我国移动通信产业走过"1G 空白、2G 跟随、3G 突破、4G 并跑、5G 引领"的发展历程和取得的辉煌成就，激发学生民族自豪感和历史使命感，鼓励学生增强专业自信，激发学习动力，明确只有注重丰富自身的知识结构、掌握扎实技能，才能担负起 5G 网络建设重担，担负起社会主义建设任务。

接下来对学习通平台发布的"5G 基站建设"工作岗位、职业技能相关知识与职业素养测试进行点评总结。

思政点融入："无线侧机房设备构成"知识点测试是完成"5G 站点机房设备安装部署"任务的理论基础。在 5G 网络建设全过程中，都会有相应的理论做支撑，我们要秉承理论结合实践的科学认知、科学思维意识，培养学生凡事以事实为根据，尊重科学，善于总结的科学精神。同时强调，专业能力决定职业发展的深度，而职业素养决定职业发展的长度，所以，持续提升个人职业素养是每个通信工程师的必经之路！

一、任务引入

任务情景：北京市延庆高山滑雪冬奥场馆需 5G 覆盖。前期勘察设计工作已完成。根据 5G 网络规划结果（采用 SA 组网），请你作为 5G 网络建设工作人员，按照设计方案图纸，如期完成 5G 站点无线侧设备部署与线缆连接任务。

思政点融入：立足专业，模拟企业工作模式，复现工作实景，将工程实施现场"迁移"到课堂教学中，明确课程与工作岗位之间的紧密联系。学生作为冬奥会场馆 5G 网络建设者，学以致用，按照设计方案进行 5G 站点机房设备部署，正确完成设备连接，如期完成 5G 网络覆盖的硬件准备工作，为稳定覆盖 5G 网络打下基础，真正成为中华民族伟大复兴的建设者和接班人。

二、任务分析

分析完成"5G 站点机房设备安装部署"任务所需的知识：
1.5G 站点机房设备安装部署遵循的流程
见图 3。

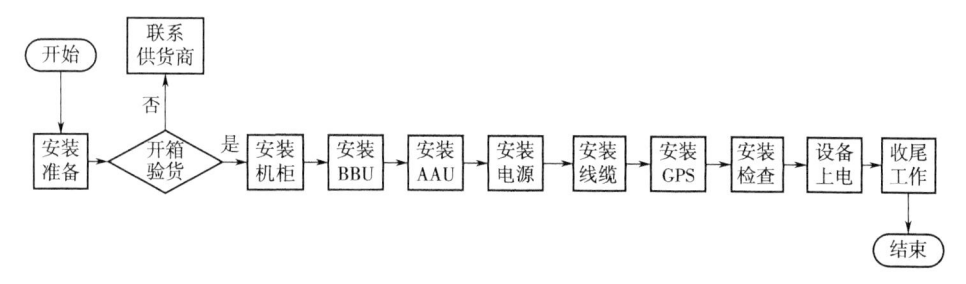

图3 站点机房设备部署流程

2. 基站机房设备之间的连接方式

见图4。

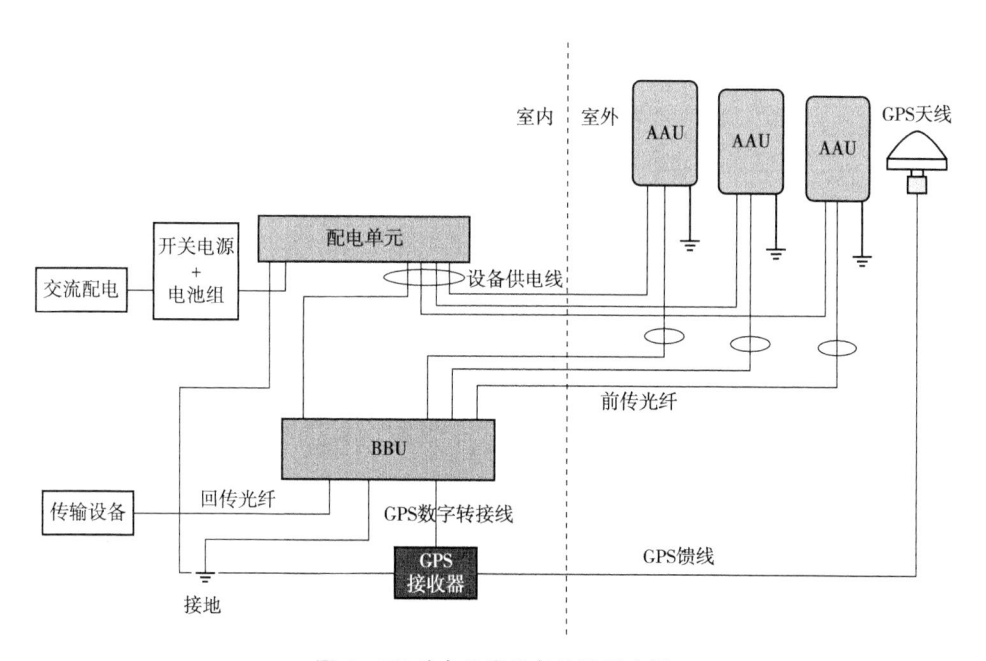

图4 5G站点机房设备连接示意图

小结：
- 线缆类型：直流电源线、交流电源线、接地线、光纤跳线、GPS馈线（见图5）。
- 线缆连接：5G基站设备、AAU及传输设备间使用光纤连接；GPS天线与5G BBU连接使用专用的GPS馈线；所有设备使用接地线严格接地。

思政点融入：通过对"5G站点机房设备部署与线缆连接"任务进行分析，启发引导学生思考5G站点设备安装部署遵循的流程及基站机房设备间的

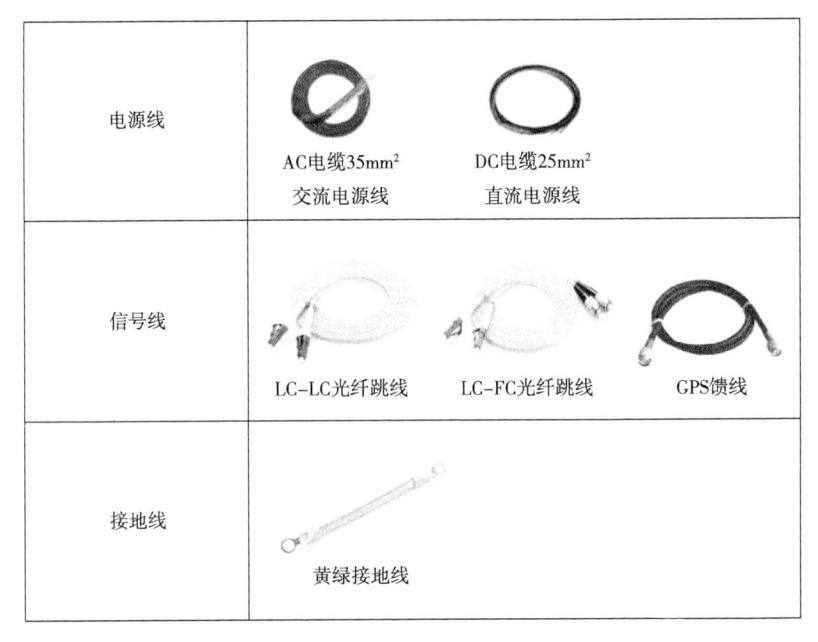

电源线	AC电缆35mm² 交流电源线	DC电缆25mm² 直流电源线
信号线	LC-LC光纤跳线	LC-FC光纤跳线　GPS馈线
接地线	黄绿接地线	

图 5　线缆类型

线缆类型，提高学生自主学习、解决问题的能力，树立规则意识，加强团队合作能力。

三、任务计划

以小组为单位，按工期要求制订工作计划（见图6）。

项目 Leader:_____（姓名）	2023年____至____（时间）								
	D1	D2	D3	D4	D5	D6	D7	D8
准备/检查安装工具								
联系供货商设备进场								
基站设备安装部署								
电源安装部署								
线缆连接								
安装GPS								
检查接地								
设备上电								
整理场地，收尾								

图 6　5G 站点机房设备安装部署进度计划

思政点融入：通过制订 5G 站点机房设备安装部署进度计划表，培养学生养成制订计划的习惯，做好时间管理，树立工期履约意识。

四、任务实施

1. 5G 站点机房设计图纸读图识图

（1）电源设备，见图 7。

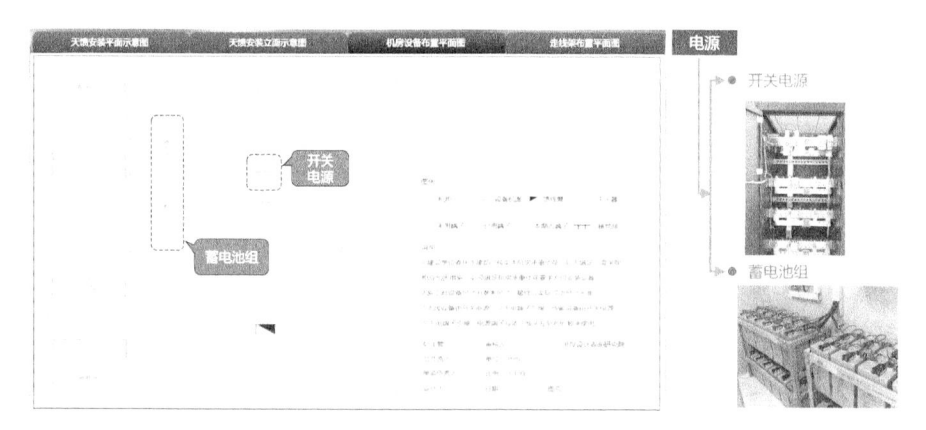

图 7　5G 站点机房设计图纸读图识图与电源设备实物认知

（2）综合柜内设备，见图 8。

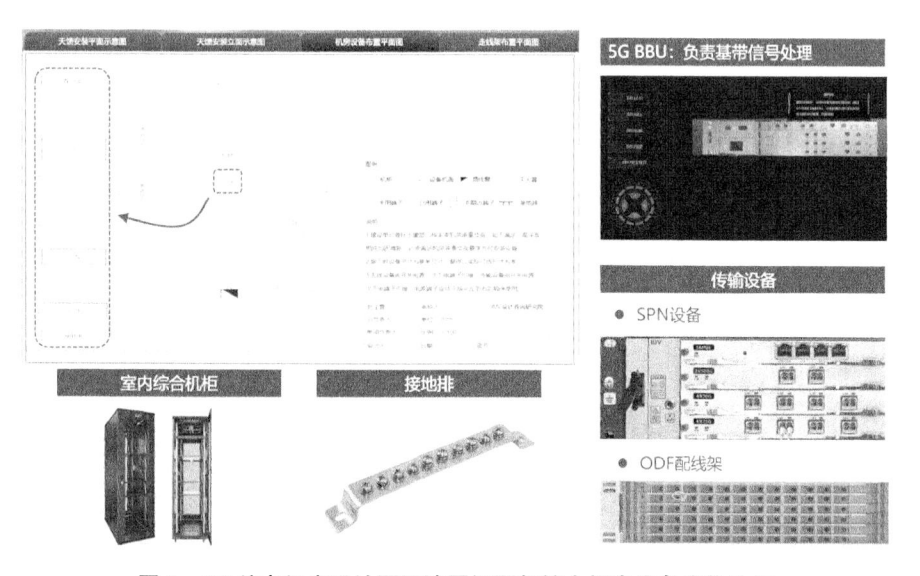

图 8　5G 站点机房设计图纸读图识图与综合柜内设备实物认知

（3）走线架，见图9。

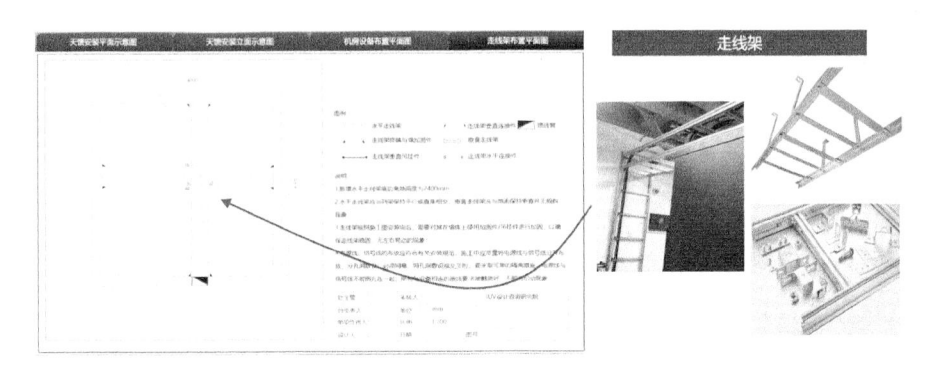

图9　5G站点机房设计图纸读图识图与走线架及配件认知

（4）室外设备，见图10。

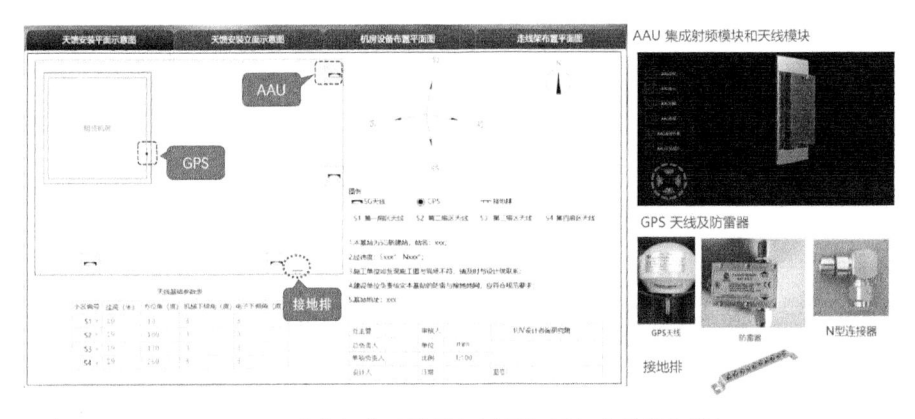

图10　5G站点机房设计图纸读图识图与室外设备认知

学生登录实验工坊5G虚拟仿真系统，认识华为5G BBU、AAU设备（见图11）。

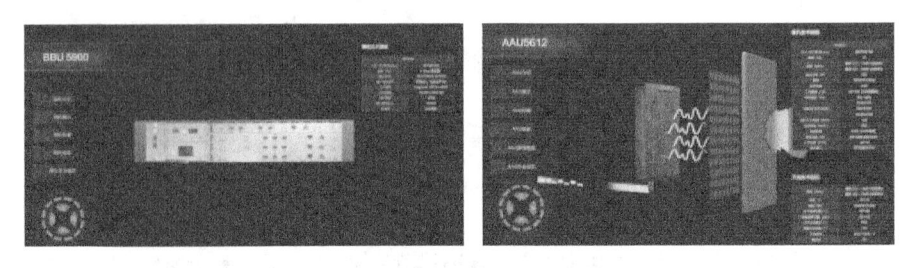

图11　5G BBU及AAU设备认知

思政点融入：2023年8月，中国互联网络信息中心发布的第52次《中国互联网络发展状况统计报告》中指出，截至2023年6月，我国移动电话基站总数达1 129万个，其中，累计建成开通5G基站293.7万个，占移动基站总数的26%。在这些5G基站中，华为基站占比超58%。尽管被美国限制，华为仍是全球最大的5G基站设备供应商，全球市场占有率高达30%，位居世界第一。以我国华为5G基站设备为载体，让学生认识到，"关键核心技术是要不来、买不来、讨不来的"。党的二十大提出，要加快实现高水平科技自立自强，瞄准"卡脖子"关键核心技术，集中力量攻关突破。华为案例表明我们有必胜的信心，有突破关键核心技术的条件和底气，我们一定能实现关键核心技术自主可控，把创新主动权、发展主动权牢牢掌握在自己手中。

2. 设备安装前的准备

（1）安全说明；

（2）安装过程中要做好个人防护；

（3）注意事项。

思政点融入：通过设备安装前的准备工作，加强学生安全施工意识。

3. 5G站点机房设备安装布放

使用"1+X 5G移动网络运维"虚拟仿真软件中的"5G站点工程模块"，进行5G基站设备模拟仿真安装。

（1）室外设备布放。根据方案设计图纸，在指定位置安全、有序布放5G AAU、GPS+防雷器以及室外接地排（见图12）。

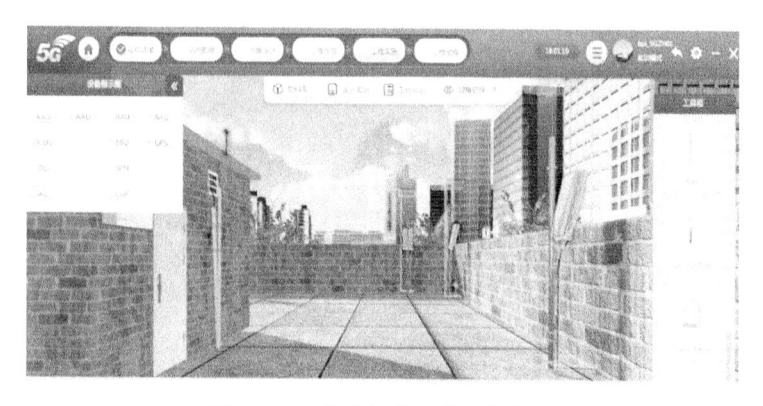

图12　5G站点机房室外设备布放

（2）室内设备布放。根据方案设计图纸，在指定位置安全、有序布放电源柜、综合柜、交流配电箱、蓄电池、监控防雷箱、空调、消防器材、接地排、走线架、馈线窗等设备，然后在综合柜内布放 5G BBU、SPN、ODF 设备（见图 13）。

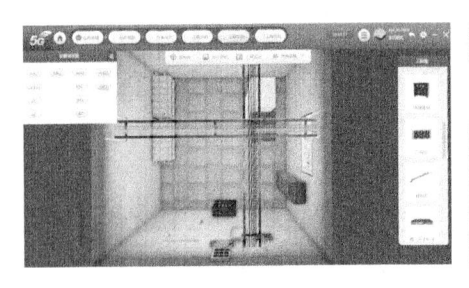

图 13　5G 站点机房室内设备布放

4. 线缆连接

按工程图纸，根据安装需求与布线规范，选择正确的线缆进行设备连接。

（1）设备供电与接地。开关电源是将交流变为直流，蓄电池浮充电方式运行。所有设备直流供电且须接地（见图 14）。

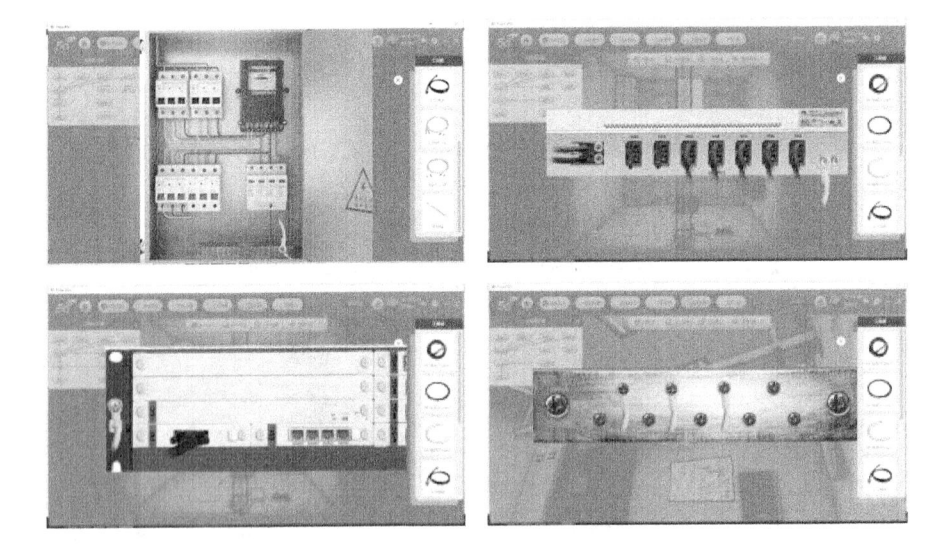

图 14　设备供电与接地

（2）信号线缆连接。5G AAU 连接至 5G BBU；GPS 连接至 5G BBU；5G BBU 连接至 SPN；SPN 连接至 ODF（见图 15）。

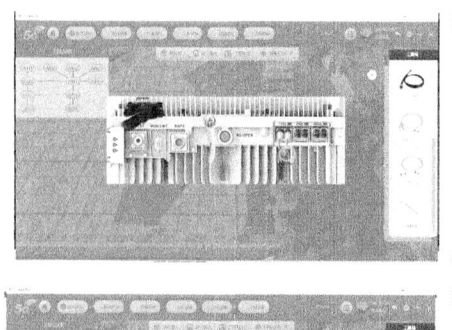

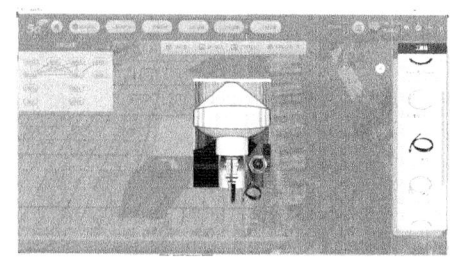

图 15　信号线缆连接

（3）线缆布放连接注意事项：①设备间通过光接口使用 LC-LC 光纤连接；②5G BBU 与 SPN 之间使用光纤接口连接；③SPN 与 ODF 之间使用 LC-FC 光纤连接；④线缆连接两侧的接口速率需要保持一致；⑤GPS 与 5G BBU 之间使用 GPS 馈线连接。

思政点融入："纸上得来终觉浅，绝知此事要躬行。"使用"1+X 5G 移动网络运维"虚拟仿真系统进行"5G 站点机房设备部署与线缆连接"实践，运用案例教学、示范操作、任务驱动、引导讨论等方式，在做中学、学中做的过程中渗透知行合一、学以致用，提升学生规范操作意识、安全意识，培养学生劳动精神、工匠精神。

五、任务检查

按基站 5G 站点机房设备连接情况，对设备进行上电前安全检查复核，在指定表格上记录检查结果。以小组为单位交叉进行小组互评。

思政点融入：通过分组交叉进行设备上电前的安全检查，培养学生严谨的工作态度、团队协作能力。

六、任务交付

工作任务完成后如期交付，在工单上签字确认。

思政点融入：通过工作任务交付，延伸"大国工匠张嘉"的事迹，培养学生树立工期履约意识、质量意识、责任意识，养成良好的职业习惯。

【总结反思】

本次课采用任务驱动教学法，立足专业，通过创设情景设置工作任务，模拟企业工作模式，学习任务即工作任务，教学内容围绕工作任务开展，将理论知识与实践技能有效结合，融"教、学、做"一体，以完成工作任务作为学习结果，激发了学生任务完成后的成就感、满足感。仿真软件实景体验好，学生参与度高。在工作任务推进过程中，无缝融入思政元素，德育教育贯穿始终，加深了学生对5G基站设备安装岗位的认识，增强了学生的专业自信心。"大国工匠张嘉：匠心铸就冬奥5G高速通信网"事迹的引入，也让学生更有代入感，激发了学生的职业担当和爱国热情。

书籍设计：校园联盟百人豆本创作

教师信息：刘萍　**职称**：讲师　**学历**：本科
研究方向：视觉传达方向
授课专业：数字传媒（视觉传达）
课程类别：理实一体化课程
课程性质：专业模块化课

第一部分　设计思路

一、本次设计的课程思政目标

书籍设计课程充分利用"工作室"机制下艺术设计教育教学模式改革，将社会主义核心价值观和工匠精神、创新精神有机地融入书籍设计课程的教、学、做、展、赛的五环节全过程中，使学生在学理论、做项目、展成果、参大赛、化成果的"五维度"综合一体化的学习过程中，养成诚实守信、尊重版权的职业品格，培养出精益求精的工匠精神，具备书籍设计基础理论和设计与制作能力，培养德艺双全、知行合一的综合型设计人才（见图1）。

书籍设计课程思政元素如图2所示。课程项目的实施流程包括项目布置、项目实施、项目评价和项目拓展。

二、课程思政教学设计内容

1. 课前：课程思政引入

通过学习"最美的书"设计师们的创作过程和获奖的故事，引出本次课程，鼓励学生学习当代设计师深耕于民族文化，融合传统与现代，汲取东、西方优秀理念，在书籍材质、形态、工艺、审美等方面，缔造独特中式书卷气息的优美书籍的职业精神、创新精神，使学生对中国传统文化产生自信心

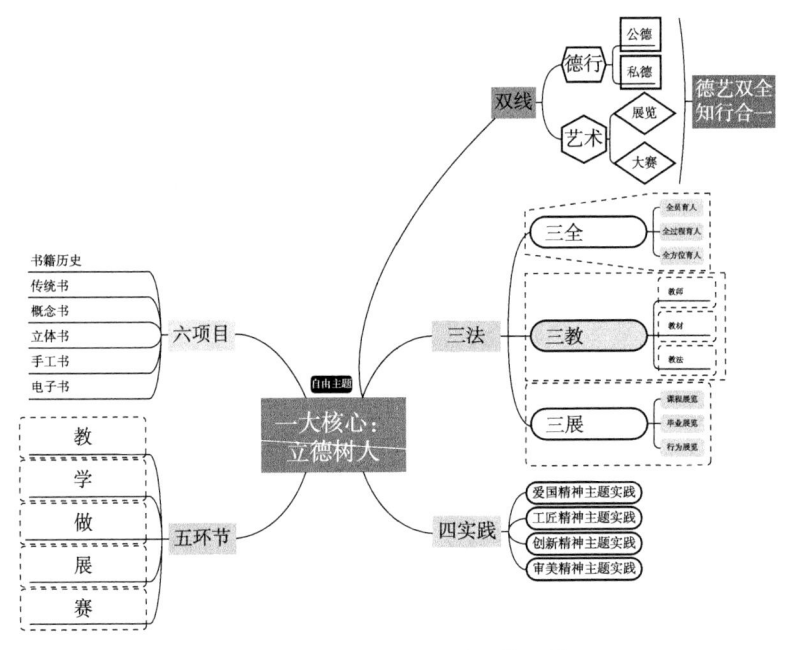

图 1　书籍设计课程思政总体设计

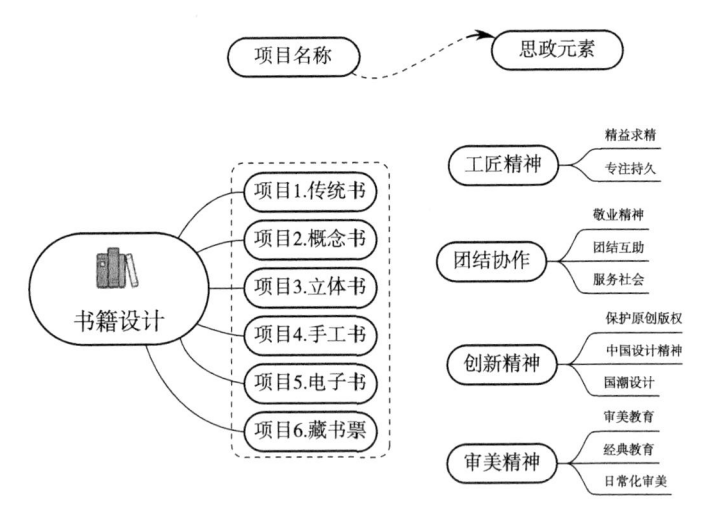

图 2　书籍设计课程思政元素

和自豪感。对书籍设计课程产生热爱之情。

2. 课中：课程思政贯穿授课过程

在课程中，涉及造纸术、雕版印刷术、卷轴装、经折装、线装等中国古代书籍传统技艺与工艺。通过课程思政贯穿全授课过程，强化学生对于中国传统技艺的认知，树立民族自信、文化自信；同时，学习传统手工艺人的工匠精神，树立正确的职业价值观念。

通过学生动手设计与制作自出版书籍、中式手工线装书、西式线装书、一纸成书、手工纸、豆本、藏书票，让学生体验设计作品转化为商品的快乐，从而喜欢自己的专业。

3. 课末：课程思政总结反思

课程思政不仅仅是在书籍设计课堂里增加一些思政元素那么简单，更重要的是要更新教育理念。书籍设计课程不仅要传授设计技能，还要结合思政教育，培养学生的审美观念、文化意识和社会责任感。同时反思在教学方法上的运用，如何使思政教育内容生动有趣，激发出学生的主动性和参与度，应该尝试采用更多元化的教学方法，增强学生的体验感，使思政教育更加深入。

第二部分 案例描述

校园联盟百人豆本创作

【思政导入】

"世界最美的书"是由德国图书艺术基金会主办的评选活动，距今已有近百年历史，代表了当今世界书籍艺术设计的最高荣誉，每年一届的"世界最美的书"共评选包括"金字母"奖一名，金奖一名，银奖两名，铜奖五名，荣誉奖五名，共计14种获奖图书。截至2023年，中国共有471种图书送往德国莱比锡参加"世界最美的书"评选，共有24件作品荣获"世界最美的书"奖项，其中2件获金奖。

一、导入课程

（1）用幻灯片介绍"世界最美的书"、中国"最美的书"评选活动及经典作品。

（2）用实例和往届学生的优秀作业展示并告诉学生学完本课能做什么，解决什么问题，提出具体的学习要求。

（3）讲述教材、课后资料学习包、学习网站等资源的利用和方法。

（4）介绍行业趋势和特点，强调当前国家政策对职业教育、大国工匠和传统文化传承创新的重要性，加强职业素养和工匠精神培养。

二、项目布置

1. 展示本次课的学习任务和目标
（1）用图例明确告诉学生本次课的任务。
（2）了解本次课的目的、意义；了解豆本的概念、发展历史。
（3）能够赏析现代经典书籍设计作品。

2. 下发学习任务单

教师组织实践练习，个别针对性辅导；学生上台讲解，教师点评。通过关注学生活动，合作交流，让学生增强自主学习能力，达到巩固、活化所学知识的目的。

实践课题一：用本次课所学到的知识赏析中国"最美的书"获奖作品。

学生通过自主学习"课后学习资料包"或上网查阅，进一步巩固课堂所学知识，拓展课外知识，学会灵活应用知识来评析作品，培养学生的自主学习能力和语言组织、表达能力，进一步提高学生的审美素养。

实践课题二：运用综合材料进行豆本实践创作。
（1）理解什么是豆本（见图3）；
（2）以小组形式进行讨论并实践不同工具的不同用法和效果；
（3）让学生互相观摩并进行讨论；
（4）根据各种画面效果，进行裁切和装裱，不少于2张。

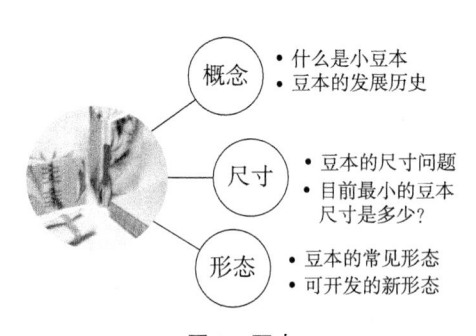

图 3　豆本

为学生制定一系列的主题项目（见表1），探讨设计伦理与设计师的责任。主题内容为魅力北京、传统文化、非遗传承、体育文化、激情冬奥等课题实践。将课程思政与专业课协同发展，引领学生在信息化时代开拓新的学习与互动方式。

表1　主题分类

主题分类	主题简要说明	书籍形态	示范图例
魅力北京	城市IP 乡村振兴 环球影城 南海子公园	一纸成书 手工书 立体书 小豆本	
传统文化	书香万卷 京城民俗 二十四节气		
非遗传承	景泰蓝 北京风筝 木版水印 京剧京腔		
体育文化	趣味运动 冰雪运动 激情冬奥		

项目实施：

下发"豆本设计与制作"教学实践活动-学习任务单（如图4所示）。

课程名称：	书籍设计	项目名称：	豆本设计与制作
班级：		姓名：	

一、问题形成　（问题聚集）

项目主题：南海子公园主题文化小豆本创作

搜集整理北京南海子公园的图文资料

二、获取证据

（观察思考，对比探究，操作过程、数据或观察记录）

豆本——迷你书

可放在手掌中的迷你书，16世纪在欧洲开始流行，装帧精美，创意巧妙，被称为"知识的宝石"，有芥子本、袖珍本、寸珍本、雏豆本等多种称呼。二战结束后，豆本在日本及世界各地出现了二度流行。

如今成为都市潮人喜爱的艺术品，可将敏感心声存放书中，自我创作，尽情表达，可以作为礼物赠送给欣赏它的人。

豆本创意空间：胸针、钥匙圈、耳环，功能完备。

香港的迷你书协会定期举办豆本书展，征集全世界的迷你书爱好者与设计师参展，颁发资格证。

蛋志：7位艺术家，每个月定期出一本豆本。

校园联盟-百人豆本-匠人之书艺术家手制书-互联网+

三、科学解释（科学原理分析、结论得出）

豆本的设计与制作

豆本的尺寸：

豆本的大小没有严格的定义；

江户时代的豆本尺寸是14cm×10cm，

明治时代10cm以下；

近现代：最小的豆本有5.5mm、3.5mm、2.1mm、1.4mm、1mm、0.9mm、0.95mm

豆本制作的入门步骤

一纸成书：一张A4纸对折三次，八等分，再沿着中线剪开中间一半的中线，然后折叠成最简易的八页内页。也可以再加上封面。

四、拓展发思

（拓展活动、反思实践过程、提出新问题）

豆本的常见装订形式

1.十字页式

参考图示，列举出十字页式的制作步骤：

2.手风琴式

参考图示，列举出手风琴式的制作步骤：

图4　教学实践活动——学习任务单

布置项目，对项目具体任务进行分解，完成学习任务单的填写，并设计与制作南海子公园主题文化的小豆本。学习任务单在课内完成，小豆本在课内、课外完成（见图5）。

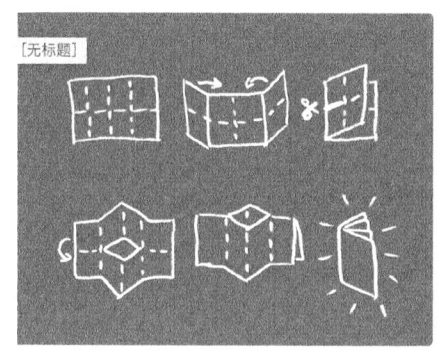

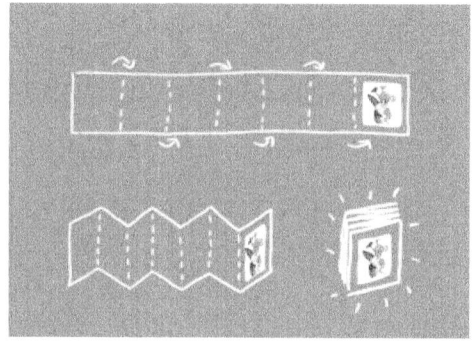

图5 小豆本

项目实施——展示豆本制作的入门步骤。

十字页式：一张A4纸横向对折一次，纵向对折2次，分为两排八等分，沿着中线剪开中间一半的中线，然后对折，向中心推折，折叠成最简易的一纸成书。要注意封面、封底的排版顺序。排版注意上下四页的图形方向是相向（见图6）。

图6 学生豆本作品《南苑鸟类观察手册》《南苑通灵录》展开图

手风琴式：一张A4长条纸对折三次，八等分，然后折叠成最简易的八页内页。也可以再加上封面、封底（见图7）。

三、布置作业

1. 归纳小结

总结本次课在知识、能力等方面需要掌握的重点，以及存在的不足之处。

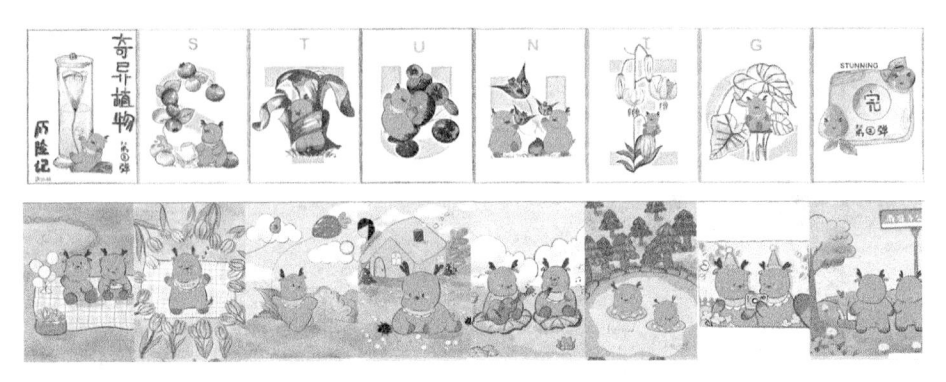

图 7　苏婉怡豆本作品南海子《奇艺植物历险记》展开图

素质目标：课后搜索、查找、学习相关资料，选取自己感兴趣的书籍发展阶段的某一流派，对流派、代表人物和作品进行相关阐述、赏析。通过这一过程培养学生整理资料、自学的能力，同时提高学生的语言表达、组织能力和创新能力，提高学生的设计、审美能力，培养设计思维和职业习惯。

2. 布置作业

（1）校园联盟百人豆本创作。

（2）搜集最新优秀出版物案例，撰写书籍案例赏析，分析设计精彩点，以 PPT 形式呈现。

（3）准备下次课所需的工具与材料。

四、项目评价

（1）出勤情况。

（2）课堂表现：课堂参与度，是否善于思考并能回答教师的提问。

（3）笔记的记录、整理。

（4）课后设计作业完成情况及作业评析质量（重点评价作业是否能按时完成，设计作品的创新、设计感和认真程度，如装裱质量等，以及作业的自评与互评）。

（5）课外的学习完成情况。

（6）以展研学。

【思政贯穿】

时尚和流行是吸引学生创意的源泉。课程思政的日常化，是要将生活审美与设计理想结合起来，以"南海子公园主题文化"作为设计主题内容，设计校园联盟-百人豆本创作的实践项目，提炼出教学实践任务，给学生下发学习任务单，将设计任务表单化，可以理清设计逻辑，减少学生理解信息的误区，提高课堂效率。

项目拓展——以赛促学。

课堂小结：通过聚焦"世界最美的书"的评选活动与"豆本的设计与制作"的实践学习任务单，掌握了豆本的设计理论与制作工艺。学习到书籍的特别形态小豆本的形制，实践了两种豆本制作方法，后期参与了第十一届首都大学生创意集市、助燃冬奥——潘家园文创豆本创作寒假社会实践活动、第四届香港书本艺术节展览等展售活动（见图8）；参加了第二届"丝路工匠"国际技能大赛，获一等奖；参加了第八届中国国际"互联网+"大学生创新创业大赛（北京赛区），获二等奖；参加了"青创北京"2022年"挑战杯"首都大学生创业计划竞赛"青绘团史"专项赛，获得铜奖。

一方面，通过创意市集、展览展示、文创竞赛检验了课程项目作品的原创设计水平；另一方面，以沉浸式方式对公众进行了美育教育，完成了艺术性与实用性的结合，学生懂得了艺术来自生活，要为人民服务的设计伦理。

参与书籍、插画、绘本等文创产品的展览和大赛，既可以展览展示作品，也可以交换作品、售卖作品。对学生来说，既是创新创业的实践训练，也是设计作品的成果转化。课程作业转化成为商品，这是巨大的成功体验。学生在从设计者转变为艺术品的生产销售者的过程中，真切地体会了工匠精神和创新精神带来的文化自信。

学生参加活动的部分作品见图8~图12。

图8 学生豆本作品参加洄游言志——第四届香港书本艺术节展览

图 9　学生豆本作品参加第十一届首都大学生创意集市

图 10　校外寒假社会实践：潘家园文化创意夜市小豆本系列展售

图 11　校外实践：豆本创作在咖啡厅展售

图 12　团史 100 小故事豆本创作 "青创北京" 2022 年 "挑战杯" 首都大学生创业计划竞赛 "青绘团史" 专项赛铜奖

【总结反思】

每个人都可以成为文化的创造者、参与者、传承者。通过项目教学实践活动，深化了学生对于书籍历史演进的认知，体验了书籍的价值功能，培养了学生读书、做书、爱书的兴趣，既提升文学素养、艺术素养以及对生活审美、艺术审美的感知能力，也培养了组织能力、协作能力、创新创业的原创能力。

功能性食品开发：
提高机体免疫力类功能性食品开发

教师信息：王晓杰　　**职称**：副教授　　**学历**：硕士
研究方向：天然活性成分分析与应用
授课专业：食品检验检测技术
课程类别：理实一体化课程
课程性质：专业模块化课

第一部分　设计思路

一、本次设计的课程思政目标

以习近平新时代中国特色社会主义思想为根本引领，将思政元素"无痕、有效"融入课程，实现"思想教育、价值塑造、知识传授、能力培养"四位一体教学，落实立德树人根本任务，以"崇德、求实、创新"为核心思政素养，培养乐于服务的大众健康推动者、勤于钻研的中国保健创新者、严谨求实的食品安全捍卫者。课程思政目标见图1。

二、课程思政教学设计内容

1. 课前：课程思政引入

通过学习通平台发布3个任务：①通过讨论社会热点问题，形成课内所学与课外大众健康之间的紧密联系，激发学生从业自豪感、职业价值感和社会责任感。②分组调研各种机体免疫力类功能性食品，拓展大健康产业视野，激发学生学习热情，提升文献检索能力。③通过平台教学视频、课件、动画资源等学习资源，学生自主学习免疫、抗原抗体反应、免疫与营养等相关概念、作用原理，帮助学生主动构建知识体系，提升自我学习能力和总结归纳能力。

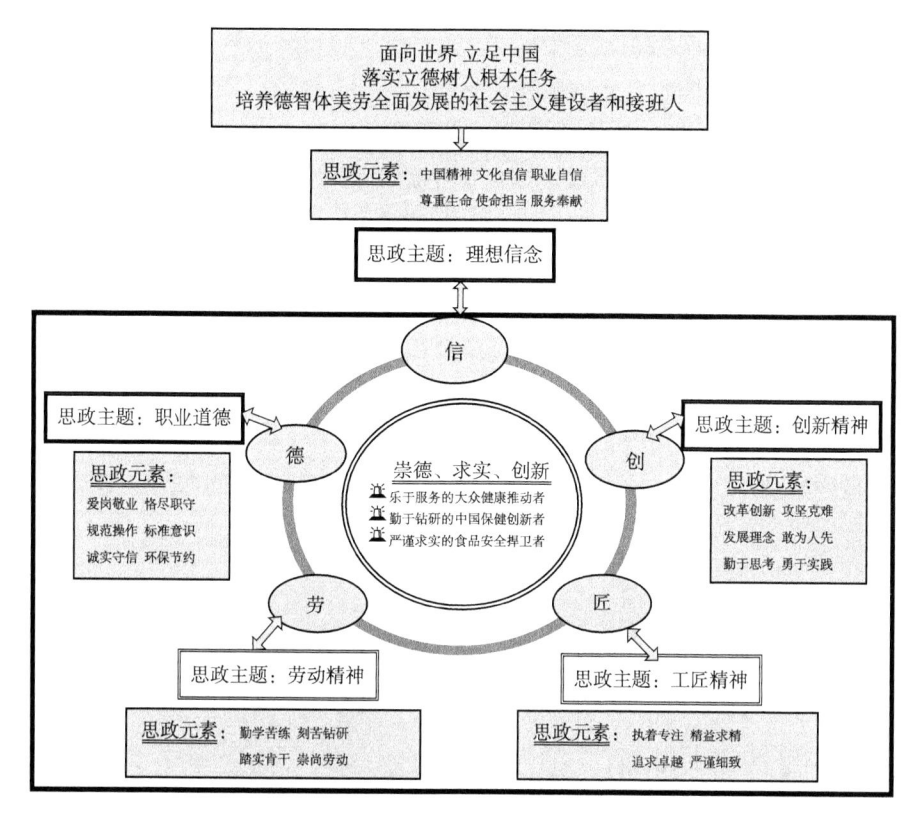

```
                面向世界 立足中国
                落实立德树人根本任务
        培养德智体美劳全面发展的社会主义建设者和接班人

              思政元素：中国精神 文化自信 职业自信
                     尊重生命 使命担当 服务奉献

                    思政主题：理想信念

                            信

思政主题：职业道德                              思政主题：创新精神

思政元素：         崇德、求实、创新            思政元素：
爱岗敬业 恪尽职守   ★乐于服务的大众健康推动者   改革创新 攻坚克难
规范操作 标准意识   ★勤于钻研的中国保健创新者   发展理念 敢为人先
诚实守信 环保节约   ★严谨求实的食品安全捍卫者   勤于思考 勇于实践

                    劳        匠

        思政主题：劳动精神        思政主题：工匠精神

        思政元素：勤学苦练 刻苦钻研   思政元素：执着专注 精益求精
                踏实肯干 崇尚劳动           追求卓越 严谨细致
```

图 1　课程思政目标

2. 课中：课程思政贯穿授课过程

本次课对标融合课程思政的教学目标，采用问题引导式的教学方法，以系列问题形成教学主线："我们为什么开发提高机体免疫类功能性食品？""怎么开发提高机体免疫力功能性食品？""如何验证开发的功能性食品具有提高机体免疫力的功效？"层层递进，通过提出问题→分析问题→解决问题，开展问题探究式学习，将学习与研究相结合，提升学生分析问题和解决问题的能力。"以学生为中心"，设计小组汇报、案例分析、小组产品设计、功能验证讨论等教学环节，采用"线上+线下""师生互动+生生互动"多维互动教学模式完成课中教学。培养学生树立正确的世界观、人生观和价值观，坚定服务祖国大众健康的理想信念，将尊重生命、诚实守信、服务奉献、工匠精神、创新精神等思政元素巧妙融入教学中，发挥课程的思政育人功能，实现思想教育、价值塑造、知识传授、能力培养四位一体教学目标，为中国大健康行业输送满足行业需要的高素质技术技能人才。

3. 课末：课程思政总结反思

课后布置复习作业、文献查阅作业和自主学习作业。作业 1：整理《课堂活页指导书 6》，对课上内容进行回顾和反思。作业 2：自主查阅 5 种增强机体免疫力产品专利，说明原料、剂型、生产工艺关键要点、适用人群。通过查阅专利，对比分析本组设计产品的问题，在线反馈并与教师在线讨论形成完善的产品设计方案。在此过程中，重点培养学生精益求精的工匠精神和勤于思考的创新意识。作业 3：自主学习《保健食品申报与受理的规定》，分析自主设计产品是否符合申报要求，如何规范申报上市销售。在此过程中，提升学生的法律意识和食品安全意识，激发学生科技报国的家国情怀和使命担当。

最终实现本次课的思政元素有意、有机、有效融入课程教学，实现立德树人工作贯穿本次课教育教学全过程，完成育人目标。

第二部分 案例描述

提高机体免疫力类功能性食品开发

本次课程围绕"信、德、劳、创、匠"五大思政要点，依托学习通平台资源和中国知网数据库资源，采用问题引导、层层递进的教学模式，形成"课前-课中-课末"三大教学时段，"激、导、探、创、拓、固"六大教学环节的教学实施过程。

一、"激"——课前布置任务，激发学习兴趣

1. 热点思考

通过学习通平台发布全球新冠疫情背景下的社会热点讨论任务，要求学生针对社会热点问题在课程微信群中开展讨论。

（1）社会热点问题讨论 1："新冠疫情大暴发的国际背景下，我们开发什么样的功能性食品服务于大众健康？"

（2）社会热点问题讨论 2：2022 年 12 月，京东在各大平台发布招商宣传，题目为"营养保健品成疫情放开后增强抵抗力刚需，京东入驻招商中！"并于 12 月调整了对营养保健类目的招商入驻资质要求，同时还在释放新商家

入驻激励政策，借此吸纳更多类目商家入驻，满足消费者需求。讨论"为什么京东网商平台会做出这个招商决策？"

2. 小组调研

通过学习通平台发布小组调研任务，分组调研各大网商平台推出的辅助治疗新冠的功能性食品，发现提高机体免疫力类功能性食品有助于降低感染率、缓解新冠患者病症。要求以小组为单位准备6页PPT，说明小组调研结果。

3. 自主预习

通过平台教学视频、课件、动画资源等学习资源，学生自主学习免疫、抗原抗体反应、免疫与营养等相关概念、作用原理，记录下问题和疑惑，课堂上与教师讨论解决。

思政点融入：通过疫情时期社会热点问题讨论和调研，激发学生服务大健康产业的从业自豪感、职业认同感、社会责任感，调动学生的学习热情。

二、"导"——课始案例分析，引入学习主题

1. 小组汇报

抽取两组同学汇报课前调研结果，每组控制在5分钟以内，汇报后由其他2组给予总结和点评。

2. 集体讨论

播报新闻摘要和新闻联播，观看完后，学生讨论教师提出的3个问题。

（1）新闻摘要：上海华山医院感染科医生张文宏医生："治疗新冠病毒最有用的'特效药'是免疫力。"北京地坛医院感染二科主任医师蒋荣猛："感染病毒以后，人体可以依靠自身免疫力把病毒清除。"讨论"我们为什么要开发提高机体免疫力类功能性食品？"

（2）新闻报道：央广网报道，12月27日，赣州多家本地制药企业科学调配，开足马力，加紧生产防疫急需的药品和物资，全力保障各地各部门疫情防控物资供应，助力守护人民群众生命健康。赣南海欣药业抓紧生产增强抵抗力的转移因子口服液，助力疫情防控。讨论"什么是转移因子口服液？"

（3）新闻联播视频：2016年8月，习近平总书记在全国卫生与健康大会上提出"要把人民健康放在优先发展的战略地位"，对"健康中国"建设作出全面部署。2022年，在国际食品安全与健康大会上，习近平总书记强调要树立"大食物观"，要确保民众吃得安全健康，明确了食品安全、公共安全等部门须"守土有责"，食品安全上升为国家战略。讨论"我们如果开发出了能

够提高机体免疫力的功能性食品,要怎样满足食品安全要求呢?"

思政点融入:引导学生深入学习习近平总书记关于健康和食品安全的重要讲话,树立学生立志服务大众健康的理想追求、尊重生命的食品安全意识和法律意识。通过剖析新闻报道和新闻摘要,引入本次课教学内容,同时进一步激发学生的学习热情。

三、"探"——课中问题探究,突破重点难点

1. 提出问题

从学习者的角度出发,教师提出系列问题:"我们怎么开发提高机体免疫力类功能性食品?""什么是免疫,怎么增强机体免疫力?""哪些原料/功能因子能提高机体免疫力?""我们取得原料/功能因子后怎么制备相应产品?""产品制备好了,怎么验证它能提高机体免疫力?"师生在系列问题的共同讨论中,层层推进教学。

2. 分析问题

(1) 免疫/增强机体免疫力:免疫→抗原和抗体→抗原抗体反应→补体系统激活→杀灭抗原。

(2) 能提高机体免疫力的功能因子:营养强化剂、免疫球蛋白、活性多肽、活性多糖、植物有效成分。

(3) 颗粒剂的处方和工艺:处方(黏合剂/润湿剂、填充剂、崩解剂、矫味剂、着色剂等),湿法制粒工艺。

(4) 功能性验证动物实验操作:小鼠抓取与固定,小鼠口服灌胃实验,细胞免疫功能测定。

3. 解决问题

学生掌握免疫相关知识,掌握增强机体免疫力的功能因子,掌握颗粒剂处方设计和制备工艺的关键要点,初步形成功能性食品开发思路。

思政点融入:通过提出问题→分析问题→解决问题,培养学生勤于思考、勇于实践的创新思维,提高主动解决问题的能力。通过反复模拟动物实验操作,培养学生勤学苦练的劳动精神以及规范操作、标准意识和安全防护意识等职业道德。

四、"创"——课中设计产品,灵活运用所学

1. 小组设计

以小组为单位设计一款提高机体免疫力的功能性食品,要求:第一,说

明产品设计思路,特别要明确添加的功能性成分;第二,设计产品生产工艺(详细说明工艺流程、关键控制因素和关键控制点);第三,设计功能性评价方法(详细说明选取动物及评价方法)。

2. 小组分享

抽取两组分享小组设计方案,要求以小组为单位汇报,每组汇报5分钟,补充2分钟。

3. 师生点评

汇报结束后其他各组点评、提问(生生互动),最后教师点评(师生互动)。

思政点融入:通过小组讨论设计方案,培养学生团队协作沟通能力,以及勤于思考、勇于实践的创新精神;通过小组分享,培养学生总结归纳能力和表达能力,以及严谨细致、诚实守信的职业习惯;通过师生点评环节,培养学生勇于质疑、乐于探索、精益求精的工匠精神和职业热情。同时,将节约资源、环境卫生、动物伦理等加入小组点评环节中,培养学生诚实守信、尊重生命(动物)、节约环保的职业道德。

五、"拓"——课末拓展提高,培养创新思维

1. 拓展提高

(1)干法制粒工艺;

(2)小鼠尾静脉取血实验操作;

(3)小鼠眼眶取血实验操作。

2. 课堂小结

通过本次课程学习,学生掌握了免疫、免疫与营养、增强机体免疫力的功能性成分,以小组为单位设计一款增强机体免疫力功能性食品并合理阐述功能性验证方法,实现了思想教育、价值塑造、知识传授和能力培养有机融合,发挥了课堂教学"主渠道"的作用,提升了课程的育人功能。

思政点融入:通过拓展制剂工艺、实验动物操作内容,拓宽学生视野,进一步提升学生的学习热情,培养学生勤于思考、持续探索和学习的科研素养和创新思维。

六、"固"——课后总结反思,巩固课内所学

1. 自主学习

通过学习通平台布置复习作业:整理《课堂活页指导书6》,对课上内容

进行回顾和反思。

2. 师生互动

自主查阅 5 种增强机体免疫力产品专利，说明原料、剂型、生产工艺关键要点、适用人群。通过查阅专利，对比分析本组设计产品的问题，在线反馈并与教师在线讨论形成完善的产品设计方案。

3. 自主学习

自主学习《保健食品申报与受理的规定》，分析自主设计产品是否符合申报要求，如何规范申报，上市销售。

思政点融入：通过课后自主复习，巩固课内所学，培养学生自我学习的能力和持续学习的意志力；通过查阅文献资料，提升学生文献检索能力、阅读理解能力和归纳总结能力；通过在线师生探讨，培养学生精益求精的工匠精神和勤于思考的创新意识；通过自主学习功能性食品相关法律法规，培养学生遵纪守法的法律意识和食品安全意识。

【总结反思】

通过挖掘和梳理课程中所蕴含的思政元素，将课程思政目标巧妙融入课程教学目标中，完善教学设计，形成一个较为完整的思政教学单元。

（1）应围绕立德树人根本任务，结合专业培养目标，形成"专业思政目标→课程思政目标→单元思政目标"三级梯度设计，合理、有效完成每一个单元的课程思政任务，不能孤立设计一门课程或者一个单元的思政目标。

（2）应始终坚持以学生为中心实施教学过程，充分遵循学生的认知规律和现有基础，从学生出发设计问题，通过层层问题推进，引导学生主动探究未知，能较好地培养学生创新精神和工匠精神，有效实现育人功能，不能从教师出发设计和实施教学过程。

（3）应同等重视课前、课中、课后三个时段，合理设计课前的思政引入和课后的思政延续，更好地拓展学生学习的广度和深度，帮助学生将思政元素内化于心、外化于行，实现课内和课外相结合的协同育人效应，不能仅重视课中教学过程。

（4）应充分利用学习通平台、课程微信群等多种沟通渠道，汇集社会热点问题、时政要闻、教学视频、三维动画、典型案例等多种教学资源，采用热点讨论、小组汇报、集体讨论、问题解析、案例分析、小组设计、小组分享与点评、自主学习等多个教学环节，灵活切换线上-线下教学，切实将思政元素"无痕"融入教学点滴中，较好地实现了教学目标（包括思政目标），不能出现思政和教学"两张皮"的现象。

数据分析与机器学习算法应用：
基于朴素贝叶斯的书法字书体风格识别

教师信息： 李景玉　　**职称：** 讲师　　**学历：** 硕士
研究方向： 语言智能、人工智能
授课专业： 大数据技术与应用
课程类别： 理实一体化课程
课程性质： 职业技术技能课

第一部分　设计思路

一、本次设计的课程思政目标

本次课程以书法字书体风格识别项目为引导，学习专业知识"朴素贝叶斯的原理与应用"，旨在通过案例使学生进一步了解中国传统文化——书法，产生发自内心的民族自豪感，传承中华民族传统文化，培养学生探索未知、精益求精的大国工匠精神、爱国主义精神，激发学生科技报国的家国情怀，实现为国家培养社会主义建设者的课程思政目标。

二、课程思政教学设计内容

1. 课前：课程思政引入

通过了解汉字的由来，感受汉字书法独特的艺术魅力，引出人工智能时代所面临的问题，激发学生的兴趣，让学生感受中华民族博大精深的传统文化，从而培养学生文化素养和热爱民族传统文化，激发学生的文化自信。

2. 课中：课程思政贯穿授课过程

（1）任务描述：书法字书体风格识别简介、数据集分析，以不同书法书体为载体，让学生感受不同书体表达了中华民族不同的文化精神，传承中华传统文化，通过灵活多变的教学方法培养学生的职业素养。

(2) 任务分析：朴素贝叶斯原理，以中华民族优秀传统美德诚实守信为引入，利用楷书"诚"字和隶书"诚"字为素材，理解朴素贝叶斯原理，从而激发学生的文化自信，培养学生的科学精神。

　　(3) 任务实现：编程实现书法字书体风格识别，将书法练习与编程练习进行对比，提炼出知行合一、细节制胜的工匠精神，在编程实现的过程中，培养学生的业务素养、团队意识。

　　(4) 任务评价：针对学生进行多元、全方位评价，针对教师进行多维度课程思政效果评价，培养学生的职业素养、工匠精神。

3. 课末：课程思政总结反思

　　通过布置传统文化与人工智能结合的企业真实案例，在企业案例中融入与传统文化相关的思政元素，传承传统文化，弘扬中国梦，同时通过作业完成的具体要求，培养学生的工匠精神和职业素养。

第二部分　案例描述

基于朴素贝叶斯的书法字书体风格识别

一、课前

【思政引入】

　　中国五千年璀璨的文明及无与伦比的丰富文字记载都已为世人所认可，在这一博大精深的历史长河中，中国的书法艺术以其独特的艺术形式和艺术语言再现了这一历史性的嬗变过程。从甲骨文、石鼓文、金文（钟鼎文）演变而为大篆、小篆、隶书，至定型于东汉、魏、晋的草书、楷书、行书等，书法一直散发着独特的艺术魅力。汉字书法为汉族独创的表现艺术，被誉为无言的诗，无行的舞，无图的画，无声的乐。

　　书法的独特之处在于它所传递的是一种精神内涵，而不仅仅是笔画和字形的美感。书法以其简洁、朴素、自然的艺术风格，表达了中国人特有的审美理念和文化精神。比如，中国传统文化中的含蓄、内敛、恬静、淡泊的精神都可以在书法的"笔墨之美"中体现出来。

　　中国人具有诗的灵性，崇尚心灵自由的诗意人生。而书法能通透地表达中国人的诗性心灵,成为中国文人表情达意的基本手段。比如,王羲之的代表作《兰亭序》,记叙兰亭山水之美和集会的欢乐之情,抒发了"一死生为虚诞,齐彭殇为妄作"的感慨(见图1)。

图1 王羲之的代表作《兰亭序》

通过课前观看"汉字由来""书法鉴赏"等相关视频,讨论同一个字不同书体的样式,以及完成教师布置的收集不同书体"手写汉字"图片数据的课前任务,培养学生文化素养和热爱民族传统文化的精神。

二、课中

阶段一:任务描述——书法字书体风格识别。

【思政贯穿】

在中国传统文化中,书法被视为一种高尚的艺术形式,是一种有着深厚文化底蕴和艺术内涵的表现方式。因此,许多中国传统文化中的经典著作、名人名言、文化名胜等,都会被书法家用笔墨书写下来,以此来表达对文化传承的尊重和对精神内涵的追求。

千百年来,书法以"篆、隶、行、草、楷"等形式在历朝历代中得到了很好的传承与发展,同时深受人们的喜爱。在书法艺术的表现形式中,作为静态书体的篆、隶、楷书,用笔内敛平和,更多地表达一种静穆平和的秩序感;作为动态书体的行、草书,用笔跌宕飞动、变幻莫测,追求犹如交响乐般的强烈节奏。因此,同一个汉字拥有着不同的书体。在人工智能时代,如何让计算机能够像人类一样,对不同书体的汉字进行书体风格识别是一项重要的任务。

本次任务利用已提供的书法字数据,构建自己的书体风格识别,实现书法字书体风格识别。数据集采用标准电脑体数据集(见图2),包含五种字体,即楷、行、隶、篆、草,在训练集中每种字体包含 4 768 个不同的汉字，测试集每种字体包含 2 000 个不同的汉字，可用于训练和测试算法模型。

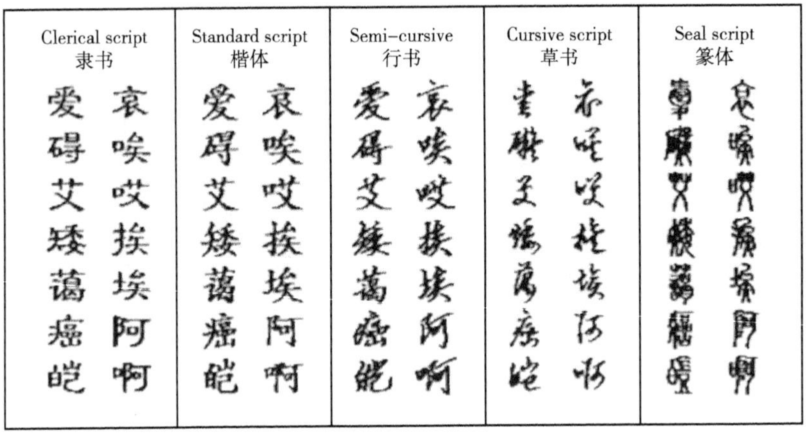

图 2　标准电脑体数据集样本

通过播放视频、介绍数据集和师生讨论环节，使学生进步一步了解书法，感受到中华民族优秀传统文化的魅力，激发学生的民族自豪感，培养学生的沟通能力、表达能力（职业素养）。

阶段二：任务分析——朴素贝叶斯原理。

【思政贯穿】

诚实守信，是中华民族几千年来的传统美德，是"国之宝也""德之固也""言之瑞也""善之主也""礼之器也"。而书法能表达中国人的宇宙观、世界观、人生观以及待人接物的态度，综合体现了一个人的内外素养。采用不同书体呈现的"诚"字，体现不同时代中国人民的高尚人格力量。在讲述课程内容"使用概率计算事物发生的可能性"的过程中，通过使用不同书体的汉字"诚"作为素材，使学生感受到中华民族优秀传统文化，激发学生的文化自信。

图 3 中有 5 个大小、书体一样但背景颜色不同的两个书体的汉字"诚"，其中，楷书"诚"字 3 个，隶书"诚"字 2 个。

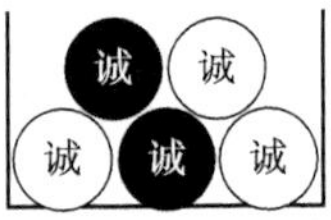

图 3　"诚"字

取出隶书"诚"字的概率 P（隶书"诚"字）= 2/5。取出楷书"诚"字的概率 P（楷书"诚"字）= 3/5。

计算和表达：拿到深色背景楷书"诚"字的概率。

（1）拿到深色楷书"诚"字的概率 P（深）= 2/5；
（2）深色中楷书"诚"字的概率 P（楷书"诚"字 | 深）= 1/2；
（3）那么，拿到深色楷书"诚"字的概率是 1/5。

需要识别的楷书"诚"字是楷书吗？按公式考虑：

P（楷书 | 楷书"诚"字）= P（楷书）P（楷书"诚"字 | 楷书）/ P（楷书"诚"字）

例如，统计 365 个汉字数据中书体的情况：

楷书出现 180 次，那么楷书的概率 P（楷书）= 1/2。

包含楷书"诚"字出现 122 次，那么楷书"诚"字的概率 P（楷书"诚"字）= 1/3。

根据统计的情况查询得知，楷书在书写后楷书"诚"字的概率是 1/2。

P（楷书"诚"字 | 楷书）= ?

由此可以得出，P（楷书 | 楷书"诚"字）=（1/2）×（1/2）/（1/3）= 3/4。

计算结果如表 1 所示。

表 1　计算结果

表达式	数值
P（楷书 | 楷书"诚"字）	0.75
P（隶书 | 楷书"诚"字）	0.58
P（行书 | 楷书"诚"字）	0.28
P（草书 | 楷书"诚"字）	0.16
……	……

如果一定要选一个结果作为楷书"诚"字所识别出的书体，该选哪一个字体作为结果呢？根据表 1 所示的概率值，将选择概率值最大的字作为最终结果，即楷书"诚"字所识别出的书体是楷体。

阶段三：任务实现——编程实现书法字书体风格识别。

不论哪种书体的书法，都蕴含着很多人生的道理，通过练习书法，可以更好地理解人生的本质，提高自己的修养和素质。书法需要慢工夫，需要耐心和时间来练习和提高，只有下足够的功夫，才能写出好字。编程同练习书法类似，都必须注重细节。通过具体的编程实践环节，培养学生知行合一、细节制胜的工匠精神，以及时间控制能力和自学能力（业务素养），同时督促学生间互相帮助，培养学生的团队意识、互助友爱。

基于朴素贝叶斯原理，使用朴素贝叶斯分类器编程实现书法字书体风格识别。

步骤1：导入相关的包。

```
#导入相关包
import numpy as np
from sklearn.naive_bayes import MultinomialNB #引入多项式贝叶斯
import matplotlib.pyplot as plt
import matplotlib as mpl
from sklearn.feature_extraction.text import CountVectorizer
from sklearn.feature_extraction.text import TfidfTransformer
from sklearn import metrics
import pandas as pd
```

步骤2：获取数据。

```
### 数据加载
print(u'加载数据...')

# 定义读取图片函数
def get_img(file_path, img_rows, img_cols):

    image = cv2.imread(file_path, 0)
    image = cv2.cvtColor(image, cv2.COLOR_GRAY2RGB)
    image = cv2.resize(image, (img_rows, img_cols))
    feature = np.array(image, dtype=np.uint8)

    return feature

# 定义加载训练集的函数
def load_train_data(train_path, img_rows, img_cols):
    ...

# 定义加载测试集的函数
def load_test_data(test_path, img_rows, img_cols):
    ...
```

步骤3：构建贝叶斯分类模型。

```
#构建贝叶斯分类模型
model = MultinomialNB()
```

步骤4：模型训练。

```
# 进行训练
model.fit(X_train_tfidf, data_train.target)
```

步骤5：模型预测。

```
#输出模型在测试集上的准确率
predicted = model.predict(X_test)
```

步骤6：预测单个书法字的书体风格。

```
#使用朴素贝叶斯分类,并做出简单的预测
predicted = model.predict(X_new)
```

阶段四：任务评价。

在教师评价基础上，引入自我评价、同伴评价和社会评价，实现多维度、全方位的客观评价（如表2所示）。再通过学生对教师评价和教师自评，从多个维度评价课程思政教学效果（如表3所示），培养学生谦虚谨慎的工作作风以及行为反思的能力（职业素养）。

表2 学生全方位评价量表

评价维度及权重	评价指标	等级、分值			
		A	B	C	D
方案设计（20分）	方案设计合理	5	3	2	1
	技术选型正确	5	3	2	1
	技术实现清晰	5	3	2	1
	对模型介绍非常详细	5	3	2	1
任务完成（20分）	在规定的时间完成全部任务	5	3	2	1
	实验结果清晰、明了	5	3	2	1
	模型运行无卡顿，程序响应速度快	5	3	2	1
	无异常情况，如有异常，可以解释，并解决异常	5	3	2	1

续表

评价维度及权重	评价指标	等级、分值 A	B	C	D
职业素养（20分）	沟通能力、表达能力提升	5	3	2	1
	团队协作好，团队之间感情融洽、互相信任	5	3	2	1
	参与度高、互动性强	5	3	2	1
	在规定的时间完成学习任务	5	3	2	1
工匠精神（20分）	按时完成拓展项目	5	3	2	1
	创新意识强	5	3	2	1
	完成项目过程中注重细节、精益求精	5	3	2	1
	代码编写符合行业规范	5	3	2	1
思政载体（20分）	感受到中华民族博大精深的传统文化，增强民族自豪感	5	3	2	1
	文化素养提升	5	3	2	1
	因书法激发文化自信	5	3	2	1
	传承传统文化	5	3	2	1

表3 课程思政教学效果评价量表

评价维度及权重	评价指标	等级、分值 A	B	C	D
顶层设计方案（15分）	课程思政整体设计符合思政纲要、思政指南要求	5	3	2	1
	课程思政教学目标和专业培养要求一致	5	3	2	1
	课程思政整体设计考虑学生的实际思想水平	5	3	2	1
教师思政能力（15分）	教师对专业课程的思政教学具有理解力和执行力	5	3	2	1
	教师使用有效的专业课程思政教学方法	5	3	2	1
	教师具有人格魅力和思想引导力	5	3	2	1
教学资源融入（15分）	教材内容蕴含思政要素	5	3	2	1
	课程思政要素和内容贴近学生生活和心理实际	5	3	2	1
	教学中课程思政要素内容融入自然、流畅、合理	5	3	2	1

续表

评价维度及权重	评价指标	等级、分值			
		A	B	C	D
社会资源融合（15分）	教学中有效使用思政教育的相关社会资源	5	3	2	1
	社会思政专家有效参与课程思政教学活动	5	3	2	1
	社会资源和课堂教学资源有机互补	5	3	2	1
教师学生情感（15分）	学生认同教师的教学思想和人格魅力	5	3	2	1
	教师对学生有深厚的感情和强烈的责任心	5	3	2	1
	学生团队之间感情融洽、互相信任	5	3	2	1
教学过程实施（15分）	课程思政教学过程促进学生专业技能提升和思想进步	5	3	2	1
	教学实施过程中学生参与度高、互动性强	5	3	2	1
	教学步骤符合思想意识发展规律	5	3	2	1
结果评价方法（10分）	评价标准客观真实，全面评价学生专业技能、思想水平	5	3	2	1
	体现多元评价，实现多维度、全方位的客观评价	5	3	2	1

三、课后

完成企业项目，总结本次课程的专业知识学习内容和思政精神学习内容。

茶文化源远流长，承载着中华民族千百年来的智慧与哲学。在课后任务采用的企业案例中融入现代化农业建设、智慧农场等场景，传承中华优秀传统文化的同时，弘扬中国梦；同时，通过作业完成的具体要求，培养学生专注笃定、细节制胜的工匠精神和守时的职业素养。

企业项目：为壮大村集体经济，促进村民稳定增收，光明村村委会同梦诚科技有限公司共同出资，帮助茶农打造"智慧农场"。在此次智慧农场项目中，梦诚科技分析茶叶的形状、颜色和纹理等特征，帮助茶艺师傅更准确地评估茶叶的质量，并指导制作过程，实现了一套茶叶品质评估系统，为村集体和村民节省大量人力，带来稳定的经济效益。

请根据茶叶相关数据，实现茶叶的品质判别模型。

作业要求：请建立以学生"姓名"为名的文件夹，文件夹中要求包括.py文件、数据文件、运行结果截图，完成代码的编写并运行程序，保存运行结果，最终上传学生"姓名"为名的文件夹到学习通，截止时间为下周上课前一天的 23：59。

【总结反思】

中华优秀传统文化是中华民族的精神命脉，是涵养社会主义核心价值观的重要源泉，也是我们在世界文化激荡中站稳脚跟的根基。书法是文化的载体，是中国文化的瑰宝，是书写语言艺术的一种表现形式。书法传承着中国几千年悠久的文化历史，记录着中华民族的思想、精神和情感。以书法字为数据，学习机器学习中的经典算法——朴素贝叶斯算法，在学习中培养学生的文化素养，激发学生的文化自信。再利用朴素贝叶斯原理解决实际问题，实现产学研融合，培养学生科技报国的理想信念。虽然中国的人工智能技术应用在全世界已经处于领先地位，但是学生仍需要努力掌握科学知识，用科学的理论武装自己，在祖国需要的时候挺身而出。

人工智能应用：语音控制无人机

教师信息：张泰忠　职称：工程师　学历：硕士
研究方向：人工智能
授课专业：计算机应用技术
课程类别：理实一体化课程
课程性质：职业技术技能课

第一部分　设计思路

一、本次设计的课程思政目标

本次课程以企业案例"飞行语音控制"展开教学，在教学实施过程中，课前通过"无人机技术"导入思政元素，课中通过"大疆无人机研发过程"贯穿任务决策、任务实施、任务验证、任务总结、任务评价等教学环节，课后通过多维课程思政评价进行总结与反思（见图1）。

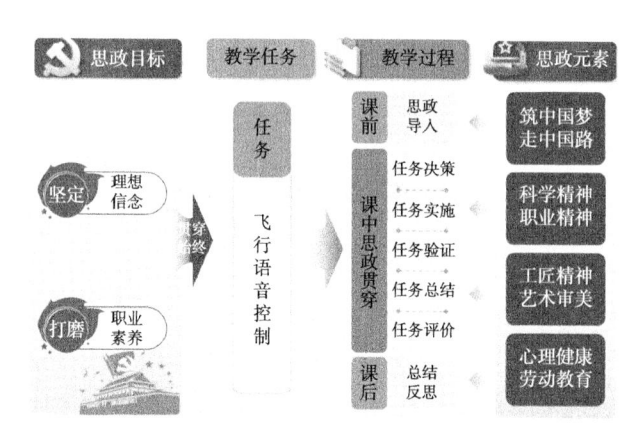

图1　思政设计图

本课程在整体设计中融入理想信念教育、真善美教育等思政元素，使学生进一步了解我国当前人工智能技术的现状，培养学生创新精神和实践能力，增强国家意识和法治意识，激发学生科技报国的爱国热情，实现为国家培养新时代社会主义接班人的课程思政目标。

二、课程思政教学设计内容

1. 课前：课程思政引入

任务准备埋伏笔，课程思政娓娓说。现如今，以人工智能技术为代表的第四次工业革命正如火如荼，并且我国已走在了世界的前列。通过讲述我国人工智能技术和产业的飞速发展，增强学生对中国特色社会主义的道路自信和制度自信；通过了解语音识别技术的基础知识、经典问题、主流技术，激发学生的学习兴趣，培养学生勇于探索、勇于实践的精神。

2. 课中：课程思政贯穿授课过程

行动教学融思政，课程思政贯全程。思政教育贯穿课中所有的教学环节。

(1) 任务决策：语音控制无人机之方案探究与设计。（中国梦、中国道路）
(2) 任务实施：语音控制无人机之技术选型与实现。（职业道德、职业文化）
(3) 任务验证：语音控制无人机之功能测试与验证。（科学精神、职业伦理）
(4) 任务总结：语音控制无人机之性能评估与优化。（工匠精神、艺术审美）
(5) 任务评价：语音控制无人机之结果展示与评价。（心理健康、劳动教育）

3. 课末：课程思政总结反思

任务拓展再反思，课程思政更升华。通过布置企业真实案例，在企业案例中融入思政元素，弘扬中国梦。同时，通过作业完成的具体要求，培养学生的工匠精神和职业素养。

第二部分　案例描述

语音控制无人机

【思政引入】

当前，我国在人工智能领域的发展已经取得了显著的成就。首先，从技术层面看，我国在语音识别、文本识别、视频识别等感知领域取得了突破；

其次，从应用角度看，人工智能的应用领域也在我国快速扩展，出现在与人们日常生活息息相关的越来越多的场景中；再次，从基础设施的角度看，我国已经建成了全球规模最大的光纤和移动宽带网络，全球规模最大的5G独立组网网络。我国人工智能发展步入"快车道"。

教师课前发布自学资料，包括国产无人机介绍、国内知名语音识别企业介绍、我国人工智能发展现状介绍等，提出后续课程相关问题，进而引出思政内容。

【思政贯穿】

本课采用"任务驱动"教学模式，课中的教学环节分为任务决策、任务实施、任务验证、任务总结、任务评价等五个阶段，教学全过程坚持以学生为主体，充分发挥学生的主动性、积极性，以"树立正确三观、坚定理想信念、传承中国精神、打磨职业素养"为思政主线，思政贯穿教学全过程，着眼于培养德技双修的中国特色社会主义建设者和接班人。

一、任务决策——语音控制无人机之方案探究与设计

近年来，我国无人机技术发展迅速。2022年，中国无人机行业的总产值首次突破了千亿元；同时，无人机研发投入也在持续增加，显示出我国对无人机技术发展的高度重视。总的来说，我国无人机技术的发展取得了显著的成就，无论是在产值、技术创新还是应用领域都有所突破。

与此同时，我国在语音识别技术方面的发展非常迅速，已经达到了世界先进水平。预计到2025年，市场规模将达到约500亿元人民币。我国政府对人工智能和语音识别技术的发展给予了大力支持，出台了一系列的政策措施。我国的语音识别技术在国际上也具有竞争力，已经在一些国际比赛中获得了优秀的成绩。

1. 教学内容

（1）利用Baidu智能云平台实现在线的语音识别功能。

（2）基于大疆的tello无人机（见图2），实现无人机指令的语音识别，无人机响应识别后的指令，进而实现语音控制无人机的飞行。

（3）语音识别模块还可通过离线的识别方案实现，整体实现方案可部署于x86平台和arm平台下，便于学生从多个角度对方案进行开发与验证（见图3）。

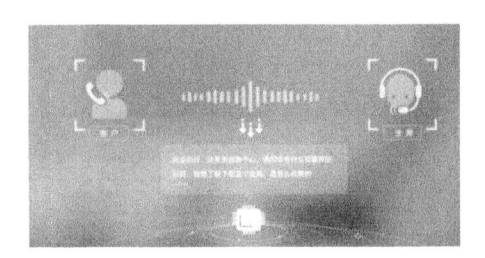

图 2　大疆无人机　　　　　　图 3　语言识别模块

2. 教师活动

（1）教师组织学生开展小组探究，引导学生完成无人机的安装与调试，引出本次课程的任务。

（2）教师通过示范，引导学生分析、设计通过语音实现无人机飞行控制的设计方案。

3. 学生活动

（1）学生开展小组探究，完成无人机的安装与调试，明确本次课的任务目标。

（2）学生观察教师演示，思考、设计通过语音识别实现对无人机的飞行控制。

思政点融入：通过教师演示、小组探究，实现语音控制无人机飞行的整体方案设计。通过无人机的技术选型，加深学生对我国无人机行业发展现状的了解，培养学生对民族企业和民族品牌的自信心和自豪感，激发学生为实现社会主义现代化中国梦的信心和豪情。同时，通过解读我国现行针对无人机飞行的法律法规，加强对学生的法制意识的培养。

二、任务实施——语音控制无人机之技术选型与实现

教师通过讲解如 Baidu-aip 的语音识别模块、百度飞桨的 paddlepaddle 以及科大讯飞的语音识别鼠标等不同的语音识别技术方案，结合上述方案如在线/离线、硬件/软件等不同特性，对比各自的特点及优缺点；对于无人机的选型，教师从目前国内无人机相关法律法规、无人机室内飞行的安全要求、无人机飞行时间续航、无人机机载相机视频规格等诸多要素展开分析。

1. 教学内容

（1）教师引导学生思考如何根据不同的应用场景，选用不同的实现方案。

（2）引导学生进行无人机型号的选型，确定大疆的 tello 无人机为本次任

务的实现载体,结合 tello 无人机官网提供的飞行控制实现示例程序,以及开源社区的实现方案,最终选取 djiTellopy + Baidu-Aip 为本次任务的实现方案(见图 4)。

图 4 百度开放平台

2. 教师活动

(1) 教师组织学生围绕语音识别方案进行分析对比,结合上次课学习的 djiTellopy,以小组为单位,探究语音识别模块的技术方案(见图 5)。

图 5 语音飞控资源库

(2) 组织学生以小组为单位,汇报语音识别技术方案的选型结果,阐述选型理由。

3. 学生活动

(1) 学生以小组为单位基于 djiTellopy 飞行控制程序,探究语音识别技术模块的选取。

(2) 各组代表汇报本组语音识别技术方案选型结果,阐述选型理由。

思政点融入:通过教师示范及小组探究,实现语音飞行控制功能,并进行功能测试与验证。通过开源框架 djiTellopy 的使用与调试,培养学生根据项目实际需求在遵守开源 license 的前提下进行开源技术选型的能力,培养学生尊重版权的职业道德;通过不断进行功能测试,不断地改进和优化语音飞行控制无人机,培养学生精益求精的工匠精神。

三、任务验证——语音控制无人机之功能测试与验证

前面的课程基于 djiTellopy，结合 Baidu 智能云平台实现了无人机的语音飞行控制。本次课，教师引导学生对已实现的功能进行测试与验证，及时发现实现方案中可能存在的问题，如语音识别不准确，以及无人机飞行过程中遇到的各种问题（如无法悬停、首次飞行冲高回落、电量不足时无法正常起飞等）。

1. 教学内容

测试与验证的基本方案如下。

（1）准备测试数据：收集小组成员内所有学生的无人机飞行控制指令的语音样本，涵盖可能遇到的所有指令。

（2）选择 djitellopy 库实现对无人机的飞行控制，测试飞行控制的准确性、稳定性，观察是否有错误执行的现象，是否有没有响应的命令等问题。

（3）小组成员分工测试，引导学生思考 x86 和 arm 平台分别适应哪些现实的应用场景（见图 6）。

图 6 嵌入式 AI 实训开发板

（4）编写测试脚本：针对语音识别、无人机飞行控制，分别编写脚本，将输出结果与预期结果进行比较，统计准确率。

（5）运行测试：使用测试脚本运行语音识别功能和无人机飞行控制功能。

（6）分析结果：分析测试结果，确定语音识别功能的准确性、速度和稳定性。

（7）文档和报告：编写文档，记录语音识别功能的验证过程、测试结果和优化措施。以小组为单位整理测试报告。

2. 教师活动

（1）教师引导学生分组讨论语音识别、飞行控制的测试方案，组织学生进行功能的专项测试。

（2）教师组织学生对测试后的语音识别模块和飞行控制模块进行融合，

并进行综合测试，观察、记录语音控制无人机飞行的各项数据。

3. 学生活动

（1）学生分组讨论语音识别、飞行控制的测试方案，并进行功能的专项测试。

（2）学生对测试后的语音识别模块和飞行控制模块进行融合，并进行综合测试，观察、记录语音控制无人机飞行的各项数据。

思政点融入：在教师的引导下，各小组通过对语音识别、无人机飞行控制进行专项测试，观察、记录测试结果，对发现的问题进行深入的分析，并给出可靠的解决方案，培养学生用数据佐证结果的科学精神；对于测试过程，针对某一可能出现的不确定问题，要进行反复的推敲与验证，直到发现问题的根本原因为止，培养学生不畏辛劳、追求细节的职业精神和劳动精神。

四、任务总结——语音控制无人机之性能评估与优化

在前面课程中，学生基于 x86 平台、arm 平台，利用百度智能云平台实现了语音识别模块，并利用识别的结果，实现了对大疆 tello 无人机的飞行控制，还对实现的功能进行了验证与测试。此处引导学生对现有方案进行总结与反思：在 x86 平台已实现的前提下，为什么还要在 arm 平台上实现？百度智能云平台是在线实现方案，在没有网线的环境下，应该如何实现？

1. 教学内容

教师引导学生发散思维，从以下角度进行任务总结。

（1）准确性问题：尽管语音识别技术已经取得了很大的进步，但在实际应用中仍然存在一定的错误率。这可能导致误解、误操作等问题。因此，提高语音识别的准确性仍然是一个重要的优化方向。

（2）实时性问题：在本任务的应用场景下，语音识别的指令需要实时传递给无人机，因此对实时性要求较高。降低延迟，提高实时性，是一个重要的改进方向。

2. 教师活动

（1）教师引导学生以小组为单位，对现有方案提出质疑，反思是否存在更好的解决方案。

（2）教师引导学生以小组为单位，汇报小组的质疑反思心得，组织其他小组学生进行讨论。

3. 学生活动

（1）学生以小组为单位，对现有方案提出质疑，反思是否存在更好的解

决方案。

（2）学生以小组为单位，汇报小组的质疑反思心得，并对其他小组的反思进行总结与评论。

思政点融入：通过引导学生质疑反思，培养学生辩证唯物主义的思维方式；通过不断验证反思中提出的问题，培养学生刻苦钻研、不畏困难的劳动精神。在不断质疑和反思的过程中，学生不断完善现有方案，贯彻科学严谨、精益求精的大国工匠精神。

五、任务评价——语音控制无人机之结果展示与评价

1. 教学内容

教师组织学生开展自我评价、小组评价；同时，教师和企业工程师对学生进行教师评价，最终形成多维、立体的教学评价。

2. 教师活动

（1）教师对学生专业能力和非专业能力进行评价。

（2）组织小组内学生互评。

3. 学生活动

（1）学生听取教师的指导，并总结不足。

（2）学生对自己的学习表现、学习过程、学习效果进行评价。

（3）在各小组评价过程中，培养学生实事求是的客观精神，增强为小组争成绩的集体荣誉感。

思政点融入：教师组织、引导学生，从多个角度开展学习效果和思政设计效果的评价，形成综合评价。在开展评价过程中，教师示范通过量化标准来形成最终效果评价，强化学生通过数据来量化成果的习惯，培养学生严谨扎实的职业精神。

学生综合能力素质评价见表1

表1 学生综合能力素质评价表

序号	评价标准	评价指标	评分			
			被师评分	学生自评	小组评分	组间互评
1	"三观"表现	是否树立、加深正确的"三观"	5 4 3 2 1	5 4 3 2 1	5 4 3 2 1	5 4 3 2 1
2	理想信念	是否坚定马克思主义信仰，拥护中国特色社会主义	5 4 3 2 1	5 4 3 2 1	5 4 3 2 1	5 4 3 2 1

续表

序号	评价标准	评价指标	评分			
			被师评分	学生自评	小组评分	组间互评
3	传统美德	尊敬师长、团结同学、善良友爱、不怕困难	5 4 3 2	5 4 3 2 1	5 4 3 2 1	5 4 3 2 1
4	创新精神	是否能够学习新知识、采用新方法、解决新问题	5 4 3 2 1	5 4 3 2 1	5 4 3 2 1	5 4 3 2 1
5	社会公德	是否遵守社会公德，如不随地吐痰、不乱丢垃圾等	5 4 3 2 1	5 4 3 2 1	5 4 3 2 1	5 4 3 2 1
6	职业道德	是否具备按照职业相关道德准则约束自己	5 4 3 2 1	5 4 3 2 1	5 4 3 2 1	5 4 3 2 1
7	法制意识	是否学习领域内法律法规并自觉遵守	5 4 3 2 1	5 4 3 2 1	5 4 3 2 1	5 4 3 2 1
8	科学精神	是否以科学的态度面对问题，用科学的方法解决问题	5 4 3 2 1	5 4 3 2 1	5 4 3 2 1	5 4 3 2 1
9	数字概念	是否具备用数字来描述、解决量化学习过程中问题的能力	5 4 3 2	5 4 3 2	5 4 3 2 1	5 4 3 2 1
10	工匠精神	严谨认真、精益求精	5 4 3 2 1	5 4 3 2	5 4 3 2 1	5 4 3 2 1
11	劳动意识	吃苦耐劳、踏实努力、追求卓越、奋发图强	5 4 3 2 1	5 4 3 2	5 4 3 2 1	5 4 3 2 1
12	职业伦理	爱护设备，珍惜团队劳动成用	5 4 3 2 1	5 4 3 2 1	5 4 3 2 1	5 4 3 2 1
13	集体意识	积极完成团队分工，努力为集体争得荣誉	5 4 3 2 1	5 4 3 2	5 4 3 2 1	5 4 3 2 1
14	中国梦	对我国的未来充满希望，并为之努力奋进	5 4 3 2 1	5 4 3 2 1	5 4 3 2 1	5 4 3 2 1
15	自律意识	自觉并保质保量地完成教师布置的各项任务	5 4 3 2 1	5 4 3 2 1	5 4 3 2 1	5 4 3 2 1
综合评价			合计分数：	合计分数：	合计分数：	合计分数：

【总结反思】

本课坚持把立德树人作为中心环节，把思想政治工作贯穿教育教学全过程，实现全程育人、全方位育人，课程在润物细无声中对学生世界观、人生观和价值观进行教育，坚定学生中国特色社会主义理想信念，传承中华优秀传统文化与美德，培养学生坚守社会主义道德的自觉性，在课程教授过程中培养学生科学精神、职业精神、工匠精神、职业文化、职业伦理、艺术审美等真善美品质，实现了设计的思政目标。今后，在教学过程中将更加丰富思政案例，为培养优秀的社会主义接班人贡献力量。

工程制图：螺纹紧固件及其连接

教师信息：曲华杰　**职称**：讲师　**学历**：博士
研究方向：机械工程
授课专业：机电一体化技术
课程类别：理实一体化课程
课程性质：专业群技术基础课

第一部分　设计思路

一、本次设计的课程思政目标

本课程以立德树人为根本，挖掘工程制图课程所蕴含的思想政治教育元素和所承载的思想政治教育功能，将思政教育贯穿课程教学的全过程，使思想政治教育与知识、能力教育有机结合，构建机械技术制图课程思政新体系，实现价值塑造、能力培养、传授知识"三位一体"的人才培养目标。课程思政目标的实现途径见图1。

二、课程思政教学设计内容

1. 课前：课程思政引入

学生通过在线课程学习螺纹的规定画法和标注，了解螺纹紧固件的装配画法，观看中国大型运载火箭长征五号发射纪录片，扩大学生视野，使学生体会到科学技术深刻影响国家的前途和命运，使学生认识到要有理想、有抱负，更要有家国情怀。

2. 课中：课程思政贯穿授课过程

讲到螺纹紧固件连接的画法后，引入我国大型运载火箭长征五号，其自主研制的新型脐带式移动发射平台的放松设计，大量使用了上海底特精密紧固件股份有限公司生产的施必牢变牙型自锁螺纹副。长征五号运载火箭的发射成功，

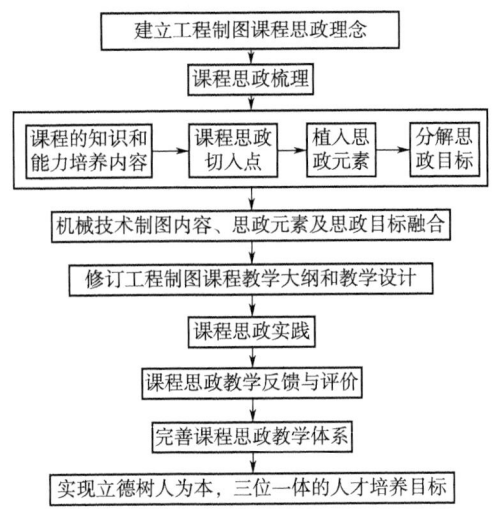

```
                    建立工程制图课程思政理念
                             ↓
                         课程思政梳理
                             ↓
    ┌──────────┐    ┌──────────┐    ┌──────────┐    ┌──────────┐
    │课程的知识和│ →  │ 课程思政  │ →  │植入思政  │ →  │分解思政  │
    │能力培养内容│    │ 切入点    │    │元素      │    │目标      │
    └──────────┘    └──────────┘    └──────────┘    └──────────┘
                             ↓
                 机械技术制图内容、思政元素及思政目标融合
                             ↓
                 修订工程制图课程教学大纲和教学设计
                             ↓
                         课程思政实践
                             ↓
                     课程思政教学反馈与评价
                             ↓
                     完善课程思政教学体系
                             ↓
                 实现立德树人为本，三位一体的人才
                 培养目标
```

图1　课程思政目标的实现途径

是我国工业装备制造与设计能力整体提升的又一项标志性成果，是继"两弹一星"后中国在科技领域取得的重大里程碑式的进步。引导学生树立远大理想和爱国主义情怀，培养学生的责任感和使命感，提高学习的积极性和主动性。

3. 课末：课程思政总结反思

带领学生通过学习通观看微电影《螺思》，告诫学生螺栓的选型或制造问题是导致螺纹紧固件失效的根本原因，说明安全无小事，小螺栓的质量问题和设计施工问题埋下的隐患可能会造成生产停顿，甚至较大的事故和人员伤亡——使学生认识到，紧固件虽小，但作用重大，要培养自己认真负责、对待工作精益求精的工程师素质，要从当下开始，对待学习要认真，对自己的现在和未来要高度负责，养成遵守国家标准和遵纪守法的品质，培养良好的职业道德素养。

第二部分　案例描述

螺纹紧固件及其连接

一、螺纹

在机器或部件中，虽然存在着各种各样的零件，但可以将其归纳为三大类：标准件、常用件、专用零件，介绍概念并结合 PPT 中的图或模型举例说明。

1. 螺纹的基本知识

螺纹是机器中常见的结构，它可以用于连接也可以用于传动，是一种标准结构。

（1）螺纹的形成和结构。

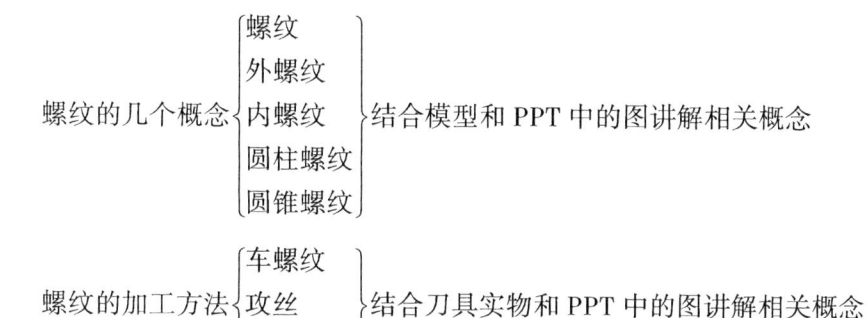

螺纹的几个概念 { 螺纹；外螺纹；内螺纹；圆柱螺纹；圆锥螺纹 } 结合模型和 PPT 中的图讲解相关概念

螺纹的加工方法 { 车螺纹；攻丝；搓制螺纹 } 结合刀具实物和 PPT 中的图讲解相关概念

螺纹的表面可分为凸起和沟槽两部分 { 螺纹的牙；螺纹的牙顶；螺纹的牙底 } 结合模型和 PPT 中的图讲解

螺纹的相关结构及作用 { 螺纹倒角；倒圆；螺尾；螺纹终止线；螺纹退刀槽 } 结合模型和 PPT 中的图讲解相关概念

（2）螺纹的要素。螺纹的牙型、牙形角、特征代号及其作用。

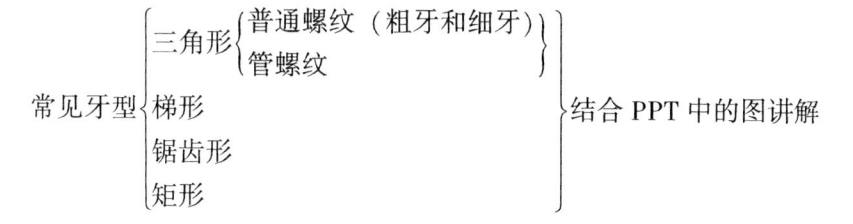

常见牙型 { 三角形 { 普通螺纹（粗牙和细牙）；管螺纹 }；梯形；锯齿形；矩形 } 结合 PPT 中的图讲解

螺纹的直径 $\begin{cases}大径和小径 \\ 中径 \\ 公称直径\end{cases}$ 结合PPT中的图讲解

线数 $\begin{cases}单线螺纹 \\ 多线螺纹\end{cases}$ 结合实物模型和PPT中的图讲解

(3) 螺纹的分类（结合实物模型和PPT中的图讲解）。

按牙型分 $\begin{cases}连接螺纹\begin{cases}普通螺纹（M）（查表看粗牙、细牙螺纹的螺距）\begin{cases}粗牙普通螺纹 \\ 细牙普通螺纹\end{cases} \\ 管螺纹\begin{cases}非螺纹密封的圆柱管螺纹（G） \\ 用螺纹密封的圆锥柱管螺纹（Rp、Rc、R）\end{cases}\end{cases} \\ 传动螺纹\begin{cases}梯形螺纹（Tr） \\ 锯齿形螺纹（B）\end{cases}\end{cases}$

按标准分 $\begin{cases}标准螺纹：牙型、直径、螺距符合国家标准的螺纹称为标准螺纹 \\ 特殊螺纹：只有牙型符合标准的螺纹为特殊螺纹 \\ 非标准螺纹：牙型不符合标准的螺纹则称为非标准螺纹\end{cases}$

按用途分 $\begin{cases}连接螺纹（连接作用）\begin{cases}粗牙普通螺纹 \\ 细牙普通螺纹 \\ 管螺纹\end{cases} \\ 传动螺纹（传递运动和动力）\begin{cases}梯形螺纹 \\ 锯齿形螺纹 \\ 矩形螺纹——非标准螺纹\end{cases}\end{cases}$ 标准螺纹

思政点融入：扩大学生的视野，使学生了解我国航天事业的成就，激励学生立志成为对国家和社会有用的人才，为国家做出更大的贡献。

2. 螺纹的规定画法

绘制螺纹的真实投影十分烦琐，并且在实际生产中也没有必要这样做。为了便于绘制外螺纹、内螺纹、内外螺纹旋合和螺纹孔相贯线，国家标准对螺纹画法做了规定教师在黑板上按先画出外螺纹→再画出部分内螺纹→再画内外螺纹旋合的顺序边讲边画，其他画法借助PPT上的图讲解。

3. 螺纹的标注

因为各种螺纹的画法相同，为了便于区分不同的螺纹，必须在图上加以标注。

(1) 螺纹的完整标注格式（详细讲解每一项标注的国标规定）。

1）公制螺纹的标注。
特征代号 公称直径×导程（P 螺距）旋向-公差代号-旋合长度代号。
2）管螺纹的标注。
特征代号 尺寸代号 公差等级代号-旋向代号。
3）螺纹副的标注。
（2）标注示例。

普通螺纹
梯形螺纹
锯齿形螺纹 ｝利用 PPT 上的图与学生互动完成标注
非螺纹密封管螺纹（查表理解相关内容）
螺纹的长度与倒角的标注

二、螺纹紧固件及其连接介绍

螺纹紧固件指的是通过螺纹旋合起到紧固、连接作用的零件和辅助零件。常用的螺纹紧固件有螺栓、螺钉、双头螺柱、螺母和垫圈等，均为标准件。在设计机器时，标准件不必画零件图，只需在装配图中画出，并写明所用标准件的标记即可。

1. 螺纹紧固件的标记及画法

（1）螺纹紧固件的标记。紧固件标记有完整标记和简化标记两种。完整标记比较复杂，一般情况下采用简化标记。

简化标记： 名称 标准代号 规格尺寸（公称直径×公称长度）

例：六角头螺栓，公称直径 d = M10，公称长度 45
　　标记：　　螺栓　　GB/T5782　　　M10×45
　　可简化为：　　　　GB/T5782　　　M10×45

（2）螺纹紧固件画法。绘制紧固件的方法按尺寸来源不同，分为下列两种画法：

1）查表画法：带领学生查表，了解螺纹紧固件国标。

2）比例画法：虽然紧固件各部分尺寸可以从相应的国家标准中查出，但绘图时，为了简便和提高效率，大多不必查表绘图而采用比例画法（利用 PPT 讲解比例画法）。

2. 螺纹紧固件的装配画法

（1）螺纹紧固件装配画法的规定：结合 PPT 中的图介绍国标规定。

（2）螺栓连接：以若干参数为案例，边讲边在黑板上画出装配画法。

(3) 螺柱连接。

(4) 螺钉连接。

注意：螺纹紧固件连接的画法应结合装配连接模型讲清每种连接的概念、应用场合、装配过程、画法、注意事项、连接中的相关尺寸的确定。

【思政贯穿】

日本"永不松动的螺母"（HardLock 偏心螺母）和中国紧固件防松技术以及"自紧螺母"设计结构介绍与课程思政。

日本"永不松动的螺母"的防松原理如图 2 所示。防松螺母对不同尺寸和不同材料的螺母有不同的对应偏心量，这是偏心螺母的核心技术，需要大量的实际经验与科学论证，是 HardLock 的核心机密，这也是所谓的"一直被模仿，从未被超越"的原因。所谓"永不松动"的紧固件，其实是指具有较强的防松性能，在特定的环境下，很长时间内不必担心紧固件会松动。

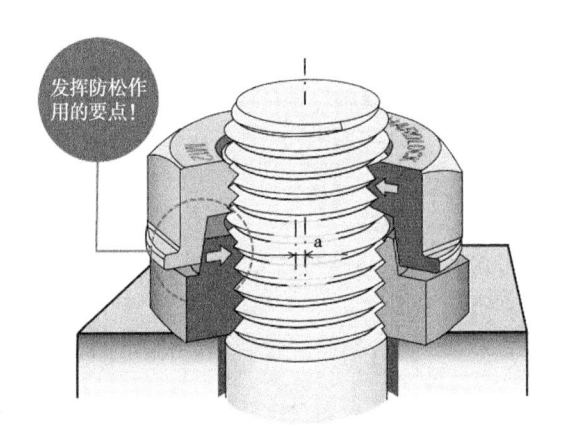

图 2　日本 HardLock 偏心螺母的防松原理

日本 HardLock 紧固件的缺陷在于：HardLock 紧固件是靠两个螺母一起工作的，其中，第二个螺母依靠偏心的压力来锁紧第一个螺母，以达到防松的目的。在施加偏心的压力时，螺母和螺栓的螺纹旋合必然会偏向一边，螺纹受力不均匀。同时，螺栓在使用时除了正常的拉应力外又附加了弯曲应力，这将严重地影响紧固件的疲劳强度，即在受到交变力作用下长期工作，必然使螺栓的疲劳寿命下降。比如，发动机内的连杆、缸盖、飞轮等关键部位，都对疲劳强度有很高的要求。HardLock 紧固件是不能在这些关键部位使用的。

中国也研发了"永不松动"的紧固件。在 2002 年青藏铁路建设中，轨道经过青藏高原的无人区时，要求压在钢轨弹条扣件上的紧固件能做到常年免维护。在经过反复讨论、认证和试验之后，在美国施必牢防松紧固件的基础上，中国自主开发了一种新的防松紧固件，成功地解决了这一难题。十几年过去了，没有发生过一起紧固件松动事故。所以，中国也掌握了研发和制造防松紧固件的"核心技术"。

此外，中国"自紧螺母"（见图3）是由深圳自紧王科技研发的专利产品，它仅需一个螺母和一个垫圈就解决了所有问题。其防松原理为：利用螺母和垫片之间的螺旋面吻合结构，增大摩擦力，并以特定的螺旋角，完全达到防松脱的作用，使其只能拧紧不能松脱，而要松开螺母必须拧转垫片才能实现。中国自紧螺母因端面设计呈多截螺旋面支撑结构，不仅增强了联结副的稳定性，同时也彻底终止了螺母拧紧后应力大多集中在第一、二个齿牙上的传统紧固件的缺点，从而使应力均匀分布，大大提升了螺母和螺杆的承载力，并且降低了内外螺纹的损伤程度。

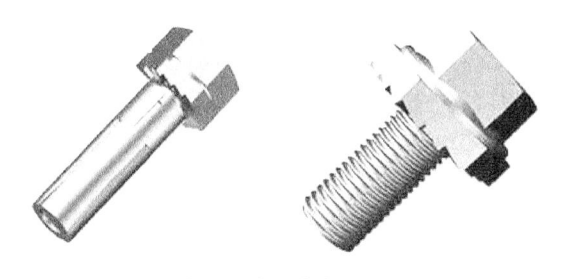

图3　中国自紧螺母

有人做了比较：将 HardLock 偏心螺母拧松需要 140N·m，而即使超过了扭矩表的量程也不能将中国自紧螺母拧松。通过工具，夹住垫圈位置，很容易将中国自紧螺母拧松。

可见，并不是只有日本可以造出优秀的防松螺母，也没有资料显示中国高铁上的螺母完全依赖日本技术。日本 HardLock 自紧螺母起步早，并且经过了长时间的市场验证，确实是一款非常优秀的防松螺母。而中国在这方面虽然起步较晚，但是经过不断的研发，已经突破了技术壁垒。因此，我们要客观地认清现状，增强自信，勇于不断探索，不断突破技术壁垒，赶超世界先进技术，为国家和民族的发展贡献力量。

思政点融入： 开阔学生视野，激发学习兴趣，引导学生正确认识我国防松紧固件的制造水平，增强自信，勇于不断探索，突破技术壁垒，赶超世界先进水平，激励学生立志成为对国家和社会有用的人才，为国家和民族的发展贡献力量。

【总结反思】

南宋史学家郑樵在《通志》中说:"图谱之学不传,则实学尽化为虚学矣。""凡器用之属,非图无以制器。"工程制图是技术艺术与科学的高度融合,教学中需要把马克思主义立场观点方法的教育与科学精神的培养结合起来,提高学生正确认识问题、分析问题和解决问题的能力。加强对学生科学思维方法的训练和科学伦理的教育,培养学生探索未知、追求真理、勇攀科技高峰的责任感和使命感。加强工程伦理教育,牢记精益求精的大国工匠精神、科技报国的家国情怀和使命担当!

短视频剪辑与特效：优秀国产电影中的声音艺术

教师信息： 赫铁龙　　**职称：** 讲师　　**学历：** 博士研究生
研究方向： 视听媒介技术与理论
授课专业： 数字媒体艺术设计
课程类别： 职业技术技能课程

第一部分　设计思路

一、本次设计的课程思政目标

本课程深入探索中华优秀传统文化在现代电影艺术中的运用和表现。通过详细分析国产电影中方言、音乐以及音响元素的创新运用，学生将学习如何在声音设计中融入中华文化的精髓。通过本课程不仅强调电影声音设计与制作中科学方法的应用，更深入探讨声音科学的各个方面，如声波的传播、声音录制和编辑处理技术等的原理。通过具体案例分析和实验操作，让学生理解科学原理在实际应用中的重要性，培养他们探索未知、求实创新的科学精神。

教学内容与思政元素见图1。

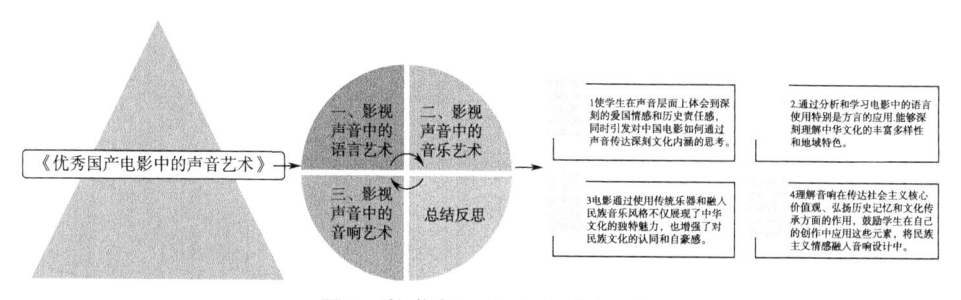

图1　教学内容与思政元素提炼

二、课程思政教学设计内容

1. 课前：思政元素引入

课程开始前，播放一系列精心选定的优秀中国电影片段中的声音，这些片段特别选自反映中国历史、文化和民族精神的电影，目的是让学生在声音层面上体会到深刻的爱国情感和历史责任感，同时引发对中国电影如何通过声音传达深刻文化内涵的思考。

2. 课中：课程思政贯穿授课过程

教师在讲解专业课程内容时，将思政元素全程融入知识和技能中。

第一，在探讨影视声音中的语言艺术时，教师将重点讲解不同类型的对白、旁白及其在电影中的运用，讨论如何通过语言艺术传递电影的主题和情感。通过分析经典电影中的语言使用，强调语言艺术在塑造电影人物中的作用，同时融入对中华语言文化的欣赏和传承。

第二，讲解电影音乐的不同类型，包括片头/片尾音乐、主题曲和插曲等。通过分析《战狼2》《卧虎藏龙》等电影的音乐设计，指导学生理解音乐在表达电影主题和深化情感上的重要性。强调音乐艺术在传达爱国精神、家国情怀和弘扬中国文化中的作用。

第三，详细讲解电影中不同种类的音响。以《流浪地球》为例，分析如何通过音响创造电影中的科幻环境，体会中国电影工业在科幻电影领域内的发展成就。同时，结合《城南旧事》等优秀国产影片，强调音响艺术在文化传承和社会价值观传递中的重要角色。

3. 课末：课程思政总结反思

课程结束后，学生进行全面的总结和反思，不仅包括对专业技能的复盘，更重要的是对如何在声音设计中体现社会主义核心价值观的深入思考。引导学生探讨在音乐设计过程中如何融入爱国情怀、道德规范和文化自信，同时讨论这些价值观在现代影视制作中的重要性和实际应用。

第二部分　案例描述

优秀国产电影中的声音艺术

【思政导入】

在电影世界里，声音不仅是艺术的展现，更是中华文化的传声筒。每一段电影声音，从《英雄》的雄壮乐章到《流浪地球》的深沉回响，都在诉说着中国故事，展现着中华民族的精神面貌。这些声音不仅让我们沉浸在故事中，更引领我们感受历史的深度和文化的丰富。在这门课程中，我们将深入探索电影声音设计的奥秘，学习如何让声音成为爱国情感的传达者，如何让每一个音符、每一次回声都能触动心灵，唤起对这片土地深厚的爱。

一、影视声音中的语言艺术

1. 教学内容

在影视作品中，语言是信息传达的重要媒介。它具有如下作用。

（1）情节推进。曾有学者指出，声音的发明为电影带来了讲述复杂故事的能力。语言是推动电影情节发展的关键工具。通过角色之间的对话，电影可以有效地展现故事的进展、冲突和解决，使观众更好地理解和跟随剧情。

（2）角色塑造。语言是塑造和深化角色的重要手段。角色的说话方式、语言风格都有助于塑造其个性，为观众提供深入了解角色的窗口。《流浪地球》中，吴京标准的普通话塑造了顶天立地、坚强不屈的中国航天员的形象。《疯狂的石头》中，黄渤的山东方言与影片的幽默风格相得益彰，影片通过不同的语言风格塑造了小偷、警察、商人等不同身份的角色。

（3）环境描绘。语言有助于建立影视作品的时空背景和社会环境。在电影《英雄》中，导演和声音设计师特别为秦军设计了一系列具有古代秦国特色的口号和呼喊，如"风，风，风"和"大风，大风，大风"。这些语汇不仅体现了秦军的豪迈气质和善战等特点，还塑造了古代秦国的壮观景象。

观看中国优秀电影案例片段：《疯狂的石头》（导演：宁浩）、《英雄》（导演：张艺谋）、《流浪地球》（导演：郭帆）、《一个都不能少》（导演：张艺谋）、《三峡好人》（导演：贾樟柯）。

2. 思政元素提炼

在电影中，语言和对白不仅是故事叙述的工具，更是反映社会现实、传承文化和塑造民族认同的重要手段。通过分析和学习电影中的语言使用，特别是方言的应用，我们能深刻理解中华文化的丰富多样性和地域特色。例如，电影中使用的方言不仅增加了作品的真实感，也让观众更加贴近并理解影片中人物的生活背景和情感世界。

此外，电影中的语言和对白也是传递真善美、培养社会主义核心价值观的重要途径。通过电影语言的艺术处理，我们学习如何用对白传达积极的价值观，如何通过电影语言促进社会和谐、弘扬传统美德。这不仅是对专业技能的提升，更是对社会责任感的培养。

3. 思政融入方式

首先，通过《流浪地球》等影片中情感丰富的对白，引导学生感受电影声音设计背后的深层含义。通过这些故事的讲述，学生不仅能够学习到声音设计的技术细节，更能够深刻感受到这些声音如何传递中华文化的精髓。

其次，教师总结和提炼这些故事中蕴含的思政元素，如爱国主义、民族精神、文化自信等，并将这些元素与当下学生的生活和经历相结合。

最后，通过学习，学生将能够理解电影语言在传递文化价值和情感方面的重要作用，同时培养对中华文化的自豪感和对社会主义核心价值观的深刻理解。这种教学方式旨在提高学生的专业技能，同时在情感和理性层面引导他们形成正确的世界观、人生观和价值观。

二、影视声音中的音乐艺术

1. 教学内容

自从有声电影诞生以来，音乐一直都是影视作品的重要组成部分。很多人会将影视作品中的音乐称为"背景音乐"，这是不恰当的。实际上，音乐在影视作品中扮演着远超过陪衬的重要角色，它对于电影的艺术性和观赏价值有着决定性的影响。影视作品中的音乐具有氛围营造、强化情感、暗示时空背景等作用。

影视音乐有不同的分类方式。按照有无声源情况可分为有声源音乐、无声源音乐；按照功能可分为主题音乐、插曲、片头/片尾音乐等；按照风格可分为古典音乐、现代音乐、民族音乐、实验音乐等；按照制作方式可分为原创音乐、素材音乐；按照叙事功能可分为叙事音乐、非叙事音乐。

观看中国优秀电影案例片段：《城南旧事》（导演：吴贻弓。作曲：吕其明）、《英雄》（导演：张艺谋。作曲：谭盾）、《战狼2》（导演：吴京。作曲：Joseph Trapanese）、《卧虎藏龙》（导演：李安。作曲：谭盾）、《芳华》（导演：冯小刚。作曲：赵麟）。

2. 思政元素提炼

第一，《城南旧事》《卧虎藏龙》等电影的音乐充分体现了中华文化的精髓。通过使用传统乐器和融入民族音乐风格，这些电影的音乐不仅展现了中华文化的独特魅力，也增强了学生对民族文化的认同和自豪感，有助于学生理解和珍视自己的文化根源。

第二，音乐在表达人物深层次情感和营造电影氛围方面扮演着关键角色。例如，《战狼2》中的音乐强化了电影的爱国主义主题，通过激昂的旋律和深情的曲调，引导学生感受并理解爱国主义和集体主义的价值。这种情感的引导在道德教育和情感培养方面发挥了重要作用。

第三，在探索电影音乐的创作过程中，如《卧虎藏龙》中将现代音乐元素与传统文化相结合的尝试，展现了艺术创新的精神。学生学习如何在保留传统的同时，创造适应现代审美和传达新思想的艺术作品，培养其作为内容创作者的社会责任感。

3. 思政融入方式

课程以深入讲解《英雄》中的音乐作为开始，探讨如何通过音乐表达电影的主题——英勇与牺牲。分析音乐如何与影片的视觉元素和叙事结构相结合，加深对电影中英雄主义和牺牲精神的理解。同时，通过《芳华》的音乐分析，展现音乐如何精准地描绘角色的内心世界和复杂情感，强调音乐在深化角色塑造和情感表达中的关键作用。

结合《战狼2》的音乐，讨论影视音乐在表达爱国主义和强化民族认同方面的作用。分析电影音乐如何激发观众的爱国情感，以及音乐在传达社会主义核心价值观中的角色。另外，通过《卧虎藏龙》的音乐，探讨电影音乐如何结合传统和现代元素，展现中国文化的创新传承。

课程结束时，引导学生进行深入的反思，讨论影视音乐创作过程中如何体现社会责任感，以及如何通过艺术创作对社会进行积极的引导。这将帮助学生在学习影视声音设计专业技能的同时，在思想和情感层面得到提升，形成正确的世界观和价值观。

三、影视声音中的音响艺术

1. 教学内容

音响是电影声音三要素中的重要组成部分。常见的音响包括动作音响、自然音响、机械音响、交通音响、动物音响、特殊音响等。在电影声音制作中，音响的创造主要采用两种方法，即现场录音和电子合成。

（1）现场录音（实录）。这种方法涉及使用便携式录音设备在现场直接录制各种自然声音。例如，录音师可以录制自行车链条的声音、不同天气下的雷声和雨声、野生动物如老虎和狮子的吼声，以及战争电影中常见的枪炮声。此外，还有一种特别且有趣的声音制作工艺——拟音，这是一种根据画面中角色动作同步进行表演的声音创作方式。通过拟音，声音艺家会创造出与角色动作相匹配的脚步声、衣服摩擦声等效果，从而增强电影的真实感。

（2）电子合成。对于一些特殊类型的电影，尤其是科幻电影，许多场景和元素在现实生活中并不存在。在这种情况下，声音设计师通常会使用合成器、效果器等现代化工具来创造所需的声音。这种方法允许设计师发挥想象力，创造出独特而新颖的声音效果，以适应电影中对虚构元素的需求。

观看中国优秀电影案例片段：《流浪地球》（导演：郭帆）、《城南旧事》（导演：吴贻弓）、《英雄》（导演：张艺谋）、《战狼2》（导演：吴京）、《一代宗师》（导演：王家卫）。

2. 思政元素提炼

在《流浪地球》中，音响效果的精湛运用不仅展现了中国电影工业在资金投入、技术创新和整体制作水平上的巨大进步，也体现了中国电影在国际舞台上日益增强的竞争力。电影中复杂的音效处理和环境声音的真实再现，如太空环境的深邃静寂、机器运作的庞大声响，显示出中国电影制作在技术精细度和专业水准上的显著提升。这种高水平的音响效果不仅为观众提供了沉浸式的观影体验，也成为中国电影行业发展和创新能力的明显标志，激发了观众对于民族电影工业发展的自豪感。

在《城南旧事》的开头，影片巧妙地利用了一系列生活化的声音元素，如水井打水的声响、倒水声、骆驼的叫声、独轮车车轮转动的声音、小商贩的吆喝声，以及冬季微风的细微声响，共同营造出老北京城南的独特氛围。这些声音深刻地描绘了老北京的日常生活场景，极大地增强了电影的历史感和地域特色，使其充满了浓郁的中国文化意蕴。通过这些日常而真实的声音，电影成功地在视觉叙事之外，通过听觉渠道为观众呈现了一个丰富多彩的历史文化空间。

3. 思政融入方式

通过《流浪地球》音响设计案例，展示如何通过声音营造出浩瀚宇宙的氛围，以及在紧张激烈的场景中通过音效增强观众的紧张感，讲述音响创作背后的故事和工艺。

结合《城南旧事》的音响设计，引导学生讨论音响在传达社会主义核心价值观、弘扬历史记忆和文化传承方面的作用，鼓励学生在自己的影视创作中应用这些元素，将民族主义情感融入音响设计中。

以《英雄》对历史场景声音的精细复原为例，展现声音设计师如何通过细致入微的工作重现历史的氛围，感受工匠精神对细节的关注和对完美的追求。同样，通过《一代宗师》动作场景音效设计的精准到位，体会声音设计师在创作中的专业态度和精湛技艺。

【总结反思】

本次课程在教学的同时，有效地融入了思政教育元素。通过结合具体电影案例的分析，课程旨在培养学生的专业技能、社会责任感、文化自信和职业道德，为培养电影行业全面发展的专业人才打下了坚实的基础。

电影声音设计领域是技术与艺术交叉的典型例证。在这个领域中，团队合作不仅是必要的，更是达成卓越成果的关键。在电影声音设计项目中，设计师需要与导演、剪辑师、视觉效果团队等密切合作，以确保声音效果与电影的视觉叙事和情感表达完美匹配。这种协作不仅展现了个人技术水平，也反映了团队合作精神和对共同目标的追求。通过这种教育，学生不仅在技术层面获得成长，更在团队合作和社会责任感等方面得到全面发展。电影声音设计领域因此成为一个展现和实践思政教育的理想平台，帮助学生形成综合设计理念和创新思维，为未来的职业生涯奠定坚实基础。

汽车制造工艺：车身面漆后处理

教师信息：李欢欢　**职称**：副教授　**学历**：硕士
研究方向：汽车制造
授课专业：汽车制造与试验技术
课程类别：理实一体化课程
课程性质：职业技术技能课

第一部分　设计思路

一、本次设计的课程思政目标

本次课以 2022 年获得全国工人先锋号的北汽集团北京奔驰汽车有限公司喷漆工厂 1 车间交验工段为例，着重展示、传递、弘扬制造行业普通工作岗位上的爱岗敬业、勇于创新、甘于奉献的职业素养、职业道德、职业精神。

二、课程思政教学设计内容

1. 课前：课程思政引入

课前，学生搜索了解以下网络资料：①展车漆膜品质图片；②市场上新车的漆膜品质图片；③客户对汽车的漆膜外观抱怨问题；④汽车漆膜常见外观质量问题及处理方法。

通过材料的收集，学生由对漆膜品质的主观了解，逐步拓展到汽车及展车的漆膜外观质量状态的摸底，进而深入具体的汽车漆膜外观质量问题。在此过程中，学生领悟到汽车漆膜外观是主观评价的直接影响因素，意识到汽车漆膜外观质量的重要性，并初步了解制造过程中获得优异汽车外观质量所面临的困难与挑战。

2. 课中：课程思政贯穿授课过程

上课导入：通过视频、图片展示北京奔驰汽车有限公司喷漆工厂 1 车间交验工段日常工作的过程，突出团队成员检查漆面外观、抛光打磨小瑕疵、在线修补小缺陷、离线修补大缺陷时细致入微、认真负责、爱岗敬业、精益求精的工作态度。同时，与汽车论坛客户关于汽车漆膜外观问题的抱怨进行比较。

场景一：为什么有很多网友抱怨漆膜外观问题？初次导入"认真负责、爱岗敬业"对汽车漆膜外观的重要影响。梳理回顾汽车中面涂喷涂过程，虽然自动化程度高，但是漆膜外观受环境、设备、涂料等因素影响较大，从而导致出现漆面外观瑕疵的可能性、必然性以及弥补瑕疵的可行性。

场景二：如何通过人工操作弥补外观瑕疵？再次导入"精益求精、持续改进"对分析解决问题的重要性，切入本任务——车身面漆后处理工艺的关键内容，分析漆膜外观瑕疵的种类，熟悉下线检验、抛光打磨、在线小修、离线修补等工艺过程，辅助讲解外观质量标准、主观评价方法、主要设备工具等内容，以及人工操作不当、人工检查不严、主观评价能力不强都会导致漆膜外观的瑕疵。

场景三：如何获得优异的车身漆膜外观？系统导入劳模精神，全面展示汽车面漆后处理前后汽车外观的对比，突出汽车漆膜质量优劣对人的视觉冲击感，再次强调汽车漆膜喷涂制造过程中人的重要性和人的主观能动性——大有可为、为之有效。向学生传递这样的信息：汽车涂装全过程依赖于人的工艺设计、过程干预和异常识别处理，只有兼具专业技能和职业素养，才能获得完美的汽车外观。因此，在汽车涂装过程中，要专注、认真、精细，及时发现并处理外观质量问题，勤于思考、勇于创新、持续改进，尽可能避免外观质量问题的发生，从根本上获得优异的漆膜外观。

3. 课末：课程思政总结反思

参照奔驰公司喷漆工厂1车间交验工段的事迹，结合汽车面漆涂装工艺、漆膜外观要求，指导学生进一步思考：作为汽车面漆后处理岗位上的员工，个人扮演什么角色？需要做什么？怎么做才能获得优异的漆膜外观？面对汽车外观挑战，让学生自动进入工作场景，代入岗位角色，真正体会岗位工作的重要性，深刻领悟劳模精神的可贵之处，从而树立严于律己、争当劳模的观念。

第二部分 案例描述

车身面漆后处理

【思政导入】

一、引入案例

播放北京奔驰汽车有限公司喷漆工厂1车间交验工段获得全国工人先锋号的事迹。采用视频、图片的形式展示北京奔驰汽车有限公司喷漆工厂1车间交验工段的事迹。

北京奔驰汽车有限公司喷漆工厂1车间交验工段，由近20名员工组成，主要负责C级、E级车的涂装漆膜面漆后处理工作。为了让每一辆奔驰汽车都有过硬的漆膜品质、闪耀无瑕的漆膜外观，交验工段的同事们日复一日细致入微、精益求精、追求卓越、持续改进操作方法和工艺流程，确保每天能够按时顺利交付1 000多辆漆面优异的奔驰汽车。这也赢得了公司内部和客户的一致认可。

在日常工作中，北京奔驰汽车有限公司喷漆工厂1车间交验工段，推行"工段管理制度化、生产过程精细化、现场管理精益化、工段氛围和谐化、工段工作快乐化"的工作法，坚持勤于学习、刻苦钻研。工段全体员工团结一致，改进操作方法、工艺流程，实行精益制造等多项创造创新、技改攻关项目，啃下一块又一块硬骨头。北京奔驰汽车有限公司提出"产能提升、质量提升"的攻关课题，该工段齐心协力，集思广益，多措并举，第一步在产能提升2%的情况下实现涂装面漆后生产线不增员、不拉线、不降质；第二步通过工具设备优化、工艺方法优化进一步提升质量目标，率先达成"提速提质"双目标。目前，该车间负责的主要车型C级、E级奔驰轿车，在漆面品质方面，市场反馈良好，好评率高于市场同类产品，投诉率远低于市场同类产品。

二、任务分配

汽车制造工艺课程以汽车生产线为载体，以冲焊涂总四大工艺为抓手，其中，汽车涂装工艺由4项任务组成，车身面漆后处理是汽车涂装工艺的一部分。课程实施将汽车面漆后处理分给4个小组，分别完成以下内容：

(1) 汽车面漆外观缺陷的种类、原因、处理方法；
(2) 汽车面漆下线检验标准及实施方法；
(3) 汽车面漆外观小修工艺及质量标准；
(4) 汽车面漆外观精修工艺及质量标准。

三、客户关于漆膜外观问题的抱怨

展示漆膜外观问题，引导学生分析排查外观问题产生的原因，即制造过程质量控制不严、制造后质检遗漏、修补质量差等。思政点融入"认真负责、爱岗敬业"，强调爱岗敬业对汽车漆膜外观的重要影响。带领学生系统梳理回顾汽车中面涂喷涂过程：虽然自动化程度高，但漆膜外观受环境、设备、涂料等因素影响较大，岗位要求较高，稍有疏漏，便容易出现外观瑕疵。

四、人工修复弥补

小组1和小组2对外观问题进行分类整理，针对不同的外观缺陷选取不同的修复方法。小组3和小组4介绍在线修补和离线修补工艺，并展示修补的外观问题。组织学生领取耗材进行模拟操作，完成外观修复。

设置对漆膜修复效果的主观评价环节，组织小组4进行点评、提建议。思政融入"精益求精、持续改进"：通过发现问题、分析问题、解决问题的过程体验，让学生树立质量意识、创新意识、标准意识和精益生产理念，体会把精细的工作做到极致过程中劳模的辛苦付出和劳模的不平凡。

五、如何获得优异的汽车漆膜外观

对于汽车涂装工艺，在自动喷涂阶段，外观效果依然依赖人的目视和主观评价；质量指标的达成既依赖机器人作业，也离不开人的工艺设计、过程干预和异常处理，面漆后处理阶段，需要人工作业，专业技能和职业素养兼备才能弥补瑕疵获得完美的外观。思政融入"勤于思考、勇于创新、系统化思维"：比较汽车漆膜外观效果的优劣差异，再次强调汽车喷涂过程中人的主观能动性的作用，本着专注、认真、精益的工作态度，及时发现并有效处理制造过程外观质量问题，追本溯源、持续改进，从制造过程各个环节规避外观质量问题的发生，才能从根本上获得优异的漆膜外观，杜绝客户抱怨。

【总结反思】

（1）课堂总结。教师提出问题，学生自由发言：作为汽车面漆后处理岗位上的员工，个人扮演什么角色？需要做什么？怎么做才能获得优异的漆膜外观？让学生自动进入工作场景，代入岗位角色，真正体会岗位工作的重要性，深刻领悟劳模精神的可贵之处，从而树立严于律己、争当劳模的信念。

（2）课后拓展。布置作业：作为一名汽车行业劳动能手，你现在承接了一项挑战，要制作 2 台展车以便两个月后在北京车展参展，如何制作出优于外国品牌汽车的展车漆膜外观？对学生提出更高的要求，激发学生的斗志，让学生坚定中国制造强国梦的理想信念。

新能源汽车维护与保养：
新能源汽车前序断电操作

教师信息：赵畅　职称：讲师　学历：硕士
研究方向：新能源汽车技术
授课专业：新能源汽车技术
课程性质：职业技术技能课
课程类别：理实一体化课程

第一部分　设计思路

一、本次设计的课程思政目标

本次课程以新能源汽车维护与保养课程的"新能源汽车前序断电操作"知识点为载体，挖掘课程思政元素，在任务导入中通过真实案例培养学生树立安全意识，注重细节；在课程各环节巧妙融入课程思政元素，培养学生注意观察和总结的特质。

二、课程思政教学设计内容

1. 课前：课程思政引入

根据企业案例库中的高压触电事故真实案例的引入，请学生思考如何看待作业过程中的高压触电事故，并根据前述学习知识让学生自主探讨和分析，培养学生安全意识，明白小的细节可能酿成大的安全事故。

2. 课中：课程思政贯穿授课过程

在理论知识环节，引入企业真实案例和企业标准，深入浅出地进行职业和企业文化宣导，培养学生的职业素养和职业精神。

在实际操作环节，要求学生在企业实际操作环境下，按照企业标准进行分组操作，将职业素养和5S意识贯穿操作始终。

通过小组自评和互评、小组竞赛，引导学生进行操作后的反思，培养学生的交流能力和团队合作意识，增强学生的创新意识。

利用企业导师巡访制度，实现双师同堂进行操作演示和考核，引导学生按照企业标准严格要求自己，培养学生的职业精神和工匠精神。

3. 课末：课程思政总结反思

通过本次课程，使学生对于企业标准操作和流程具有一定的认识，具备基本的职业素养；通过企业文化介绍，帮助学生了解新能源汽车发展现状和目前中国电动汽车所实现的弯道超车，将民族自信心和科学发展精神渗透于教学中；通过实操后的工具整理和车间清洁，培养学生职业精神和有始有终的工作素养；课后通过完成实操小结，总结小组操作中存在的问题和不足，提高学生的团队意识和分析总结能力。

第二部分 案例描述

新能源汽车前序断电操作

【案例引入】

如何看待作业过程中出现的高压触电事故？

观看作业中出现的高压触电事故视频，引导学生思考在新能源汽车维护与保养操作中如何避免高压触电事故的发生。根据上一小节新能源汽车维护基础中所学习到的高压安全防护措施和高压互锁原理相关知识进行分析，引导学生进行头脑风暴，探讨在保养操作前应做好哪些防护措施和相应操作。教育学生操作中注重安全意识，小的细节可能酿成大的安全事故。

【回顾探讨】

引导学生通过前一小节高压互锁原理分析前序断电操作的重要性和具体原理，通过教师提问，分小组进行研讨，分析直接接触和间接接触触电形式的不同（如图1所示），培养学生的自主学习意识和思维发散能力。

【思政贯穿】

一、安全操作意识培养

在讲授前序断电操作内容前，针对高压防护用具的使用进行分小组PK，

直接接触	间接接触
高压回路正常	高压回路故障
工作时人员触碰带电体时造成的触电	工作时人员触碰可传导不带电体时造成的触电

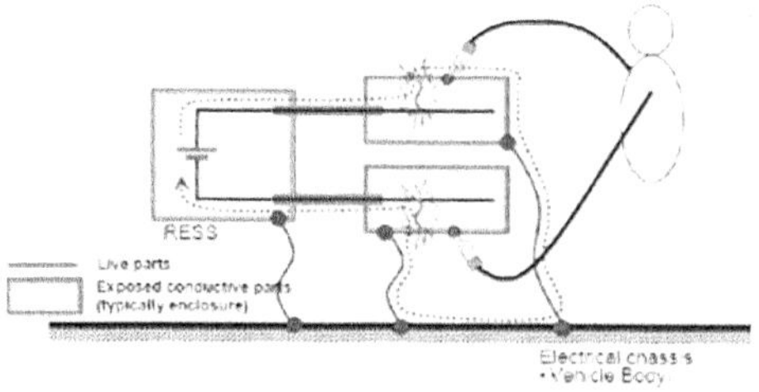

图 1　直接接触和间接接触触电原理

各小组在海报板上写下本小组认为在操作前所需要做的人员、车辆、场地防护（如图2、图3所示），先完成的小组抢答，后续小组可进行补充，记录各小组的分数。通过小组活动，强化思政教育，培养学生的责任感和团队合作精神；利用小组活动激发学生学习热情，培养学生职业规范意识和安全生产意识。

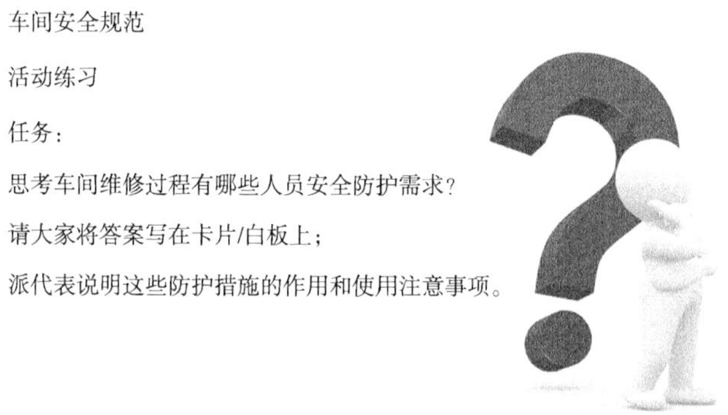

车间安全规范

活动练习

任务：

思考车间维修过程有哪些人员安全防护需求？

请大家将答案写在卡片/白板上；

派代表说明这些防护措施的作用和使用注意事项。

图 2　安全防护活动海报

车辆防护 　　人员防护 　　场地防护

图 3　防护示意图

二、前序断电操作讲解

1. 校内导师讲解前序断电操作步骤

（1）介绍 ATS 系统在实操过程中的重要作用。ATS 系统中包含各操作项目的企业标准和要求（如图 4 所示），因此学生在实操中要严格按照 ATS 系统进行操作，小到扭矩大到安装顺序，均应严格按照企业标准规范实施，并将这种意识贯穿到操作的每一个环节。课上学生两人一组现场使用平板电脑跟随教师进行 ATS 系统操作。通过按照企业标准及利用企业 ATS 系统进行操作，对学生进行职业意识启蒙，提升学生的职业素养。

图 4　ATS 系统使用示意图

（2）介绍前序断电操作具体步骤。讲解企业标准操作工单（如表 1 所示），观摩企业提供的示范视频，使学生了解前序断电的基本原理与流程（如图 5 所示），掌握前序断电操作的技巧和安全规范，能够在操作中采取安全措施并进行风险评估。学生讨论前序断电中可能存在的问题，并进行案例分析，以此锻炼解决问题的能力。

表 1　前序断电企业操作实务

技术实操考核——高压下电（满分 50 分）					
工作任务：您需要做的工作是按照标准规范完成实车前序断电　考试时间：30 分钟，超时则停止考试					
考官提示	1. 实操工作车辆　2. 准备考试相关工具　3. 考生提前准备一台装有 ATS 的电脑				
评分标准					
类别	关键步骤		考评点	分值	扣分
安全防护	是否穿工鞋、工服		每项考核点	2	
	是否在维修前铺设围栏及警示标识		未执行本考核点	2	

续表

类别	关键步骤	考评点	分值	扣分
安全防护	是否在维修工位铺设了绝缘地垫	未执行本考核点	2	
	是否在操作前摘除项链、戒指、手表	未执行本考核点	3	
	是否准备合格的灭火器	未执行本考核点	2	
	是否按照要求佩戴护目镜	未执行本考核点	2	
	是否明确双人制要求,并将绝缘钩放在工位内	未执行本考核点	3	
	是否正确检查绝缘手套(耐压级别、有效日期、气密性)	本考核点或不规范	5	
前序断电	是否正确查询ATS前序断电流程有效断电	本考核点	5	
	是否规范断开车辆外接充电装置	本考核点	2	
	是否正确断开车辆电源	本考核点	5	
	是否正确断开12V蓄电池负极及充配电总成低压插头	断开后有接触不得分,安装时未规范使用扭力扳手	2	
	正确佩戴绝缘手套	未确定高压部件是否带电并操作时佩戴不得分	5	
	静置时间大于2分钟并对高压部件进行验电操作小于60V	两端都测量,安装时未规范使用扭力扳手不得分	2	
规范操作	整个过程是否执行5S标准	三不落地,零件工具不能放在用户车上,未执行不得分	2	
	是否在执行完成后将工具零件进行完整恢复	未规范操作或遗漏不得分(万用表,绝缘表恢复)	2	
	对车窗初始化	四车门初始化成功	2	
	是否上电确认车辆正常,并清除故障代码(可口述)	连接诊断仪删除故障	2	

类别	关键步骤	考评点	分值	扣分
其他	存在基本要求错误时（如不会用万用表、操作存在安全隐患、涉及返修等）考官酌情扣除不低于10分，并说明原因。			
总分：				
考官签字：		考生确认签字：		

图 5　前序断电操作流程示意图

2. 企业导师进行实操规范演示

企业导师进行实操的规范操作演示（如图 6 所示）。企业导师在操作过程中要强调实操过程需要注意的重难点和风险点，传授规范和经验，讲述企业真实案例，培养学生解决问题的能力和规范的工作意识。同时，将企业文化有机地融入，介绍理想汽车的新车交付量节节攀升，电动汽车实现弯道超车的情况，树立学生的民族自信心和对未来职业发展的清晰规划。

图 6　企业导师现场示范操作

三、前序断电操作实操练习

（1）学生分小组进行实操练习（如图 7 所示），小组设立安全员，在涉及高压操作部分利用绝缘垫、绝缘钩进行安全防护，培养学生的责任感和安全风险评估意识。

图 7　学生分小组实操练习

（2）当小组成员进行实操练习时，成员之间进行互评（如图 8、图 9 所示），针对问题点进行探讨，做到举一反三，收集共性问题，填写小组实操总结报告，培养学生的团队合作意识和自主学习与总结能力。

图 8　小组练习探讨

图 9　小组互评打分

(3) 分小组进行实操竞赛（小组 PK 活动海报如图 10 所示），赛后完成本组实操内容总结，培养学生的总结归纳能力和创新思维能力。

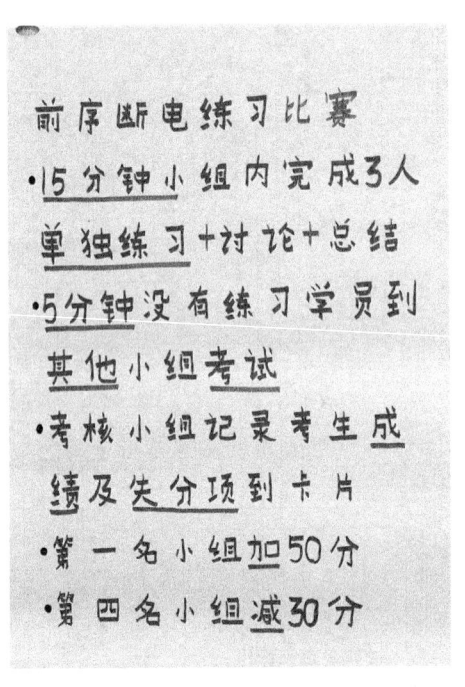

图 10　小组 PK 活动海报

【总结反思】

本课程为校企合作订单班课程，应充分将企业文化和企业标准融入课堂教学中，通过理想汽车销量遥遥领先的案例让学生了解我国在新能源汽车发展领域的进步和弯道超车的决心，树立学生的民族自信心和中国梦。同时，让学生在日常学习中潜移默化地培养职业精神，涵养职业素养，增强职业道德和责任意识。

此外，要利用好企业相关资源。企业专家进行部分授课或示范，便于学生更好地感受企业真实工作场景，树立企业文化观念；有效利用企业专家巡访制度，针对实操中的薄弱环节发现问题，学生通过自我反思、小组讨论、头脑风暴等举措巩固所学知识，增强团队合作意识和自我学习能力；同时，通过小组互评、自评和竞赛等环节，培养学生的职业精神和风险评估意识。

语文3：长征胜利万岁

教师信息：张宏武　　**职称**：讲师　　**学历**：本科
研究方向：语文教学
授课专业：贯通培养试验项目
课程类别：理论课程
课程性质：公共基础课

第一部分　设计思路

一、本次设计的课程思政目标

（1）学习作者对红军胜利到达陕北、吴起镇伏击战和全军干部会议的场面描写，感受作品中洋溢的革命豪情，认识革命文化的丰富内涵。

（2）理解红军长征路上遇到的艰难险阻，结合课文相关段落思考长征胜利的原因，深入领会长征精神的内涵，理解长征胜利的伟大意义。

（3）通过对革命传统作品的研习，了解英雄事迹，引导学生深入体会革命志士为民族解放事业英勇奋斗、百折不挠的革命精神和革命品格，加深学生对爱国主义的理解，提升民族自信心和荣誉感。懂得尊重革命传统，珍惜今天的生活，立志做红军长征精神和爱国主义精神的继承者与传播者。

（4）长征精神是中华民族不屈不挠的精神典范，是实现中国梦的强大精神动力。"每一代人有每一代人的长征路，每一代人都要走好自己的长征路。"大学生正处于价值观形成的关键阶段，本课以长征精神为引领，启发学生思考自己肩负的时代使命，坚定自信，树立远大的志向，激励学生将长征精神融入自己的学习生活中。

二、课程思政设计内容

1. 课前：课程思政引入

毛泽东的诗歌《七律·长征》是长征精神酣畅淋漓的叙写。在导入环节，教师播放诗歌的情景诵读视频，创设学习氛围。然后，创设问题情境，启发学生找到诗中所写的艰难险阻，理解诗歌抒写的内容，感悟诗人表达的情怀，激发学生研读革命传统作品《长征胜利万岁》的兴趣。最后，引入习近平总书记在纪念红军长征胜利80周年大会上的重要讲话内容，增强学生对红军长征的认识，明确本课课程思政目标，即理解长征胜利的伟大意义，领悟不朽的长征精神的内涵。

2. 课中：课程思政贯穿授课过程

红军长征经过14个省，步行两万五千里，踏遍大半个中国，付出了巨大牺牲，是惊天动地的革命壮举，在地图上留下了一道光荣而又灿烂的曲线。在"回顾两万五千里长征路，追忆革命岁月"环节，教师采用视频演示、图示、游戏等方法创设生动的学习情境，学生在轻松的氛围中，了解红军长征的基本路线，体验红军经历的困难，初步理解长征精神的内涵，为学习课文做好铺垫。

教师创设问题情境，引导学生回归文本，从"红军长征难是什么"，到"为什么不怕"，再到"讨论毛泽东关于长征胜利伟大意义的论断"的思路，引导学生探究文本，感悟革命信念，逐渐深入思考长征精神的内核。课中，教师引入习近平总书记在纪念红军长征胜利80周年大会上的讲话内容，帮助学生领悟长征精神，助力革命文化的传承。

3. 课末：课程思政总结反思

组织学生讨论学习长征精神在当下的意义，启发学生认识到先辈留下的长征精神，在任何一个时代都不会褪色，激发学生树立崇高的理想与坚定的信念，走好自己的长征路。通过"讲好革命故事"等活动，进行拓展延伸，进一步深化学生对长征精神内涵的理解，引导学生内化长征精神。

第二部分　案例描述

长征胜利万岁

一、情境引入，激发兴趣

1. 欣赏诗歌朗诵《七律·长征》

学生观看诵读视频（见图1）后讨论：诗人按照红军长征的路线，选取了哪些著名的天险？这首诗歌中哪个词语概括了长征的"难"？红军是如何面对的？从这首诗中你体会到了红军怎样的精神？

图1 《七律·长征》诵读欣赏视频

明确：这首诗用56个字回顾了长征一年来所战胜的无数艰难险阻，是一部微缩的长征史书。诗人按照红军长征的路线，选取了五岭、乌蒙山、金沙江、大渡河、岷山五处具有代表性的天险，高度概括了长征的波澜壮阔和艰难曲折。"万水千山"包含了红军翻过的一座座大山，蹚过的一条条大河，参加过的一次次战斗。面对这样重重的困难，诗歌表现出红军战士的乐观主义精神以及对革命前途的美好向往。

2. 回顾习近平在纪念红军长征胜利80周年大会上的重要讲话

长征这一惊天动地的革命壮举，是中国共产党和红军谱写的壮丽史诗，是中华民族伟大复兴历史进程中的巍峨丰碑。长征这一人类历史上的伟大壮举，留给我们最宝贵的精神财富，就是中国共产党人和红军将士用生命和热血铸就的伟大长征精神。

长征胜利的伟大意义是什么？长征的精神内涵是什么？今天我们一起走进革命家杨成武撰写的回忆录《长征胜利万岁》，共同领悟长征给我们留下的宝贵精神财富。

二、回顾两万五千里长征路，追忆革命岁月

1. 观看红军长征视频节选
见图2。

2. 填写长征路线图
学生根据视频内容，填写长征路线图（见图3）。

图 2　工农红军长征路线讲解视频

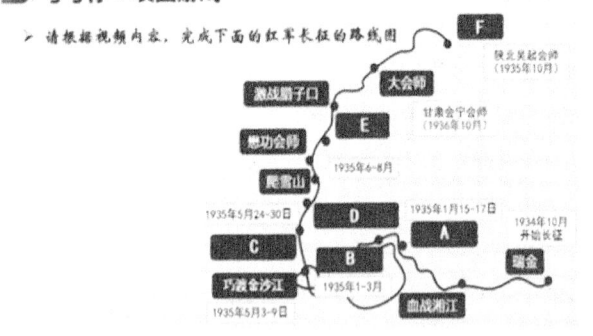

图 3　红军长征线路填图游戏画面

3. 研究路线图，体验红军长征的困难

(1) 学生自由讨论，分享研究路线图的感悟。

(2) 教师结合学生讨论，从不同角度总结长征之"难"。

要点1：路途遥远。

1934年10月，第五次反"围剿"失败后，中央红军为摆脱国民党军队的包围追击，被迫实行战略性转移，退出中央根据地，他们从江西瑞金出发，开始长征。1936年10月，红军三大主力在甘肃会宁会师，宣告长征胜利结束，这一路大约两万五千里。长征途经中国14个省，红军战士用两条腿足足走了大半个中国，可见路途多遥远。

要点2：恶劣的自然环境。

红军长征途中，翻越18座大山，跨过24条大河，走过荒草地，翻过雪山。

要点3：敌人的围追堵截。

长征途中，红军战士同敌人进行了数百余次战斗。

4. 明确课文的写作背景

要点：《长征胜利万岁》记述的是中央红军到达吴起镇与陕北红军会师以及红一方面军进行总结的情景。

思政点融入：此环节，教师采用视频演示和游戏法，调动学生学习的兴趣，引导学生通过直观的路线图，感受红军长征之"难"，初步理解长征精神的内涵。

三、整体把握，理清回忆录的结构

（1）教师布置任务，帮助学生把握阅读的重点。

1）文章具体描绘了哪几个场景来记录长征胜利这一伟大历史时刻（见图4）。

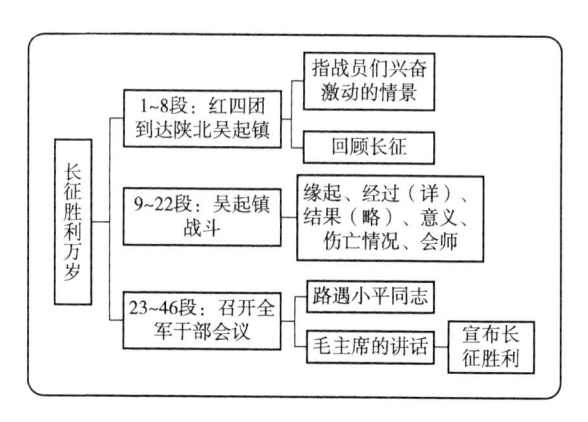

图4 回忆录结构

2）文章是按照什么顺序记录的？
3）在行文中，作者流露出怎样的情感？
（2）学生默读课文，独立完成读书笔记。

(3) 教师巡视了解学生的阅读情况，对学生提出的疑问进行解答。

(4) 学习笔记展示，把握文章结构。

要点：文章按照时间顺序，先后详细描绘了红四团到达陕北、在吴起镇伏击并歼灭敌军、召开全军干部会议等场景，记录长征胜利这一伟大历史时刻，表达了对长征取得胜利的欣喜和激动之情。

四、品读回忆录中的场面描写，感受胜利的喜悦和红军战士的形象

(1) 学技法：场面描写。

1) 什么是场面描写？

要点：对一个特定的时间与地点内许多人物活动的总体情况的描写。常见的有劳动场面、战斗场面、运动场面以及各种会议场面等。

2) 场面描写常用的表达方式是什么？

要点：场面描写要表现出一种特定的气氛，综合运用记叙、描写、抒情、议论等表达手段以及对比、象征等多种手法，使场面变成一幅生动而充满感染力的图画。

3) 如何写好场面描写？

要点：第一，交代清楚场面的背景；第二，写出气氛；第三，写场面要有顺序，点面结合、条理清楚。

(2) 学生分组合作探究，研读文本。

1) 找出文中描写红四团到达吴起镇、吴起镇战役和全军干部会议的场面描写语段。

2) 作者运用什么手法描写这些场面？有何特点？

3) 场面描写在文中起到什么作用？

(3) 小组代表交流发言。

(4) 讨论小结。

1) 红军到达吴起镇的场面。

10月18日这一天，进吴起镇之前，我们刚翻过一个小坡，带路的同志指着前面的一个村庄，说那就是吴起镇时，队伍中顿时沸腾起来了！(1段)

"吴起镇到了！"同志们欢叫着冲着跑了下去，看到这个欢乐、热烈的场面，我们都很高兴。(2段)

吴起镇披着灿烂的阳光在欢迎我们。(4段)

区、乡苏维埃政府的同志来了，我们互相祝贺、互诉衷肠。(8段)

要点：红四团将要到达吴起镇时，队伍"顿时沸腾"起来了，"顿时"

"沸腾"两个词语表达了战士们在长久地坚持之后,即将完成任务的喜悦之情。"欢叫""冲""跑""热烈"等词语形象地描摹出指战员到达吴起镇后的激动场面,照应了标题,奠定了全文情感基调。第4段用移情和拟人的手法,写吴起镇欢迎我们,实际是在写战士们到达吴起镇的喜悦之情。

2) 吴起镇战役的描写。

战士们在一旁手里握着枪,眼睛紧盯着川里,从他们的神情可以看出,此刻谁都心里痒痒的,恨不得一下扑过去,将敌人彻底消灭。(15段)

刹时间,两边山沟里的轻、重武器一齐吼叫起来,两厢伏兵一齐杀了出来。敌人此时才知道进了我们的伏击圈,但已经晚了。我们一个迅猛突击,把走在前面的那个团打了个七零八落。受惊的马狂奔乱跳,敌人无法控制坐骑,纷纷从马背上跌落下来。有的腿还挂在镫里,硬给马拖着跑了。敌人后边的三个骑兵团,阵势还没有摆定,一家伙就给他们自己的败骑冲散了。真是人喊马嘶,不打自垮。(17段)

虽然那天天降大雪,我们仍穿着单衣,但情绪很高,心里始终觉得热乎乎的。(22段)

要点:第15段中的"紧盯""恨不得"写出战士们注意力高度集中,一心投入战斗,渲染了战斗打响前同仇敌忾的紧张气氛。通过战斗前的细节描写,表现了战士们的英姿和革命乐观主义精神。在第17段中,作者运用"吼叫"这一拟人的手法,形象生动地写出交战激烈的场面。两个"一齐"展示了战士们士气振奋、上下一心的战斗热情。第17段运用细节描写,写出了吴起镇战斗的情况,敌人溃败的狼狈局面,侧面表现出红军的英勇和高昂的战斗精神。第22段通过"天降大雪"与"心里始终觉得热乎乎的"对比,反衬出将士们的革命热情与战斗胜利后的喜悦,突出了饱满的激情和高昂的士气。

3) 全军干部会议的场面。

太阳快要出来,人已到了不少。司令部、政治部、供给部、一纵、二纵的同志已把一个晒麦的场子占得满满的了。(32段)

会议还未开始,会场里熙熙攘攘,许久不见的同志相互寒暄、敬礼、握手。我找了一个靠墙的地方坐下。(34段)

天刚蒙蒙亮,会议开始了。(35段)

毛主席、周副主席、张闻天总书记、彭德怀等同志先后走进会场,会场里便响起了热烈的掌声。(36段)

毛泽东同志首先讲话,他说:"同志们,辛苦了!"话音刚落,顿时响起了热烈的口号声。(37段)

我们越听越激动，越听越高兴，深深感到：胜利来之多么不易！（43段）

这时太阳在天空露出了笑脸，阳光灿烂，也许是刚才骑马狂奔出了阵汗，衣服湿了，现在骤然一热，我身不由己的打了一个寒噤，但还继续听着毛主席讲话，只觉得周身的热血直往上涌。（44段）

要点：关于吴起镇大会，主要写了毛主席的讲话以及战士们的反应与表现，场面热烈，群众情绪激动高昂。这种激动的场面是真实的，因为长征途中错误的领导险些葬送了革命，而在毛泽东领导下才有了长征的胜利。

思政点融入：采用文本细读法，引导学生分析场面描写的语言特点，理解其作用，体会红军战士们骁勇善战、有勇有谋的形象，感受作品中洋溢的革命豪情，进一步理解长征精神的内涵和长征胜利的意义。

五、感悟革命信念，领悟长征精神

（1）红军在长征途中遇到了哪些艰难险阻？

1）学生阅读课文，找到相关段落。

2）指名朗读，全班交流讨论。

是的，我们红四团的指战员和整个红军一样。经过万水千山，经过一年多的长途跋涉，经过无数次残酷的战斗，忍受了一切物质生活上的困难，不少同志流了血，许多战友还献出了宝贵的生命，但是我们现在终于到达了北上抗日的根据地——陕北的吴起镇，怎能不兴奋、不激动呢？（3段）

毛主席接着说："从瑞金算起，十二个月零两天，共三百六十七天，战斗不超过三十五天，休息不超过六十五天，行军约二百六十七天，如果夜行军也计算在内，就不止二百六十七天。"然后，他扳着手指说："我们走过了闽、粤、湘、赣、黔、桂、滇、川、康、甘、陕，共十一个省，根据一军团统计，最多的走了二万五千里，这确实是一次远征，一次名副其实的、前所未有的长征！"（39段）

毛主席打断口号声继续说："二万五千里中，红军占领了几十个中小城镇，筹款数百万元。扩红数千人，建立了数百个县、区的苏维埃政府，我们走遍了五岭山脉、苗山、雷公山、娄山、云雾山、大凉山、六盘山，渡过了于都河、信来河、潇水、湘江、清水江、乌江、赤水河、北盘江、金沙江、大渡河、白龙江、渭水河，经过了苗、瑶、彝、回、藏等兄弟民族地区。我们完成的空前伟大的远征，是历史上从来没有过的。"……十二个月光阴中间，天上每日几十架飞机侦察轰炸，地下几十万大军围追堵截，路上遇着了

说不尽的艰难险阻,我们却开动了每人的两只脚,长驱二万余里,纵横十一个省。(42段)

要点:在第3段中,作者对红军在长征途中经历了无数的艰难险阻进行了概括,有万水千山,有长途跋涉,有残酷的战斗,还有一切物质生活上的困难,以及红军战士的流血牺牲,红军长征的胜利付出了非常艰辛的代价。毛泽东是长征的主要领导人之一。作者在第39段和第42段记录了毛主席在全军干部会议上对长征进行的论述,毛主席详细地总结了红军长征的时间、战斗、休息以及行军的时间。红军长征是空前伟大的远征,是历史上从来没有过的,是惊天动地的革命壮举。

3) 结合习近平总书记的讲话内容,领悟长征精神。

在漫漫征途中,红军将士同敌人进行了600余次战役战斗,跨越近百条江河,攀越40余座高山险峰,其中海拔4000米以上的雪山就有20余座,穿越了被称为"死亡陷阱"的茫茫草地,用顽强意志征服了人类生存极限。红军将士上演了世界军事史上威武雄壮的战争活剧,创造了气吞山河的人间奇迹。(习近平在纪念红军长征胜利80周年大会上的讲话)

4) 归纳长征精神的内涵。

要点:不畏艰险、艰苦奋斗的精神;勇于战斗,无坚不摧的革命英雄主义。

(2) 红军长征途经十余省,这一路仅仅只是在不断地行走、战胜重重困难吗?这一伟大奇迹的实现还有其他的原因吗?

1) 学生阅读课文,找到相关段落。

2) 指名朗读,全班交流讨论。

但是我们现在终于到达了北上抗日的根据地——陕北的吴起镇,怎能不兴奋、不激动呢?(3段)

苏维埃!多么亲切的名字啊!见了她,像见到久别重逢的亲人。可不是,自从去年离开瑞金、于都河,无论在巍巍的雪山上,还是在茫茫的草地上,不管是在怎样艰苦的日子里我们都惦念苏维埃。如今,在陕北吴起镇的窑洞门口,终于又见到了这个名字。(7段)

是的,今天在这里开干部会,同志们格外兴奋。毛主席、周副主席、张闻天总书记,以及其他许许多多的领导同志和大家一起,度过了长途跋涉、征战万里的艰苦岁月。你们——党的领导人,不知疲倦地操劳着,为了中国人民的解放事业,为了党的事业,为了红军的胜利,全都消瘦了,花去了多少心血啊!你们在这艰苦卓绝的斗争中。运筹帷幄,把我们从一个胜利引向

一个新的胜利，是多么不易啊！要说辛苦，你们最辛苦了！想到这里，我的心情和同志们一样，十分激动。(38 段)

"……总而言之，长征是以我们胜利、敌人失败的结果而告结束。谁使长征胜利的呢？是共产党。没有共产党，这样的长征是不可能设想的。中国共产党，它的领导机关，它的干部，它的党员，是不怕任何艰难困苦的……"(42 段)

要点：红军到达吴起镇为什么会无比激动呢？因为苏维埃是他们精神的家园。红军长征是为了北上抗日，他们心中有一种坚定的信念。虽然身处逆境，仍然站在挽救民族危亡的第一线，把"抗日"作为自己神圣的职责，为人民的利益而浴血奋战，视死如归，英勇无畏。作者在第 38 段中表达了对领导们的关切和尊敬之情，展现了领导干部身先士卒的风范。红军自上而下，都有一种对革命无比坚贞的理念和信仰。红军部队是一个充满亲情、团结的大家庭。长征胜利的根本原因是中国共产党的领导。

3）结合习近平总书记的讲话内容，领悟长征精神。

长征胜利启示我们：心中有信仰，脚下有力量；没有牢不可破的理想信念，没有崇高理想信念的有力支撑，要取得长征胜利是不可想象的。邓小平同志说："过去我们党无论怎样弱小，无论遇到什么困难，一直有强大的战斗力，因为我们有马克思主义和共产主义的信念。有了共同的理想，也就有了铁的纪律。无论过去、现在和将来，这都是我们的真正优势。"（习近平在纪念红军长征胜利 80 周年大会上的讲话）

4）归纳长征精神的内涵。

要点：崇高理想、坚定信念、顾全大局、严守纪律、紧密团结的精神。

思政点融入：此环节，教师带领学生研读文本，结合作者的概括和毛主席在全军干部会议上的总结，引导学生了解红军在长征路上遇到了怎样的艰难险阻，从路途遥远、环境恶劣、生活艰苦、敌人围堵等方面，认识长征是一次历经艰难险阻的远征。红军用顽强意志征服了人类生存极限，胜利完成了震撼世界的长征，书写了人类战争史上的壮丽史诗。教师再深入发问，启发学生思考红军战士为什么能够一次次绝处逢生，最后取得长征的胜利。引导学生研读文本，逐渐领悟到：红军战士正是凭着坚不可摧的革命理想和信念，最终取得了长征的伟大胜利。在此环节，教师引入习近平总书记在纪念红军长征胜利 80 周年大会上的讲话内容，帮助学生领悟长征精神。

（3）结合毛主席的讲话，谈谈红军长征胜利有何意义。

1）指名朗读第 42 段中毛主席关于长征胜利意义的论述。

长征是历史纪录上的第一次，长征是宣言书，长征是宣传队，长征是播种机。

2）体会毛泽东对"宣言书""宣传队""播种机"三个比喻的阐释。

长征又是宣言书。它向全世界宣告，红军是英雄好汉，帝国主义者和他们的走狗蒋介石等辈则是完全无用的。长征宣告了帝国主义和蒋介石围追堵截的破产。

长征又是宣传队。它向十一个省内大约两万万人民宣布，只有红军的道路，才是解放他们的道路。不因此一举，那么广大的民众怎会如此迅速地知道世界上还有红军这样一篇大道理呢？

长征又是播种机。它散布了许多种子在十一个省内，发芽、长叶、开花、结果，将来是会有收获的。

3）师生讨论解读，领悟长征胜利的伟大意义。

要点：展示力量、宣传革命、播撒火种，这是毛泽东对长征伟大意义的生动概括。展示力量是对敌人而言的，在毛泽东看来，敌人仍然强大，红军队伍也损失惨重，但经过长征，队伍没有打散，而且还经常能打胜仗，让蒋介石觉得自己无力消灭红军，这就是力量的宣示。宣传革命是对人民而言的，十一个省两万万人民都知道了红军的存在，打了那么多胜仗，又扩充了那么大的队伍，这就是在宣传革命。播撒火种是为了革命的未来，红军在长征途中，建立了那么多苏维埃政权、当地游击队和地下组织，到达陕北以后留下了一万多精干，这都是在播种，这都是在进行队伍建设，都为革命的未来打下了坚实的基础。这就是长征作为宣言书、宣传队和播种机的意义。长征的胜利证明了共产党的领导能力。只有跟着共产党，中国革命才能取得成功。

思政点融入：此环节，教师采用文本细读法，引导学生理解毛泽东所讲的关于长征是宣言书、是宣传队、是播种机的论断，在文本阅读中理解长征胜利的伟大意义，在文本语境中对长征精神加以理解。

六、挖掘长征精神内核，探讨学习长征精神在当下的意义

（1）习近平总书记对长征精神的概括。

伟大长征精神，就是把全国人民和中华民族的根本利益看得高于一切，坚定革命的理想和信念，坚信正义事业必然胜利的精神；就是为了救国救民，不怕任何艰难险阻，不惜付出一切牺牲的精神；就是坚持独立自主、实事求是，一切从实际出发的精神；就是顾全大局、严守纪律、紧密团结的精神；

就是紧紧依靠人民群众，同人民群众生死相依、患难与共、艰苦奋斗的精神。（习近平在纪念红军长征胜利 80 周年大会上的讲话）

(2) 课堂讨论。回顾艰辛的长征历程，请说说学习长征精神在当下有何意义。

(3) 教师总结。长征始于 1934 年，终于 1936 年，在二万五千里长征途中，红军的坚定信念、顽强的斗争精神、紧密团结、不怕牺牲等品质，凝聚成了无坚不摧的长征精神，推动中国革命不断走向胜利。时代在进步，科技在发展，如今社会安定，物质生活富裕，但是，老一辈革命者留下的优秀革命精神"长征精神"，在任何一个时代都不会褪色。我们要树立崇高的理想与坚定的信念，在遭遇挫折时，不要轻易低头，保持乐观主义精神，坚信希望就在前方。长征没有终点，每一代人有每一代人的长征路，每一代人都要走好自己的长征路。

思政点融入：教师组织学生讨论学习长征精神在当下的意义，激发学生树立崇高的理想与坚定的信念，走好自己的长征路，引导学生内化长征精神。

七、拓展提升：讲长征故事，弘扬长征精神

(1) 教师布置活动内容。
1) 学生在理解长征精神内涵的基础上，收集能体现长征精神的革命故事。
2) 录制视频，课后参加学习通的线上展示活动。
(2) 讲解要求。
1) 故事讲解生动，富有真情实感。
2) 归纳故事反映的长征精神内涵。
(3) 每人写一篇参加活动的感受。
(4) 教师利用早读，展示优秀活动视频。

思政点融入：教师采用"讲好革命故事"、写活动感受等形式，锻炼学生口头表达和书面表达的能力，进一步深化学生对长征精神内涵的理解，引导学生内化长征精神。

【总结反思】

中国革命传统作品对于实现立德树人根本任务具有天然的优势。长征精神是中华民族不屈不挠的精神典范，是实现中国梦的强大精神动力，对贯通项目学生的教育具有重要的影响。课前，教师引入与长征主题有关的诗歌，创设了生动的学习情境。课中采用游戏填图，串联历史故事，创设问题情境，引导学生回归文本,探究红军长征道路上遇到的艰难险阻,体悟红军长征的艰辛,感悟革命信念,深入思考长征精神的内核,理解红军长征胜利的伟大意义。课上引入习近平总书记在纪念红军长征胜利80周年大会上的重要讲话内容,帮助学生深入理解长征精神的内涵,启发学生从讲话中汲取精神力量,传承老一辈革命者留下的宝贵精神财富,走好自己的长征路。

项目特效设计：
"非遗"文创产品设计与制作

教师信息： 张峻　　**职称：** 教授　　**学历：** 硕士
研究方向： 视觉传达与文创设计
授课专业： 数字媒体艺术设计
课程类别： 理实一体化课程
课程性质： 职业技术技能课

第一部分　整体设计思路

一、本次设计的课程思政目标

"非遗"文创产品设计与制作属于项目特效设计课程的一个单元。本次课以立德树人、三全育人、德艺双修、知行合一想体系为指导，分为四个育人过程，内容融入新时代社会主义的世界观、人生观和价值观教育，中华优秀传统文化与美育教育、创新教育、职业精神、工匠精神、艺术审美等要素，梳理该单元中蕴含的思政元素和所承载的思政教育功能，引导学生自觉传承和弘扬中华优秀传统文化，建立文化自信。全面提高学生的审美和人文素养，增强文化自信。引导和培育学生践行社会主义核心价值观，提升学生爱党、爱国情怀，培养良好的职业素养、社会责任感，提高民族自豪感，引导学生坚定不移地走社会主义道路。

二、课程思政教学设计内容

1. 课前：课程思政引入

充分应用互联网+新技术新业态的方式，引导学生观看优秀的视频，如央视推出的《大国工匠》《最美中国戏》《中国诗词大会》《非遗里的中国》《经典永流传·正青春》等节目，唤起学生的文化自信，感受中国精神、中国价值、中国力量。给学生推荐中国智慧职教网里的优秀传统文化资源库，学院民族传承与创新资源库等资源，让学生感受中华传统文化的博大精深。充分应用红色基因网上博物馆资源，使学生了解我们党的革命历史和英雄们的光辉事迹，让学生牢记历史不忘初心。

2. 课中：课程思政贯穿授课过程

线下课堂主要采用翻转课堂模式，从线上传统文化资源库中，从央视推出的大型系列节目中，从红色基因网上博物馆中选出自己感兴趣的主题，学生自主挖掘传统文化、民俗、革命历史背后的感人故事，加深对中国传统文化内涵的理解，加深对红色文化的理解。由于传统文化元素、红色艺术元素不仅包含红色作品和资源所具有的政治性和思想性，还具有多样性、艺术性、灵活性和创造性的特点，借助"互联网+"技术获取的这些优秀思政资源为本课程所需的图片、文字素材提供帮助，激发学生的学习动力和创作热情，把对传统文化、红色文化的热爱，转化为艺术设计元素融入自己的创作设计中，使之创造性转化、创新性发展。

3. 课末：课程思政总结反思

推荐学生拓展学习资源，发布拓展学习任务，引入文创大赛、博物馆和企业文化项目实践环节，让学生跳出书本走出学校学课程。学生不仅丰富了自己的校园生活体验，更加深了对中国优秀传统文化的理解和热爱，培养了人文精神和社会主义核心价值观。本次课程强化学生家国情怀，弘扬社会主义核心价值观，传播爱党、爱国、积极向上的正能量，将价值塑造、知识传授和能力培养三者融为一体，培育学生经世济民、诚信服务、德法兼修的职业素养。

第二部分　案例描述

"非遗"文创产品设计与制作

一、单元课程思政的具体实施步骤

优秀传统文化是一个国家、一个民族传承和发展的根本。近年来，博物馆热、文物热、非遗热、传统节日热，"国潮"火爆流行，"中国风"托起

"冬奥范儿"，《经典永流传·正青春》《非遗里的中国》《大国工匠》等节目热播……人民群众对中华优秀传统文化发自内心地认同、出自真心地喜爱，传承中华优秀传统文化的行动更加自觉。

本单元课程充分应用互联网+新技术新业态的方式，结合新时代的召唤，指导学生观看中央电视台中文国际频道为弘扬中国传统文化专门制作的《留住手艺》。本节目以非物质文化遗产项目中的传统手工技艺类为主，力求系统、全面地向海内外观众讲述中华古老手艺的历史和传承故事，使这些国宝级手艺以影像的方式得到保护和传承。观看智慧职教网民族文化传承与创新大类中国传统泥塑与金属工艺相关课程里《泥塑的历史与传承》《景泰蓝传奇》《花丝镶嵌》《敦煌壁画》等课程视频，了解相关传统手工艺的历史沿革、发展脉络、工艺流程及艺术特征，让学生为大美中华的优秀传统艺术所吸引，引起他们的学习兴趣。

二、课前准备：线上教学资源、教学平台的应用

教学内容包括：课前学生查看学习通课程内容，观看案例视频内容，下载练习素材，查看本章思考题与练习题，利用业余时间学习，为接下来的课堂讨论与提问做准备。

教师提问：本次课程的主要任务、资料收集与整理。

学生思考、讨论、回答问题。

分组讨论：项目创意构思中应注意的要点。了解学生的掌握情况，并有针对性地进行讲解。

教师总结：点评和回答学生提问，分段详细解析项目的背景资料，引导学生整理与提炼设计所需的核心元素。

（1）项目要点。

（2）指出项目资料收集中的重点、难点。

融入方式：情景引入式，见图1。

思政点融入：通过大美中华优秀传统文化视频的观看欣赏，再现"中国式浪漫"的绝美意境，以美育人、以文化人，为青少年播下传统文化的种子，夯实"让传统文化温润人心"的重要基础，在弘扬中华美育精神、呵护青少年身心健康成长方面进行一次有益的探索。在中华传统经典作品欣赏过程中，传统文化在德育、美育、智育等方面的价值不断被发掘、被实现。一个民族的复兴，总是以文化的兴盛为强大支撑；一个时代的进步，总是以文化的繁荣为鲜明标识。坚定文化自信，是事关国运兴衰、文化安全、民族精神独立

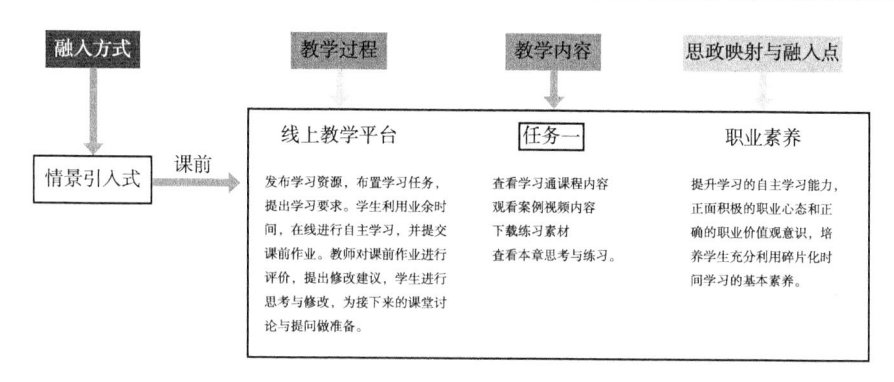

```
融入方式            教学过程            教学内容            思政映射与融入点
  ↓                  ↓                  ↓                    ↓
┌──────┐   课前   ┌─────────────────────────────────────────────────────┐
│情景引入式│ ────→ │ 线上教学平台          任务一            职业素养      │
└──────┘         │ 发布学习资源，      查看学习通课程内容   提升学习的自主学习能力，│
                 │ 布置学习任务，      观看案例视频内容    正面积极的职业心态和正  │
                 │ 提出学习要求。学生利用业余时 下载练习素材     确的职业价值观意识，培  │
                 │ 间，在线进行自主学习，并提交 查看本章思考与练习。养学生充分利用碎片化时 │
                 │ 课前作业。教师对课前作业进行                  间学习的基本素养。     │
                 │ 评价，提出修改建议，学生进行                                     │
                 │ 思考与修改，为接下来的课堂讨                                     │
                 │ 论与提问做准备。                                                │
                 └─────────────────────────────────────────────────────┘
```

图1 课前任务

性的大问题。通过本课程的讲授，提升学生自主学习能力，培养学生利用碎片化时间学习的基本素养，勤于思考主动解决问题的能力，培养良好的职业道德和职业素养。

三、课中实施：线下练习，规范操作

教学内容：项目设计构思、草图绘制、PS的综合应用、讨论与总结。

教师提问：项目的设计构思、草图的绘制、PS的综合应用。

学生思考、讨论、回答问题

教师总结：点评学生回答，引导学生较好地掌握二维软件的综合应用能力、设计创意能力、设计草图的制作方法。

（1）设计构思、文化元素的提炼与应用。

（2）系列设计草图的绘制。

（3）PS中进行设计概念和图像的呈现。

融入方式：案例分析式，见图2。

思政点融入：思政的重点和方向，从学院举办的"遇见非遗、国潮来袭"主题大赛选出的案例中选择有典型性的非遗元素作为创作和操作的对象，如京剧脸谱、北京兔爷、泥人张、凤翔泥塑、景泰蓝等，给大家讲解这些手艺背后的感人故事，欣赏文创大赛获奖作品。手工艺术是匠心之作，传统手工艺术本质上就是以人为本的审美文化。在产品制作过程中，人是最关键的因素，是中国传统文化艺术发展史上精华的部分。让学生在案例的操作中也能体会到传统老手艺带来的那份独特温度，潜移默化、润物细无声，让学生在枯燥的软件学习中接触到大量的中国传统文化艺术形式，感受中国文化的博大精深，从而增强学习兴趣，激发创作热情，提升文化自信。

```
教学过程          教学内容         思政映射与融入点
     ↓              ↓                   ↓
```

融入方式
↓

┌─────────────┐
│ 案例分析式 │
├─────────────┤   课中
│ 故事引导式 │ ────────→
└─────────────┘

线下教学平台
线下课堂主要采用翻转课堂模式，课堂由学生进行方案的演示讲解、学生互评、分组讨论；采用学生为设计师、教师为设计甲方的方法，教师对学生方案提问，学生解答，并进行互相探讨，提出修改建议。

任务二
1. 项目设计构思
2. 草图绘制
3. PS的综合应用
4. 讨论与总结

美育素养
让学生在案例的操作中体会到传统老手艺带来的独特温度，潜移默化、润物细无声，让学生在枯燥的软件学习中接触到大量的中国传统文化艺术形式，感受到中国文化的博大精深，增强学生的学习兴趣，激发学生的创作热情，提升文化自信。

规定案例完稿
把所学的各知识点串联起来，熟悉案例的制作流程，能够较好地掌握工具、菜单、面板的应用和操作技巧，案例制作有较好的艺术感染力、制作规范不走样，文件能够满足后期输出与打印需求。

任务三
1. 巩固知识案例完稿
2. 完成规定的设计任务文创设计主视觉部分的设计（"传承红色基因"主题文创设计）

家国情怀
把案例中涉及的重要知识点的学习作为传播和弘扬中华传统文化的一个窗口，和爱国主义教育、文化自信相结合，给学生进行爱国主义教育时，坚持以马克思主义为指导是坚定文化自信最根本的要求、最集中的体现，传承红色基因，争做时代新人。

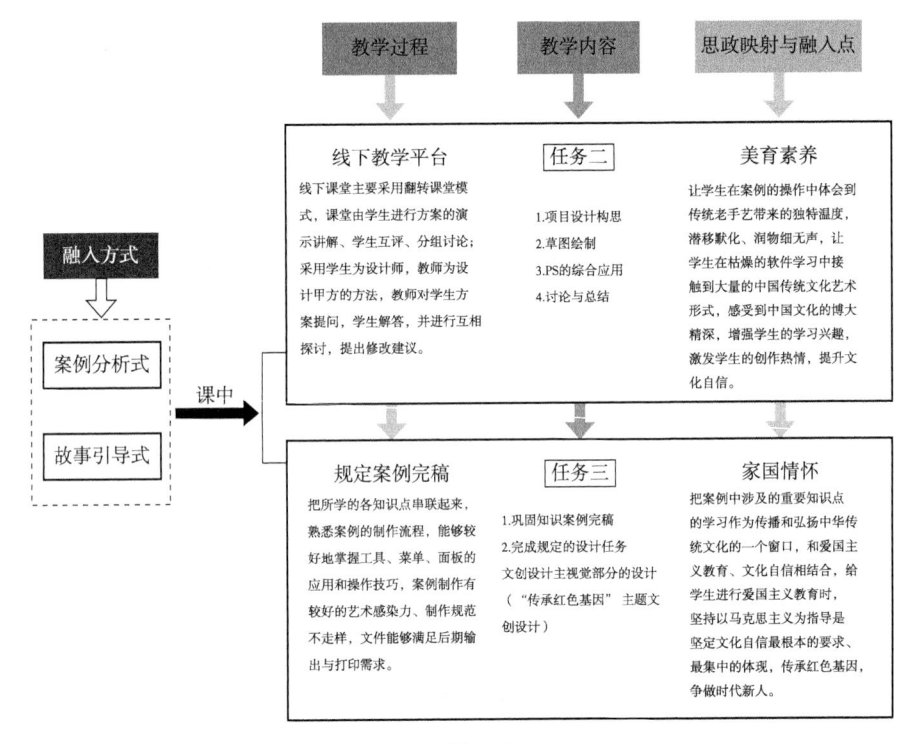

图 2　课中任务

四、课中实施：巩固知识，案例完稿

教学内容：巩固知识案例完稿、完成规定的设计任务、文创设计主视觉部分的设计（"传承红色基因"主题文创设计）。

教师讲述：项目的修订与完善，指出项目的重点、难点及重要操作步骤，规范化完成。

学生分组讨论：项目制作中会遇到的困难与解决办法。

教师总结：点评学生回答，明确项目制作流程、需掌握的知识点及操作技巧。

学生分组讨论：项目制作是否做到规范化。

教师总结：点评学生回答，提出案例制作规范化的要点，注意文件后期的输出格式。

融入方式：故事引导式。

思政点融入：思政的方向和重点是红色基因、中华优秀传统文化的传承创新与传播。以"红色基因"主题文创设计、"丝路工匠"大赛案例作为主题任务,把案例中涉及的重要知识点的学习作为传播和弘扬中华传统文化的一个窗口,与爱国主义教育、文化自信相结合。在对学生进行爱国主义教育时强调:在意识形态领域坚定不移地坚持以马克思主义为指导,是坚定文化自信最根本的要求、最集中的体现。

项目1:"红色基因"海报设计。

背景:建党100周年主题活动,喜迎二十大校园宣传活动,以传承红色基因为主题,结合专业课程进行文创海报设计。通过学习红色艺术元素的艺术表现手法,更好地把红色基因传承好。红色体现了信仰与忠诚,见证了中国共产党人"为中国人民谋幸福,为中华民族谋复兴"的初心和使命。红色艺术元素作为红色文化、红色作品、红色精神等贯穿课堂的桥梁,能够生动地再现党的故事、革命的故事、英雄和烈士的故事,让学生从中国共产党的百年奋斗史中深刻认识到新中国的来之不易,中国特色社会主义的来之不易,现在的幸福生活来之不易(见图3)。

图3 喜迎二十大主题海报

项目2：第二届"丝路工匠"国际技能大赛作品方案制作。

背景："丝路工匠"大赛与"一带一路"联动，以及联合培养、师生交流、文化体验、技能大赛、创新创业活动和沿线国家校长论坛。通过建立"丝路工匠"院校国际合作联盟，促进中外合作交流，向世界输出我们的社会主义核心价值观，积极培育社会主义核心价值观。通过大赛这种形式把中国优秀文化传播出去，让世界更多的人了解中国文化，让中国文化在世界舞台上展现魅力（见图4~图7）。

图4　"丝路工匠"文创作品

图5　"丝路工匠"文化海报

图6 "遇见非遗、国潮来袭"文创作品

图7 "遇见非遗、国潮来袭"文创宣传海报

四、课后拓展

教学内容：参加校园和企业委托的主题文创设计活动，大赛引入、企业项目引入。

教师讲述：通过课外海报征集动员，引入大赛和企业项目，让学生把所学的知识与校外活动、企业需求相对接。

学生分组讨论：项目设计中会遇到的困难与解决办法。

教师总结：点评学生回答，明确项目和主题的背景信息，以及如何进行资料收集。

学生分组讨论：确定参与的项目和主题。

教师总结：点评学生回答，明确目标定位，拟定自己的项目方案。

融入方式：专题嵌入式，见图8。

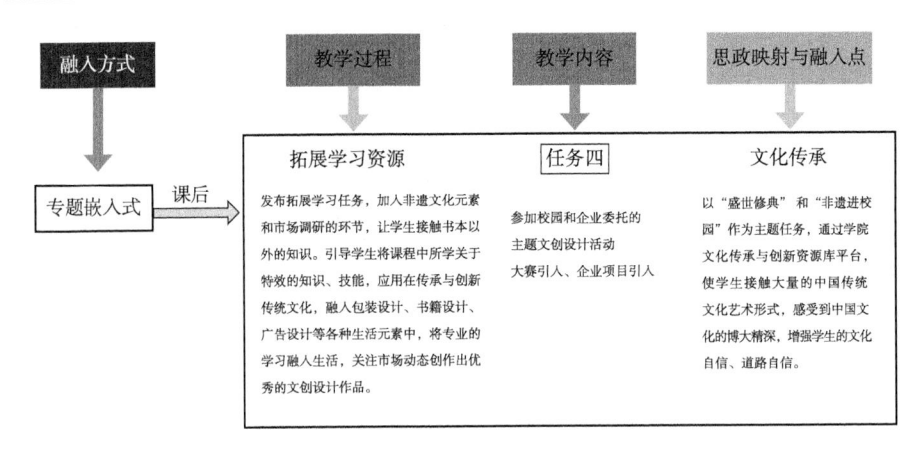

```
融入方式          教学过程          教学内容          思政映射与融入点
   ↓               ↓                ↓                    ↓
┌────────┐ 课后 ┌──────────────┬──────────────┬──────────────────┐
│专题嵌入式│────→│ 拓展学习资源  │   任务四      │    文化传承       │
└────────┘     │               │              │                  │
               │发布拓展学习任务,│参加校园和企业委│以"盛世修典"和"非遗进校│
               │加入非遗文化元素│托的主题文创设计│园"作为主题任务,通过学院│
               │和市场调研的环节,│活动          │文化传承与创新资源库平台,│
               │让学生接触书本以│大赛引入、企业项│使学生接触大量的中国传统│
               │外的知识。引导学│目引入        │文化艺术形式,感受到中国文│
               │生将课程中所学关│              │化的博大精深,增强学生的文│
               │于特效的知识、技│              │化自信、道路自信。      │
               │能,应用在传承与 │              │                  │
               │创新传统文化,融 │              │                  │
               │入包装设计、书籍 │              │                  │
               │设计、广告设计等│              │                  │
               │各种生活元素中,将│              │                  │
               │专业的学习融入生│              │                  │
               │活,关注市场动态 │              │                  │
               │创作出优秀的文创│              │                  │
               │设计作品。      │              │                  │
               └──────────────┴──────────────┴──────────────────┘
```

图8 课后任务

思政点融入：以"盛世修典——国博衍艺"作为主题任务，思政重点和方向是通过利用现代技术手段的实践创作、记录，实现对中华传统文化知识的研习、活态运用、广泛传播。课堂部分根据广告专业特点、实际教学条件、区域特色等综合考虑，将中国传统文化元素与创新应用相结合，在软件学习和实践操作中，把应用到的中式文化元素给学生展开讲解，形式上是软件操作课，实际上是普及中国优秀的传播文化。例如，讲解"盛世修典——燕京八景"主题宣传广告招贴时，给学生介绍盛世修典活动的背景。"盛世修典——'中国历代绘画大系'成果展"是中国国家博物馆近年来占地面积最大的展览，分为"薪火相传 代代守护""千古丹青 寰宇共宝""创新转化 无界之境"三大版块，展陈近2 000件历代绘画精品佳作的出版打样稿，共收录海内外263家文博机构的纸、绢（含帛、绫）、麻等材质的中国绘画藏品12 405件（套），涵盖了绝大部分传世的国宝级绘画珍品。总之，通过"盛世修典——国博衍艺"这一主题任务，学生不仅能够在实践中掌握现代广告设计技能，更能深刻理解和传播中华传统文化的精髓。这种结合传统文化元素与现代技术的教学方式，不仅提升了学生的专业能力，也培养了他们的文化自信和责任感。本次展览可以让观众很好领悟并感受传统文化的优秀与精美以及其特殊意义。通过主题案例背景讲解，给学生进行了一次非常好的爱国主义教育，让学生真切地体会和感受到中华传统文化的博大精深（见图9~图11）。

图 9 燕京八景文创产品设计

图 10 燕京八景丝巾设计

图 11 "盛世修典——国博衍艺"宣传海报

【总结反思】

（1）知识总结：掌握 PS 软件综合应用技巧。

（2）学法总结：线上线下相结合，学习图像特效处理，学习通平台观看操作视频，下载素材资源及相关资料，提供多个设计网站供学生课后查阅和学习。

（3）课堂评价：根据过程性评价+终结性评价+社会性评价进行综合评价。

（4）对传统文化元素的理解要深刻，不能流于表面，更不能千篇一律。

（5）在中式元素与文创主题结合的方式上下功夫，多看优秀作品，涵养自己的审美品位。

（6）在提升专业素质的同时，也要不断提升自己的文化素养和艺术品位。

（7）激发自身创造力和创新性，不能墨守成规，要敢于大胆尝试和多实践。

飞机结构与机械系统1：
飞行控制传动系统

教师信息： 柏超　　**职称：** 实验师　　**学历：** 硕士
研究方向： 飞机机电设备维修
授课专业： 飞机机电设备维修
课程类别： 理实一体化课程
课程性质： 职业技术技能课

第一部分　设计思路

一、本次设计的课程思政目标

本次课程的思政教学设计主要侧重价值观层面。根据航空机务人员岗位能力素质要求，结合敬畏生命、敬畏规章、敬畏职责的民航"三敬畏"精神，培养学生良好的职业道德。通过航空革命先辈的大无畏精神培养和强化中国精神，进一步认同社会主义核心价值观，并逐步形成正确的世界观、人生观、价值观。

二、课程思政教学设计内容

1. 课前：课程思政引入

长期以来，民航领域几乎由欧美各国垄断，飞机的制造及维护标准的制定，都是以美国波音和欧洲空客公司为主。我国自2006年成立大飞机项目以来，历经多年艰辛，终于迎来C919商用首航，这标志着一个时代的来临。但民航运输产业科技含量和安全标准远高于其他运输类型，部分网络舆情对国产大飞机还有质疑，导致部分学生仍有疑虑。以此为契机，通过对C919飞行控制系统设计理念和技术手段的介绍，在具体领域与同级别的波音、空客飞机进行比较，展示其更加高效和安全的性能。

在这一过程中，学生初步了解了传动系统的基本功能和实现形式，认识传动系统在飞行控制系统中的重要作用，同时在潜移默化中增强民族自豪感和自信心，树立和增强为祖国航空事业学习奋斗的决心。

2. 课中：课程思政贯穿授课过程

本次课程内容为飞机飞行控制传动系统。飞机飞行状态的控制直接影响飞行安全。通过飞行控制故障引发的一次战斗机空难事件，分析事故原因，讨论避免事故的途径，培养学生敬畏生命、敬畏规章、敬畏职责的职业精神。

同时，引用我国空军飞行员张超烈士在战机故障情况下坚持试图拯救飞机，挽救国家财产的事迹，以此充分体现张超烈士为了党和人民利益，甘愿自我牺牲的大无畏精神，引导学生认同、发扬中国精神。

3. 课末：课程思政总结反思

根据民航机务人员岗位能力素质要求，系统设计思政元素。在整个授课过程中，通过介绍 C919 传动系统和传动系统故障导致的飞行事故案例分析，使学生从认识传动系统、重视传动系统，到树立航空维修工作的责任意识、按章操作的规章意识，逐步形成敬畏生命、敬畏规章、敬畏职责的民航精神。

第二部分　案例描述

飞行控制传动系统

一、复习与引入

1. 复习

教师提问：中央操纵系统有哪些子系统？分别有哪些操纵机构？

学生思考、回答问题。

教师总结：点评学生回答，介绍中央操纵系统的组成和各自特点。

2. 引入本次课内容

观看视频《C919 电传飞控系统》。

教师提问：通过视频中的内容，大家认为传动系统的作用是什么？C919 飞机是如何实现这一功能的？

学生思考、讨论、回答问题。

教师总结，引入本次课内容：飞行控制系统中的重要组成部分——传动系统。

思政点融入：通过我国C919飞机先进传动系统展示，激发学生民族自豪感和自信心。C919飞机及其先进的传动系统满载着中国创新的力量，充分发挥我国举国体制优势，向世人宣告中国特色社会主义行！中国人民行！这一案例可以充分培养学生马克思主义世界观、人生观和价值观，引导学生自觉团结在党中央周围，听党话，跟党走，踔厉奋发、勇毅前行。

二、传动系统的功能和分类

问题引入：生活中有哪些地方需要传动？实现传动的方式有哪些？
学生思考、讨论、回答问题。
教师总结：点评学生回答，介绍传动系统的功能和组成。

1. 传动系统的功用

传动系统将中央操纵机构的信号传送到舵面或助力器。

观看视频《缅怀歼-15战机飞行员张超烈士》。飞行员张超在驾驶舰载机歼-15着陆训练时遭遇飞机传动系统故障，机头上扬不受控制，推杆等控制装置全部失灵。在地面指挥中心下达跳伞的命令后，张超为保护国家财产，积累空中特情处理经验，依然试图拯救飞机，最终错过了黄金跳伞时间，壮烈牺牲。

思政点融入：视频展示张超烈士为了党和人民的利益甘愿牺牲自己、大无畏的英雄主义精神，通过对烈士事迹的回顾，让学生受到深刻的爱国主义教育，意识到新时代依然有着革命烈士为我们负重前行。同时，对事故原因的分析也能让学生认识传动系统对于飞行控制的重要意义，培养学生敬畏生命的民航精神。

2. 传动方式

见图1。
（1）机械传动：传动仅靠机械部件完成。
（2）液压传动：传动由机械部件和液压部件完成。
（3）电传动：传动由机械部件、液压部件、电气部件完成。

思政点融入：通过展示不同型号的飞机可知，不同发展阶段飞机飞行控制方法不尽相同，控制技术的发展经历了长期的探索、创新、尝试和验证，最终形成了适应时代、便于操纵、保证安全的操纵技术。所有技术的发展也都一样，因此我们要敢于创新、勇于创新、保持斗志。

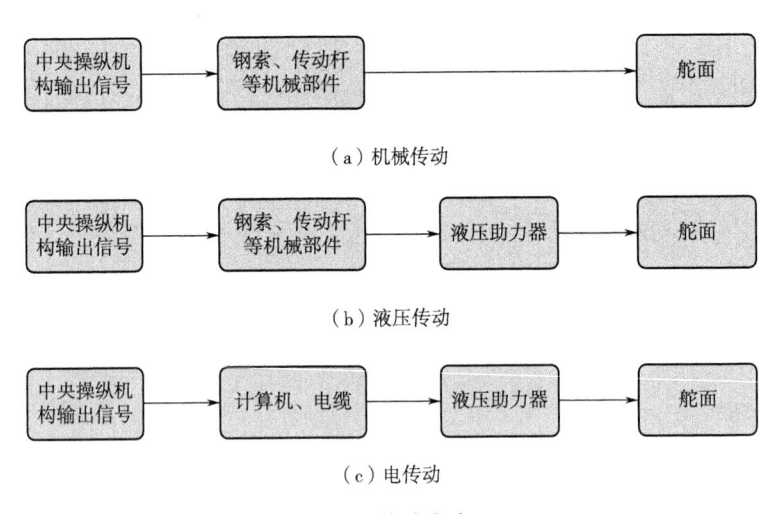

```
中央操纵机构输出信号 → 钢索、传动杆等机械部件 → 舵面
```
（a）机械传动

```
中央操纵机构输出信号 → 钢索、传动杆等机械部件 → 液压助力器 → 舵面
```
（b）液压传动

```
中央操纵机构输出信号 → 计算机、电缆 → 液压助力器 → 舵面
```
（c）电传动

图 1　传动方式

三、机械传动系统

见图 2。

问题导向：自行车上有哪些传动部件？有什么特点？

学生思考、讨论、回答问题。

教师讲授：机械传动主要包括软式传动和硬式传动。

1. 软式传动

软式传动主要包括钢索、链条等，其中，钢索传动在飞行控制系统中应用最为广泛。

钢索是由钢丝编成的，在钢索传动中，只能靠钢索的张力传递拉力。钢索传动在应用中可分为单钢索传动和双钢索传动。

单钢索传动只能传递拉力，用于简单的操作，如关闭活门或解锁门锁（见图 3）。

大多数飞机上采用的是双钢索传动系统，用两根钢索构成回路，以保证舵面能在两个相反方向偏转。

双钢索传动系统包括钢索、滑轮、扇形盘、连杆（松紧螺套）、钢索张力补偿器等部件（见图 4）。

（1）钢索。钢索规格一般以两位数字编码及直径区分，现代民航应用最

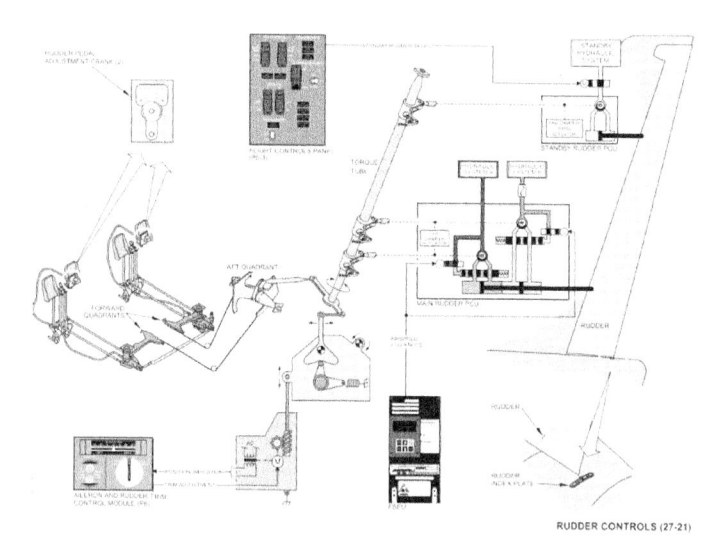

图 2　机械传动系统

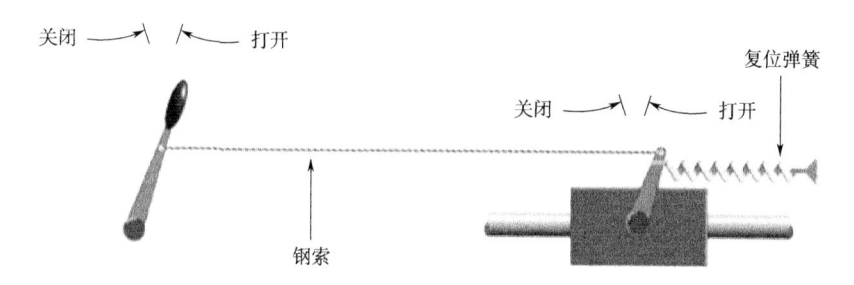

图 3　单钢索传动

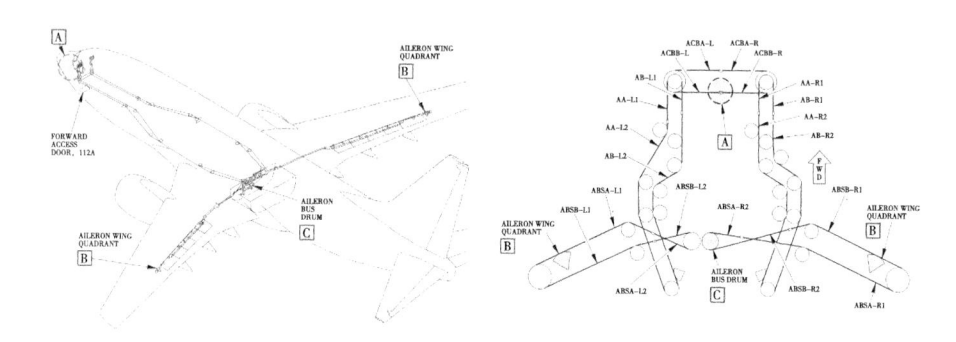

图 4　双钢索传动

为广泛的是 7×7 和 7×19 两种；直径一般范围为 1/16 英寸到 3/8 英寸[①]。

钢索常见故障有断丝、锈蚀。对于断丝，维护过程中应重点检查滑轮部位和导向器位置，方法是用擦布沿着钢索长度方向擦拭，并检查擦布被断丝钩住的地方。锈蚀可以目视检查，如发现钢索表面锈蚀，应卸除钢索张力，将钢索反向扭转，使之张开，检查内部是否锈蚀。

（2）松紧螺套。松紧螺套包含两个带相反螺纹的螺杆接头和一个两端带相反内螺纹的螺套。螺套内螺纹有左右之分，在螺套上刻有环槽的一端为左螺纹，无环槽的一端为右螺纹。松紧螺套可以连接两段钢丝，调节钢索张力。

（3）滑轮。滑轮用胶木或硬铝合金制成，用以支持钢索和改变钢索运动方向。

（4）扇形盘。扇形盘是一个完整圆盘的一部分，多用铝合金制成，其除了具有滑轮的作用外（支持钢索和改变传力方向），还可以改变力的大小。

（5）钢索张力补偿器。飞机机体外载荷及周围气温变化会使机体结构和操纵系统钢索产生相对变形，导致钢索变松或过紧。钢索变松将发生弹性间隙，过紧会产生附加摩擦。钢索张力补偿器的作用就是保持钢索的正确张力（见图5）。

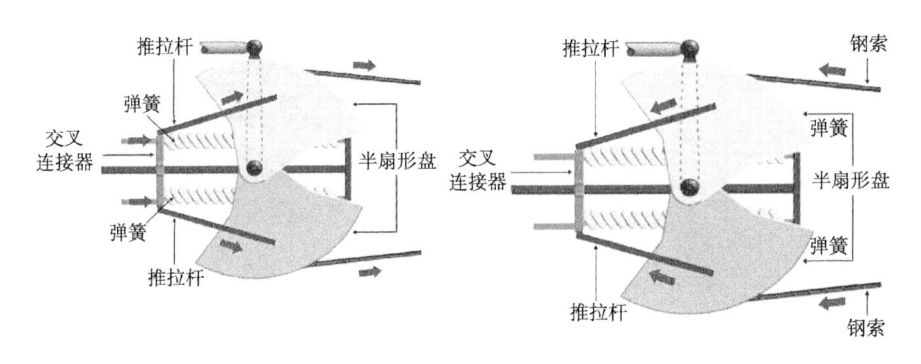

图 5　钢索张力补偿器的工作

软式传动的特点：构造简单，尺寸小重量轻，容易绕过机内设备，但刚度小，易摩擦，灵敏性差。

2. 硬式传动

硬式传动机构主要包括传动杆、摇臂、导向滑轮等（见图6）。

[①] 1 英寸 = 25.4 毫米。

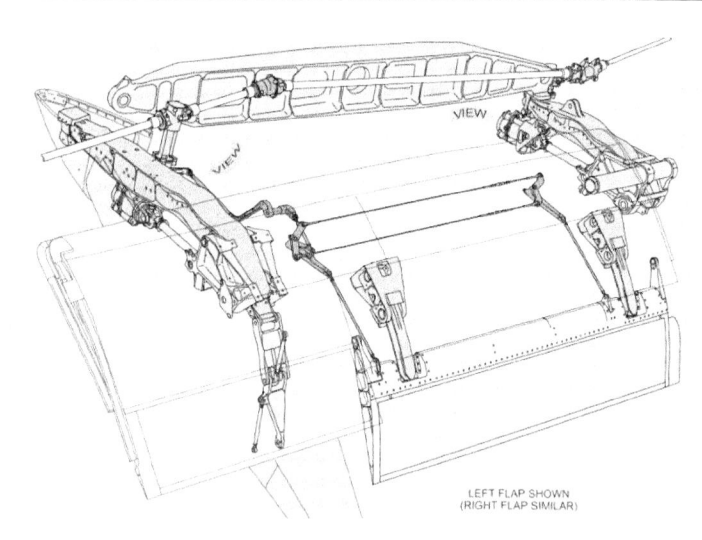

图 6 硬式传动系统

（1）传动杆。传动杆即连杆或拉杆，能传递拉力和压力。通常至少有一端是可以调节的，为防止接头的螺杆长度调出过多，使螺纹结合圈数过少，管件端部应有检查孔，螺杆末端不得超过小孔位置。

（2）摇臂。摇臂通常由硬铝合金制成，与传动杆和支座分别由轴承相连，按臂数可分为单摇臂、双摇臂和复合摇臂三类。

（3）导向滑轮。导向滑轮由三个或四个小滑轮及其支架组成，作用包括支持传动杆；提高传动杆的抗压稳定性，使传动杆在受压时不易弯曲；增大传动杆的固有频率，防止传动杆发生共振。

3. 其他传动方式

其他常见的机械传动系统有链条、扭力轴、扭力管等传动类型。

4. 传动部件检查

（1）检查标准。对钢索接头的检查，应详细检查钢索接头和保险（包括保险丝保险、开口销保险、松紧螺套锁夹保险）完好，如有缺失，应安装完整。检查接头挤压段表面是否有裂纹和腐蚀，如有，应更换钢索。检查接头未挤压段，如发现裂纹、腐蚀或接头弯曲大于 2°，就要更换钢索。检查松紧螺套，如发现裂纹或者腐蚀，则更换松紧螺套。

对于硬式传动部件，主要检查各部件是否有腐蚀、裂纹，检查推拉杆、摇臂连接的保险装置是否完好，检查推拉杆、摇臂、导向滑轮上的轴承是否润滑良好、转动自如、无卡阻现象。

（2）观看《空中浩劫——阿拉斯加航空 261 号航班》。2000 年 1 月 31 日下午，阿拉斯加航空 261 号航班计划自墨西哥，经停美国加利福尼亚州旧金山国际机场，降落在美国华盛顿州西雅图机场。机上共有 2 名飞行员，3 名乘务员以及 83 位乘客（包括 3 名儿童），机型为 MD-83。飞机发生水平尾翼卡滞，高速撞击海面后坠毁，事故导致机上共 88 人全部遇难。由于客舱在坠毁时受到严重冲击，仅有少数遇难乘客的遗体是完整的。

事故原因：从事故现场收集到的残骸发现，水平尾翼平衡调节系统的起重螺杆被细金属丝包裹，这些细金属丝被证实是顶部螺母残留的螺纹。分析表明，由于缺少润滑剂，起重螺栓顶部螺母与起重螺栓极度磨损，螺母的螺纹失效后，水平尾翼在气流的影响下无法起到作用，水平尾翼无法控制，导致飞机失事。

教师提问：机械传动本身安全性相对较高，那为什么会出现这么严重的事故？

学生分析讨论后发言。

教师总结点评。

深层次原因主要有：

- 手册、工卡未被执行或未被完全执行。
- 机务人员的责任心及安全意识缺失。
- 机械传动系统维护被忽视。

通过事故原因分析，强调机务人员任何的大意、粗心和不按规范操作，都有可能给国家和人民生命安全造成灾难。航空维修专业的学习绝不仅仅是理论、技术的学习，更重要的是严谨、负责的意识培养。

思政点融入：机械传动线路复杂，零件众多，相互动作关系复杂，引导学生注重细节、注重思考、注重观察，养成严谨工作、一丝不苟的习惯，培养学生敬畏生命、敬畏规章、敬畏职责的民航精神。

【总结反思】

大学以培养人才为目标，而培养人才并不能仅仅把知识教授给学生，还要注重价值观的引导和精神的塑造。航空机务维修专业课程技术性强，对学生的规则意识、责任意识要求高，更应该将思政元素融入课程内容中，潜移默化地培养学生的责任意识和担当精神。

本次课程主要内容为飞行控制系统中的传动部分，结合国产大飞机取证这一热点话题，在认识传动系重要作用的同时，增强民族自豪感和自信心，树立和增强为祖国航空事业学习奋斗的决心；通过不同特点的航空事故分析，培养学生敬畏生命、敬畏规章、敬畏职责的民航精神，取得了较好的教学效果。

Web 前端设计：
花丝镶嵌首页界面布局制作

教师信息：唐芸莉　**职称**：副教授　**学历**：硕士
研究方向：数字媒体艺术设计
授课专业：数字媒体设计专业
课程类别：理实一体化课程
课程性质：职业技术技能课

第一部分　设计思路

一、本次设计的课程思政目标

本次课程的课程思政目标是积极转变思想政治教育理念，创造以专业课程为主、思政课程为辅的课程思政教学体系，以满足当前艺术设计领域对优秀人才的需求，着力培养学生的价值观、行为规范和职业道德，培养学生的爱国情怀、道德素质，树立文化自信，使专业教育和思想政治教育和谐发展。

二、课程思政教学设计内容

1. 课前：课程思政引入

展示弘扬中国传统文化的优秀网页设计案例，以案例引入职业精神、工匠精神，目的是使学生具有良好的学习态度，对职业素养有深入的理解。

2. 课中：课程思政贯穿授课过程

本次课程的学习内容是"花丝镶嵌首页界面布局制作"，授课采用体现中国精神教育的主题——中国传统文化，在学习的同时将中国优秀传统文化和爱国主义教育融入其中。强调设计师必备的职业素质，涵盖科学精神、职业精神、工匠精神、职业文化、职业伦理、艺术审美等。制作过程需要学生发扬工匠精神，仔细核对设计稿，严格、精准设置颜色、尺寸和布局。

3. 课末：课程思政总结反思

师生互动讨论，对案例制作过程中出现的问题进行反思，引导学生得出结论：端正学习态度，严谨务实，一点疏忽就可能导致整个布局的崩塌，就如同花丝镶嵌的制作一样，认真细致、精益求精，绝不能马虎、粗心大意。

第二部分　案例描述

花丝镶嵌首页界面布局制作

一、行为规范教育

教育学生履行契约，不迟到，不旷课，提前到课堂；规范学生的学习习惯；教育学生做人做事要有严谨的态度，上课遵守纪律，认真听课，尊重他人的付出。

二、思政导入：文化自信

以北京故宫博物院官方网站案例引入中国优秀的传统文化、严谨务实的职业精神、精益求精的工匠精神，目的是使学生具有良好的学习态度，对职业素养有深入的理解，同时增强民族自信。

1. 优秀案例展示

向学生展示弘扬中国传统文化的优秀网页设计案例——故宫博物院官方网站。

2. 案例分析

故宫博物院是在明清皇宫及其收藏基础上建立起来的集古代建筑群、宫廷收藏、历代文化艺术于一体的大型综合性博物馆，也是中国最大的古代文化艺术博物馆，2008年被评为首批国家一级博物馆。

故宫博物院网站的建设始于2003年，最初的建站目的主要是向公众展示故宫悠久的历史文化和丰富的馆藏。随着互联网技术的蓬勃发展，故宫博物院网站顺应时代潮流不断改进和升级。如今的故宫博物院官方网站采用中国传统风格，将传统的文化符号进行提炼和创新，从网站整体构建和设计上融入浓郁的中国风。在网站上,公众不仅可以欣赏丰富的故宫馆藏文物图片、浏览文字介绍,还可以通过多媒体展示和互动功能沉浸式、多角度欣赏故宫的建筑之美、文物之美、文化之美,感受历史的印记。

网站对中国传统文化的展现体现在方方面面,比如,专馆入口链接设计采用简洁的图文排版形式,应用中国传统文字元素和布局形式,搭配不同专馆的代表性藏品图片,画面背景采用中国传统万寿纹图案,在光影和颜色的衬托下体现出厚重的历史感,具有强烈的国家地域特点与文化内涵(见图1)。

图1 故宫博物院官网专馆入口链接

故宫博物院官网在用户体验方面做了大量研究,打造出用户友好的浏览环境。例如,针对不同用户群体做了细分,分别提供了中文版、青少版、英文版等不同形式的独立版本,每个版本根据用户群体的特点从内容搭建、浏览方式、版式布局、视觉展现方面进行了调整。

中文官网作为主网站,内容最为丰富全面,不仅为普通游览者提供各种展览时间、票务等观展信息和丰富的馆藏品浏览,同时也为专业研究人员提供探索、学术专栏,还面对爱好者开设教育专栏,不同需求的用户都可以找到自己感兴趣的内容。网站导航栏和展览公告位于最上方,最新资讯、最新展览、参观时间、票务路线等用户关注度最高的内容放置在页面上半部分,便于用户第一时间查询,藏品信息查询等功能可以提供个性化搜索。可以说,网站内容繁多，但是条理清晰、秩序井然（见图2）。

相比而言，青少版网站更重视对青少年用户群体的教育意义。界面采用青少年感兴趣的活泼、明朗的风格，大量应用卡通形象，很受青少年的喜爱。网站内容简化，提取出一些能够吸引青少年的信息制作小游戏，设置交互按钮，青少年可以在快乐的氛围中学习关于故宫的小知识，了解馆藏宝物的历史故事，如太和殿的脊兽、五彩加金鹭莲纹尊等，在潜移默化中去感受、去认知，起到寓教于乐的作用（见图3）。

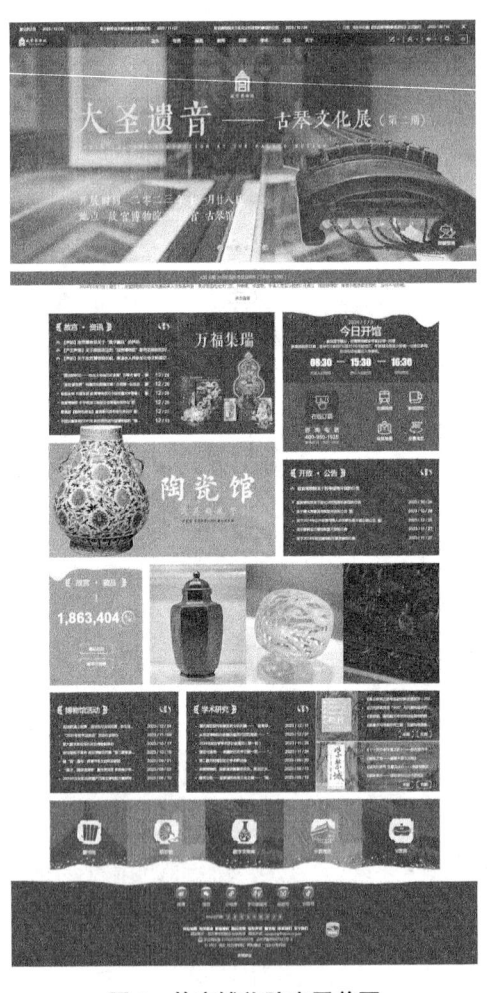

图2　故宫博物院官网首页　　　图3　故宫博物院官网青少版

网站针对不熟悉中国文化的外国用户设置了外文版，有英文、法文、俄文等多个版本，可通过中文版的语言选择菜单进入。相比中文版，外文版本的内容精简了很多，以英文版为例，首页导航栏仅有参观、导览、展讯、收藏、资讯等五项内容，外国用户可以很方便地找到票务信息、参观资讯和展览信息，通过下拉菜单可直接查看栏目中的所有内容，无须滚动页面或者进入其他页面。

外文版是向外国用户宣传的窗口，主要目的在于宣传普及中国传统文化。网站的布局简洁，一目了然，具体内容中图片的使用比例加大，方便外国用户浏览查询（见图4）。

启发：文化是民族的血脉，是人民的精神家园。文化自信是更基本、更深层、更持久的力量。故宫博物院官方网站一方面从优秀传统文化中汲取营养和智慧，另一方面也以新的传播形式激活中华优秀传统文化的生命力，从中可以体会到故宫博物院作为世界文化遗产的魅力，培养强烈的民族自豪感和爱国情怀。

思政点融入：浏览故宫博物院官方网站不仅能带给我们审美上的提升，更能让我们感受到中华民族的文化底蕴，在潜移默化间建立起学生对中国传统文化的兴趣，提高对 Web 界面设计创新的新认识。

图4 故宫博物院官网英文版

三、培养文化自信、爱国情怀——选题介绍

中国传统文化是中华文明演化而汇集成的一种反映民族特质和风貌的民族文化，是中国特有的，与世界上其他民族文化不同，具有悠久的历史。中国优秀传统文化可以为治国理政提供有益启示，也可以为道德建设提供有益启发。在网页设计作品中应用中国传统文化元素烘托主题，潜移默化地增强学生的民族自信、文化自信和民族自豪感，提升学生对国家的认同感和对新时代中国特色社会主义的认同感。

本案例选题是花丝镶嵌。花丝镶嵌是北京优秀的传统工艺美术技艺，是国家级非物质文化遗产，是"燕京八绝"之一。它有着悠久的传承历史、独特的皇家气韵，更因其精美绝伦的艺术价值、巧夺天工的工艺价值、华贵古典的收藏价值为世人所推崇。在介绍选题时，带领学生参观花丝镶嵌基地，亲自体验掐丝流程，领略其繁杂精良的工艺、繁复美观的图案，感受花丝镶嵌独特的手工工艺和造型特征（见图5、图6）。

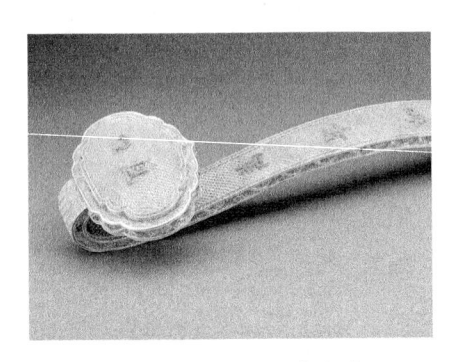

图5 清代金累丝万年如意
（故宫博物院藏）

图6 清代金累丝点翠四龙戏珠镯
（故宫博物院藏）

思政点融入：习近平总书记指出，"要大力弘扬劳模精神、劳动精神、工匠精神，发挥好劳模工匠示范引领作用，激励广大职工在辛勤劳动、诚实劳动、创造性劳动中成就梦想"。通过实地参观体验花丝镶嵌技艺，感受精益求精、一丝不苟、追求卓越的工匠精神。

四、职业素养培养——案例制作分析

展示分析花丝镶嵌电脑端效果图作品和 html 页面，对比效果图和最终成品进行分析和拆解，结合实际工作中的流程讲解，将严谨、细致、准确、责任心等职业素养贯穿其中（见图7）。

1. 制作规范

要点：尺寸规范、位置规范、用色规范。

本案例页面结构是一个标准的五行两列布局（见图8），包括页眉、导航、幻灯、简介、精品欣赏、页脚六个部分。案例综合性很强，综合应用了前几次课的学习内容：

理解布局的基本原理；

掌握基础布局结构；

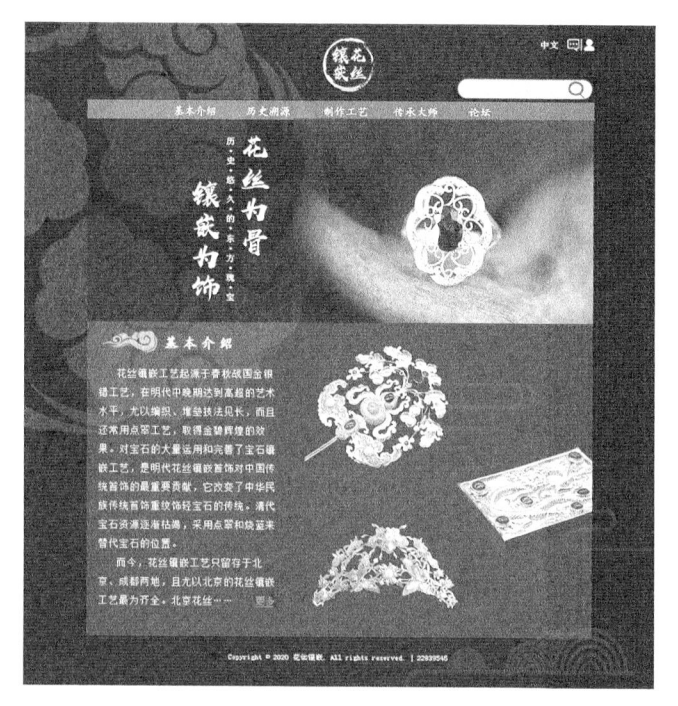

图7 花丝镶嵌首页效果图

使用语义化标签搭建 html 页面基本结构；
采用 html5 结构标签搭建多行多列的布局；
利用 CSS 层叠样式表设置整个页面样式；
应用 CSS 盒模型设置整体的布局，并使内容在浏览器中居中显示。

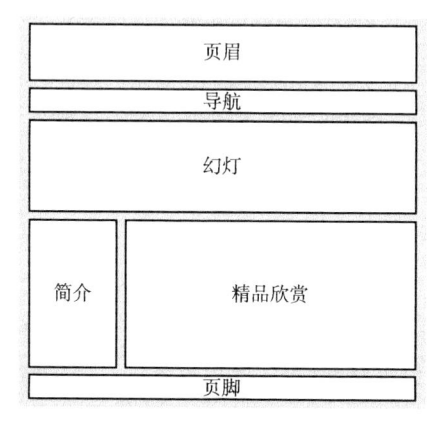

图8 花丝镶嵌首页布局分析

2. 布局原理讲解

通过对几个不同布局形式的页面进行拆解、分析与实践操作，使学生理解 CSS 盒模型的原理和用途（见图 9）。

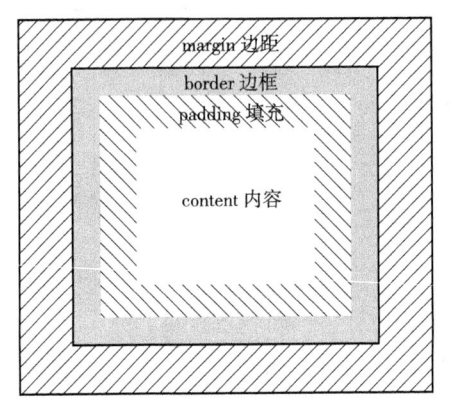

图 9　盒模型基本原理

html 文档中的任何一个元素都可以被描绘成矩形盒子，这些矩形盒子通过一个模型来描述其占用空间，这个模型称为盒模型。盒模型具有四个基本属性：内容、填充、边框、边距。元素的占位就是这四个元素共同作用的结果（见图 10）。

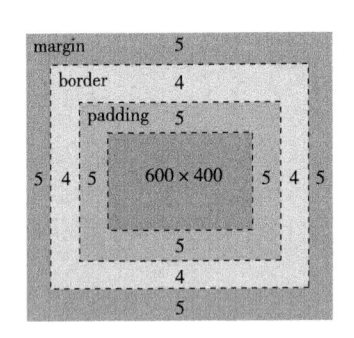

图 10　盒模型的应用

3. html5 布局讲解

理解传统 div 布局和 html5 布局各自的特点，对网页布局技术的发展进程有基本的认识。

页面布局通常是在多行布局和多列布局的基础上组合嵌套而成的。因此，网页布局的关键是将效果图进行结构上的分析，按照从大到小、从上到下、从外向内、由粗到细的原则进行布局（见图11）。

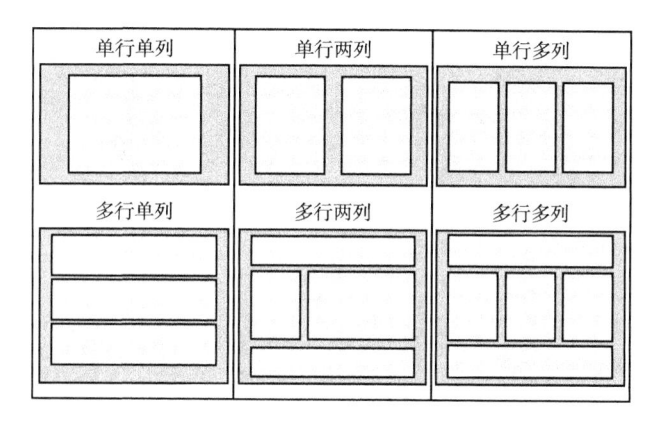

图11 基本布局结构

思政点融入：所谓的工匠精神，是指工匠对自己的产品精雕细琢、精益求精的精神理念。它包括对工作的热爱、执着追求卓越、注重细节和精益求精等特征，这些是我们制作一个完美作品的重要因素。

五、精益求精的工匠精神——花丝镶嵌首页界面布局制作实践

步骤1：页面分析及尺寸获取。使用 Photoshop 中的切片功能，配合辅助线，将主要结构的尺寸提取出来（见图12~图14）。

注意：在制作过程中要精确到1个像素，保证html页面如实展现设计稿。原稿出现制作上的瑕疵，要及时进行调整。

图12 Photoshop 中的切片工具 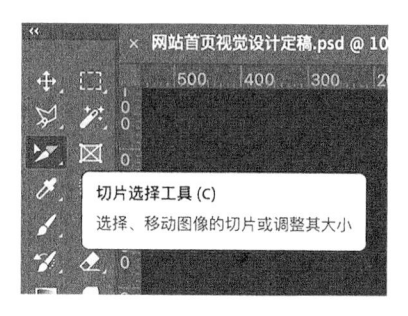　　图13 Photoshop 中的切片选择工具

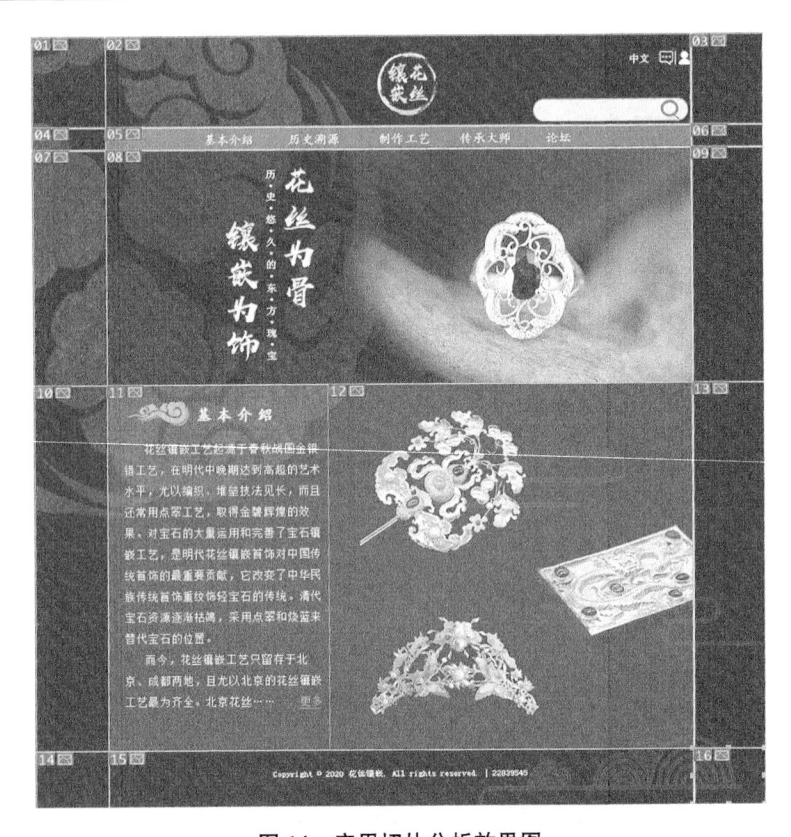

图 14　应用切片分析效果图

步骤 2：搭建基本的 html 页面，注意结构的规范性（见图 15）。

图 15　搭建页面基本 html 结构

步骤 3：本案例是五行两列的结构，按照先行后列的原则，搭建完成五行的基本结构。宽度以原稿提取的数据为准,高度自定(见图16)。

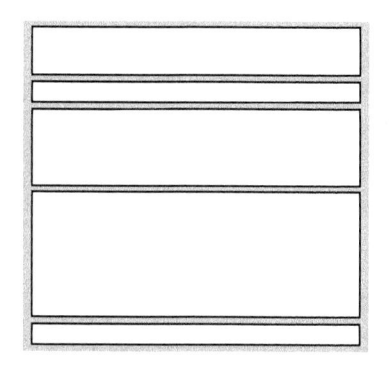

图 16 五行基本结构

步骤4:在第四行中嵌套左右两列,通常固定座列的尺寸即可(见图17)。

注意:进行浮动后要解决父元素尺寸坍塌的问题,解决页脚部分被遮挡的问题。

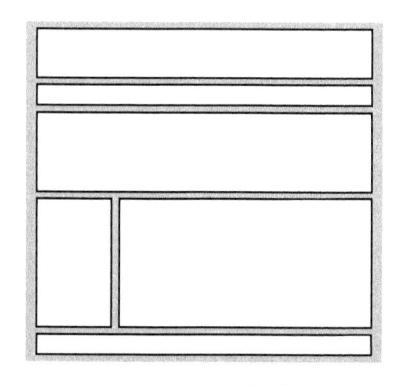

图 17 嵌套布局

步骤5:为容器设置边距属性,使其在浏览器中居中,同时设置边框属性、填充属性,页面基本布局完成。

思政点融入:案例制作过程需要严谨、精益求精,甚至精确到像素,否则就会使布局混乱。通过这个过程,学生能够切身体会到工匠精神的严谨求实、一丝不苟、追求极致的内涵,产生积极的情感倾向。

【总结反思】

(1)在课堂教学中,将传统文化资源纳入课堂练习案例,展示优秀的中国传统文化主题的设计作品,以赏析导入课程。一方面,可以从中汲取营养和智慧；另一方面，也以新的传播形式激活中国优秀传统文化的生命力，将文化自信的教育潜移默化地融入教学中，同时推进其创造性转化和创新性发展。

（2）中国优秀传统文化可以为治国理政提供有益启示，也可以为道德建设提供有益启发。因此，在课堂教学中，结合学生心理，运用相关教学方法，有选择性地教授传统文化，在教学中逐渐渗透，让每一个学生成为中国传统文化的传承者和发扬者。让学生在接受艺术教育的同时，逐渐担负起继承者和弘扬者的身份，是对文化的一种延续。

（3）界面的布局不是随意的，在实际工作中，要与客户签字确认设计方案。因此，要有契约精神和职业操守，需要将确定的效果图如实转化成 html 格式。

（4）案例的制作过程需要端正态度、严谨细心，在实现的过程中必须要精益求精。因此，在教学过程中，教师要以身作则、严格要求，培养学生的职业精神、工匠精神、艺术审美力。

语文：小说《荷花淀》

教师信息：尹传芳　**职称**：副教授　**学历**：硕士
研究方向：中国语言文学
授课专业：贯通语文
课程类别：理论课
课程性质：公共基础课

第一部分　设计思路

一、本次设计的课程思政目标

本次课结合小说《荷花淀》中人物的家国情怀和传统美德，引导学生总结提炼抗日战争取得胜利的精神品质，突出中国共产党精神谱系中的抗战精神，并以抗战精神激励当代学生胸怀祖国、砥砺奋进，以昂扬的姿态完成新的时代课题，为实现中华民族伟大复兴而努力奋斗。

二、课程思政教学内容设计

1. 课前：课程思政引入

观看《木兰诗》朗读视频，引出抗日战争时期中华儿女同仇敌忾、英勇抗敌，涌现了很多可歌可泣的英雄事迹。小说《荷花淀》叙述了以水生嫂为代表的冀中农村妇女送夫参军，自己也成长为勇敢的战士的故事，刻画了冀中根据地女性崭新的精神面貌，表现了冀中儿女在党的领导下奋起抗日的爱国热忱和革命乐观主义精神。让我们看到抗日战争时期根据地军民是如何团结一致、奋勇抗敌的。

2. 课中：课程思政贯穿授课过程

课上让学生带着问题，自主品读课文的环境描写，理解其在小说中不仅为人物活动提供了场所，家乡的美景也是小说人物情之所系、魂之所牵，是他们保家卫国的出发点，在环境描写的赏读中对学生进行爱家乡、爱祖国的教育。让学生分角色朗读，在具体的情境中体会人物的思想感情。重点角色有两个：一是小苇庄游击组长水生，他第一个报名加入敌后地方人民武装队伍回家做妻子思想工作；二是普通农村妇女水生嫂，她不仅支持丈夫参加抗日队伍，还跟其他青年妇女一起配合男人们打了一个漂亮的伏击战。体会妇女们的语言中对丈夫的个人情意和对民族大义的取舍，学习她们识大体、顾大局，以民族国家利益为重的精神品质。通过讨论交流，让学生明白小说的主旨，从情节事件中深入理解爱国主义精神和抗战精神的内涵。

3. 课末：课程思政总结反思

通过对小说《荷花淀》的品读和讨论，学生基本掌握了小说情节脉络、人物个性、环境描写和小说主题，在此基础上，引导学生把主要人物水生嫂放到历史坐标中，与木兰和祥林嫂对比。

与木兰比，水生嫂继承了她的勇敢善良，水生嫂的家国情怀更主动。与祥林嫂比，同样作为中国普通的农村妇女，祥林嫂生活在封建时代末期，现代文明之风还吹不进封闭、保守的鲁镇，祥林嫂只能被冷漠、黑暗的社会现实所毁灭；水生嫂生活在全民抗战时期，社会已经有了很大的进步，尤其在根据地，共产党领导的妇女解放已经开始深入人心，所以水生嫂能从一个贤惠、温顺的农村妇女成长为一个抗战的巾帼战士。可以说，广大妇女积极投身于抗战，在抗战中学习和成长。通过学生的积极讨论和教师的总结点评，深化对思政目标的理解。

第二部分 案例描述

小说《荷花淀》

【思政导入】

观看《木兰诗》朗读视频，学生说出自己喜欢的片段。"万里赴戎机，关山度若飞。朔气传金柝，寒光照铁衣。将军百战死，壮士十年归"，"可汗问所欲，木兰不用尚书郎，愿驰千里足，送儿还故乡。爷娘闻女来，出郭相扶将；阿姊闻妹来，当户理红妆，小弟闻姊来，磨刀霍霍向猪羊。开我东阁门，坐我西阁床。脱我战时袍，著我旧时裳。当窗理云鬓，对镜帖花黄。出门看火伴,火伴皆惊忙:"同行十二年,不知木兰是女郎"。

设置问题:

(1) 以上诗句描写的主人公是谁?(木兰)

(2) 木兰最可贵的精神品质是什么?(在面临外敌入侵的关键时刻,中华儿女挺身而出、不畏强敌的精神品质)

教师总结:当民族和家庭遇到外敌时,木兰挺身而出,表现出强烈的担当精神和家国情怀,这种精神一直绵延不绝,世世代代地传承。历史上出现过很多可歌可泣的英雄人物,文学作品中也刻画了一系列女英雄的形象。小说《荷花淀》记写的是抗日战争时期,冀中抗日根据地军民同仇敌忾、抗击敌寇的故事,小说的重要角色是以水生嫂为首的一群普通的青年妇女,我们来看看她们是如何成长为巾帼战士的。

思政点融入:从家喻户晓的木兰的故事引出《荷花淀》冀中军民抗日的故事,两者人物有共同的精神品质——她们都具有浓厚的家国情怀和强烈的爱国精神,导入自然,切中思政目标,便于学生理解赓续绵延的自强不息的民族精神。

一、作者简介

孙犁(1913—2002),河北省安平县人,抗战以后参加晋察冀边区的革命工作,后奔赴延安,其间创作了《白洋淀纪事》等,其中许多短篇深刻地反映了冀中儿女在抗日战争时期的精神风貌,具有鲜明的时代特色。《荷花淀》是他的代表作品之一。作者非常熟悉冀中抗日根据地人民的生活,他的作品具有浓郁的乡土气息。写《荷花淀》的目的在于反映"战争和革命改变了人民的生活,也改变了民族的精神气质"。

他的作品有:长篇小说《风云初记》;中篇小说《村歌》《铁木前传》;散文集《文学短论》;小说散文集《白洋淀纪事》等。他的艺术风格呈现出淡雅疏朗的诗情画意与朴素清新的泥土气息的完美统一。他是"荷花淀派"的开创者,与以赵树理为代表的"山药蛋派"齐名。

孙犁的作品风格独特,不仅在文学上影响了一批作家,形成了"荷花淀派",为现代文坛吹来一股清新的风,他的作品还在思想上激励了几代年轻人。抗战时期他投身革命工作,以自己的文笔勾画抗日根据地军民积极向上、团结御侮的精神面貌,为抗战做出了独特的贡献。

本文写于1945年春,当时抗日战争已经进入最后阶段,共产党领导的抗日武装力量正在不断发展壮大,抗日根据地也在不断扩大。在这场伟大的民族解放战争中，根据地的广大群众在共产党的领导和教育下，同仇敌忾，奋起抗敌，表现出艰苦卓绝的斗争精神和大无畏的英雄气概，为保卫祖国、维护民族独立与尊严，建立了不可磨灭的功绩。《荷花淀》就是在这样的背景下，以冀中抗日根据地人民的斗争生活为题材，经过精心构思谱写出的一曲爱国主义精神和革命乐观主义精神的赞歌。

思政点融入：教师通过对孙犁生平和文学成就的讲解，让学生了解抗日战争的基本概况，理解作者在民族危难时刻，捕捉闪耀在人民中间的民族精神进行文学创作，并以这种精神激励更多的人，让学生理解作者的创作是源于对家乡、对祖国深沉的爱，进而激发学生的家国情怀和民族责任心。

通过对作者孙犁开创的"荷花淀派"的介绍，对学生进行审美教育，拓展他们的审美视野，走出战争题材烽火硝烟、激烈悲壮的单一视角，丰富多元审美体验，学习作者既尊重传统又勇于创新的创作精神。

二、品读，赏环境

教师指导：

(1) 找出小说中景物描写的段落，联系时代背景和上下文来理解它为人物活动创设的背景意义。

(2) 明确"一切景语皆情语"，领会画中之意，理解景物中蕴含着有关人物的丰富感情，体味它对刻画人物性格的作用。

(3) 理解景物描写画面情景的转换对推动故事情节发展的作用。

学生品读景物描写的三个段落，然后进行概括（见图1）。

教师总结：描绘的有月下白洋淀、正午淀上风光和战前荷花淀，都是白洋淀的风景画和风俗画。

夜景美：月光映照，院子凉爽，芦苇洁白，荷花飘香。

生活美：勤劳的双手，熟练的技艺，富饶的出产。

人情美：热爱劳动，热爱亲人。特别是两个充满想象的贴切比喻，把劳动的场面诗化了（她像坐在一片洁白的雪地上，也像坐在一片洁白的云彩上。）。景物牵动着情思——天这么晚了，丈夫还没回家。月色皎洁，洁白的苇席遍地，银白的淀水，薄雾，清风，荷花飘香，展示了荷花淀的地域风貌，勾画出一幅恬静的充满诗情画意的艺术境界。

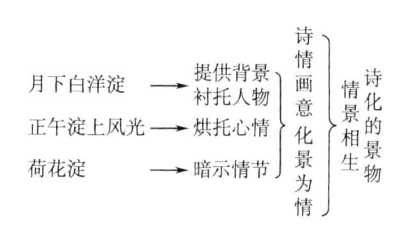

```
月下白洋淀 ──→ 提供背景衬托人物  ┐诗情画意化景为情 ┐诗
正午淀上风光 ──→ 烘托心情        │                │情
荷花淀     ──→ 暗示情节         ┘                │景
                                                 │相
                                                 ┘生
                                                   化
                                                   的
                                                   景
                                                   物
```

图 1　景物描写

思政点融入：通过品读三段各具特色的景物描写，学生理解了景物描写对小说情节发展和人物塑造的作用。景物描写点明了故事发生的地点、时间，展示了荷花淀的地域风貌和人民生活的美好幸福，渲染了一幅和平恬静的充满诗情画意的氛围，烘托了水生嫂勤劳纯朴、善良温顺的形象，为后文水生嫂毅然送夫参军、组织队伍、参加战斗等情节的展开做铺垫。

通过这些景物描写，表现了人们对家乡的爱、对生活的爱，以及保卫家园、建设家园的强大决心。如今先辈为我们开创了一个和平安宁的社会，我们要珍爱和平，要在新的时代为建设家园、建设祖国贡献自己的力量。

通过品读景物描写段落，充分感受景物美、生活美、人性美，在审美熏陶中提升审美素养。

三、分角色朗读，析人物

分角色朗读三个片段，分析水生和水生嫂的人物形象。

1. 夫妻话别片段

"今天怎么回来得这么晚？"

"他们几个呢？"

"怎么了，你？"

"你总是很积极的。"

"你走，我不拦你。家里怎么办？"

"你明白家里的难处就好了。"

提示：注意体会水生嫂温柔、体贴、机敏、深明大义、顾全大局的性格特征。

思政点融入：通过分角色朗读，学生能够从角色角度设身处地思考人物的命运，能够真切地理解水生在敌人加紧布置新据点的危险时刻，毅然决然报名参加敌后游击队，理解水生嫂听了丈夫要上前线的消息后，从惊讶到支持的心理变化。对家庭，水生嫂体贴丈夫、照顾家人；对眼前的抗战，水生嫂深明大义、顾全大局。通过水生和水生嫂的言行，对学生进行革命传统教育、家庭美德和个人品德教育。

2. 商议探夫片段

"听说他们在这里还没走，我不拖尾巴，可是忘下了一件衣裳。"

"我有句要紧的话得和他说说。"

"听他说鬼子要在同口安据点……"

"哪里就碰得这么巧？我们快去快回来。"

"我本来不想去，可是俺婆婆非叫我再去看看他——有什么看头啊！"

提示：重点理解水生嫂等青年妇女想念丈夫又不好意思承认的特点，总结她们对丈夫、对家园的爱是深埋在心的，爱得含蓄、深沉而热烈。

思政点融入：通过分角色朗读，学生能想象一群农村青年妇女想念丈夫却要寻找各种借口去看望他们的情景，进而理解她们对丈夫的爱含蓄而深沉、热烈而内敛，从她们的集体形象特点对学生进行家庭美德和个人品德教育。

3. 归途说笑片段

"你看他们那个横样子，见了我们爱搭理不搭理的！"

"啊，好像我们给他们丢了什么人似的。"

"我今天也算看见打仗了。打仗有什么出奇？只要你不着慌，谁还不会趴在那里放枪呀！"

"刚当上小兵就小看我们，过二年，更把我们看得一钱不值了。谁比谁落后多少呢！"

学生总结：一群青年妇女这次配合男人打了一个漂亮的伏击战，使她们大开眼界，也锻炼了她们的胆量。这些说说笑笑的不经意的话语真实地表现出她们不甘落后、乐观、自信的性格特征。这次伏击战是她们迅速成长的重要契机。

思政点融入：通过朗读，学生能从这些对话中感受到水生嫂等青年妇女不甘落后、乐观、自信的性格特征。当年秋冬她们就学会了射击，能够"登在流星一样的冰船上，来回警戒……配合子弟兵，出入在那芦苇的海里"。她们不仅爱家，也爱家乡和国家，并且积极投身于保卫家乡、保卫国家的战斗中。她们是当今青少年学习的榜样，我们要学习她们乐观积极的生活态度和保家卫国的爱国主义精神品质。

教师设置思考题：

（1）小说有几个主要人物？谁是主角？

(2) 概括水生嫂的形象特征。

学生讨论后回答问题。

教师总结：小说中主要人物是游击组长水生和他的妻子水生嫂。水生嫂是主角，因为小说重要情节是围绕青年妇女的成长展开的。

水生嫂既有中国传统妇女的美德，又具有抗日根据地妇女进步的特点。她温柔、贤惠、善良、体贴，又深明大义，识大体，顾大局。

四、分组讨论，思主旨

教师设置讨论题：

(1)《荷花淀》中水生嫂等青年妇女不是战场的主力军，小说为什么以她们为主角？

(2) 作为战争题材的小说，《荷花淀》写得如此诗意，想表达什么主题？

学生分组（每组6人）讨论，选派代表发言展示。

教师总结：小说中，水生等游击队员准备加入敌后游击队，因对家庭的眷顾，委托水生来做家属的工作，正表现了他们对亲人真挚的感情；水生嫂等妇女们虽然含蓄地流露出对丈夫们的难舍之情，但还是义无反顾地为丈夫们打点行装，送他们上战场打击侵略者。至于以后妇女们感情依依探望征人，又为丈夫们分担任务，参加战斗，更是由夫妻之情上升至家国之爱。有国才有家，有对亲人的深情才有对国家的忠诚。

小说虽然描写的是抗日战争的故事，但是并没有正面写战争的激烈、残酷，而是把笔墨集中在普通百姓的夫妻之情、家国之爱上。通过描写这些善良、纯真的人们在战争环境中表现出人性的光辉，来表现人民不畏强暴、保卫家园的精神状态。侵略战争是反人性的，反抗侵略者的人们以纯美的人性、崇高的人格，在精神上已经战胜了侵略者，这正是抗战胜利的精神源泉。

思政点融入：通过讨论，总结提炼小说中人物精神的闪光点，他们不畏强暴、同仇敌忾、爱国爱家、乐观积极，这些精神正是可贵的抗战精神，这是我们新时代青少年需要继承发扬的民族精神。

《荷花淀》是一篇优美的诗化小说。其中的诗情画意令我们陶醉。看吧，荷花淀的风景是那么的恬静和优美。水和天，荷和苇，无一不明丽清纯，让人心醉。看吧，荷花淀的人们是那么的纯真可爱，无论是男人还是女人，他们都是时代的英雄。是啊，这么美的家园，谁能不爱？这么美丽的一方水土，当然会养育一方英雄儿女。他们美丽的身心不容玷污，他们平时有多少温情，战时就会有多少勇气。今天，我们的祖国更加欣欣向荣，前辈的精神给我们以有益的启示，永远荡涤着我们的心灵。

五、课后作业

比较水生嫂和木兰、祥林嫂人物形象。要求：观点明确，言之有理，500字左右。

思政点融入：通过将水生嫂和木兰进行比较，学生看到她们共同特质是勇于担当，水生嫂的进步在于更为自觉的家国情怀；将水生嫂和祥林嫂进行比较，学生能够发现抗日战争时期，共产党把广大人民发动起来了，全民总动员，共同抵御外敌入侵，妇女们思想和行为都得到解放。通过完成作业，深化学生对抗战精神的理解，从而强化革命传统教育。

【总结反思】

为完成本次课程的思政目标，主要采用的策略是：从学生熟知的英雄形象木兰导入；突出作者孙犁的家国情怀；阅读欣赏小说唯美的景物描写，理解人物对家乡的爱、对生活的爱，以及保卫家园、建设家园的强大决心；在角色朗读中，体会水生和水生嫂的家国情怀和他们身上的传统美德；最后用不同时代的人物形象做比较，深化学生对抗战精神的认识，进一步引导他们继承并发扬抗战精神，厚植爱国情怀，勇于承担起时代重任，为中华民族伟大复兴不懈努力。

让学生在欣赏小说诗意的景物描写、传神的人物塑造的同时，接受审美的熏陶和精神的洗礼，这样的思政教育是润物细无声的教育，是容易入脑入心的教育。

电机与电气控制技术：
正反转控制电路
——按钮控制自动伸缩门的开关

教师信息：刘玉娟　　**职称**：副教授　　**学历**：本科
研究方向：自动化控制技术
授课专业：机械制造及自动化
课程类别：理实一体化课程
课程性质：专业群技术基础课

第一部分　设计思路

一、本次设计的课程思政目标

本次课是电机与电气控制技术课程中的第二个实训项目，用按钮控制自动伸缩门的开关，即设计实现三相异步电动机的正反转控制电路。三相异步电动机的供电电源是 380V 动力电，特别要对用电安全着重强调。通过前面的任务学习，学生具有一定的安全意识和规范操作意识，需要在故障排查能力、精准快速判断故障方面继续加强训练，培育精益求精、专注严谨的工匠精神。本次课程在整个教学环节以不同的载体方式融入课程思政，发挥专业课程的育人作用，强化项目实施过程中的育人效果，围绕"安全意识、规范意识、工程意识和精益求精的工匠精神"有效落实课程思政总体目标。

二、课程思政教学设计内容

1. 课前：课程思政引入

通过学习通平台布置课前任务：观看技术能手邵新苍的视频。江苏省电力公司青年岗位能手邵新苍，带领班组精益求精，积极提升业务水准与工作效率。引导学生树立不断创新、与时俱进的科学精神，激发学习兴趣和专业自豪感。

2. 课中：课程思政贯穿授课过程

（1）设置真实工作情境。通过现场动图融入课程思政。通过具有科技感的电动机正反转应用的动图带入，从视觉上让学生感受到电动机正反转在我们的生产生活当中无处不在，感受到课堂专业学习和生活生产应用密不可分，体会到"小小电机，关乎国计民生"，增强学生的责任意识，进而引出真实工作情境，点出今天的学习内容。

（2）设计电气原理图。通过国标运用融入课程思政。播放"用按钮控制自动伸缩门的开关"视频，了解控制要求，从电气控制原理图设计之初，始终强调除了实现基本的功能要求外，更要满足国家用电安全规范要求，作为工程师交流的技术语言，原理图绘制要严格按照国标要求，让学生从思想上具有安全意识和规范意识这根红线。通过电路逐步完善、排除故障、运行成功的过程，让学生了解、分析、解决问题的思路和方法；通过层层递进的逻辑，逐步引导学生主动寻求解决方案，在过程中真正养成精益求精的工匠精神。

通过安全案例融入课程思政。依托安全事故案例库，提取由于误操作导致的短路着火爆炸事故案例，用血的教训进一步强化学生安全操作的重要性。通过实际运行中可能出现的误操作引起的短路故障，回忆学习通短路危害案例库中的小视频演示短路火灾带来的巨大危害，强调"安全至上，珍爱生命"的理念。

（3）工作台模拟运行调试。通过规范操作融入课程思政。学生按照图纸和任务表单，运用仪表工具，规范操作，完成安装接线运行调试、故障排查，引导学生主动寻求解决方案，在过程中真正养成精益求精的工匠精神。

（4）整理整顿。通过学生行动融入课程思政。项目实施完毕，整理好配电盘，规整好实训台，导线、工具、仪表等按照要求归位。通过对每个实训台的5S整理检查归位，培养热爱劳动、认真负责、有始有终的习惯，培养对所从事的职业高度负责的职业道德。

3. 课末：课程思政总结反思

通过现场采访融入课程思政。实践作业：观察校园北门伸缩门实现"正-反-停、反-正-停"控制方式，采访保安工作者，突出他们校园安全责任，写出采访笔记。

第二部分 案例描述

正反转控制电路——按钮控制自动伸缩门的开关

【思政导入】

布置学生课前在学习通观看技术能手邵新苍视频（如图 1 所示），谈体会，引导学生树立科学严谨、不断创新、与时俱进的科学精神，激发学习兴趣和专业自豪感。

图 1 技术能手邵新苍的视频

一、课程导入

提出问题：如何用按钮控制自动伸缩门的开关？图 2 用动图展示日常生产和生活当中正反转应用的场景。

通过具有科技感的电动机正反转应用的动图带入，从视觉上让学生感受到电动机正反转在我们的生产生活当中无处不在，感受到课堂专业学习和生活生产应用密不可分，体会到"小小电机，关乎国计民生"，引出真实工作任务，最后点出今天的学习内容——按钮控制自动伸缩门的开关。

图 2　电动机正反转应用示例

二、电气原理图设计

1. 视频演示控制要求

通过伸缩门开关过程视频演示（如图 3 所示），让学生理解电气控制要求，并强调设计安全和规范要求。

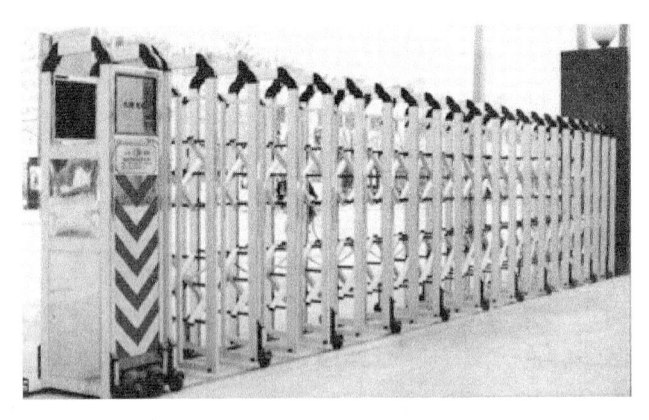

图 3　伸缩门开关过程视频

（1）基本功能要求：
1）按开门按钮，大门能开；
2）按关门按钮，大门能关；

3) 大门开、关过程中按下停止按钮能随时停止。

（2）安全要求。依据国家安全用电标准，必须有必要的短路、过载保护措施，做到安全可靠。

（3）规范要求。图中所有文字符号和图形符号符合 GB/T 4728.7-2008《电气简图用图形符号》。

思政点融入：从电气控制原理图设计之初就强调，除了实现基本的功能要求外，更要满足国家用电安全规范要求，作为工程师交流的技术语言，原理图绘制要严格按照国标要求，让学生思想上时刻具有安全意识和规范意识这根红线。

2. 电气原理图分析设计过程

对照控制要求，结合前面单方向运转学习的基础，共同分析图 4 所示的电动机正反转控制电路主电路和控制电路的组成、工作过程，理解电路设计意图及工作原理。

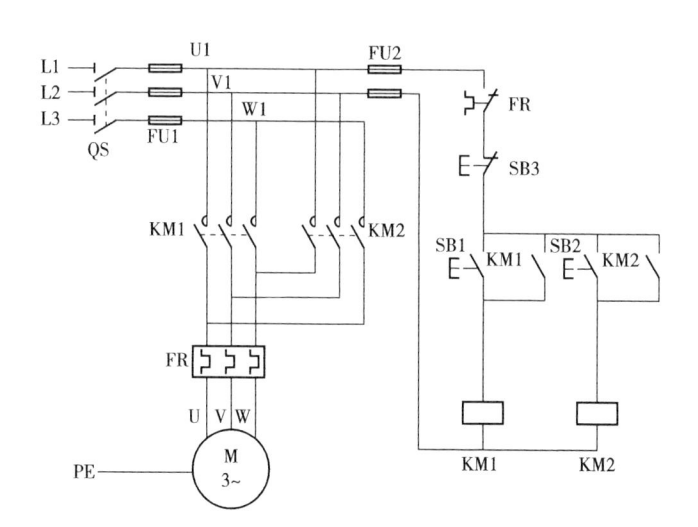

图 4 电动机正反转控制电路

（1）电路组成。热继电器 FR：电动机过载保护。熔断器 FU1：主电路短路保护，选择 1.5~2.5 Ie。熔断器 FU2：控制电路短路保护。SB1：正转按钮。SB2：反转按钮。SB3：停止按钮。KM1：正转接触器。KM2：反转接触器。

（2）工作过程：

1) 合上电源 QS；

2) 按下正转按钮 SB1，M 正转；
3) 按下反转按钮 SB2，M 反转；
4) 按下停止按钮 SB3，M 停转。

提出问题：这是一个最终安全可靠的电路吗？试想：如果同时按下正反转按钮（或电机正转时不小心按下反转按钮），会出现什么情况？

思政点融入：通过实际运行中可能出现的误操作引起的短路故障（如图5所示），回忆学习通短路危害案例库中的小视频短路火灾带来的巨大危害，强调"安全至上，珍爱生命"的理念，呼应电气控制分析中的三方面要求，增强学生的安全意识和规范意识。

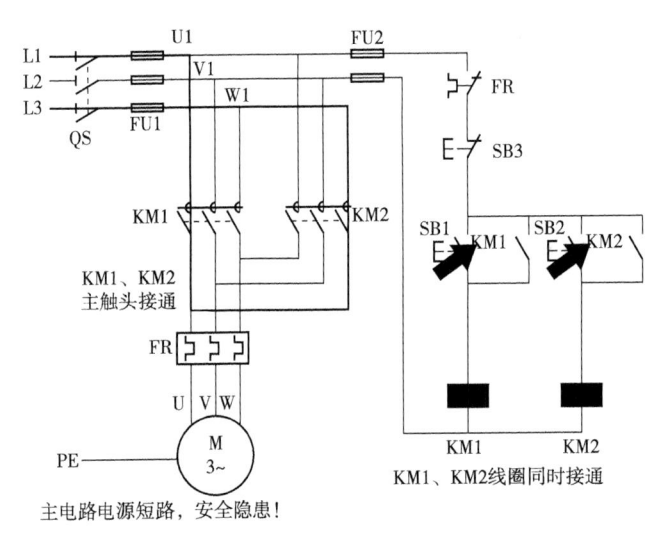

图 5　主电路电源短路故障示意

提出问题：如何改进才能避免主电路电源短路情况发生（即 KM1、KM2 线圈不能同时接通），保障电动机安全可靠运行？由此引出电气互锁正反转控制线路（如图6所示）。

电气互锁概念：接触器利用自身动断触点串接到对方线圈回路中，形成相互制约的控制，避免 KM1、KM2 同时得电。

借助运行过程动画分析如何达到避免短路的目的。电气互锁的正反转控制电路工作方式为"正-停-反、反-停-正"，要想由正转直接到反转，必须要按下停止按钮后，再按反转按钮才可以实现。

提出问题：如何让伸缩门实现"正-反-停、反-正-停"控制？（留给学生课下思考，也是下次课要讨论的内容）。

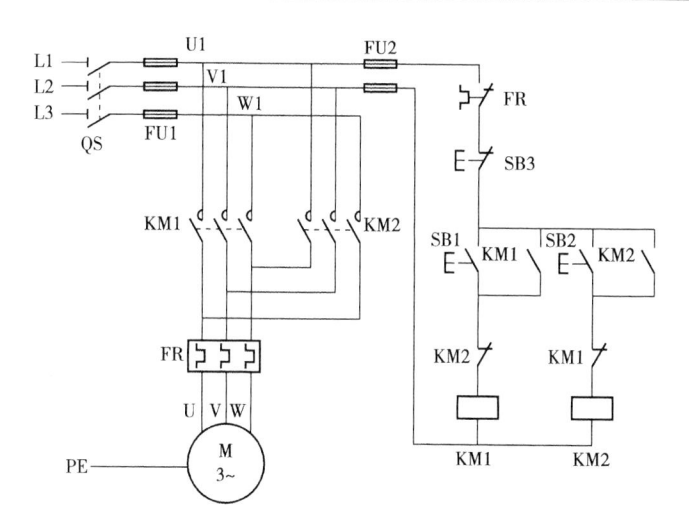

图 6 电气互锁正反转控制电路

三、安装、运行调试

1. 元件布局

电气元件布局如图 7 所示，布局时需遵循以下规则：

（1）体积大和较重的电器元件应安装在电器安装板的下方，而发热元件应安装在电器安装板的上方。

（2）强电弱电应分开，弱电应屏蔽，防止外界干扰。

（3）需要经常维护、检修、调整的电器元件，安装位置不宜过高或过低。

（4）电器元件的布局应考虑整齐、美观、对称，外形尺寸与结构类似的电器安装在一起，方便安装和配线。

（5）电气元件布局不宜过密，应留有一定间距，如用走线槽应加大电气间距，以利布线和维修。

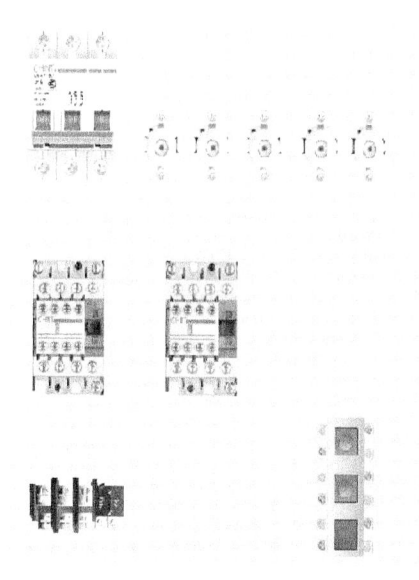

图 7 元件布局

思政点融入：学生分组查阅

规范，了解手册使用方法，了解电气元件布局应注意的问题，按照电气施工规范要求及注意的问题设计元件布局图，进行合理布局，让学生思想上逐步强化规范意识和工程意识。先在模拟软件中进行布局，并进行相应调整。

2. 安装接线

安装接线如图8所示，绘制原则如下：

（1）电气元件均按实际安装位置绘出，元器件所占图面按实际尺寸以统一比例绘制。

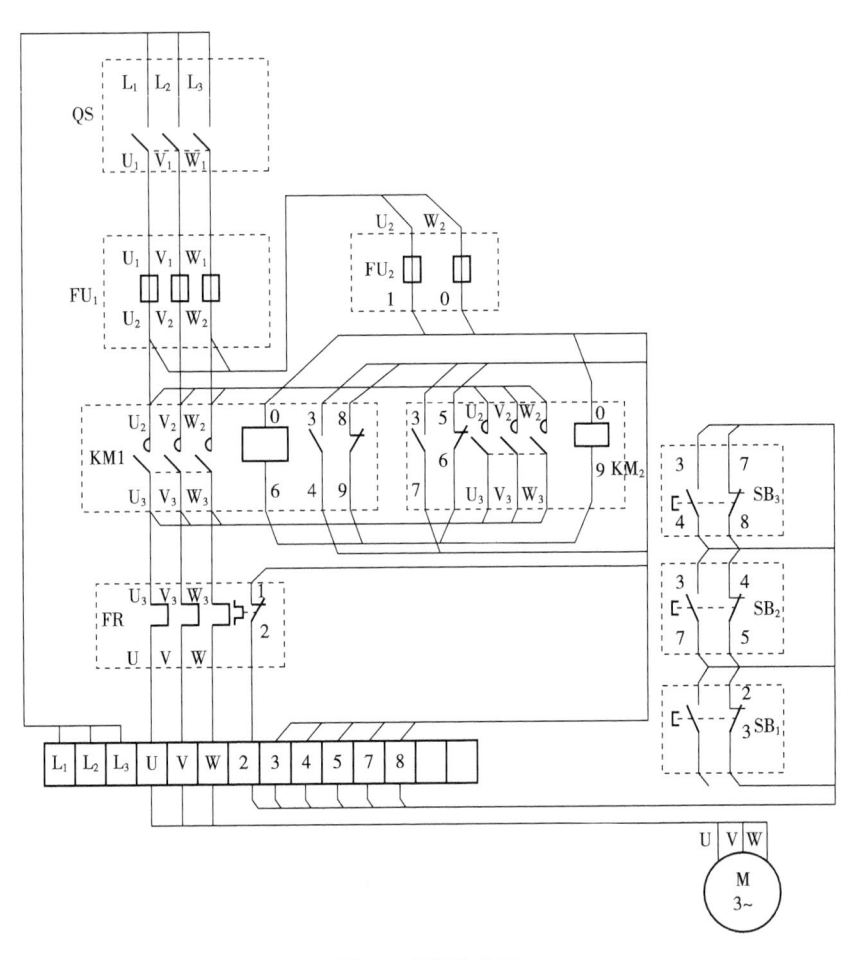

图8 安装接线图

（2）一个元件中所有的带电部件均画在一起，并用点画线框起来，采用集中表示法。

（3）电气元件的图形符号和文字符号必须与电气原理图一致，并符合国家标准。

（4）电气元件上凡是需接线的部件端子都应绘出并予以编号，接线端子的编号必须与电气原理图上的导线编号一致。

（5）绘制安装接线图时，走向相同的相邻导线，可以绘成一股线。

思政点融入：按照电气施工规范要求及注意的问题设计安装接线图，让学生正确安全使用电工工具及仪表，使用打号机，对照原理图及安装接线图，完成配电盘安装接线，思想上时刻具有安全意识和规范意识，避免上电时短路或断路的发生。

3. 运行调试

（1）上电前填写万用表检测记录表单，见表1。

表1　不通电测试记录表

操作步骤	主电路						控制电路两端（U1-V1）		
	压住 KM1 衔铁			压住 KM2 衔铁			按下 SB1	按下 SB2	压下 KM1 衔铁	压下 KM2 衔铁
	L1-U	L2-V	L3-W	L1-W	L2-V	L3-U			
电阻值										

（2）通电试车时填写通电测试记录表，见表2。

表2　通电测试记录表

操作步骤	合上 QS	按下 SB1	按下 SB2	按下 SB3	再次按下 SB2	按下 SB3
电动机动作或接触器吸合情况						

（3）故障排查。在操作过程中，如果出现运行不正常现象，应立即切断电源，根据故障现象分析查找故障原因，仔细检查电路，排除故障。排查后，在教师允许的情况下才能再次通电调试。

（4）断电结束：通电调试完毕，务必切断电源。

表格法：规范检测步骤及内容。

观察法：观察上电后运行过程，检验结果。

分析法：根据故障现象分析可能原因及故障点。

思政点融入：通过电路逐步完善、排除故障、运行成功的过程，让学生了解分析解决问题的思路和方法；通过层层递进的逻辑，逐步引导学生主动寻求解决方案，在过程中真正养成精益求精的工匠精神。

4. 整理整顿

项目实施完毕，整理好配电盘，规整好实训台，导线、工具、仪表等按照要求归位。

思政点融入：通过对每个实训台的 5S 整理检查，培养学生热爱劳动、认真负责、有始有终的习惯，培养对所从事的职业高度负责的职业道德。

四、课堂总结

在教师的引导启发下，通过项目实施，学生能够按照步骤较好地完成原理图分析、安装接线、运行调试，并进行简单的故障排查处理，项目结束后能够整理实训台，归位实训仪器设备。本次课培养了学生的安全意识、规范意识、工程意识和精益求精的工匠精神，达到了工程技术与思想政治双向融通、双线提升的目标。

五、课后拓展

实践作业：观察校园北门伸缩门实现"正-反-停、反-正-停"控制方式，采访保安工作者，写出采访笔记。

【总结反思】

（1）课程思政目标基本达成。在教师的引导启发下，学生能够比较规范地完成项目任务，正确使用电工工具和仪表，按照规范安装接线，进行上电前检测和通电运行，根据现象进行简单的故障分析排查。课后能够主动整理实训台，归位实训仪器设备。整个项目实施过程体现了学生的安全意识、规范意识及精益求精的态度养成，达到"双线育人"目标。

（2）教师在专业教学中树立课程思政意识很重要。育人是教师的责任，不论教什么课，都在直接或间接地回答学生，"应该在哪用力、对谁用情、如何用心、做什么样的人的问题"。因此，寓价值观塑造于知识传授和能力培养之中，是教师崇高而不可推卸的应尽之责，必须要有意识地把专业教学与课程思政教学同步设计、同步实施、同步评价（"三同步"）。

（3）教师要不断提升课程思政建设能力。要善于从知识点中，从实操、实训环节中发掘思政元素，关注时事，多联系课程所涉及的人和事，"天边不如身边、道理不如故事"。让基本理论变成生动的道理，既要形象生动，又要注意运用和联系的准确、自然，达到潜移默化、润物无声的境界。

复合材料与密封防腐：
认识航空工程材料

教师信息：张娜　**职称**：副教授　**学历**：本科
研究方向：机械设计
授课专业：飞机机电设备维修
课程类别：理实一体化课程
课程性质：专业模块化课

第一部分　设计思路

一、本次设计的课程思政目标

本课程将课内互动教学与课外自主学习相结合，培养学生认真、严谨、规范的工作习惯以及沟通协作的基本职业素养。同时，本课程也承载着培养机务匠心精神、落实立德树人任务、发展机务职业素质教育的功能。

二、课程思政教学设计内容

1. 课前：课程思政引入

观看视频"从航天特种材料应用看材料技术的发展"，向学生提出两个问题，引起学生对材料应用技术的思考。

问题1：国产大飞机用什么材料？

问题2：航天特种材料的性能要求有哪些？

让学生明白，关键核心技术是国之重器，对推动我国经济高质量发展、保障国家安全具有十分重要的意义。党的十八大以来，习近平总书记对打好打赢关键核心技术攻坚战做出一系列重要论述，对突破关键核心技术做出战略部署，为提高创新能力、掌握科技发展主动权进一步指明实践路径。

2. 课中：课程思政贯穿授课过程

在讲课过程中，始终贯穿师生互动，以图片的形式用丰富的材料应用场合举例，并列举代表时代意义的材料发展的重大事件。引导学生对科学技术现代化的正确认识，增强对我国日益增强的国家实力的认同感，树立行业自信，加深学生将个人成才梦融入实现中华民族伟大复兴的中国梦的思想认识。

3. 课末：课程思政总结反思

"一代材料，一代飞机"，是一百多年世界航空发展史的真实写照，也是飞机与航空材料相互依存、相互促进的真实写照。

布置课后作业：①观看视频"诞生120年，超过1 000起空难，飞机材料如何变得安全轻盈？"②阅读拓展素材——2022年冬奥会蕴藏的"科技新材料"。由此引导学生了解国际和国内材料发展现状以及面临的新机遇新挑战，启发学生主动思考和学习。

第二部分　案例描述

认识航空工程材料

【思政导入】

本次课是复合材料与密封防腐课程的第一次课，对学生学习动机正向引导，线上发布课程学习内容、学习要求、考核要求等，供学生自学。

教师引言：我国航空航天事业发展突飞猛进，材料技术的发展起到了至关重要的作用。请同学们带着问题观看视频。问题1：国产大飞机用什么材料？问题2：航天特种材料的性能要求有哪些？

播放视频：从航天特种材料应用看材料技术的发展。

学生讨论并回答问题。

问题1答案：碳纤维增强环氧树脂（树脂基的碳纤维复合材料）是飞机结构材料，它能使机身减重。

问题2答案：质量轻，强度高，耐高温，耐烧蚀。

教师总结并引入授课内容。航天人员口号：为减轻每一克重量而奋斗。材料是社会生产与发展的物质基础！材料是科技进步的核心！

【思政贯穿】

教师提问：什么是材料？

学生思考并回答，列举生活中的材料。

教师总结：材料是具有一定性能，可以用来制作器件、构件、工具、装置等物品的物质。简单地说，材料是人类可用于制造有用器件的物质。各种材料的应用举例如图 1 所示。

图 1　各种材料的应用举例

一、材料发展历程

教师讲授：材料、信息和能源是现代技术的三大支柱，其中材料则是最基础的。人类从诞生的那天起，就开始开发和利用材料；而材料从被人类利用的那天起，就与我们的生活息息相关。人类使用材料的历史，与人类本身的历史一样长，人类就是在使用材料、制造工具的过程中不断进化、走向成熟的。一部人类文明史，从某种意义上说，也可以称之为一部材料科学发展史。

播放视频：材料发展史。

学生观看视频：通过观看材料发展进程视频，引导学生对周边材料的认识，了解材料发展、应用，了解课程的学习目标，了解我国材料的研究领域与国外存在的差距，树立社会责任意识。

教师讲授（边讲解边提问，与学生互动）：材料是人类社会进步的里程碑，是社会发展和进步的标志。在历史上，人们将石器、青铜器、铁器等当时的主导材料作为时代的标志，分别称其为石器时代、青铜器时代、铁器时代。在近代，材料种类极其繁多，各种新材料不断涌现，很难用一种材料来代表当今时代的特征，故统称新材料时代。

以材料的使用划分人类文明进化时代。从远古的石器时代，到铁器时代，再到如今的新材料时代，人类社会先后经过了七个不同时代：

(1) 石器时代 (stone age)；

(2) 青铜时代（bronze age）；

(3) 铁器时代（iron age）；

(4) 水泥时代（cement age）；

(5) 钢时代（steel age）；

(6) 硅时代（silicon age）；

(7) 新材料时代（new material age）。

材料是科技进步的核心，材料是现代科学技术发展的关键。建筑、交通、能源、计算机、通信、多媒体、生物医学等，无不依赖材料科学与技术的发展来实现和突破。

思政素材：视频"材料发展史"，时长3分钟，视频来源于B站。在材料发展历程这部分知识的讲解过程中，始终贯穿师生互动，以图片的形式用丰富的材料应用场合举例，并列举代表时代意义的材料发展的重大事件。

思政点融入：引导学生对科学技术现代化的正确认识，增强对我国日益增强的国家实力的认同感，树立行业自信，加深学生将个人成才梦融入实现中华民族伟大复兴的中国梦的思想认识。

二、航空工程材料

教师讲授（边播放图片边提问，与学生互动）：新材料促进新技术，新技术发展新工业，新工业带来新生活。材料与国家实力密切相关，材料在国家重器中的发展和应用举例：航天卫星、宇航员服装、火箭、航母、潜艇、天眼等（如图2所示）。

图2 材料在国家重器中的发展和应用

教师引导：材料是现代科学技术发展的关键，一代材料一代飞机；一代材料一代装备。提示学生认真观看视频并思考：飞机上常用的材料有什么？材料的特性是什么？

教师播放视频"一代材料 一代飞机"。

学生观看视频并回答问题。

教师点评：钛合金材料的比强度（强度和密度之比）比钢、铝合金、镍基合金强度都高；在海水里也不会生锈（不锈钢在海水里也会生锈）；钛铝合金更轻，是将来飞机材料发展的重点。

思政素材。视频：《一代材料 一代飞机》，时长4分钟，来源于西瓜视频网站。

思政点融入：通过领略曹春晓院士的人格魅力和思想素养，引导学生树立榜样，鼓励学生吃苦耐劳、坚持不懈，认真学习专业知识，立航空报国志，成大国工匠才。

师生互动学习：

（1）航空器对航空工程材料的要求："轻质高强、高温耐蚀"。

1）"轻质高强"是指材料不但强度高而且密度小。航空工业有一句口号是"为每一克减重而奋斗"。飞行器结构减重带来的效益如表1所示。

2）"高温"是指航空材料要能耐受较高的工作温度。

3）"耐蚀"是指航空材料要有优良的抗腐蚀，特别是抗应力腐蚀、腐蚀疲劳的能力。

表1 飞行器结构减重带来的效益

机种	小型民用飞机	直升机	先进战斗机	商用运输机	超音速与高超音速运输机	航天飞机
美元/磅	50	300	400	800	3 000	30 000

在航空工程中，需要尽可能地减轻重量，而采用新工艺和新材料造成的较高成本，往往是一般机械行业难以接受的。所以，航空构件的使用寿命特别是疲劳寿命就显得尤为重要，进而飞机使用过程中的检修和维护也是十分重要的。

思政点融入：热爱专业，负责任地工作，飞机维修岗位很重要，关系到飞机的飞行安全和乘客安全。

（2）航空工程材料的分类（本课程的主要内容，如图3所示）。

教师总结：飞机结构材料的演变。从世界上第一架飞机"飞行者一号"

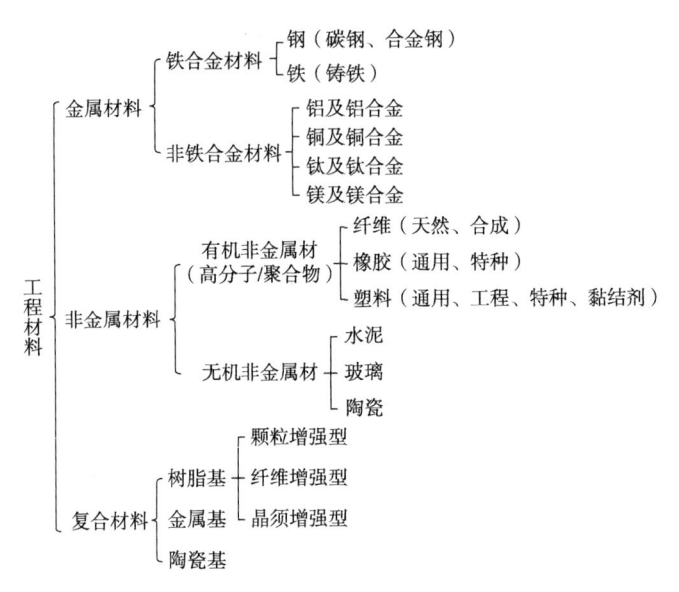

```
                    ┌─ 铁合金材料 ──┬─ 钢（碳钢、合金钢）
                    │              └─ 铁（铸铁）
         ┌ 金属材料 ┤
         │          │                ┌─ 铝及铝合金
         │          └─ 非铁合金材料 ─┼─ 铜及铜合金
         │                           ├─ 钛及钛合金
         │                           └─ 镁及镁合金
  工     │                                    ┌─ 纤维（天然、合成）
  程     │            ┌ 有机非金属材 ─────────┼─ 橡胶（通用、特种）
  材  ───┤            │ （高分子/聚合物）      └─ 塑料（通用、工程、特种、黏结剂）
  料     ├ 非金属材料 ┤
         │            │                ┌─ 水泥
         │            └─ 无机非金属材 ─┼─ 玻璃
         │                             └─ 陶瓷
         │                      ┌─ 颗粒增强型
         │          ┌ 树脂基 ───┼─ 纤维增强型
         └ 复合材料 ┤ 金属基    └─ 晶须增强型
                    └ 陶瓷基
```

图3　工程材料的分类

到如今的歼20战斗机和C919客机，不难发现，飞机的外形、构造和材料都发生了翻天覆地的变化。"一代材料，一代飞机"，是这一百多年世界航空发展史的真实写照，也是飞机与航空材料相互依存、相互促进紧密关系的真实写照。

【总结反思】

材料是实现先进飞机高性能、轻量化、高可靠、长寿命、低成本等的重要技术保障，而且飞机具有用途多、使用环境多样、服役环境苛刻等特点，这些都对先进飞机使用的材料与制造技术提出很高要求。基于飞机材料的重要性，世界航空强国对飞机材料的发展都予以高度重视。

数据分析与机器学习算法应用：
使用 KNN 算法进行汽车品牌推荐

教师信息：景妮琴　**职称**：副教授　**学历**：本科
研究方向：机器学习算法、大数据技术
授课专业：大数据技术
课程类别：理实一体化课程
课程性质：职业技术技能课

第一部分　设计思路

一、本次设计的课程思政目标

（1）通过阅读 TikTok 在美国遭禁的案例，让学生认识到中国人在人工智能的算法方面能够做得很好，激发学生的爱国热情以及专业自信。

（2）引申分类思想，让学生通过"近朱者赤、近墨者黑"深刻理解最近邻算法的含义，让学生树立正确的交友观、价值观。

（3）通过 KNN（K 近邻）算法的含义，让学生树立大局意识，少数服从多数，在遇到个人利益和国家民族利益冲突时，要以国家民族利益为重。

（4）在实践中逐步培养学生不言放弃、精益求精、一丝不苟的工匠精神。

（5）结合 KNN 算法的缺点和不足，培养学生辩证统一地看问题，并改进 KNN 算法。

二、课程思政设计内容

见图 1。

1. 课前：课程思政引入

教师课前通过学习通发布学习任务：①要求学生观看学习通视频，理解 KNN 算法的核心思想；②要求学生完成预习测验；③要求学生阅读 TikTok 在

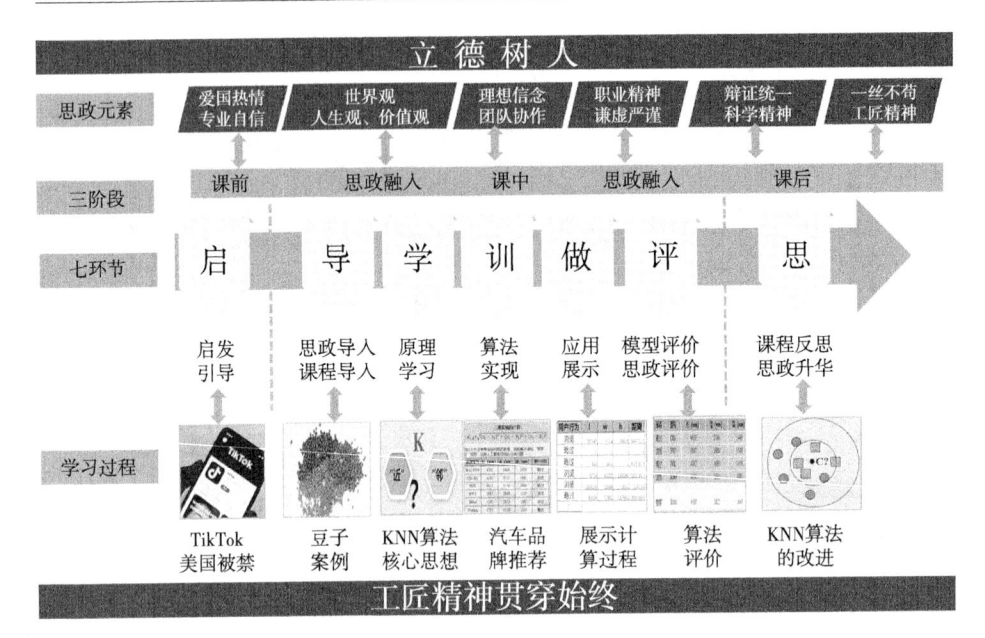

图 1 思政教学内容设计

美国遭禁的思政案例。

2. 课中：课程思政贯穿授课过程

（1）教师通过电商平台对汽车品牌推荐的案例，引入课程任务，让学生明确本次课的任务，激发学生的学习兴趣。

（2）在最近邻算法的学习环节，引申分类思想，通过"近朱者赤、近墨者黑"深刻理解最近邻算法的含义，让学生树立正确的交友观、价值观。

（3）在KNN算法的学习环节，学生从手工计算的角度深刻理解KNN算法的核心思想，通过计算明确K个值需要进行举手表决才能通过少数服从多数的方法确定是否对汽车品牌进行推荐，培养学生树立大局意识，少数服从多数，国家利益高于一切的思想。

（4）在"使用KNN算法进行汽车品牌推荐"的训练环节，通过一步一步的计算，培养学生精益求精的工匠精神；在计算中出现问题时，通过解决问题，培养学生精益求精、一丝不苟的职业精神。

（5）在展示与评价环节，教育学生以精益求精、一丝不苟的职业精神进行学习，多积累、善总结、勤分析、灵运用，用知识武装头脑、用实践检验真知，终有一日会实现科技报国。结合机器学习模型的评估方法，引入本课程多元评价的方法，培养学生谦虚严谨的工作作风。

（6）在总结思考环节，结合KNN算法的缺点和不足，培养学生辩证统一地看问题。

3. 课末：课程思政总结反思

完成学习通课后测试及教学情况调研。引入实际生活中的 KNN 算法场景，培养学生爱岗敬业的工匠精神。

第二部分　案例描述

使用 KNN 算法应用进行汽车品牌推荐

【思政导入】

由于学生已经在上课前观看了视频，阅读了 TikTok 在美国遭禁的思政案例，因此开始上课后，教师与学生一起讨论两个问题：

（1）TikTok 在美国风靡的原因是什么？

（2）TikTok 在美国为什么遭禁？

通过讨论，教师与学生明确 TikTok 的算法是其在美国风靡的原因，教师和学生一致认为我国的 TikTok 公司能够做出令世界为之痴迷的算法，把短视频推广到世界各地，实属了不起。大学生作为我国 IT 的新生力量，一定能够做出更好的算法，以此增强学生的专业自信。在另一个层面，TikTok 在美国遭拒等一系列美国针对我国在科技领域崛起的所作所为，表明美国在有意打压我国，不希望我们在科技领域取得领先地位，使用卑劣手段遏制我国，由此激发学生的爱国热情。

一、课程引入

教师提出要做出更好的算法，就要从最基本的机器学习算法开始。引出本次课的任务：KNN 算法应用。

通过学生的预习测验成绩发现，98% 的学生完成了课前 KNN 算法视频的学习，大多数针对所设定的概念进行了思考，但有一部分学生在学习的时候还存在困难。希望学生不要气馁，在课上学习时认真听讲，掌握精髓。

教师针对本次课的学习内容提出问题：电商平台如何进行汽车品牌推荐？通过思考问题，教师让学生明确本次课的任务，激发学生学习兴趣。

任务描述：用户在登录电商平台时，对 BDe6、XW-M1、BW5 品牌的汽车进行了浏览，而对 POL、BAOJ310、Wuling 品牌的汽车没有进行浏览。电商平台给出了这几种汽车品牌的车型尺寸（见表1），通过这些车型尺寸，能够判断用户对 CRV 品牌的关注度，电商平台是否会推荐该型号的汽车给用户呢？

表1　电商平台汽车品牌推荐

品牌型号	长（mm）	宽（mm）	高（mm）	用户行为
BAOJ310	4 032	1 680	1 450	略过
XW-MI	4 330	1 535	1 885	浏览
POL	4 053	1 740	1 449	略过
BW5	5 087	1 868	1 500	浏览
BDe6	4 560	1 822	1 645	浏览
Wuling	3 797	1 510	1 820	略过
CRV	4 585	1 855	1 679	?

二、KNN 算法核心思想

1. 最近邻算法

为了回答"电商平台是否会推荐该型号的汽车给用户？"这个问题，教师让学生回忆课前所学内容，给出一个适合的算法：KNN 算法。

KNN（K 最近邻算法）是分类方法，是根据已知类别的数据确定预测数据的类别。在这里要理解 K 的概念和近邻的概念。这就是我们日常所说的物以类聚的概念，同一类别的事物通常会聚集在一起。

教师让学生观察图2，思考能否推断出 A 和 B 的颜色与形状。

很多学生不假思索地推断出 A 为粉色圆点，B 为绿色方块。

教师让学生思考这是不是 KNN 算法。

教师指出，这不是 KNN 算法。这时教师让学生思考为什么不是 KNN 算法。提示学生要想想是怎么推导出"A 为粉色圆点，B 为绿色方块"这个结论的。学生是不是根据 A 点与粉色圆点的距离最近，B 与绿色方块的距离最近得出结论的？

这时候的思路就是：求距离。距离最近的就

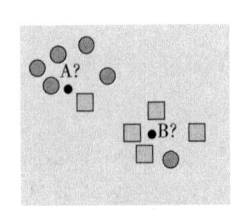

图2　最近邻算法推测物体类别

是那个类别，这是最近邻算法，而不是KNN算法。

教师引申分类思想，让学生通过"近朱者赤、近墨者黑"深刻理解最近邻算法的含义，让学生树立正确的交友观、价值观。

2. KNN算法

通过理解最近邻算法，学生对KNN算法充满了期待。

当物体的图形变成如图3所示的时候，如果还是使用最近邻算法，很多学生就会得出C为绿色方块的结论。但这其实是对KNN算法的理解出现了偏差。

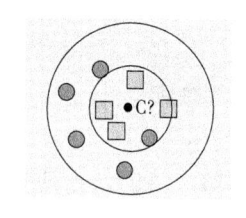

图3　KNN推测物体类别

最近邻算法会不会有问题呢？

如果这时候有一个粉色的圆圈离C最近，而且这时候只有一个粉色的圆圈离得最近，那结论就会变为粉色的圆圈。这样的结论就出现了偏差。

为了纠正这种结果，把最近邻算法进行拓展，变为K近邻算法，也就是KNN算法，那我们要如何判断呢？

这时候我们可以划定一个区域，比如，在小圆圈区域中，有4个绿色方块，1个红色圆圈，如果我们采用K最近邻算法，选取K为5，绿色方块和红色圆圈的比例为4∶1，这时候通过少数服从多数原则，判断C为绿色方块。

如果在大圆圈的区域中，有4个绿色方块，5个红色圆圈，这时候比例为4∶5，这时候选取的K为9，那就能判定C的类别为红色圆圈，因此这里K的取值非常重要。

通过这样的判断，让学生理解不仅要求距离，还要选取适当的K值，当K的值不同时，得到的结论也不同。可以把KNN算法理解为要选取K个最近的值，然后再投票决定哪个最多。

教师通过引申分类思想，让学生深刻理解K近邻（KNN）算法的含义，明确选取的K值需要举手表决，要少数服从多数，培养学生树立大局意识，少数服从多数，在个人利益与集体利益、国家利益发生矛盾时，国家利益高于一切。

三、使用KNN算法进行汽车品牌推荐

1. 算法应用

KNN算法中最重要的是K和距离。为了回答汽车品牌推荐的问题，教师让学生明确可以通过计算距离来进行品牌推荐，总结KNN算法进行汽车品牌

推荐的步骤为：

(1) 通过欧氏距离公式计算给定数据与已知数据的距离：

$$d_{A,B} = \sqrt{(x_2-x_1)^2 + (y_2-y_1)^2} \tag{1}$$

(2) 计算距离以后进行排序；

(3) 通过排序得到前 K 个数据的类别，观察 K 个数据的类别，最终进行汽车品牌推荐。

学生通过手工计算 CRV 汽车与已知 6 种类型汽车的距离，以及选取的不同 K 值，得到是否推荐的结论，如表 2 所示。

表 2　计算距离得出结论

品牌型号	长（mm）	宽（mm）	高（mm）	用户行为	距离	是否推荐
BAOJ310	4 032	1 680	1 450	略过	53.57	
XW-MI	4 330	1 535	1 885	浏览	458.11	
POL	4 053	1 740	1 449	略过	533.12	
BW5	5 087	1 868	1 500	浏览	590.89	
BDe6	4 560	1 822	1 645	浏览	623.60	
Wuling	3 797	1 510	1 820	略过	871.69	
CRV	4 585	1 855	1 679			推荐

学生在教师的指导下通过 Excel 表计算待预测汽车品牌与已有汽车品牌的距离，选取合适的 K 值，得到是否推荐的结论，由此培养学生精益求精的工匠精神。

2. 数据处理

通过汽车品牌推荐，学生在计算后使用 KNN 算法排序，并通过举手表决得到是否推荐的结论，加深对 KNN 算法的理解。

这时教师提出一个与之前稍有不同的问题，给出的数据中不仅有长、宽、高，还有油耗等别的参数，如表 3 所示。

表 3　车型参数

车型	长（mm）	宽（mm）	高（mm）	油耗（L/100km）	售价（万元）
BAOJ310	4 032	1 680	1 450	5.3	5.6
XW-M1	4 330	1 535	1 885	7.8	14.5
POL	4 053	1 740	1 449	6.2	10.8

续表

车型	长（mm）	宽（mm）	高（mm）	油耗（L/100km）	售价（万元）
BW5	5 087	1 868	1 500	8.5	25.6
BDe6	4 560	1 822	1 645	7.8	15.8
Wuling	3 797	1 510	1 820	5.5	9.6

教师让学生使用刚才的办法得出是否推荐的结论，但学生按照步骤进行分类以后，会发现油耗与售价对结果没有什么影响。

教师引导学生对比结果，对数据进行分析，发现长、宽、高与油耗和售价的量纲不同，因此应不同对待，由此引出工程中的不同数据处理的问题。

数据归一化，对每个属性都找出最大数值和最小数值，然后对某一属性数据集中的每个数据通过式 2 进行处理，得到的结果如表 4 所示。

$$x' = \frac{x - \min A}{\max A - \min A} \tag{2}$$

表 4　归一化后的车型参数

车型	$\dfrac{长-\min_{长}}{\max_{长}-\min_{长}}$	$\dfrac{宽-\min_{宽}}{\max_{宽}-\min_{宽}}$	$\dfrac{高-\min_{高}}{\max_{高}-\min_{高}}$	$\dfrac{油耗-\min_{油耗}}{\max_{油耗}-\min_{油耗}}$	$\dfrac{售价-\min_{售价}}{\max_{售价}-\min_{售价}}$
BAOJ310	0.18	0.47	0.00	0.00	0.00
XW-M1	0.41	0.07	1.00	0.78	0.45
POL	0.20	0.64	0.00	0.28	0.26
BW5	1.00	1.00	0.12	1.00	1.00
BDe6	0.59	0.87	0.45	0.78	0.51
Wuling	0.00	0.00	0.85	0.06	0.20
CRV	0.61	0.96	0.53	0.72	0.50

这时，教师再让学生使用 KNN 算法的步骤计算距离、排序（见表 5），选出 $K=4$ 个最近邻的汽车类型，使用少数服从多数得到结果为"推荐"。发现后面的油耗与售价两个数据起到了作用。

表5 归一化后的数据计算距离得出结论

车型	距离 d	用户行为	排序
BDe6	0.137 695	浏览	1
BW5	0.806 478	浏览	2
POL	0.894 735	略过	3
XW-M1	1.033 546	浏览	4
BAOJ310	1.210 449	略过	5
Wuling	1.388 194	略过	6
CRV		?	推荐

通过使用前面的计算方法发现问题，再通过归一化的方法解决问题，培养学生精益求精、一丝不苟的职业精神。

四、总结评价

1. 多元评价

教师让学生展示汽车品牌推荐的结果。在小组展示的过程中，学生能够针对 KNN 算法的步骤进行总结，真正做到懂原理、用原理、会表达。

为了检验学生学习效果，教师让学生完成测试和评教问卷。通过测试结果分析，对比课前测试，学生已经掌握本课知识点。评教问卷结果表明，学生通过本次课的学习掌握了知识点，学到了 KNN 算法分类这项重要技能。

教师对学生的专业能力和非专业能力进行评价，并做总结。

学生听取教师指导，进行组间和组内评价，对自己本次课所学知识进行评价。

通过多元评价，教师全方面了解了学生专业能力和非专业能力情况，便于进行教学调整。

通过小组展示、测试、多元评价，让学生以精益求精、一丝不苟的职业精神进行学习，多积累、善总结、勤分析、灵运用，用知识武装头脑、用实践检验真知，终有一日会实现科技报国。结合机器学习模型的评估方法，引入本课程多元评价的方法，培养学生谦虚严谨的工作作风。

2. 总结思考

在测试中，教师发现学生在判断点 Xu 的类别和点 Y 的类别（如图4所示）时出现了概念混淆。为了让学生更深入地理解 KNN 算法的精髓，先用前面所学确定点 Xu 的类别。在确定 Y 的类别时，如果直接使用 KNN 算法，取

K 值为 5，这时得到 Y 的类别为蓝色三角形，但是我们通过肉眼就能观察到 Y 离红色圆点的距离最近，这与判定结果出现了偏差，如何解决这个问题呢？

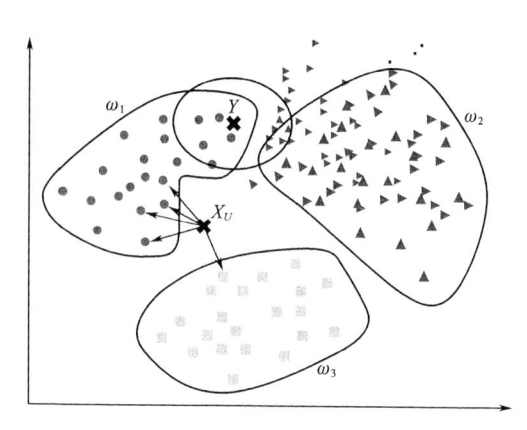

图 4　预测的类别

我们可以对算法进行改进：加入权值的概念。把和该样本距离小的邻居权值加大，和该样本距离大的邻居权值变小，由此将距离远近的因素也考虑在内，避免因一个样本过大导致误判的情况。这时就可以得到 Y 的预测分类为红色圆点的结论。

教师提出思考问题：K 近邻算法有没有缺点？

学生分组讨论。从算法实现的过程可以发现，该算法存在两个严重的问题：

（1）需要存储全部的训练样本；

（2）需要进行大量的距离计算。

学生课下思考：怎么才能解决这两个问题呢？有没有更好的机器学习算法，既能完成分类，又能避免这两个问题。

结合 KNN 算法的缺点和不足，培养学生辩证统一地看问题，并能够改进 KNN 算法。

课后拓展：

（1）学生完成任务日志、KNN 算法文档，上传，综合评价。学生完成任务后，从学生对 KNN 算法的理解，以及完成任务过程中的算法分析等方面综合评价学生，给出成绩。

（2）布置预习任务：使用代码完成 KNN 算法分类。

完成学习通课后测试及教学情况调研。引入实际生活中的 KNN 算法场景，培养学生爱岗敬业的工匠精神和追求卓越的创新精神。

【总结反思】

本次课侧重于价值观层面,注重学生社会主义核心价值观培养,将课程思政融入点与教学过程进行了一体化设计,把世界观、人生观和价值观教育,中国精神教育(创新教育),真善美教育(科学精神、职业精神、工匠精神)穿插在教学环节中,贯穿整个教学过程,使课程思政教学时长有机融入整体教学时长,达到知识、能力、思政教育三线并进。

单片机技术应用1：
定时器/计数器原理与应用

教师信息： 张迪　**职称：** 讲师　**学历：** 硕士
研究方向： 飞行器控制
授课专业： 电气自动化专业、无人机应用技术专业
课程类别： 理实一体化课程
课程性质： 职业技术技能课

第一部分　设计思路

一、本次设计的课程思政目标

本次课程思政教学设计主要以价值观层面为主，方法论层面和认识观层面为辅。价值观层面主要以中国精神教育（中华优秀传统文化与美德教育）、社会主义道德教育（社会公德、家庭美德、个人品德）为主，引领学生的社会主义核心价值观；方法论层面主要以系统思维、创新思维、实践思维为主体，加强对学生马克思主义辩证思维方法的培养；认识观层面以社会主义现代化和中华民族伟大复兴总任务为主导，激励学生刻苦学习，为祖国的繁荣富强贡献一份力量。

二、课程思政教学设计内容

1. 课前：课程思政引入

通过播放国庆节天安门广场升国旗仪式视频，激发学生的民族自豪感和责任感。同时，通过国旗护卫队一年365天准时准点升国旗的行为，激励学生上课要做到不迟到不早退，养成准时守时的好习惯。由此引出授课内容：单片机是如何实现定时功能的？

2. 课中：课程思政贯穿授课过程

通过讲解单片机定时器和计数器的区别，引导学生采用场景记忆的方法，

在不同场合做好自己的本职工作。比如，在学校作为学生，应该刻苦学习、遵纪守法；在家里作为子女，应该孝敬父母、谦卑有礼。

结合学生在学习过程中对英语的畏学和厌学情绪，教师要积极主动地鼓励学生的每一个小进步，并且给予表扬。大部分学生其实内心极度缺乏自信，也特别需要来自教师的肯定和认可。只有激发学生学习的主观能动性，学生才会迎难而上，克服畏难情绪。

通过课堂简单的练习提问，帮助学生深入理解定时器/计数器的使用方法，培养学生举一反三的系统思维能力，鼓励学生用多种方法解决问题，锻炼学生的创新思维。

通过学生在实操练习中的反馈问题，及时引导学生多学多问，多实践多练习。同时，要求学生自主完成实操任务，讲诚信讲文明，爱护机房电脑设备等。

3. 课末：课程思政总结反思

通过学生学习效果、学生行为等的反馈，及时纠正不良行为，及时鼓励学生，激发学生的学习兴趣，强化学生自主学习的能力，帮助学生树立自信心，鼓励学生为成为更好的自己而努力。

第二部分　案例描述

定时器/计数器原理与应用

一、本次课程内容的引入

观看2023年10月1日国庆节天安门广场升国旗仪式视频（见图1）。升国旗仪式是一场生动的爱国主义教育课，可以让学生感受到强烈的家国情怀，激发学生的民族自豪感和使命感。"少年强则国强，少年进步则国进步，千百年来，青春的力量，青春的涌动，青春的创造，始终是推动中华民族勇毅前行、屹立于世界民族之林的磅礴力量。"借用习近平总书记的话，激励学生为中华民族的伟大复兴而刻苦学习，贡献自己的一份力量。

图 1　国旗护卫队升旗照片

教师提问：每年 365 天的升旗时间是？

学生思考、回答。

思政点融入：教师展示 2023 年天安门升（降）国旗时刻表。国旗护卫队每年 365 天准时将五星红旗升起，从不出现迟到问题。通过国旗护卫队准时守时的行为，激励学生上课要准时，不要迟到或早退，养成守时准时，上课提前 5 分钟到的好习惯。

教师明确本节课学习任务：单片机定时器/计数器的原理与设计。

二、单片机定时器/计数器

1. 单片机定时器/计数器介绍（理论教学）

单片机定时器/计数器是单片机系统一个重要的功能，其工作方式灵活、编程简单、使用方便，可用来实现定时控制、延时频率测量、脉宽测量、信号发生、信号检测等。此外，定时器/计数器还可作为串行通信中波特率信号发生器。

单片机定时器/计数器具有双功能，可以定时，可以计数，但任何一个时刻使用，只能使用其中的一种功能。

教师提问：如何区分单片机是使用定时器功能，还是计数器功能？

学生讨论、回答。

教师总结：定时器是针对单片机内部机器周期进行计数的，计数器是针对单片机外部引脚 P3.4 和 P3.5 的触发信号进行计数的。

思政点融入：通过区分定时器和计数器的功能，引导学生在不同场合适应不同的角色。比如在学校，学生应该履行学生的职责和义务，刻苦学习科学文化知识，遵规守纪；在家庭里，学生应该履行作为子女的职责和义务，尊老爱幼，谦卑有礼。

2. 单片机定时器/计数器使用（理论教学）

方式寄存器：用来确定两个定时器/计数器的工作方式。低半字节设置定时器/计数器 T0，高半字节设置定时器/计数器 T1（见图 2）。

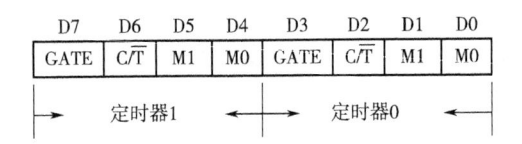

D7	D6	D5	D4	D3	D2	D1	D0
GATE	C/$\overline{T}$	M1	M0	GATE	C/$\overline{T}$	M1	M0
← 定时器1 →	← 定时器0 →

图 2　定时器方式寄存器

（1）GATE：门控位。
（2）C/$\overline{T}$：功能选择位。0 为定时器方式；1 为计数器方式。
（3）M1，M0：方式选择位。

控制寄存器：用来控制两个定时器/计数器的启动、停止，表明定时器的溢出、中断情况。其中低四位与中断相关，在中断章节再进行讨论（见图 3）。

D7	D6	D5	D4	D3	D2	D1	D0
TF1	TR1	TF0	TR0				

图 3　定时器控制寄存器

（1）TF1/TF0：定时器 1/定时器 0 溢出标志。计满后自动置 1。
（2）TR1/TF0：定时器 1/定时器 0 运行控制位。由软件清零关闭定时器 1。

学生反馈：部分学生遇到英文单词，就会出现厌学情绪，尤其是高中阶段学日语、俄语等小语种的学生。

思政点融入：针对学生的厌学情绪给予鼓励和激励。"不积跬步，无以至千里；不积小流，无以成江海。"鼓励学生注重英语日常的学习积累，迎难而上，不要轻言放弃，发扬勤能补拙的传统美德。

3. 单片机定时器/计数器使用（程序讲解）

程序例子：通过定时器 0，方式 1 实现 P1 引脚控制 8 个灯 0.5 秒周期亮灭。

教师活动：逐行程序地进行讲解。讲解完成后提问，如何通过定时器0，方式0实现P1引脚控制8个灯1秒周期亮灭（见图4）。

学生思考，回答。

思政点融入：通过布置拓展任务，检验学生学习效果，同时充分锻炼学生举一反三的系统思维，鼓励学生用新的方法实现相同的实验现象，激发学生在学习中创新的积极性。

```
01  //实例41：用定时器T0查询方式P2.0位控制LED闪烁
02  #include<reg51.h>        //包含51单片机寄存器定义的头文件
03
04  /*..................................................
05    函数功能：主函数
06  ..................................................*/
07  void main(void)
08  {
09      unsigned char i;              //定时器循环次数
10      TMOD=0x01;                    //使用定时器T0的模式1
11      TH0=(65536-50000)/256;        //定时器T0的高8位赋初值，50ms=50000us
12      TL0=(65536-50000)%256;        //定时器T0的低8位赋初值，50ms=50000us
13      TR0=1;                        //启动定时器T0
14      TF0=0;                        //溢出位置0，表示TH0,TL0可以重新计数
15      P1=0xff;
16      while(1)                      //无限循环等待查询
17      {
18          while(TF0==0)             //等待溢出，即表示TH0,TL0计数达到1111 1111 1111 1111
19              ;                     //如果不溢出，执行空语句，消耗时间
20          i++;                      //TF=1,即溢出了之后才执行循环次数加1
21          TF0=0;                    //溢出位置0
22          if(i==10)                 //如果溢出次数达到10次，即50ms*10=0.5s，则执行下面程序
23          {                         //必须写if大括号
24              P1=~P1;               //P1引脚取反，即原来为P1=0000 0000 变为 P1 = 1111 1111
25                                    //或者P1引脚取反，即原来为P1=1111 1111 变为 P1 = 0000 0000
26              i=0;                  //定时器循环次数置0，重新开始定时50ms次数
27          }                         //必须写if大括号
28          TH0=(65536-50000)/256;    //定时器T0的高8位赋初值，50ms=50000us
29          TL0=(65536-50000)%256;    //定时器T0的低8位赋初值，50ms=50000us
30      }
31  }
```

图4 示例程序

4. 单片机定时器/计数器使用（实操练习）

教师布置任务：本次课学生需要完成通过定时器1，方式0实现P3引脚控制8个灯2秒周期亮灭实验。需要学生建立KEIL工程文件，编写代码，进行Proteus软件仿真，并将代码截图和仿真视频上传至学习通作业。

学生自主操作，完成实操练习。

教师活动：学生自主操作时，教师巡视指导。

学生反馈 1：部分学生新知识接受程度稍差，不理解相关知识，但由于自身的不自信、性格内向等原因，存在不敢问问题的情况。

思政点融入：在实验过程中，教师主动询问学生遇到哪些问题，并给予问问题的学生肯定和鼓励，从小事入手培养学生勤学好问的好习惯。

学生反馈 2：少部分学生不动手操作，觉得实操任务没有技术含量。

思政点融入：针对该类学生，应该及时纠正这种眼高手低的想法，通过附加题的方式，让学生感受到实操练习的挑战性，同时激发学生的主观能动性，锻炼学生的实操能力，让学生懂得实践出真知的道理。

学生反馈 3：少部分学生不进行练习，通过 U 盘拷贝其他人的作业，上交学习通。

思政点融入：教师在巡视指导过程中，一旦发现，要对该类不诚信的学生进行严肃批评教育。同时，取消此次实操练习成绩，杜绝课上抄袭作业的行为，也让其他学生引以为戒。

三、下课前准备

教师活动：安排值日学生，学生整理个人物品，关机，检查机房电脑。

学生反馈：部分学生会出现不关机、工位卫生差的情况；部分学生会损坏电脑设备，如将键盘按键弄坏、鼠标弄坏等。

思政点融入：通过教师下课前检查和要求，让学生慢慢养成保护和爱惜公共财产，维护公共教室卫生环境的好习惯，培养学生自身的文明素质和社会公德心。

【总结反思】

课程思政要结合每门课的特点、每个班学生的特点和学习情况进行设计和展开，这也对任课教师提出了更高的要求和挑战。教师首先要热爱教学工作，才会将更多的精力和心思投入进来。同时，教师也要在课堂上关爱和关注学生。教学工作不仅仅是对学生的传道授业解惑，同时也要根据学生的学习状态、学习效果等及时调整教学方法和思路，让学生在能够学到知识的前提下，学会做人做事的道理。将思政元素、思政点润物细无声地融入教学工作中，是一名任课教师需要提升的最重要的教学能力。

大学英语1：Unit 4 First Aid

教师信息：常乐　　**职称：**讲师　　**学历：**硕士
研究方向：英语教学，跨文化交际
授课专业：飞机电子设备维修专业
课程类别：理论课
课程性质：公共基础课

第一部分　设计思路

一、本次设计的课程思政目标

本次课的思政目标是通过生活中常见的急救案例，使学生意识到急救的重要性，不仅要增强急救技能，同时要树立"人人学急救，急救为人人"的责任意识和"与时间赛跑，为生命护航"的使命意识，引导学生形成正确的世界观、人生观和价值观，加强青年的社会主义核心价值观教育，传承优秀传统美德，使其内化于心、外化于行，做到知行合一。

二、课程思政教学设计内容

1. 课前：课程思政引入

通过观看杭州为亚运会所做的急救准备，强调实施急救的重要性以及紧迫性，启发学生树立为生命接力、救死扶伤的人道主义精神。从一个城市对于生命的敬畏，以大见小，进而引发学生思考如何从个人的角度践行"人人学急救，急救为人人"的责任意识，提升公民急救健康素养。

2. 课中：课程思政贯穿授课过程

（1）通过因意外伤害而死亡的数据展示以及常见急救场景的视频导入，引导学生思考背后的原因以及及时冷静施救的做法，引发学生的学习兴趣，意识到人人都可以成为施救者。

（2）在具体的阅读教学中，通过视频和流程图的形式引导学生学习正确的海姆立克施救步骤。在整个文本的理解过程中，学习主人公服务人民、奉献社会的高尚品德，学以致用、勇于实践的优秀品质，敬佑生命、救死扶伤的职业精神，身体力行、鼓励他人的榜样力量。

（3）根据海姆立克急救流程图，以小组为单位，完成其他常见急救场景的流程图。在此过程中，加强学生的团队合作意识，培养善于思考的学习品质，树立解决问题的自信心。

3. 课末：课程思政总结反思

结尾处引用习近平总书记的殷切期望，要切实保障人民群众生命安全和身体健康，坚持人民至上、生命至上，把抢救生命作为首要任务，切实担负起推进健康中国建设、保障人民健康的神圣使命，为推动构建人类卫生健康共同体做出更大贡献。同时，通过亚运志愿者倪朝刚的真实案例告诉学生，即使作为一个普通人，自己的一个"小举动"，对别人来说却是一个"大帮助"。正如他的亚运宣言一样：迎亚运，学急救，守护你我他。

第二部分　案例描述

UNIT 4 First Aid

【思政导入】

第19届亚运会于2023年9月23日在杭州正式拉开序幕。除了关注场内运动员们激烈的比拼，我们不能忽视为此提供保驾护航的急救团队。杭州为亚运会的顺利开展提供了完善的急救保障，也让我们看到了科技助力急救，同时感受到一个城市对生命的人文关怀。"全民学急救，一起迎亚运"，不仅影响到每一个人对急救的态度，也是对亚运会口号"心心相融，@未来"（Heart to Heart, @Future）身体力行的一种回应。

一、Before-reading

1. News report

（1）Please watch the news videos about first aid for Asian Games in Hangzhou and share your feeling;

(2) Tell us what treatments they offer for the injured people.

Possible answers:

(1) Feeling:

So proud of Hnagzhou's speed; The importance of first aid; With the help of technology, the capability of first aid improves a lot.

(2) Treatment:

Help the injured person stop bleeding; Perform CPR; have an operation...

2. Brainstorm

(1) Besides the big events, when and where do we usually need first aid?

Possible answers:

When we are doing sports on the playground; When we are riding on a bike; When we are walking in the sun; When we are sleeping at night... almost anytime and anywhere.

(2) Accidents happen anytime and anywhere, so does first aid. The following numbers will show the seriousness of first aid shortage.

Every year 50 thousand 3 thousand

数据统计，我国每年有5万名儿童因意外伤害而死亡，其中，因气管异物堵塞引起意外窒息而死亡的儿童有近3 000名。这类异物卡在了气管里，引起呛咳、憋气等一系列呼吸困难的表现，甚至导致窒息死亡，医学上叫气管异物堵塞。

Question: As college students, what should we do to prevent or reduce the similar accidents from happening again and again?

【思政贯穿】

通过相关案例的大数据分析，加深学生珍惜生命、敬畏生命的意识。通过课前课后学生对海姆立克急救法的演示，不仅规范了动作，也感受到了一个小举动可以挽救一条生命，增强学生的责任感和使命感，真正诠释了"爱的拥抱""生命的拥抱"的意义。既培养了学生的"时间就是生命"的急救意识，又深刻认识了"健康所系，性命相托"的职业理念。最后通过真实的道德两难问题进行思政升华，提升学生批判思维的能力：在救和不救之间，我们选择救，要成为敢救、会救、能救的"第一目击者"，因为挽救生命，其实每个人都能做到。让我们秉承"敬佑生命，救死扶伤，甘于奉献，大爱无疆"的精神，给危难之人带去生存的希望！

二、While-reading

(1) The teacher checks the preview homework for reading vocabulary, and releases vocabulary matching exercises on the learning platform. Through data analysis, explain the words with high error rates separately and write them on the blackboard to clear vocabulary barriers for reading. (words * are easily misspelt.)

blow	encourage	priority *	suddenly
breathe *	fortunately *	remarkable *	over and over again
choke *	hopefully	shout	shoulder blade

(2) Watch a video about a real first aid case and ask students to exhibit. And correct non-standard actions by watching next video about Heimlich maneuver (海姆立克急救法).

3. Fast-reading

Based on what we have learned about choking solution—Heimlich maneuver, answer the following questions:

①What steps are there in the text about it?

②What qualities does she show when she helped the baby?

③What can we learn from the girl?

Possible answers:

①6-3-2-4-5-1 (Answers to ex. A on P49)

②I wanted to help. ——乐于助人和关键时候表现出的勇气决心和责任担当【warm-hearted; responsible; brave】

She realized that the baby was choking on food. ——精湛的职业素养【professionalism; confidence】

I sat on a chair and held ... than my knee. ——严谨的工作态度【follow the rules; calm】

Then I started to give her back blows. ——工作的耐心【patient】

Yes. You never know when you're going to need it. ——乐于公益的志愿精神【volunteering】

③You never know when you are going to need it. She hopes everyone can learn first aid because it is not helping others but also help yourself.

4. Detailed reading

Students are asked to finish ex. B on P49 and then try to design a Heimlich first aid flowchart (图 1) with your partners so that others can perform it clearly. Students can refer to word bank about first aid and practice. The following pictures are for your reference.

Key words: face down; hit; back; navel; fist; stomach; spit it out

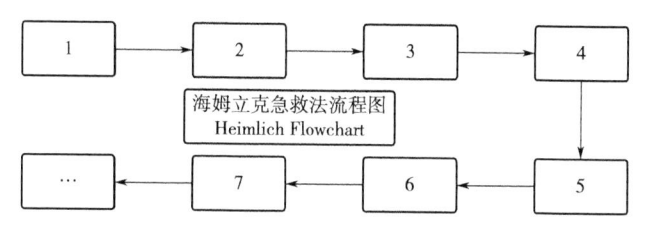

图 1 Heimlich first aid flowchart

三、Post-reading

Students are required to discuss the reasons why nowadays some people dare not carry out rescue efforts when someone is injured and falls to the ground. And then comments are posted on the Xuexitong platform.

Possible answers:

People do not understand first aid skills;

people are afraid of being accused after saving people;

People are not sure if the injured can be saved;

It's better to have one thing less than one thing. more.

After students share the comments, the teacher guides students on how to correctly view this social phenomenon and help students know the main idea better "Small act (for you), big help (for others) ". Opinions can be understood, but as college students, we should get ready to help. So how to help more people in need while protecting their own rights, especially for those who are injured and need first aid.

If you don't know how to save, then learn first aid; If you dare not save, you need to use videos, witnesses, and other methods to preserve evidence, enhance your awareness of evidence, learn how to collect evidence for rescue, protect yourself and save others, and be brave enough to save others.

背景信息：

《中华人民共和国民法典》（Civil Code of the People's Republic of China）第184条："因自愿实施紧急救助行为造成受助人损害的，救助人不承担民事责任。"这一善意救助者责任豁免规则，被称作"好人法"。这一条文最重要的法律价值，就是保护善意救助者不受民事责任追究。由此，大大降低善意施救者所要承担的风险，保护好善意施救者。

四、Summary & Assignment

1. Self-reflection. Tell Ni Chaogang's first aid story through a video and ask the students what we can learn from him.

2. Assignment.

（1）Review word bank in Quizlet about first aid and have a word dictation next class.

（2）Extended material：Read more stories about first aid on the platform.

（3）According to the Heimlich first aid flowchart, students are divided into four groups, each group selecting one of the following four first aid techniques, and completing the flowchart of other first aid scenarios in groups. （参考医生给女儿画的急救流程图，感动无数人！"孩子，你要这样救妈妈"！）

Such as：sprained ankle；bleeding；drowning；no heartbeat.

【总结反思】

本节课以杭州亚运会为热点导入，直接切入急救的重要性。然后通过实际生活中的急救案例展示，帮助学生意识到"人人为急救，急救为人人"的责任意识。最后以生命为保障，以情感为寄托，提升公民急救健康素养，让人人"会救"也"敢救"。急救时时发生、处处发生，正如文中所说，你不知道什么时候需要急救这项技能，不仅救助自己，同时可以拯救他人的生命。2023年9月9日是第24个"世界急救日"，主题是"数字赋能　救在身边"（First Aid in the Digital World）；2023年1月20日是我国的"国家急救日"，意在推动全社会关注急救，促进我国急救体系不断完善，为"健康中国"保驾护航。因此，要在全社会形成人人学急救的风气，为自己的生命增添一份安全感。

航空专业英语：Hydraulic Systems

教师信息：李玮　**职称**：讲师　**学历**：硕士
研究方向：飞机发动机、飞机机械系统和航空专业英语
授课专业：飞机机电设备维修
课程类别：理实一体化课程
课程性质：专业核心课

第一部分　设计思路

一、本次设计的课程思政目标

航空专业英语是高职飞机机电设备维修专业的核心课程。依据飞机维修岗位需要读懂英文维修手册的要求，按照航空器维修执照 M9 机务英语标准，将教学内容按照从整机到系统再到施工的逻辑重构为三个项目，7 个任务（见图 1）。以行业国际规范为载体，将需要掌握的专业知识以及当中体现的专业技能、职业素养融入每一个任务中去。

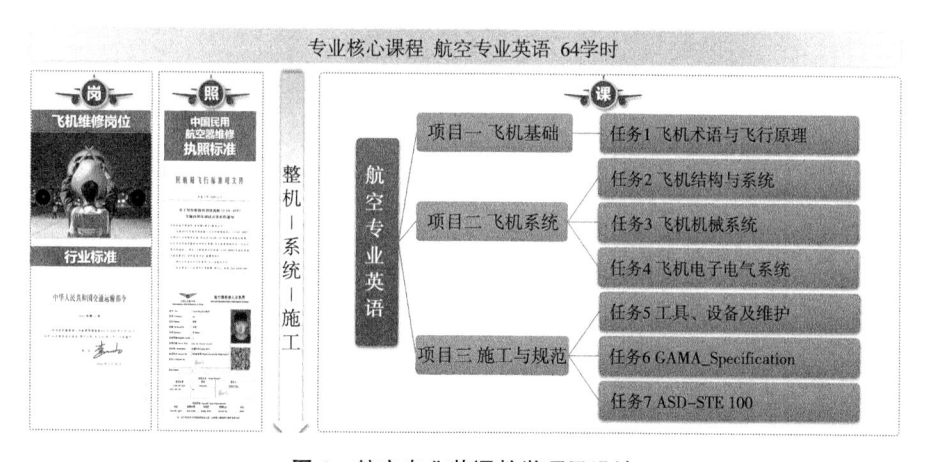

图 1　航空专业英语教学项目设计

依据民航飞机维修人员岗位能力素质要求，分层次、系统化设计课程思政。建立了"事故库、事件库、人物库、标准库、时政库"五类立体动态思政资源库。全过程贯穿"存敬畏心、行规范事、成工匠才"的思政主线，达到厚植航空报国的爱国情怀，具有放眼世界的国际视野，养成严谨、专业、诚信的职业品格（见图2）。

图 2　课程思政设计

课程开发了三维立体评价系统，设计了 15 个观测点（见图3）。实施诚信一票否决制，贯彻"规章是底线，诚信是红线"的民航安全理念。

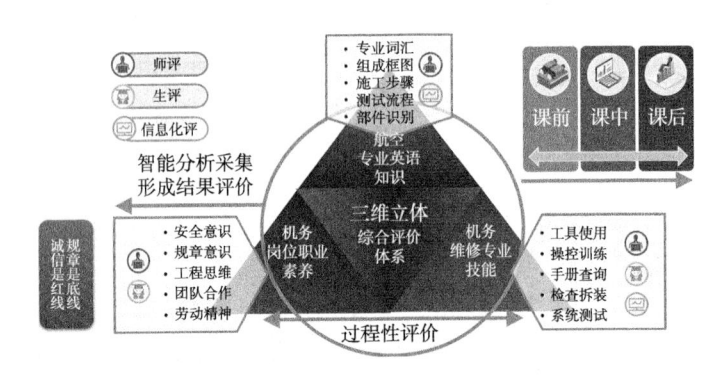

图 3　航空专业英语课程三维立体评价系统

二、课程思政教学设计内容

1. 课前：课程思政引入

通过学习通平台发布液压系统相关专业英文词汇、缩写，以及课程思政资源库"事故库"中《空中浩劫》英文纪录片并布置学习任务，让学生找出与液压系统失效相关的空难案例，引导学生树立"存敬畏心"的职业精神。

2. 课中：课程思政贯穿授课过程

通过查询飞机维修 AMM 手册与维修工卡，使学生意识到飞机维修工作要严格按照规章、手册及工卡要求进行每一步工作，做到"看一项、做一项、签一项"，树立"行规范事"的职业精神；通过机务劳模故事，引导学生树立"成工匠才"的理想信念。实施诚信一票否决制，贯彻"规章是底线，诚信是红线"的民航安全理念。

3. 课末：课程思政总结反思

发布课程思政资源库"事件库"中国产大飞机 C919 在上海浦东机场完成液压系统与刹车功能测试的新闻案例，帮助学生树立中国航空情怀。

整个过程贯穿"严谨、专业、诚信"的机务维修作风，以及"敬畏生命、敬畏规章、敬畏职责"的民航精神。

第二部分　案例描述

Hydraulic Systems

一、课前

课前通过学习通平台发布液压系统相关专业英文词汇与缩写，引导学生自主学习，通过测试摸底，及时调整教学策略。针对学生不喜欢阅读文字、喜欢观看视频的特点，发布课程思政资源库"事故库"中《空中浩劫》英文纪录片并布置学习任务，让学生找出与液压系统失效相关的空难案例，并做好课前分享的准备。

二、课中

1. 新课导入

组织学生代表上台分享英文版《空中浩劫》纪录片中与液压系统失效相关的空难案例，理解液压系统对于飞行安全的重要性及其功能：Hydraulic systems give power to operate the landing gears, flight controls, and other aircraft systems.

思政点融入：通过学生自主进行事故分享，调动学生学习积极性，理解液压系统作为飞机"肌肉"的重要性，引导学生深刻认识到，航空从业者承担着人民生命重托，要树立"敬畏生命、敬畏规章、敬畏职责"的"民航敬畏"精神。

2. 理论知识探究

学生分组按照民航维修岗位工作要求查询飞机维修 AMM 手册第 29 章 Hydraulic systems，自主梳理液压部件英文名称、功能、位置，通过飞机液压系统实物部件及飞机全景仿真平台完成部件识别。教师组织学生以小组为单位派代表展示汇报，并对展示汇报中存在的问题进行讲解。

思政点融入：通过分组操作，培养学生自主探究能力与团队协作能力。通过梳理飞机液压系统的冗余性引导学生认识到，要实现航空业极其严格的安全要求，不仅需要飞机设计师精巧设计的、拥有三重安全冗余的液压系统（见图 4、图 5），更与飞机的机务维修工作密不可分，帮助学生进一步树立"敬畏规章"的民航精神，强化安全意识，落实"存敬畏心"的思政主线。

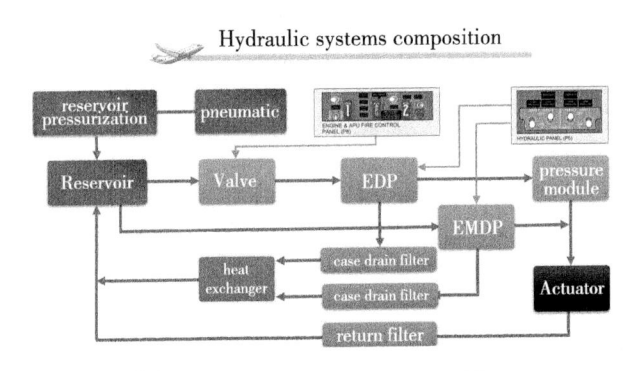

图 4　Hydraulic systems composition

3. 仿真训练

引导学生分组查找飞机过站检查英文工卡中与液压系统检查相关的检查项目，并查询飞机维修 AMM 手册，找到液压系统放行标准，利用仿真平台对飞机的液压系统进行绕机检查。

思政点融入：学生分组进行仿真训练，模拟岗位工作复检制，一人读卡，一人操作，并进行轮换练习（见图 6）。严守"看一项、做一项、签一项"的九字方针，强化规章意识，落实"行规范事"的思政主线。在学生训练中出现跳步、马虎等情况时，引导学生认识到，绕机检查作为液压系统维护的初级项目，虽然看似简单，但却是影响飞机放行的重要工作，要严格按照民航

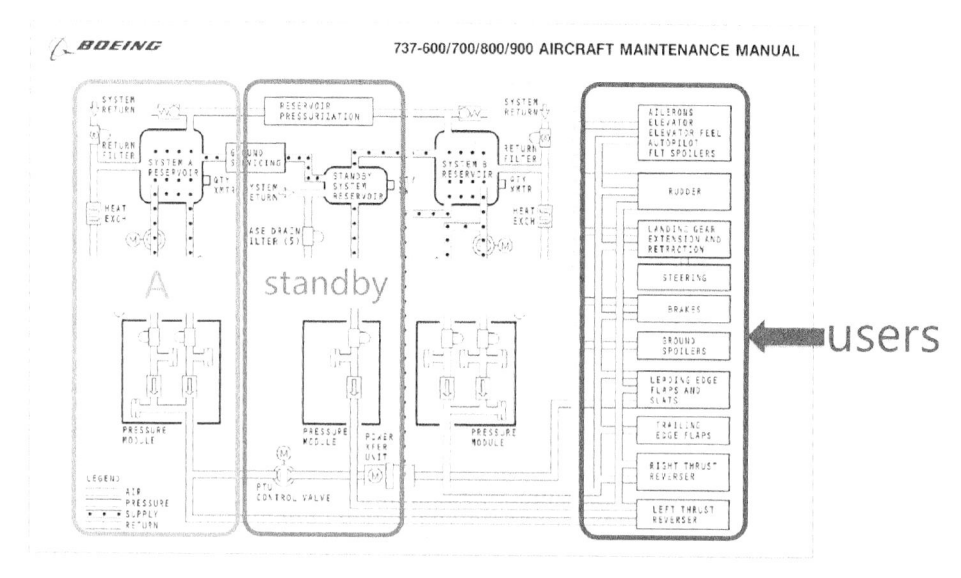

图5 飞机三套液压系统组成与工作原理图

规章、手册与工卡进行操作。引入课程思政资源库"人物库"中全国劳模王海的事迹,学习他在珠海保税区摩天宇航空发动机维修有限公司15年的机务维修一线工作中,保持着"维修零差错"的优秀纪录,培养学生学习劳模精神,树立劳动精神,逐步养成"严谨、专业、诚信"的机务工作作风,落实"成工匠才"的思政主线。

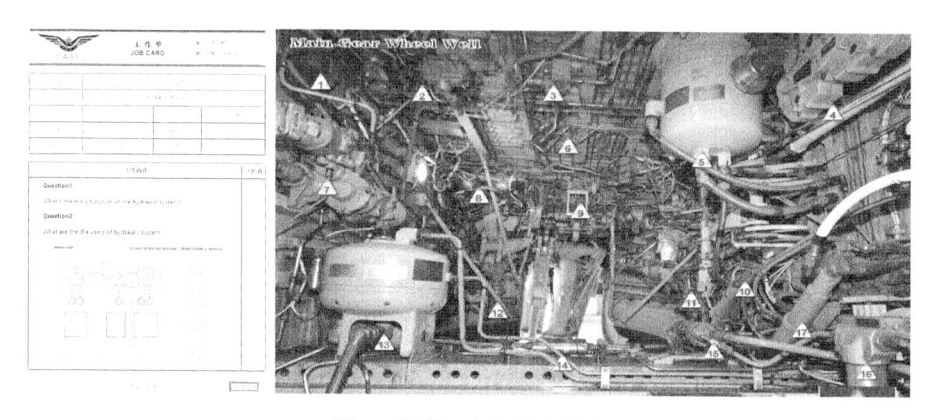

图6 维修工卡与仿真平台

4. 总结评价

引导学生利用思维导图对本节课知识点和技能点进行总结,发布学习通互动闯关活动，综合课前预习、课中汇报、操作训练以及互动闯关成绩，输出最终成绩并进行点评。布置课后观看国产大飞机C919在上海浦东机场完成液压系统与刹车功能测试的新闻案例，完成拓展学习报告的任务。

思政点融入：通过思政资源库"事件库"中国产大飞机C919的新闻案例，帮助学生树立中国航空情怀。课程素质考核中实施诚信一票否决制，贯彻"规章是底线，诚信是红线"的民航安全理念。

【总结反思】

本课程的亮点有：系统地设计了"存敬畏心、行规范事、成工匠才"三个层次的课程思政主线；民航精神、机务维修作风贯穿始终；课程思政由教师被动输入转变为学生主动输出。航空报国的爱国情怀得以激发，放眼世界的国际视野初步形成，严谨、专业、诚信的职业品格逐渐养成。

不足与努力方向：课程思政资源库的内容需要进一步积累与完善，实现随时动态更新；教师需要努力提高专业水平、个人修养与个人魅力，让学生能够"亲其师而信其道"，让课程思政真正入耳入心。

大学英语1：
Small act，BIG HELP！

教师信息：廖华　**职称**：副教授　**学历**：本科
研究方向：高职英语教学
授课专业：集成电路、经管
课程类别：理论课程
课程性质：公共基础课

第一部分　设计思路

一、本次设计的课程思政目标

本课通过学习提炼课文故事"小小的行动，大大的帮助"（Small act，BIG HELP！）的精神要旨，引导学生了解急救技能在危急时刻发挥的重要作用；旁征博引近年来社会涌现出来的在紧急关头成功挽救生命的多个优秀事迹，引发学生情感共鸣，激发学生学习急救技能的兴趣，引导学生树立起公民社会责任感和使命感；学生在亲身模拟体验海姆立克急救法的操作过程中掌握海姆立克急救法的正确操作方法，感受"爱的拥抱""生命的拥抱"的意义。

二、课程思政教学设计内容

1. 课前：课程思政引入

课前通过线上问卷，调查学生对急救知识的了解状况以及急救常识误区和盲区。通过思考问题引导学生观察问卷调查结果，引入本课思政元素，让学生初步了解认识急救相关理念及其重要性。

2. 课中：课程思政贯穿授课过程

在课文故事"小小的行动，大大的帮助"（Small act，BIG HELP！）教环节，结合语言点和语言运用能力训练教学目标，分析归纳文章主旨大意，通过主人公的救助行为引导学生了解急救的意义，同时进行知识拓展，介绍"生命的拥抱"——海姆立克急救法（Heimlich maneuver）。

在案例教学环节，引用新闻报道中普通人运用急救技能在紧急关头成功挽救生命的事迹引发学生的情感共鸣，激发学生学习急救技能的兴趣，引导学生树立公民社会责任感和使命感。

在实操练习教学环节，让学生亲身体验海姆立克急救法的正确操作方法，训练学生口语表达技能，同时学会简单而实用的急救技能，感受"爱的拥抱""生命的拥抱"的意义，认识"生命攸关，科学施救"的急救理念，树立尊重生命、勇于担当、善于救助的社会主义道德观，并逐步内化为个人品质。

3. 课末：课程思政总结反思

通过课后作业 1——寻找校园里的 AED 活动，引导学生从身边的生活入手，了解并熟悉校园里急救设施的位置，再次帮助学生回忆复习 AED 的使用过程，把为人民服务的坚定信念转化为实际行动。通过课后作业 2——主题演讲"人民至上，生命至上"，让学生调查了解我国急救设施的发展完善状况，结合 2023 年夏天防汛抗洪救灾和灾后重建开展主题演讲，进一步引导学生感悟生命的意义和价值，增强民族自豪感，进而深刻体会和领悟习近平总书记关于人民至上、生命至上的大爱理念，坚定信念，用实际行动护佑大众生命安全。

第二部分　案例描述

Small act, BIG HELP!

一、问卷调查

课前通过学习通发送急救问卷小测验，请学生填写。

Basic First Aid Quiz
1. When a client experiences a bloody nose, the first thing that should be done is:
a. Tilt head back to slow the bleeding.

b. Put an ice pack on it.

c. Call a doctor.

d. Lean slightly forward and pinch the nose just below the bridge.

2. If you splash a chemical substance in your eye, you should rinse your eye thoroughly.

　T_____　F_____

3. If a sprain occurs, you should _____.

a. rub it thoroughly

b. alternate applying and removing ice every 20 minutes

c. put a heating pad on it immediately

d. none of the above

4. What you should do for a burn whether it is a 1″, 2″ or 3″ degree is immediately apply butter or some form of salve.

　T_____　F_____

5. When getting a minor burn, you should_____.

a. flush the burned area with cool running water for several minutes

b. apply a light gauze bandage

c. put on an ointment before you cover it

d. break any blisters that form

6. Although our skulls are very protective, injuries to the NECK, BACK, OR SOFT TISSUE may still result from a blow to the head.

　T_____　F_____

7. You should seek medical attention after a blow to the head if the victim exhibits seizures, dizziness, vomiting, nausea or other obvious changes in behavior.

　T_____　F_____

8. Choking is rare. Such things as the person is unable to speak, cannot cough or breath are signs of choking.

　T_____　F_____

9. Which of the following should you NOT do if someone is coughing while choking.

a. Give them a drink of water.

b. Pat them on the back.

c. Tell them to raise hands above their head.

d. Wait for them to finish.

10. If you or someone under your care ingests a poisonous substance you should immediately:

a. Give them water.

b. Try to induce vomiting.

c. Take them tothe emergency department.

d. Call120 hotline immediately.

二、评论区讨论留言

通过评论区留言的形式，讨论：Will you help others when facing emergencies? If not, why not?（当危险的情形发生时，你会去帮助他人吗？如果没有去，是什么原因？）

三、课上展示与分析

（1）同学们是否具备一定的急救知识？具备必要的急救技能的同学的比例有多少？

（2）大家是否存在普遍的急救误区和盲区？分别是什么？

（3）当危险的情形发生时，你会去帮助他人吗？没有去的原因是什么？

思政点融入：调查结果显示，很多学生不了解或是很少了解急救技能，还存在很多急救误区。学生学习掌握一定的急救技能对保护自己和他人的生命很必要，掌握急救方法，关键时候能救命！当危险情形发生时，新时代青年要勇于担当，并且运用正确的急救方法积极科学进行自救和施救。

四、课文阅读与理解

步骤1：快速阅读能力训练。

通过排序、单选等检测形式引导学生掌握阅读材料的整体和细节内容要点，重点训练学生抓取文章概况和具体细节信息点的能力。

A young mother saved a baby's life in a New York department store earlier this week, when she used some simple first aid skills.

Rowena Black was shopping with her mother in a department store, along with her five-month-old daughter. They had stopped for coffee in the children's section, when they suddenly heard a loud noise at the next table.

Rowena said, "I heard this mother shouting 'My baby, baby!' over and over again. I could see there was something wrong with her little girl, and I wanted to help."

Fortunately, Rowena knew what to do, as she had completed a baby and child first aid course with American Red Cross. She realized that the baby was choking on food.

步骤2：课堂讨论。

小组讨论 What do you see through Rowena's actions? 通过主人公 Rowena 的行为，你看到了什么？通过小组讨论和汇报，引导学生思考和厘清面对危急情形时的正确处理方法。

思政点融入：看似简单的急救技能在危急时刻能发挥重要作用。每个人都应该在平时储备一定的急救技能，关键时刻才能够沉着冷静应对。面对危急情况，同情心、责任感和勇于担当是每一个社会公民应当具备的优秀品质。

步骤3：原文细节信息点抓取和词汇操练。

精读 Rowena Black 施救环节的描述，学生两人一组表演复原主人公施救的具体过程，总结、拓展施救动作的词汇和人体部位的相关词汇，了解小孩被食物噎住的正确施救步骤。

步骤4：知识拓展。

由课文案例拓展介绍著名的"生命的拥抱——海姆立克急救法"（见图1）。包括海姆立克急救法的由来，以及遇到人体气道堵塞等突发状况时正确的急救方法。

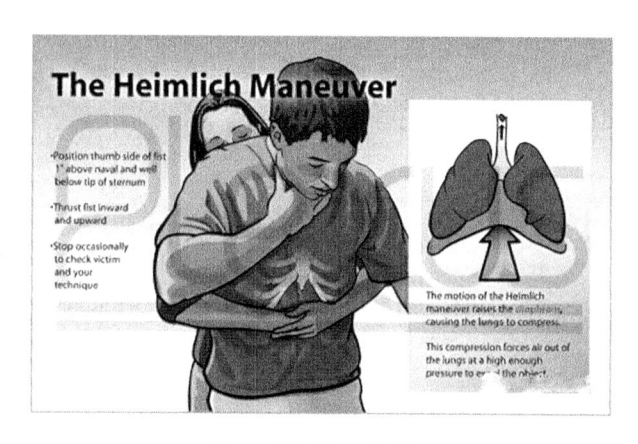

图1　海姆立克急救法

思政点融入：为什么海姆立克急救法被人们称为"生命的拥抱""爱的拥抱"？

自1974年海姆立克大夫作了关于腹部冲击法解除气管异物的首次报告后，数十年来，此方法至少救活了百万人的生命。《世界名人录》称海姆立克为"世界上拯救生命最多的人"。爱是维系人与人之间心灵的纽带，是人与人关系中最重要的情感。对需要帮助的陌生人伸出关爱之手体现了社会的温度。大爱是我们成就自我价值并感受生命幸福的基石。

五、视听说（Watching & Speaking）——案例学习

事实胜于雄辩。通过视频新闻，让学生了解最近几年社会大众用海姆立克急救法成功帮助危险人群脱险的部分事例（见表 1）。

表 1　视频案例内容

视频案例	内容
麻醉科大夫在电梯里紧急采用海姆立克法救助一名 2 岁女童	A mother rushed into the hospital with her two-year-old daughter, who had food stuck in her throat. Tan Yi, chief physician of the anesthesiology department, used the Heimlich maneuver as an emergency treatment. He saw the girl's face and lips were pale, out of breath, and she was not able to speak. He grabbed the girl in his arms and performed the Heimlich maneuver immediately. He made sure the girl was facing down, using his hand to support the child's chest and neck, and kept hitting the girl's back. The girl spat out the food in just a few seconds.
列车长上演教科书式海姆立克法急救一名 4 岁小旅客	On the morning of August 15, 2023, on the K1078 train from Ningbo to Chongqing North, a 4-year-old passenger accidentally caught his throat while eating snacks. The conductor performed the textbook Heimlich first aid to help the passenger to safety.
山东教师用海姆立克法救一名六年级学生	In January 2021, a sixth-grade student in Tai´an, Shandong Province, mistakenly swallowed a part of a ballpoint pen during music class and stuck the trachea, and the teacher urgently adopted the "Heimlich first aid" to save the student. Finally, the student successfully spit out the foreign body and turned the crisis over.

思政点融入：小视频展现的真实生活案例让我们看到挽救生命，其实每个人都能做到。向案例中成功救助他人的普通人致敬！在危急时刻"时间就是生命"，同时救助是讲究方法的，科学施救是核心要点。力所能及地挽救他人生命是每个人义不容辞的责任，当代青年更应该秉承"敬佑生命，科学施救，勇于担当"的精神，给处于危难之中的人们带去生存的希望！

六、口语操练（Speaking）——海姆立克急救法模拟实践操作

在实操练习教学环节，学生二三人一组，通过角色扮演，模拟成人食道被异物卡住的施救过程。

具体教学实施过程：首先教师结合海姆立克急救法操作指导图（见图 2）做讲解和示范操作；然后学生分组分角色用英语解释操作要点并演示操作，

教师巡回指导；最后抽取二三十组在全班进行演示。通过亲身体验海姆立克急救法的正确操作方法，既训练学生口语表达能力，又使学生掌握简单且正确的急救技能。

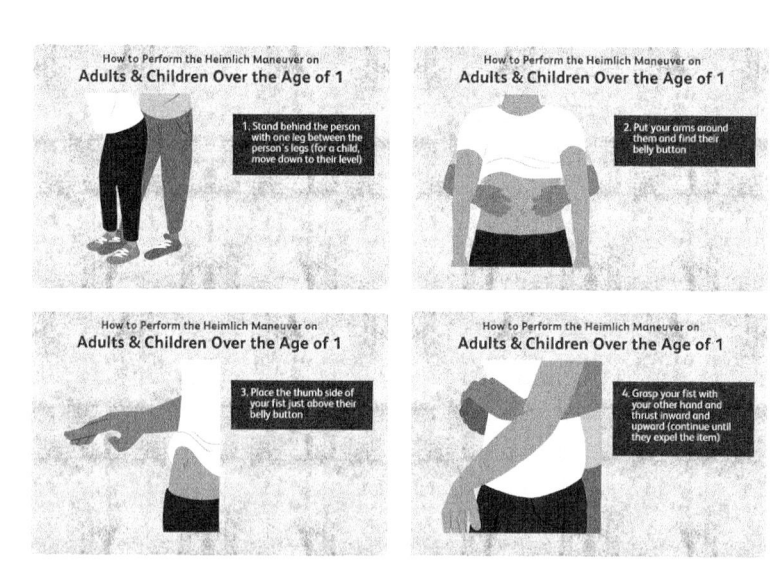

图 2　海姆立克急救法操作指导图

思政点融入：学生亲身体验模拟救助过程，从施救者和被救助者的角度沉浸式感受"爱的拥抱""生命的拥抱"的意义，讨论正确的急救步骤和手法，逐步掌握海姆立克急救法，增强急救信心，身体力行感受尊重生命、勇于担当、善于救助的过程。

【总结拓展】

课后活动一：寻找校园里的 AED（自动体外除颤器）。以小组为单位，课后寻找校园里的 AED（如图 3 所示），在校园地图上做出标识，模拟演示 AED 的正确使用方法。通过此次活动，让学生了解并熟悉校园里急救设施的位置；同时，由于军训期间学生都进行过 AED 的模拟急救实践操作，本活动再次帮助学生回忆复习其使用过程。

图 3　校园里的 AED

课后活动二：班会主题演讲——"人民至上，生命至上"。

要求学生通过互联网等渠道了解我国急救设施的发展完善状况，结合2023年夏天防汛抗洪救灾和灾后重建，组织班会主题演讲："人民至上，生命至上"。

【总结反思】

本课程从学生身边的生活入手，线上与线下教学相结合，通过课文小故事和生活中的实际案例使学生了解并掌握海姆立克急救法。学生在学习中树立"时间就是生命"的急救意识，深刻认识"生命攸关，科学施救"的急救理念，培养学生尊重生命、勇于担当、善于救助的精神品质。学生在实践调查中了解我国急救设施的发展完善状况，进一步深入了解我国近年来随着国力的强大，急救设施和急救质量迅速提升，增强学生民族自豪感。从"洪流中，子弟兵是双永远不会松开的手"的当代军人身上感受"舍小家为大家，挺膺担当，敬业奉献"的高尚情怀和道德品质，引发学生情感共鸣，引导学生深刻感悟生命的意义和价值，进而深刻体会和领悟习近平总书记关于人民至上、生命至上的大爱理念，坚定信念，用实际行动护佑大众生命安全。

大学物理：机械波

教师信息： 程雪梅　**职称：** 讲师　**学历：** 博士
研究方向： 无线电物理
授课专业： 机电专业群
课程类别： 理论课程
课程性质： 公共基础课

第一部分　设计思路

一、本次设计的课程思政目标

机械波是第四章"机械振动与机械波"的重要组成部分，教学内容涉及机械波的形成、特征、波函数等知识。这部分内容比较抽象，缺少与实际的联系，学习难度较大。学生在学习时经常感到枯燥乏味，兴趣平平。高职学生在学习时，更加喜欢与实际联系紧密的知识与实践。针对以上问题和学生特点，本节课以"植爱国情、铸科学魂、立工匠心"作为思政主线，以"蛟龙号"载人潜水器、地震预警系统作为载体，增强学生学习兴趣，融入理论知识的同时，激发学生的民族自豪感，厚植技能报国的爱国情怀（植爱国情）。以地震预警系统设计师王暾"与地震波赛跑"的故事，引导学生学习王暾立志报国的爱国情怀以及勇于探索、锲而不舍的科学精神（铸科学魂）。以超声波无损探伤等机械波应用情境以及"钢轨医生"关改玉在钢轨探伤岗位上的先进事迹，引导学生学习其爱岗敬业、精益求精的工匠精神（立工匠心）。

二、课程思政教学设计内容

1. 课前：课程思政引入

在学习通发布听觉阈限小测验，让学生探索和分析测验原理，引出机械波特征量频率的概念。再结合"动物发声和听力的奥秘"主题讨论,让学生进一步自主学习能够发出和听到不同频率的声波对于动物来说有何作用,深入理解机械波的频率。通过这两个任务(见图1),激发学生的学习兴趣,培养学生的探索意识和自主学习能力。

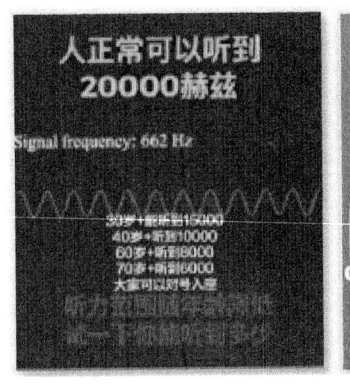

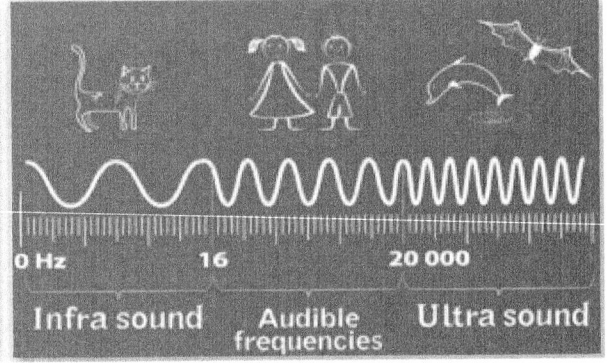

图1 学习学习通任务

2. 课中:课程思政贯穿授课过程

采用"5E"教学模式,在情境吸引(engagement)阶段,以"可上九天揽月,可下五洋捉鳖"的"航天梦"和"探海梦"的实现,激发学生的民族自豪感,厚植爱国主义情怀,同时引出本节课所学内容。在实验探究(exploration)阶段,利用虚拟仿真实验任务培养学生的探究能力和合作意识。在概念解释(explanation)阶段,利用地震预警系统巩固学生对横波、纵波、波速等所学内容,同时结合地震预警系统总设计师王暾的故事,培养学生勇于探索、锲而不舍的科学精神。在拓展延伸(extension)阶段,利用机械波的应用场景超声波无损探伤进行拓展学习,通过关改玉在探伤岗位的先进事迹,培养学生爱岗敬业、精益求精的工匠精神。

3. 课末:课程思政总结反思

进行评价总结(evaluation),通过评价学生表现,树立榜样,鼓励学生不断进步,勉励学生树立技能报国的志向,不断夯实所学的专业知识,锤炼专业技能。"植爱国情、铸科学魂、立工匠心"思政主线清晰,贯穿整个教学过程,课程思政与教学内容联系紧密,润物无声。

第二部分 案例描述

机械波

一、课前签到

要求学生提前5分钟到达教室，完成课前准备并在学习通上签到。帮助学生形成守时的良好习惯。

二、情境吸引

毛泽东曾在《水调歌头·重上井冈山》中写道："可上九天揽月，可下五洋捉鳖。"如今，神舟飞船带着一批批的航天员开启探索星辰大海的旅程，"蛟龙号""奋斗者号"载人潜水器也在不断刷新着深潜纪录。通过"航天梦"和"探海梦"的实现，激发学生的民族自豪感，厚植爱国主义情怀。在中国首次实现神舟飞船与天宫一号手控交会的同时，在地球最深的马里亚纳海域，"蛟龙号"载人潜水器突破7 000米深度。相隔万里的航天员与潜航员互送祝福，完成了一次跨越海天的对话。能将信号从7 000米的海下传回，得益于"蛟龙号"的水声通信系统。利用"蛟龙号"的水声通信引出本节课所学的内容——机械波。

三、实验探究

学生以小组为单位，利用虚拟仿真软件进行实验探究（见图2），了解机械波的振幅、频率等特征量的物理意义，总结该机械波波源振动方向与传播方向的关系。通过该探究任务，培养学生的独立思考意识和自主探究能力；通过小组成员之间讨论分析，得出结论，培养学生的小组合作意识和沟通交流能力。

四、概念解释

1. 机械波的形成

结合探究任务进行相关概念的讲解学习。首先，介绍机械波的形成，包

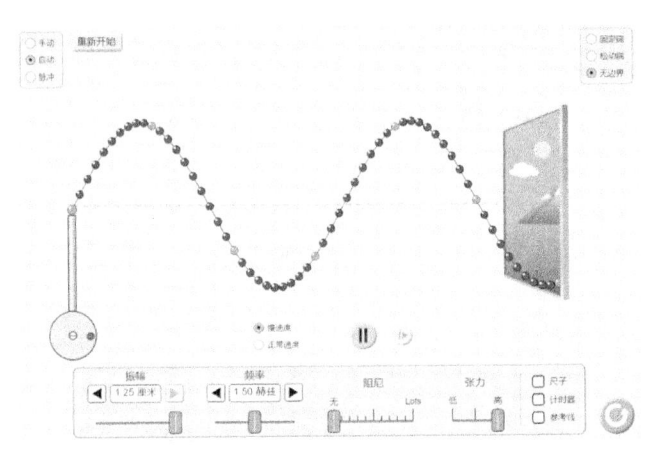

图 2　虚拟仿真实验探究

括横波和纵波的概念，并利用动画形象地进行说明（见图3）。

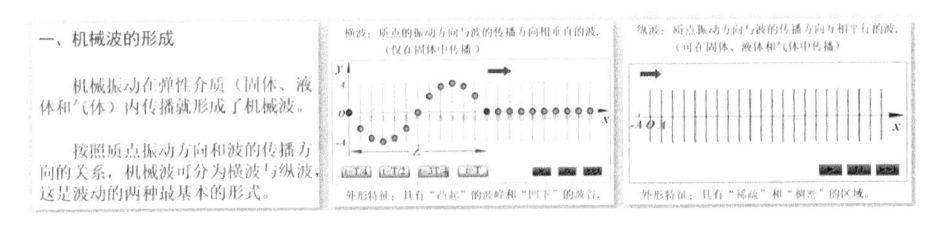

图 3　机械波形成相关知识

2. 波动的特征量

接着讲解波动的特征量，包括波长、频率、周期、波速等（见图4）。以地震预警系统作为教学和课程思政双重载体，通过播放地震时的地震预警视频，让学生直观体会地震预警系统在地震中对于挽救人民生命的重要作用。通过视频讲述"与地震波赛跑的人"王暾在汶川地震后，毅然决定回国从零开始进行地震预警系统研究的故事，引导学生学习王暾立志报国的使命担当和爱国情怀以及勇于探索、锲而不舍的科学精神。通过讲解地震预警系统的原理，进一步加深学生对于横波、纵波、波速等概念的理解。

3. 平面简谐波

在学习完机械波的形成和特征量后，以平面简谐波为例，带领学生学习波函数的形式和波函数的物理含义（见图5），并通过例题讲解和练习，加深学生理解。

二、波动的特征量

波长 λ：沿波的传播方向，两个相邻的、相位差为 2π 的振动质点之间的距离。

波的周期 T：波前进一个波长的距离所需要的时间。

波的频率 ν：波的周期的倒数，即单位时间内波动所传播的完整波的数目。

波速 u：单位时间内振动所传播的距离。

$$u = \frac{\lambda}{T} = u\lambda$$

图 4　波动的特征量相关知识

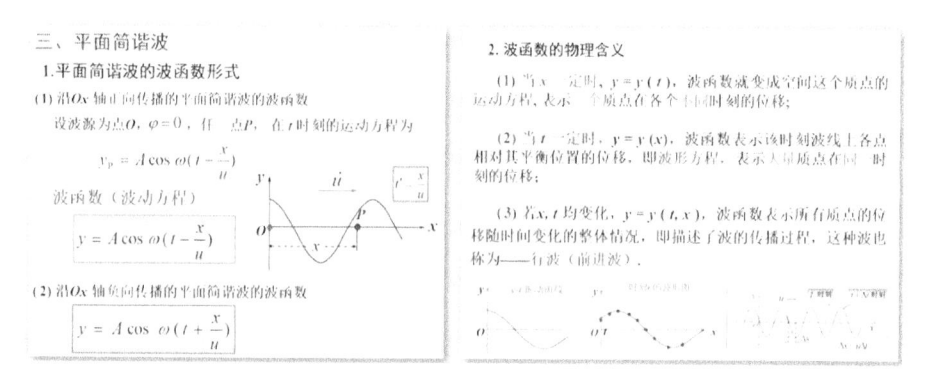

三、平面简谐波

1. 平面简谐波的波函数形式

(1) 沿 Ox 轴正方向传播的平面简谐波的波函数

设波源为点 O，φ = 0，任一点 P，在 t 时刻的运动方程为

$$y_P = A\cos\omega\left(t - \frac{x}{u}\right)$$

波函数（波动方程）

$$y = A\cos\omega\left(t - \frac{x}{u}\right)$$

(2) 沿 Ox 轴负方向传播的平面简谐波的波函数

$$y = A\cos\omega\left(t + \frac{x}{u}\right)$$

2. 波函数的物理含义

(1) 当 x 一定时，y = y(t)，波函数变成了时间这个质点的运动方程，表示 x 质点在各个不同时刻的位移。

(2) 当 t 一定时，y = y(x)，波函数表示该时刻波线上各点相对其平衡位置的位移，即波形方程，表示所有质点在 t 时刻的位移。

(3) 若 x, t 均变化，y = y(t,x)，波函数表示所有质点的位移随时间变化的整体情况，即描述了波的传播过程，这种波也称为——行波（前进波）。

图 5　平面简谐波相关知识

五、拓展延伸

超声波是机械波的一种。超声波技术是一种利用高频声波进行检测和测量的技术，广泛应用于医疗、工业、安防和军事等领域。利用图片展示超声清洗、汽车倒车雷达、超声无损探伤等机械波在生活中的应用实例，让学生体会物理知识在我们的生活中无处不在，鼓励学生善于发现生活中的物理现象与物理问题，体会理论联系实际的重要意义。利用视频播放"钢轨医生"关改玉在钢轨探伤岗位上的先进事迹，引导学生学习她主动请缨参与探伤工作的责任担当，不断突破自我的拼搏奋斗精神，一丝不苟不断创新工艺技术的工匠精神。

六、评价总结

对本节课所学内容进行总结，对学生表现进行评价，树立榜样，勉励学生不断夯实专业知识,锤炼专业技能。

【总结反思】

本节课使用的"蛟龙号"载人潜水器和地震预警系统既是进行课程内容教学的载体,同时也是进行课程思政的育人载体,有效解决了课程思政与教学内容"两张皮"的问题,让原本枯燥难懂的理论知识变得更加有温度,更加生动和立体,在讲授知识的过程中达到了育人的目的,做到了润物无声。未来,还需开发更多的类似载体用于教学,不断积累、丰富课程思政教学资源。

本节课思政主线贯穿整个授课过程,爱国情、科学魂、工匠心,层层深入、循序渐进地对学生进行思政教育,同时也是对"为谁培养人"、"怎样培养人"和"培养什么人"三个问题的清晰回答。

智慧能源管理：建筑用能分类及计算

教师信息：彭丽媛　　**职称**：副教授　　**学历**：博士
研究方向：智慧能源管理
授课专业：建筑智能化工程技术、供热通风与空调工程技术
课程类别：理实一体化课程
课程性质：职业技术技能课

第一部分　设计思路

一、本次设计的课程思政目标

本次设计选自本课程项目二的任务3：建筑用能分类及计算。本次课思政目标是让学生了解建筑用能的重要性，认识到节能减排、绿色发展的重要性和紧迫性，增强学生的节能环保意识。同时，通过结合国标、行标，对建筑用能的分类及计算的学习，助力学生养成遵循相关规范、查取参数、贯彻执行标准规范的规范意识和行为，培养学生的实践分析能力和创新思维能力，为学生未来从事相关工作打下坚实的基础。

二、课程思政教学设计内容

1. 课前：课程思政引入

课前以小组为单位，准备低碳生活小故事或者小视频，主题为"生活用能节能小妙招"。

"生活用能节能小妙招"故事，要求兼技术与美学于一体，培育学生作品的质感与美感，同时促进学生关注节能、低碳生活，增强节能环保意识。

2. 课中：课程思政贯穿授课过程

（1）采用任务驱动法教学，实施"用能分类及总能耗计算"的任务时，通过国家标准 GB/T 34913—2017《民用建筑能耗分类及表示方法》的贯彻，

强调国家标准执行的重要性，帮助学生树立较强的规范意识。

（2）结合实际案例，引导学生思考并了解不同类型建筑用能的特点，以及建筑用能在不同领域的应用情况，培养学生实践分析能力。

（3）引导学生思考不同类型能源总能耗统计计算问题和方法，并通过实例演示，引导学生根据规范查取参数，进行总能耗计算及对比分析，培养学生实践创新能力。

3. 课末：课程思政总结反思

在本节课的教学中，将思政元素融入课程内容中，引导学生树立正确的价值观和绿色低碳理念。通过结合国标、行标，讲解建筑用能分类及总能耗计算的方法，让学生认识到节能减排的重要性，培养其规范意识、节能意识和实践能力，并引导学生关注绿色建筑的发展动态，树立可持续发展的理念。

第二部分 案例描述

建筑用能分类及计算

一、课前：温故知新

（1）在学习通课程平台上推送学习资源及教学课件，包括国家标准《民用建筑能耗分类及表示方法》（GB/T 34913—2017）、《民用建筑能耗标准》GB/T 51161—2016），校能耗监测平台及 PPT 课件。

（2）布置任务：在学习通上发布温故和知新的学习任务。

温故任务：让学生复习建筑能源类型及计量方法，以及不同计量单位之间的转换关系。

知新任务：①让学生观察学校不同建筑（教学楼、实训楼、办公楼等）的用能，分析有哪些用能形式，以及不同建筑的用能特点。②让学生准备主题为"生活用能节能小妙招"的小故事或者小视频。

思政点融入：通过让学生课前温故知新，在复习旧知的基础上，了解建筑用能，为课程实施打下基础。"生活用能节能小妙招"故事，要求兼技术与美学于一体，培育学生作品的质感与美感，培养学生关注节能、低碳生活，增强节能低碳意识。

二、课中

1. 创设情境

（1）课前学习成果检测。挑选出 2 个优秀作品，请学生以小组为单位，分享课前学习准备的小故事或者小视频，主题为"生活用能节能小妙招"。

思政点融入：通过"生活用能节能小妙招"故事分享，培养学生关注节能、低碳生活，增强节能低碳意识。

（2）创设情境。打开学校能耗监测平台（见图1），查看学校能耗监测信息。

图 1　校能耗监测平台

（3）引导学生思考任务。一般建筑都有哪些用能类型？建筑类别不同，功能不同，其用能特点有什么不同？建筑用能种类有多种（电、气、新能源等），那么如何确定不同建筑之间谁的总能耗高呢？

引入本次课的主题：建筑用能分类及总能耗计算。

思政点融入：通过情境创设，引导学生带着真实的"任务"进行学习和思考，培养其实践能力，激发学生对能源管理的热情，培育学生热爱专业的职业素养。

2. 确定任务

（1）组织头脑风暴分析任务。以所在教学楼为例，采用头脑风暴法，组织学生积极思考，分析其主要用能形式；进一步以学校两座教学楼为例（用能种类两种及以上），组织学生思考，怎么判断哪座教学楼的总能耗更高。

（2）点评分析。对小组讨论结果进行点评和分析。

（3）确定任务。建筑用能分类有哪些？总能耗如何计算？

思政点融入：通过头脑风暴，引导学生积极思考、主动探究建筑用能分类和计算问题，培养实践分析能力。

3. 自主协作学习

（1）贯彻标准。引导学生查看 GB/T 34913—2017《民用建筑能耗分类及表示方法》，掌握建筑用能分类方法。

（2）算例讲解。以典型算例为例，讲解如何将不同能源种类（电力、天然气、冷水、热水）的建筑能耗统一折算为电力或者标准煤。

在讲解过程中，引导学生依据规范查找能质系数，利用熵值分摊法，进行能耗的统一折算。

（3）案例练习。以实际案例为例，每个小组进行分析和计算。

（4）巡视指导。巡视指导每个小组的规范应用、参数查找、计算流程。

思政点融入：①通过国家标准的贯彻，培养学生的规范意识。②结合案例，引导学生自主查找参数，分析梳理计算方法和步骤，培养学生实践能力，突破难点知识。③通过班组实践环节，提高班组合作能力，以及学生自我认识能力。通过承担相应的组内任务，培养学生团结协作意识和责任担当精神。

三、课后：巩固拓展

利用学习通课程平台发布课后拓展任务，上传学校相关用能数据。布置拓展任务：

（1）分小组完成学校用能分析报告。

（2）在学习通课程平台上设立主题讨论，引导学生分享学习感悟。

（3）在微信学习群及时进行在线指导。

思政点融入：①通过课后拓展任务的完成，培育学生实践精神和创新能力，训练举一反三的知识迁移能力。同时，教育学生应具备良好的社会公德和职业道德，倡导学生平时节能减排、低碳生活。②通过学习通课程平台提交作业，并在主题讨论区和微信群进行交流，解决学生的问题，拉近师生的距离。

【总结反思】

在本次课的教学中，通过将正确的价值观和绿色低碳理念融入"建筑用能分类及计算"的课程内容中，不仅向学生传递了节能减排的重要性，还成功地培养了他们的规范意识和节能意识。结合国标、行标的讲解，使学生在理论与实践之间建立了清晰的联系，进一步认识到规范执行在能效管理中的作用。

课程注重理论与实践的结合，特别是在总能耗计算方法的教学上，让学生通过具体案例进行操作，增强了理解并激发了对绿色建筑技术的兴趣。这种互动式和问题导向的教学方法，有效地提高了学生的参与度，同时也训练了他们解决实际问题的能力。

反思教学过程，发现在引导学生关注绿色建筑的发展动态方面还有改进的空间。未来可以通过引入更多关于可持续建筑技术和最新环保政策的案例，以及组织相关的现场学习活动，加深学生对可持续发展理念的理解和应用。

下篇

"金种子"课程思政优秀教学设计案例

模拟经营——财务分析：
企业模拟经营经典案例

教师信息： 李倚天　　**职称：** 讲师　　**学历：** 硕士
研究方向： 国际会计与金融管理
授课专业： 大数据与会计
课程类别： 理实一体化课程
课程性质： 专业模块化课

第一部分　设计思路

一、本次设计的课程思政目标

本课结合"收入"相关知识，分析"瑞幸咖啡""康美药业"的经营状况，强调唯物辩证法的特征：事物是永恒发展的。课中，学习新收入准则下的收入分配新政，贯彻"实质重于形式"的原则，并且通过新收入准则中的会计科目增设（合同资产、合同负债），引导学生及时关注国情国策，对于政策应知尽知，方可应享尽享，对于福利方可应享尽享。

二、课程思政教学设计内容

1. 课前：课程思政引入

教师通过展示荷花绽放的规律与速度（第29天时荷花池里仅有一半荷花盛开，到第30天，另一半荷花竟然完全盛开。由此可见，最后一天荷花绽放的速度最快，约等于前29天的总和）启发学生思考：成功并非一蹴而就，而需要厚积薄发、积累沉淀。

教师以"荷花定律"引导学生形成自律的学习习惯，并且充满自信地完成本学期模拟经营——财务分析课程的学习，旨在激发学生的学习兴趣、启发学生思考、树立良好的学习习惯。

2. 课中：课程思政贯穿授课全程

企业经营案例贯穿：瑞幸咖啡、康美药业。

（1）瑞幸咖啡。2023年9月爆单的"酱香拿铁"以首日销量542万杯（单价19元，销售额破亿元，刷新单品销售纪录。这只是瑞幸供应的原材料极限，并非消费者的极限）的业绩，稳居顶流。瑞幸的身价也因此暴涨32亿元，在酱香拿铁火爆全网之后，瑞幸的股价涨了5.07%。如今的瑞幸，已成功突破90亿美元的市值估价。然而在2020年，瑞幸咖啡曾通过虚增营业收入、虚增成本费用以及关联方交易等手段，欺瞒大众。最终支付了1.8亿美元罚款，以了结美国证券交易委员会的相关指控；同时，陆正耀也因其恶劣的诚信缺失行为，名誉扫地。

（2）康美药业——从"白马股"到"黑天鹅"。2019年，风头无两的千亿龙头药企康美药业炮制了A股史上最大的利润造假案。证监会披露了康美药业"三宗罪"，第一条就是收入造假，康美药业在三年间竟然累计虚增营业收入高达291.28亿元。

教师引导学生分析比对两家企业的经营概况，从"成也收入、败也收入"的角度对比分析瑞幸咖啡、康美药业的经营状况，并引导学生正确面对人生中的困境，提升"逆商"。同时，教师在讲解财务报表分析方法中的"现代沃尔评分法"时，应对比"沃尔评分法"并着重强调始终以发展的眼光看问题。事物的发展并非一成不变，应该因时制宜、因地制宜地推陈出新、随机应变。

3. 课末：课程思政总结反思

教师引导学生结合会计职业道德，分析罗斯·L. 瓦茨（Ross L. Watts）和杰罗尔德·L. 齐默尔曼（Jerold L. Zimmerman）的"红利计划假说"："由于存在可产生不同结果的代用方法，所以，人们不断尝试不通过实在地改善业绩就能获得盈利和增长的办法。"

要求学生以组为单位分工协作、查找资料，头脑风暴，阐述"君子爱财，取之有道"，并以创意作业形式（歌曲、情景剧、手指操、顺口溜等）贯彻"事物恒变，因时制宜"的思政主线。

第二部分　案例描述

企业模拟经营经典案例

【思政导入】

情景剧：两名来自会计班的学生凑单去吃第二个半价的冰激凌，继而对麦当劳的会计如何确认收入产生了疑惑。课程由学生自编、自导、自演的情景剧（见图1）切入，符合学生的认知，贴近学生实际生活，激发学生的学习兴趣，以学生为中心水到渠成地引出本次课程的主题——收入。

图1 学生自编自导自演的情景剧

问题一：思考情景剧中所提的问题——如何分配收入？

教师展示近三年来初级会计职称取证考试"初级会计实务"中"收入"所占分值（见表1），突出本课的重要性，与"岗课赛证"中的"证"紧密联系。

图2 初级会计职称取证考试的分值

《初级会计实务》	第一章 概述	第二章 会计基础	第三章 流动资产	第四章 非流动资产	第五章 负债	第六章 所有者权益	第七章 收入、费用和利润	第八章 账务报告
分值占比	5	8	17	19	16	11	16	8

一、基本概念

1. 收入定义

收入是指企业在日常活动中形成的、会导致所有者权益增加的、与所有者投入资本无关的经济利益的总流入。

日常活动是指企业为完成其经营目标所从事的经常性活动以及与之相关的其他活动。

2. "会言会语"说成语——从"收入"角度解释"守株待兔"

守株待兔原本描述了一个农夫在田间耕作时，偶然有一只兔子撞死在树桩上，农夫因此放下锄头，整日坐在树桩旁等着兔子再次撞死在树桩上。

345

从会计角度而言，该农民错误理解了"日常活动"，兔子偶然撞死在树桩上，并非"经常性活动"，不应确认为收入，它是偶然性的获益，应确认为"利得"。

3. 确认原则

（1）识别与客户订立合同——前提；

（2）识别合同中的单项履约义务——基础；

（3）确定交易价格——关键；

（4）将交易价格分摊至各单项履约义务——核心；

（5）履约时，确认收入——判断。

4. 小试牛刀

某旅行社与客户李女士签订旅游合同，向李女士销售"买欧洲游，赠东南亚行"的旅游产品（见图2），合同总价款55 000元，欧洲游、东南亚行的总成本分别为30 000元、3 000元，合计33 000元。

图2 "买欧洲游，赠东南亚行"海报

"欧洲游"应分摊的交易价格：30 000/33 000×55 000=50 000（元）

"东南亚行"应分摊的交易价格：3 000/33 000×55 000=5 000（元）

二、思考展示

结合学习通平台，教师展示学生对于问题一的思考。通过学习通平台展示学生的思考结果，并随机选取典型回答进行展示。学生可通过会计分录、文字或者小故事等形式将自身想法恰当表达出来，以此锻炼学生的口语表达能力、书面表达能力、与人沟通协作能力，零距离对接职场，培养职场素质。

三、任务驱动

1. 任务一：会计处理

(1) 先出行，后收款（见图 3）。

履约义务 1：欧洲游

借：合同资产   50 000

  贷：主营业务收入   50 000

履约义务 2：东南亚行

借：应收账款   55 000

  贷：主营业务收入   5 000

      合同资产   50 000

旅行社收款

借：银行存款   55 000

  贷：应收账款   55 000

图 3 "买欧洲游，赠东南亚行"先出行后收款

(2) 先收款，后出行（见图 4）。

图 4 "买欧洲游，赠东南亚行"先收款后出行

旅行社收到预付款

借：银行存款   55 000

  贷：合同负债   55 000

履约义务 1：欧洲游

借：合同负债 50 000
　　贷：主营业务收入 50 000
履约义务2：东南亚行
借：合同负债 5 000
　　贷：主营业务收入 5 000

学生活动：以组为单位，围绕"知惠—懂惠—享惠"，总结两种收入分配的区别与联系，教师选派组代表发言，汇报组内讨论及组间交流的结果。

2. 任务二：证-账-表的推演

（1）任务分解1：记账凭证（见图5）。

1）定义。记账凭证是财会部门根据原始凭证填制的，记载经济业务简要内容，确定会计分录，作为记账依据的会计凭证。记账凭证是按照登记账簿的要求、确定账户的名称、记账方向和金额的一种记录，它是登记明细分类账和总分类账的依据。记账凭证是由会计人员针对审核无误的原始凭证或汇总原始凭证，按其经济业务的内容加以归类整理，并作为登记账簿依据的会计凭证。会计人员填制记账凭证需要严格按照规定的格式和内容进行。

2）记账凭证的基本内容。

a. 记账凭证的名称及填制单位的名称；

b. 填制记账凭证的日期；

c. 记账凭证的编号；

d. 经济业务事项的内容摘要；

e. 经济业务事项所涉及的会计科目及其记账方向；

f. 经济业务事项的金额；

g. 记账标记；

h. 所附原始凭证的数量；

i. 会计主管、记账、审核、出纳、制单等有关人员的签章。

3）记账凭证的基本要求。

a. 记账凭证中的各项内容必须完整。

b. 必须以审核无误的原始凭证为依据。

c. 记账凭证应连续编号，一笔经济业务需要填制两张以上记账凭证的，则可以采用分数编号法进行编号。

d. 记账凭证的书写应清楚、规范。

e. 记账凭证可以根据每一张原始凭证填制，或根据若干张同类原始凭证汇总编制，也可以根据原始凭证汇总表填制，但不得将不同内容和类别的原始凭证汇总填制在一张记账凭证上。

××××有限公司
银行收款凭证

借方科目：银行存款		年　月　日	总第　　号	
			字第　　号	
摘要	贷方科目		金额	记账
	总账科目	明细科目	亿千百十万千百十元角分	
				附件 张
	合　计			
会计主管　　　记账　　　出纳　　　审核　　　制单				

XXXX有限公司
转账凭证

		年　月　日	总第　　号		
			字第　　号		
摘要	总账科目	明细账科目	借方金额	贷方金额	记账
			亿千百十万千百十元角分	亿千百十万千百十元角分	
					附件 张
	合　计				
会计主管　　　记账　　　出纳　　　审核　　　制单					

图 5　会计记账凭证

f. 记账凭证必须有填制人员、审核人员、记账人员和会计主管的签名或盖章，对于发生的收款业务和付款业务必须坚持先审核后办理的原则，出纳人员要在有关收款凭证和付款凭证上签章，以明确经济责任；对于已经办妥的收款凭证或付款凭证及所附的原始凭证，出纳要当即加盖“收讫”或“付讫”戳记，以避免重收重付或者漏收漏付。

g. 除结账和更正错误的记账凭证可以不附原始凭证外，其他记账凭证必须附有原始凭证。

（2）任务分解 2：会计账簿（见图 6）。

本账页数	
本户页数	

________________明细账

科目：主营业务收入

年		凭证		摘要	页数	借方										贷方										借或贷	余额									
月	日	种类	号数			千	百	十	万	千	百	十	元	角	分	千	百	十	万	千	百	十	元	角	分		千	百	十	万	千	百	十	元	角	分
				承前页																																

图 6　会计账页

会计账簿是以会计凭证为依据，对全部经济业务进行全面、系统、连续、分类地记录和核算的簿籍，是由专门格式并以一定形式联结在一起的账页所组成的。

会计账簿简称账簿，它是由具有一定格式、相互联系的账页所组成的，用来序时、分类地全面记录一家公司经济业务事项的会计簿籍。设置和登记会计账簿，是重要的会计核算基础工作，也是连接会计凭证和财务报表的中间环节，做好这项工作，对于加强经济管理意义重大。

填制会计凭证后需要设置和登记账簿，原因在于二者虽然均可用来记录经济业务，但是二者的作用不同。在会计核算中，对于每一项经济业务，财会人员都必须取得和填制会计凭证，因而会计凭证数量多且分散，每张凭证只能记载个别经济业务的内容，所提供的资料是零星的，无法全面、连续、系统地反映和监督一家公司在一定时期内某一类和全部经济业务活动的情况，且不便于日后查阅。因此，为了给经营管理提供系统的会计核算资料，各公司必须在凭证的基础上设置和运用登记账簿的方法，把分散在会计凭证上的大量核算资料，加以集中和归类整理，生成有用的会计信息，从而为后续编制财务报表、进行会计分析以及审计提供依据。

（3）任务分解3：财务报表。

1）认知财务报表。

a. 资产负债表（见表3）。资产负债表（Balance Sheet）是反映企业在某一特定日期（如月末、季末、年末）全部资产、负债和所有者权益情况的财务报表，是企业经营活动的静态体现，根据"资产＝负债＋所有者权益"这一会计等式，将合乎标准的资产、负债、所有者权益交易科目分为"资产"和"负债及股东权益"两大区块，它表明企业在某一特定日期所拥有或控制的经济资源、所承担的现有义务和所有者对净资产的要求权。资产负债表可用于企业内部除错、调整经营方向，亦可让报表使用者在最短时间了解企业经营状况。

表3 资产负债表

资产	期末余额	负债和所有者权益 （或股东权益）	期末余额
流动资产		流动负债	
存货			
流动资产合计		流动负债合计	
非流动资产		非流动负债：	
非流动资产合计		非流动负债合计	
资产合计		负债合计	
		所有者权益（股东权益）	
		未分配利润	
		所有者权益合计	
资产合计		负债及所有者权益合计	

b. 利润表（见表4）。利润表（Income Statement）依据"收入-费用=利润"这一会计等式，以各项目的性质和功能作为分类标准，依次将某一会计期间的收入、费用、利润予以适当的排列编制，利润表的表体结构有单步式、多步式两种。单步式利润表是将当期所有收入列在一起，所有费用列在一起，然后将两者相减得出当期净损益。我国利润表采用的是多步式，即通过当期的收入、费用、支出项目按性质加以归类，按利润形成的主要环节列示中间利润指标，分步骤计算当期净损益，以便财务报表使用者理解企业经营成果的不同来源。

表4 利润表

利润表	
项　　目	本年金额
一、营业总收入	
二、营业总成本	
其中：主营业务成本	
其他业务成本	
税金及附加	
管理费用	
账务费用	
三、营业利润	
四、利润总额	
减：所得税费用	
五、净利润	

由于利润表反映的是企业某一期间的状况，利润表又被称为动态报表。企业一定会计期间的经营成果既可能表现为盈利，也可能表现为亏损，因此，利润表也被称为损益表。它全面揭示出企业在某一特定时期实现的各种收入、发生的各项费用、成本，以及企业实现的利润或发生的亏损情况。

c. 现金流量表（见表5）。现金流量表（Cash Flow Statement）反映了在某一固定期间（通常是每月、每季、每年）内，一家公司的现金增减变动的情形。现金流量表主要反映出资产负债表、利润表中各个项目对现金流量的影响，并根据其用途划分为经营活动、投资活动及融资活动。现金流量表可用于分析一家公司在短期内是否具备足够的现金去应付开销。现金流量表的主要作用是判断公司的短期生存能力，特别是偿付欠款的能力。现金流量表反映出一家公司在一定时期的现金流入和现金流出的动态状况。通过现金流量表可以概括反映经营活动、投资活动和筹资活动对企业现金流入与现金流出的影响,以此评价企业的财务状况及管理水平。

表5 现金流量表

项　目	本年金额
一、经营活动产生的现金流量:	
销售商品、提供劳务收到的现金	
购买商品、接受劳务支付的现金	
支付给职工以及职工支付的现金	
支付的各项税费	
支付其他与经营活动有关的现金	
购建固定资产、无形资产和其他长期资产支付的现金	
吸收投资收到的现金	
二、现金及现金等价物净增加额	
加:期初现金及现金等价物余额	
三、期末现金及现金等价物余额	

d. 现金流量表的意义。

一是弥补不足。会计资料一般是发生额与本期净增加额。利润表是利用收入、费用、利润三个会计要素的本期累计发生额编制的。资产负债表则是利用资产、负债、所有者权益三个会计要素的期末余额编制的,也就是说,资产、负债、所有者权益三个会计要素的本期发生额未得以充分利用,没有填入财务报表中。然而现金流量表中的内容尤其是采用间接法时,可利用资产、负债、所有者权益的增减发生额填报。这样账簿的资料得到充分的利用,现金变动的原因也得以充分揭示。

二是便于考核。与企业密切相关的部门如银行、税务、工商等,它们不仅需要了解企业的资产、负债、所有者权益的结构与经营结果,还需要及时掌握企业的偿付能力,了解企业现金流入、现金流出及现金净流量。

利润表是根据权责发生制编制的,权责发生制核算的利润与现金流量有时是不同步的。利润表上空有利润,然而银行账户中却没有现金的现象屡见不鲜。由此可见,权责发生制编制的利润表无法随时反映现金流量现状。因此,财会人员在坚持权责发生制的同时,以收付实现制为依据编制现金流量表，可以精准弥补不足，便于对企业进行全面考核。

三是精准体检。如果把现金比作企业的血液，那么，企业获取新鲜血液的途径主要有以下两种：输血能力，即通过筹资活动吸收投资者的投资或者借入现金。造血能力，利润是企业现金来源的主要渠道。通过现金流量表可以清晰地了解到经过一段时间的经营，企业筹措到的现金与自身创收的现金。企业筹措的现金是按计划用于企业扩大生产规模、购置固定资产还是补充流动资金，抑或是被经营方侵蚀了。企业筹措现金与产生现金的能力，只能从现金流量表获取，这是资产负债表、利润表均无法提供的。

e. 所有者权益变动表。所有者权益变动表（Statement of Changes in Owners' Equity）是反映构成所有者权益各组成部分当期增减变动情况的报表。它是对资产负债表的补充及对所有者权益增减变动情况的进一步说明。其主要作用有以下两个方面：一是通过所有者权益变动表为财务报表使用者提供所有者权益总量增减变动的信息，特别是能够让财务报表使用者理解所有者权益增减变动的根源；二是所有者权益变动表将综合收益和所有者（或股东）的资本交易导致的所有者权益的变动分项列示，有利于分清导致所有者权益增减变动的缘由与责任，对于考察、评价企业一定时期所有者权益的保全状况、正确评价管理当局受托责任的履行情况具有重大意义。

2007 年以前，公司所有者权益变动情况是以资产负债表附表形式予以体现的。随着经济的发展，上市公司于 2007 年正式对外呈报所有者权益变动表，所有者权益变动表从此成为与资产负债表、利润表和现金流量表并列披露的第四张财务报表。在所有者权益变动表中，企业还应当单独列示如下信息：①所有者权益总量的增减变动；②所有者权益增减变动的重要结构性信息；③直接计入所有者权益的利得和损失。

f. 附注。附注的作用主要体现在三个方面：第一，附注的编制与披露是对资产负债表、利润表、现金流量表和所有者权益变动表列示项目的补充说明，以帮助财务报表使用者更加准确地把握其含义。例如，通过阅读附注中披露的固定资产折旧政策的说明，财务报表使用者可以掌握报告企业与其他企业在固定资产折旧政策上的异同，以便进一步比较。第二，附注提供了对资产负债表、利润表、现金流量表和所有者权益变动表中未列示项目的详细或明细说明。例如，通过阅读附注中披露的存货增减变动的情况，财务报表使用者可以了解资产负债表中未单列的存货分类信息。第三，通过附注与资产负债表、利润表、现金流量表和所有者权益变动表列示项目的相互参照关系，以及对未能在财务报表中列示项目的说明，可以使财务报表使用者全面了解企业的财务状况、经营成果和现金流量以及所有者权益的情况。

2）财务报表分析维度（见图7）。

偿债能力分析
营运资产=流动资产-流动负债
流动比率=流动资产÷流动负债
资产负债率=（负债总额÷资产总额）×100%
权益乘数=1+产权比率
利息保障倍数=息税前利润÷应付利息

发展能力分析
总资产增长率=（本年资产增长额÷年初资产总额）×100%
营业利润增长率=（本年营业利润增长额÷上年营业利润总额）×100%
资本积累率=（本年所有者权益增长额÷年初所有者权益）×100%
资本保值增值率=（扣除客观因素后的期末所有者权益÷期初所有者权益）×100%

营运能力分析
存货周转率=销售成本÷存货平均余额
存货平均销货天数=360÷存货周转率

现金流量分析
销售现金比率=经营活动现金流量净额÷销售收入
每股营业现金净流量=经营活动现金流量净额÷普通股股数
全部资产现金回收率=（经营活动现金流量净额÷平均总资产）×100%
净收益营运指数=经营现金净收益÷净利润
现金营运指数=经营活动现金流量净额÷经营所得现金

盈利能力分析
销售毛利率=销售毛利÷销售收入
销售净利率=净利润÷销售收入
总资产净利率=（净利润÷平均资产总额）×100%
净资产收益率=（净利润÷平均净资产）×100%

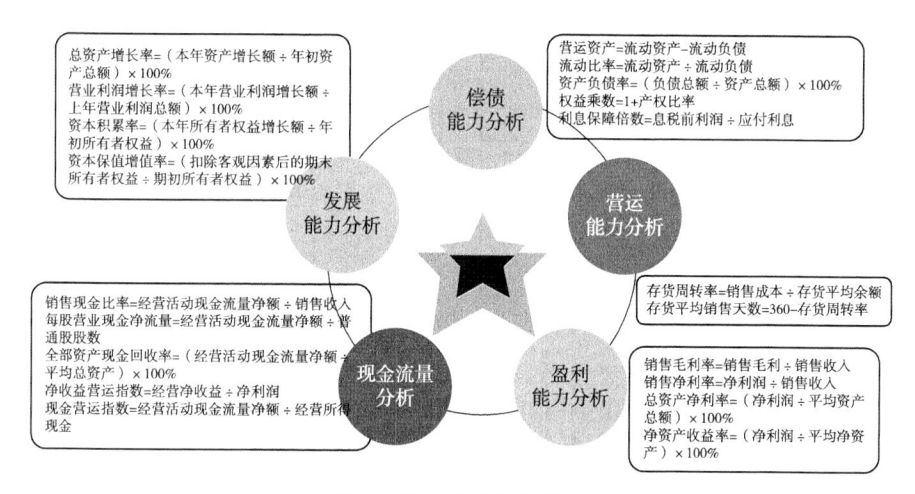

图7 财务报表分析维度

a. 偿债能力分析。

短期

$$营运资金=流动资产-流动负债$$
$$流动比率=流动资产/流动负债$$
$$速动比率=速动资产/流动负债$$
$$现金比率=现金/流动负债$$

长期

$$资产负债率=负债/资产$$
$$产权比率=负债/权益$$
$$权益乘数=资产/负债$$
$$利息保障倍数=息税前利润/应付利息$$

温馨提示：收入本身不会直接影响到企业的偿债能力，但是会通过利润表中的净利润影响企业的未分配利润，从而增加资产或减少负债（企业赚取的净利润或者趴在资产上，或者用来偿还负债），间接地影响企业的偿债能力。

b. 营运能力分析。

$$应收账款周转率=营业收入/应收账款的平均余额（期初+期末）/2$$
$$存货周转率=营业成本/存货的平均余额$$

流动资产周转率=营业收入/流动资产平均余额
固定资产周转率=营业收入/固定资产平均余额
总资产周转率=营业收入/总资产平均余额

c. 盈利能力分析。

营业毛利率=(营业收入-成本)/营业收入
营业净利率=净利润/营业收入
总资产净利率=净利润/平均资产总额
净资产(权益)收益率=净利润/权益

d. 发展能力分析。

营业收入增长率=本年营业收入的增长额/上一年的营业收入
总资产增长率=资产的增长额/年初资产总额
营业利润增长率=本年营业利润的增长额/上一年的营业利润总额

e. 现金流量分析。

营业现金比率=经营活动产生的现金流量/营业收入
每股营业现金净流量=经营活动产生的现金流量/普通股股数
全部资产现金回收额=经营活动产生的现金流量/平均总资产

3) 财报分析方法。

a. 杜邦分析法(见图8)。

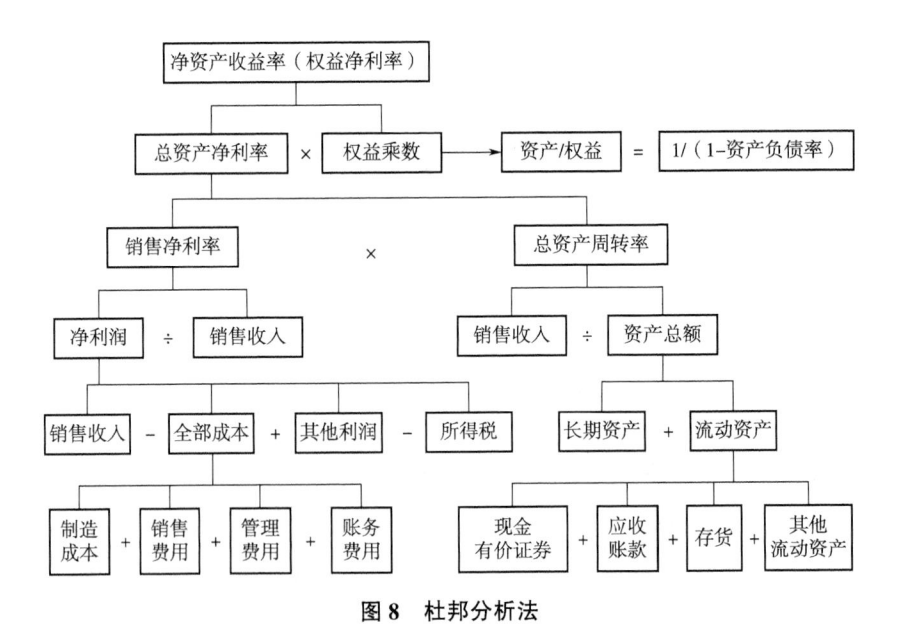

图 8　杜邦分析法

b. 沃尔评分法(见表6)。

表6 沃尔评分法

行次	指标	权重
第1行	流动比率	25
第2行	净资产/负债	25
第3行	资产/固定资产	15
第4行	营业成本/存货	10
第5行	营业收入/应收账款	10
第6行	营业收入/固定资产	10
第7行	营业收入/净资产	5

c. 现代沃尔评分法。将企业财务评价的内容按盈利能力、偿债能力、成长能力5：3：2的比重分配。偿债能力有四个常用的指标，成长能力则有三个常用的指标。总评分为100分。

2. 问题二：收入如何反映企业经营状况

（1）定量分析：上述计算公式。

（2）定性分析：企业销售商品或提供劳务取得收入，同时计入利润表的"营业收入"与现金流量表的"企业销售商品或提供劳务收到现金"中。根据会计第二等式"收入-费用=利润"可知，利润表中的"营业收入"会影响"营业利润"与"利润总额"，进而影响"企业所得税"与"净利润"。利润表中的"净利润"经分配后，结转至资产负债表中的"未分配利润"项目，未分配利润或者趴在资产上，或者用来偿还负债，从而增加资产负债表中的资产或是减少了负债。

图9为学生做的手绘利润地图。

思政点融入：通过会计卡牌推演，实现了寓教于乐，融通"岗课赛证"，教师引导学生全员参与，亲自动手完成"证-账-表"的卡牌推演，形象生动地引导学生理解财务报表之间的勾稽关系，寓教于乐，构建知识网络。

图9 手绘利润地图

3. 问题三："收入"越高越好，还是低点也行

收入的意义：①反映产品的销售状况；②反映企业的规模发展；③反映企业的盈利能力；④反映企业的存续能力。

思政点融入：高收入的背后往往同时伴随着高风险。为了匹配高收入，企业需要大量采购原材料，招兵买马，这会使得资金链紧张，持续经营受到限制甚至威胁，极易导致企业陷入盲目扩张的泥淖，后期难以为继，随时有破产风险。结论：适者为上，适合的才是最好的，切忌一味地追求高收入。匹配企业的产能、管理水平、服务水平，稳扎稳打，持续经营，才是王道。

4. 问题四：分析两家企业对待"收入"的态度

（1）瑞幸咖啡。2023年9月出道即巅峰的"酱香拿铁"以首日销量542万杯（单价19元，销售额破亿元，而且这是瑞幸供应的原材料极限，并非消费者的极限）的业绩，稳居顶流。瑞幸咖啡的身价也因此暴涨了32亿元，在酱香拿铁火爆全网之后，瑞幸咖啡的股价收涨了5.07%。如今的瑞幸咖啡，已经成功突破了90亿美元的市值估价。2023年第三季度的营业收入达72亿元，同比增长了84.9%，这种爆炸式的增长，已经远远超越了星巴克。然而，在2020年，瑞幸咖啡曾通过虚增营业收入、虚增成本费用以及关联方交易等手段，欺瞒大众，财务造假，最终支付了1.8亿美元罚款，以了结美国证券交易委员会的相关指控；同时，陆正耀也因其恶劣的诚信缺失行为，名誉扫地。

（2）康美药业。2019年4月，康美药业突然发布更正公告，称其2017年的财报数据中存在重大差错：存货少计195亿元，现金多计299亿元。资产负债表、利润表、现金流量表全军覆没，全体数据均需更正。证监会调查组经调查取证发现，康美药业2016—2018年的财务报告中存在重大虚假信息：一是通过仿造、变造增值税发票等方式进行收入造假，康美药业在三年间累计虚增营业收入高达291.28亿元，多计利息收入1亿元，虚增营业利润41.01亿元；二是通过伪造、变造大额定期存单等方式虚增货币资金，三年之间康美药业竟累计虚增货币资金超过886亿元；三是将不满足会计确认和计量条件的工程项目纳入财务报表，虚增固定资产，康美药业共虚增了固定资产11.89亿元，虚增了在建工程4.01亿元，虚增了投资性房地产20.15亿元；四是未在相关年度报告中披露控股股东及关联方非经营性占用资金情况。一个曾经风光无限的千亿龙头药企市值竟然瞬间缩水七成，仅剩153.2亿元，从"白马股"到"黑天鹅"，康美药业炮制出A股史上最大的利润造假案，翻身乏力。

5. 问题五：思考与分析

教师引导学生思考并分析罗斯·L.瓦茨（Ross L. Watts）和杰罗尔德·L.齐默尔曼（Jerold L. Zimmerman）的"红利计划假说"："由于存在可产生不同结果的代用方法，所以，人们不断尝试不通过实在地改善业绩就能获得盈利和增长的办法。"

此时，思路应回归到财经法规与职业道德课程中着重强调过的会计职业道德规范：①爱岗敬业；②诚实守信；③廉洁自律；④客观公正；⑤坚持准则；⑥提高技能；⑦参与管理；⑧强化服务。显然，这种"不通过实在地改善业绩就能获得盈利和增长的办法"不符合"诚实守信、廉洁自律、客观公正、坚持准则"的要求，作为一名职业人更应该脚踏实地地通过"提升技能、强化服务"实现创收。

6. 分组表演

结合本课所学，教师将学生分组，并以组为单位，自选形式（歌曲、情景剧、手指操、顺口溜等），阐述你对"君子爱财，取之有道"的理解。

图10总结了本节课的思政主线、问题牵引、思政元素、思政载体和融入方式。

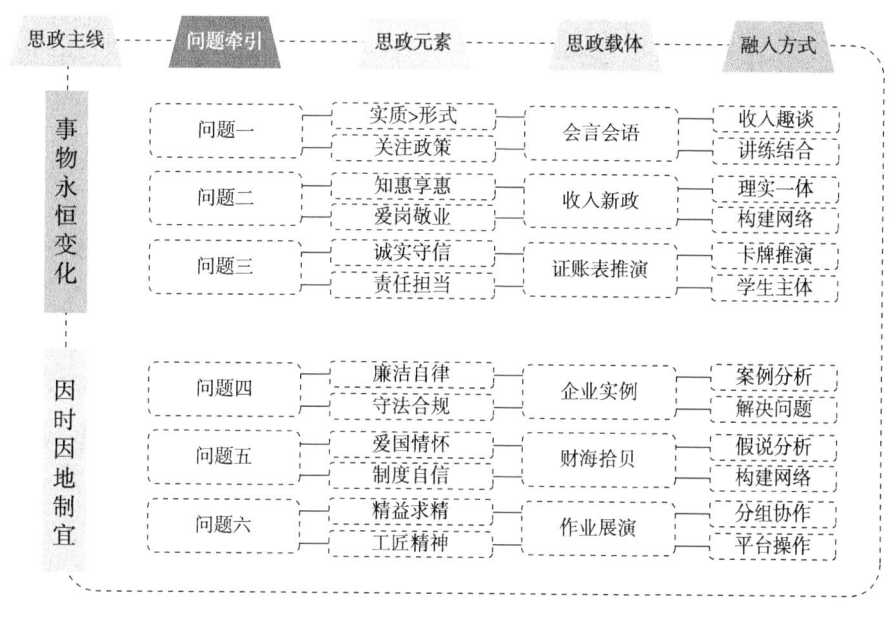

思政主线	问题牵引	思政元素	思政载体	融入方式
事物永恒变化	问题一	实质>形式；关注政策	会言会语	收入趣谈；讲练结合
	问题二	知惠享惠；爱岗敬业	收入新政	理实一体；构建网络
	问题三	诚实守信；责任担当	证账表推演	卡牌推演；学生主体
因时因地制宜	问题四	廉洁自律；守法合规	企业实例	案例分析；解决问题
	问题五	爱国情怀；制度自信	财海拾贝	假说分析；构建网络
	问题六	精益求精；工匠精神	作业展演	分组协作；平台操作

图10　本课讲授策略一览

【总结反思】

（1）知识：新收入准则下的会计处理。财务报表的分析维度与方法。

（2）能力：能够从定量、定性两个维度阐述收入如何影响企业经营状况。能够针对目标企业的问题提出可行性方案。

（3）拓展：国家税务总局北京市税务局网站；中联集团实训教学综合服务平台；久其财务大数据分析系统平台；新浪财经。

水污染处理技术：厌氧生物处理法

教师信息：郑明月　　**职称**：讲师　**学历**：博士
研究方向：水污染处理技术
授课专业：环境工程技术
课程类别：理实一体化课程
课程性质：职业技术技能课

第一部分　设计思路

一、本次设计的课程思政目标

厌氧生物处理法是环境工程技术专业核心课水污染处理技术的一个教学单元。本次课程的思政教学目标是通过讲授厌氧生物处理法的概念、原理、特征和应用现状等，坚定学生的理想信念，鼓励学生掌握厌氧生物处理法的基础理论、反应器工作过程和设备特征，通过自身的技能成才，建设美丽中国，实现中华民族伟大复兴中国梦。

二、课程思政教学设计内容

1. 课前：课程思政引入

当前，我国正处于全面建成小康社会、实现第一个百年奋斗目标后，开启全面建设社会主义现代化国家新征程，向第二个百年奋斗目标进军的第一个五年。对生态环境治理中的污水处理行业而言，任重道远：一方面承担着继续改善城镇水生态环境质量，保护地球环境和水资源的重任；另一方面需要应对提升人民群众对生态人居环境满意度的重大挑战。厌氧生物处理是污水处理净化的一种重要技术。学生要树立和宣传社会主义生态文明观，技能成才，技能报国，为建设美丽中国，为实现中华民族伟大复兴中国梦贡献自己的一份力量。

2. 课中：课程思政贯穿授课过程

根据程思政目标，设计本次课程思政教学内容及教学方法，并贯穿授课过程。

通过学习厌氧生物处理的原理，掌握污水厌氧处理主要微生物类型，了解微生物的代谢、生长规律，理解利用微生物代谢处理污水的过程，从认识微生物体系的"和谐"到社会的"和谐"，剖析"天人合一，道法自然"，认识污水处理遵循自然规律，体现人与自然的和谐之美。

通过学习厌氧生物处理法的应用现状，培育学生塑造尊重规律、勇于探索、敢于创新的科学精神；强调榜样的引领作用，向学生展示我国厌氧领域的著名专家、学者所取得的成就，让学生"坚守正道，弘扬大道"，得以"青出于蓝而胜于蓝"，为建设美丽中国而努力。

通过学习厌氧反应器的工作过程、设备特征，培养学生具备操作污水处理厂中的厌氧反应器的基本技能，进行劳动教育，培养艰苦奋斗、吃苦耐劳的职业精神。在操作过程中，严格按照国家标准进行，培养学生安全生产意识，并树立精益求精的工匠精神。实验后，通过整理实验器材和实验室，帮助学生树立正确的劳动态度，热爱劳动，养成良好的职业卫生习惯。

3. 课末：课程思政总结反思

通过课堂笔记和实验报告，检测学生的课堂学习效果。课后要求学生按照论文格式完成主题为"厌氧生物处理技术在水处理中的应用"的文献综述，上传至超星学习通。在学生查阅文献和形成文字材料的过程中，进一步强化课程中传达的天人合一、道法自然的自然规律。组织学生深入企业参观厌氧反应器和设备，学生完成企业调研报告，在这个过程中，进一步巩固课程中讲授的厌氧反应器设备操作技能，培养工匠精神和职业精神。

第二部分　案例描述

厌氧生物处理法

一、认识厌氧生物处理法

从学生日常生活中喜欢的可口可乐、七喜饮料引入课程，介绍位于新疆的可口可乐生产废水厌氧处理装置（见图1）和位于长春的七喜生产废水厌氧处理装置（见图2）。讲述厌氧反应器（见图3）在处理酒精废水、淀粉和淀粉糖废水、酿造废水、屠宰废水和柠檬酸废水领域中的大量应用（见图4），突出本次课程的应用广泛性和重要性。

图1　可口可乐废水处理装置　　图2　七喜废水处理装置

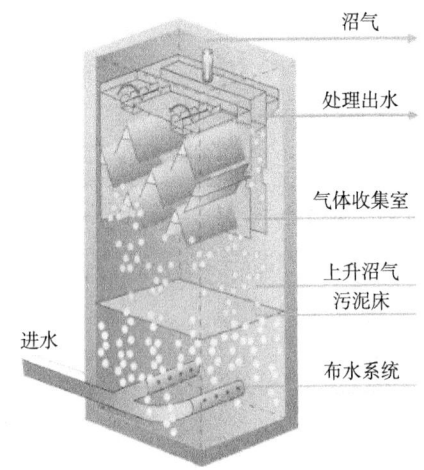

图3　厌氧反应器装置构造图和示意图

厌氧生物处理主要适用于城市污水处理厂的污泥、有机废料以及高浓度有

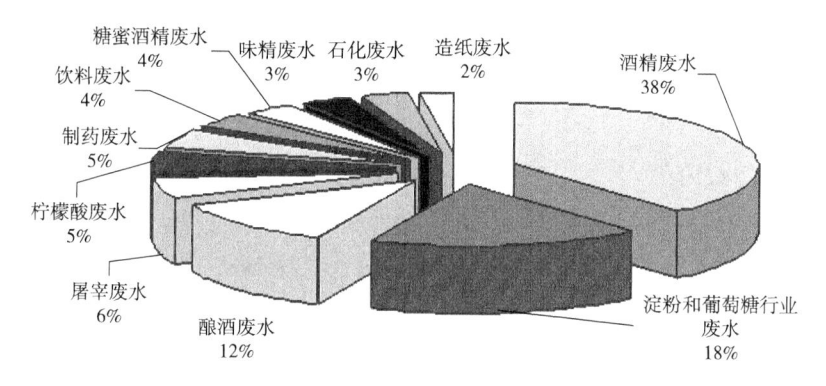

图 4 厌氧生物处理法在各领域的应用情况

机废水,也可用于处理中、低浓度的有机废水。食品工业废水的特点是有机物质和悬浮物含量高,易腐败,一般无大的毒性。其危害主要是使水体富营养化,以致引起水生动物和鱼类死亡,促使水底沉积的有机物产生臭味,恶化水质,污染环境。厌氧生物处理法主要处理这类易生物降解的废水,如轻工食品发酵废水等,该类废水中有机组分主要是糖类、蛋白质和脂类。厌氧生物处理法作为去除有机物的主要手段,不仅效率高、能耗低,还能回收大量生物能。

坚持绿色发展,绿水青山就是金山银山。顺应当代科技革命和产业变革大方向,抓住绿色转型带来的巨大发展机遇,以创新为驱动,大力推进经济、能源、产业结构转型升级,让良好生态环境成为全球经济社会可持续发展的支撑。当前,我国面临全面建成小康社会、实现第一个百年奋斗目标之后,开启全面建设社会主义现代化国家新征程,向第二个百年奋斗目标进军。环境治理行业的各个岗位都在切实践行建设美丽中国,实现中华民族伟大复兴的中国梦。

二、厌氧生物处理法的原理

废水的厌氧生物处理是指在无氧条件下通过厌氧微生物的作用,分解废水中的各种复杂有机物,最终产生甲烷和二氧化碳等物质的过程,也称为厌氧消化。

讲授三阶段厌氧生物处理过程(见图5)。

1. 水解与发酵阶段

复杂的大分子、不溶性有机物先在细胞外酶的作用下水解为小分子、溶解性有机物,然后渗入细胞体内,分解产生挥发性有机酸、醇类等。这个阶段主要产生较高级脂肪酸。

2. 产氢产乙酸阶段

在产氢产乙酸细菌作用下，第一阶段产生的各种有机物被分解转化成乙酸和 H_2。

3. 产甲烷阶段

产甲烷细菌将乙酸、乙酸盐、CO_2 和 H_2 等转化为甲烷。此过程由两组生理上不同的产甲烷菌完成，一组把氢和二氧化碳转化成甲烷，另一组从乙酸或乙酸盐脱羧产生甲烷。前者约占总量的 1/3，后者约占 2/3。

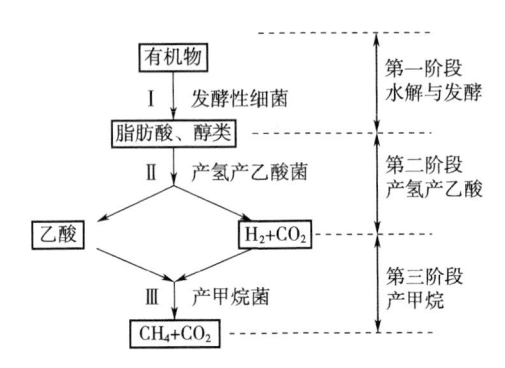

图 5　厌氧生物处理的三阶段理论

虽然厌氧消化过程从机理上分为三个阶段，但在厌氧反应器中，三个阶段是同时进行的，三种微生物在三个阶段各司其职，通力合作，有条不紊地进行着有机物的降解，最终转化为甲烷和二氧化碳。

思政点融入：通过学习厌氧生物处理的原理，掌握污水厌氧处理主要微生物类型（见图 6），了解微生物的代谢、生长规律，理解利用微生物代谢处理污水的过程，从认识微生物体系的"和谐"到社会的"和谐"，认识污水处理遵循自然规律，体现人与自然的和谐之美。

图 6　厌氧颗粒污泥菌群结构和微观形态

中华传统文化中蕴含着丰富的生态文明思想智慧，立足现实的社会和人生，始终关注社会与自然的和谐。利用大自然的微生物作用进行污水治理，本身就是在践行道法自然。通过与学生剖析"天人合一，道法自然"的思想，向学生讲授"天地与我并生，而万物与我为一"：天地万物与"我"是一个和谐统一的有机整体，人类的活动会对自然产生影响，而自然也对人类的生存起着决定作用。抱着人与自然是一个统一整体的态度去顺应自然、改造自然，边改造边补偿，时时刻刻记住自然与人类是一个整体。

三、厌氧反应器的工作过程

厌氧反应器的主体部分是一个无填料的空容器，分为反应区和沉降区两部分。反应区根据污泥的分布情况又可分为污泥悬浮层区和污泥床区（见图7）。污泥床主要由沉淀和凝聚性良好的厌氧污泥组成，浓度可达 50~100 gSS/L 或更高。污泥悬浮层主要靠反应过程中产生的气体的上升搅拌作用形成，污泥浓度较低，一般在 5~40 gSS/L 范围内。

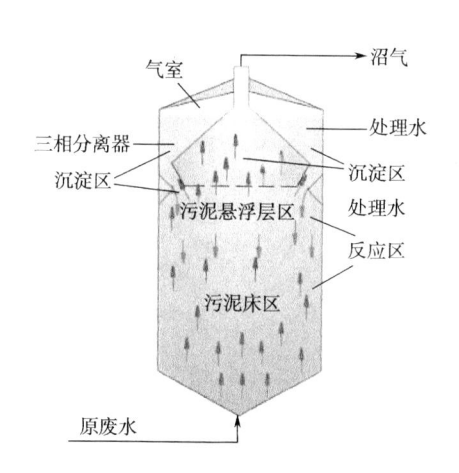

图7 厌氧反应器的工作过程

厌氧反应器的最大特点在于其上部设置了一个专用的气（沼气）-液（废水）-固（污泥）三相分离器。当反应器运行时，废水以一定流速从底部布水系统进入反应器，通过污泥床向上流动，料液与污泥中的微生物充分接触并进行生物降解，生成沼气，沼气以微小气泡的形式不断放出。微小气泡在上升过程中将污泥托起，即使在较低负荷下也能看到污泥床有明显膨胀。随着产气量增加，这种搅拌混合作用加强，降低了污泥中夹带的气体释放的阻力，气体便从污泥床内突发性逸出，引起污泥床表面略呈沸腾流化状态。沉淀性能不太好的污泥颗粒或絮体在气体的搅动下，于反应器上部形成悬浮污泥层。气、水、泥混合液上升至三相分离器内，沼气在上升过程中碰到反射板受偏折，穿过水层进入气室，由导管排出反应器。脱气后的混合液进入上部静置的沉淀区，在重力作用下，进一步进行固、液分离，沉降下的污泥通过斜壁返回至反应区内，使反应区内积累大量微生物，澄清的处理水从沉淀区溢流排出。由于在厌氧反应器中能培养得到一种具有良好沉降性能和高比产甲烷活性的颗粒厌氧污泥，因而其具有一定的优越性。

向学生讲解厌氧反应器的工作过程，也体现了技术创新的重要性。我国很早就有沼气池的应用，但应用规模小，效率低，仅限于村镇农户使用（见图8）。钱易院士（见图9）率领团队进行厌氧生物处理的研究。1993年，钱易团队的高浓度有机废水的厌氧生物处理技术获得了国家科技进步三等奖，对我国厌氧反应器的技术进步起到了重要作用。

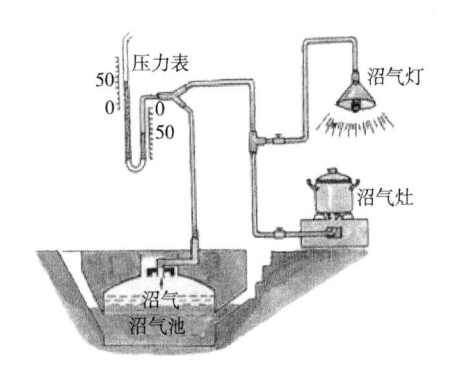

图8 传统厌氧沼气池

图9 厌氧专家钱易院士

思政点融入：通过学习厌氧反应器的工作过程，培育学生尊重规律、勇于探索、敢于创新的科学精神；强调榜样的引领作用，向学生展示我国厌氧领域的著名专家、学者所取得的成就，让学生"坚守正道，弘扬大道"，得以"青出于蓝而胜于蓝"，为建设美丽中国而努力。

四、厌氧反应器启动和运行管理实训

为了保证厌氧生物处理反应器的正常运行，以达到废水处理后达标排放，岗位要求熟悉厌氧反应器的启动和运行管理操作。此部分通过仿真软件（见图10）完成。

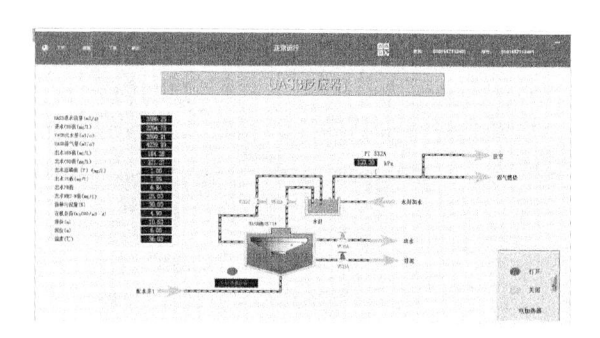

图 10 厌氧反应器运行与管理仿真实训

1. 启动操作要点

启动初始，一次投足接种污泥，一般为20%~30%或5~10 kgMLVSS/m³。接种污泥性能要好，一般要求污泥的MLVSS浓度为20~40 kg/m³，比甲烷活性值为100~150 mL/g，启动初期废水中有机物浓度不宜太高，COD_{Cr}以4 000~5 000 mg/L合适。当可降解COD的去除率达到80%左右，出水VFA在500 mg/L以下时，才能逐步增加有机负荷。

2. 启动故障的排除

在启动过程中，常遇到的故障是超负荷所引起的消化液VFA浓度上升、pH值降低，使厌氧反应效率下降或停滞，即酸败。解决的办法是：首先暂停进料以降低负荷，待pH值恢复正常水平后，再以较低的负荷开始进料。若pH值降低幅度太大，可能需外加中和剂。负荷失控严重（包括有毒污染物负荷过重），临时调整措施无效时，就需重新投泥，重新进水启动。

3. 运行控制指标

有机物降解指标COD_{Cr}、BOD_5，出水的VFA、pH、SS等是运行控制的指标。除此以外，测定温度、生物相，进行负荷测试并控制正常的污泥负荷、容积负荷、水力负荷。

4. 维护与管理

保证配水及计量装置的正常。做好对加热管道与换热器的清通与保温，防止进出水管、水封装置的冻结；每隔一定时间（如1~3年）清除浮渣与沉砂。在反应装置区及贮气区严禁明火及电气火花。

停车维护。因污水来源或污水处理系统本身的原因，厌氧处理装置会有一个停歇时段。在停车期间，宜尽量保持温度在5~20℃；尽量避免管道管口或反应装置敞口直接与空气连通，保证厌氧微生物的活性。

思政点融入：通过学习厌氧反应器的工作过程、设备特征，培养学生具备操作污水处理厂中的厌氧反应器的基本技能，进行劳动教育，培养艰苦奋斗、吃苦耐劳的职业精神。在操作过程中，严格按照国家标准进行，培养学生安全生产意识，并树立精益求精的工匠精神。实验后，通过整理实验器材和实验室，帮助学生树立正确的劳动态度，热爱劳动，养成良好的职业卫生习惯。

【总结反思】

课程紧紧围绕以学生为中心，通过多种方式多方位融入思政元素，把知识传授、能力培养和价值塑造三者融为一体，加强环保教育和职业技能教育，在培养环境治理技术技能的同时，教育引导学生始终把国家安全和国家利益放在首位，做党和人民信赖的环保人。进行课程思政教育，引导学生的同时，提升教师自身的政治素养和人文教育能力，有效促进环境工程技术教育教学水平的全面提高。

历史1：诸侯纷争与变法运动

教师信息：孔辉　职称：讲师　学历：本科
研究方向：旅游管理
授课专业：高端技术技能人才贯通培养实验项目
课程类别：理论课程
课程性质：公共基础课

第一部分　设计思路

一、本次设计的课程思政目标

通过对春秋战国时期各民族之间交流、学习、融合，让学生感受中华民族自古以来的向心力和凝聚力，认识到在中华民族悠久的历史长河中积淀形成了丰厚的优秀传统文化，这是凝聚中华民族大团结的精神纽带，从而树立正确的民族观和价值观。春秋战国时期是中国历史上第一次思想大解放的时代，是中国传统文化和精神财富的源头活水。通过对百家争鸣的学习，让学生感受中国传统文化的灿烂辉煌、源远流长，增强文化自信。通过分析商鞅变法以及秦因变法而富强的史实，使学生认识到改革是国家实现富强的必经之路。

二、课程思政教学设计内容

1. 课前：课程思政引入

10月27日一早，传来李克强总理逝世的噩耗，举国悲痛，深切哀悼人民的好总理。正所谓：爱民者，民爱之。我们党的执政宗旨就是为人民服务，这正是儒家民本思想的继承和体现。

2. 课中：课程思政贯穿授课过程

通过对春秋战国列国形势图的学习，培养学生的时空观念。
通过对春秋战国政治、经济发展状况和百家争鸣的学习，理解春秋战国时期社会经济的发展、阶级关系的变化，引起了上层建筑的变革，百家争鸣是社会大发展在意识形态上的反映，从而培养学生的唯物史观。

通过对春秋战国时期各个民族之间交流、学习、融合，同宗共祖、华夏认同的学习，增强学生的民族认同感和归属感，培育学生的家国情怀。

通过学习《史记》《战国策》等文献史料，掌握战国时期诸侯纷争、民族融合、社会变革、经济发展的情况，培养学生史料实证的素养。

通过分析商鞅变法以及秦因变法而富强的史实，使学生认识到改革是国家实现富强的必经之路。

3. 课末：课程思政总结反思

学生对本课内容有一定的基础，能够自主学习春秋战国时期社会的巨变和各诸侯国的变法运动，但是还未形成正确的历史思维，历史学科核心素养较为薄弱，因此对春秋战国社会转型的原因以及商鞅变法的影响理解较为困难。在今后的日常教学中，还需要加强引导学生形成历史思维，掌握学习历史的方法，涵育历史学科核心素养，同时引导学生关注社会热点，以史为鉴。本课程将历史和现实结合起来，将立德树人落到实处。

第二部分　案例描述

诸侯纷争与变法运动

【思政导入】

春秋战国时期诸侯纷争、变法图强的历史，概述了社会大变革带来的制度与思想文化领域的伟大创新。这一时期不仅是大一统国家建立的重要酝酿、准备阶段，也是中国传统文化和精神财富的源头活水。

教师活动：用思维导图（见图1）的形式让学生了解本课的整体框架。

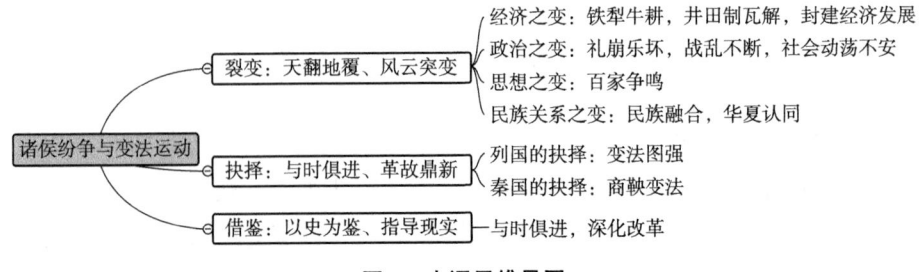

诸侯纷争与变法运动
- 裂变：天翻地覆、风云突变
  - 经济之变：铁犁牛耕，井田制瓦解，封建经济发展
  - 政治之变：礼崩乐坏，战乱不断，社会动荡不安
  - 思想之变：百家争鸣
  - 民族关系之变：民族融合，华夏认同
- 抉择：与时俱进、革故鼎新
  - 列国的抉择：变法图强
  - 秦国的抉择：商鞅变法
- 借鉴：以史为鉴、指导现实 — 与时俱进，深化改革

图1　本课思维导图

教师展示材料一并提问：在春秋战国时期，我国具体发生了哪些变化？

材料一："战国者，古今一大变革之会也。"——王夫之，《读通鉴论》

设计意图：设置情景，问题驱动导入新课，激发学生的学习兴趣。

一、裂变：天翻地覆，风云突变

1. 政治之变

教师活动：请学生画出春秋战国时期的年代尺。

展示材料二、材料三以及教材中的春秋列国形势图和战国形势图。请学生回答：春秋战国时期的具体发展形势如何？为什么会有这样的变化？

学生展示年代尺并回答问题。

设计意图：通过年代尺和地图进行时空定位，让学生直观地把握春秋战国时期的时间定位，形象地了解春秋战国的发展形势，从而培育学生的时空观念。

材料二：王夺郑伯政，郑伯不朝。秋，王以诸侯伐郑，郑伯御之……射（周）王中肩。——《左传·宣公五年》

材料三：田氏取齐，六卿分晋，道德大废，上下失序……是以传相放效，后生师之，遂相吞灭，并大兼小，暴师经岁，流血满野……贪饕无耻，竞进无厌，国异政教，各自制断。上无天子，下无方伯，力功争强，胜者为右。——《战国策书录》

学生活动：政治之变为王室衰微，诸侯争霸，战乱不断，礼崩乐坏，分封制崩溃。

2. 经济之变

教师活动：春秋战国时期政治上为什么会有这些变化呢？接下来，请大家通过下列图片（见图2、图3、图4）概括春秋战国时期经济领域发生了什么变化。

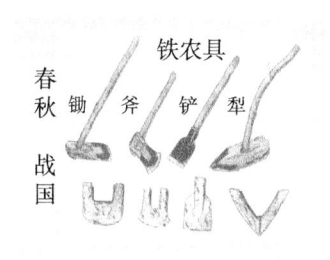

图2 战国时期的铁农具　　图3 带鼻环的牛尊　　图4 都江堰示意图

学生讨论后回答问题。

设计意图：通过探究春秋战国时期政治、经济变化之间的联系，引导学生认识到经济基础决定上层建筑。铁犁牛耕的使用与推广，促进了井田制瓦解、封建土地私有制确立，从而导致了分封制的崩溃，由此培育学生的唯物史观。

教师活动：春秋战国时期经济的发展和政治的变动会导致思想上发生什么样的变化呢？

设计意图：通过政治、经济之变引出思想之变，引导学生全面客观地看待问题，培养学生的唯物史观。

3. 思想文化之变

教师活动：展示学生收集到的关于春秋战国时期思想家的资料。思考：面对春秋战国礼崩乐坏、社会动荡的政治状况，该如何重建伦理和政治？

学生讨论后回答。

教师活动：春秋时期的孔子和老子分别提出了自己的救世方案，同时也对传统文化做出了巨大的贡献，使得中国古代传统文化体系初步建立。那么到了战国时期，思想家们又提出什么样的救世主张呢？

学生概括诸子百家思想主张。

教师活动：面对春秋战国时期的大动荡、大变革，各派别不断发表自己的观点，批驳别人的观点，于是就出现了百家争鸣的思想局面。百家争鸣是春秋战国时期社会经济发展、阶级关系变动在思想领域的反映，是中国历史上第一次思想解放运动，为地主阶级登上历史舞台奠定了理论基础，也成为后世中华思想文化的源头活水，影响深远。

设计意图：问题驱动，通过对思想上百家争鸣产生原因的探究，引导学生理解一定时期的思想是特定时期政治经济的反映，培育学生的唯物史观。

4. 民族关系之变

教师活动：阅读春秋列国形势图，思考春秋战国时期的民族关系有什么变化。

设计意图：通过地图分别找出各民族的生活区域，了解当时诸夏所认为的"中国"地区，进一步了解传统的华夷观。

学生活动：通过春秋列国形势图，可以看出华夏族生活在中原地区，经济文化比较先进，而少数民族居于边疆地区，政治经济文化都落后于中原各国。

教师活动：通过大家的分析，我们认识到春秋战国时期，民族关系出现了巨大的变化，各民族交流频繁，华夏文化逐渐被周边少数民族所认同，华夏认同，各族同源共祖的观念得到发展。

教师活动：面对春秋战国时期礼崩乐坏、战乱不断的大动荡局面，列国该如何抉择呢?

二、抉择:与时俱进,革故鼎新

教师活动:面对不断的战争,各国纷纷变法改革,希望实现富国强兵。试比较列国的变法,哪个国家最成功?为什么?

学生活动:阅读教材,总结春秋战国重要变法概况和商鞅变法概况。通过比较,发现商鞅变法最成功。

教师活动:通过商鞅变法具体措施的学习,我们发现相对于列国的变法,商鞅变法更加完善,彻底废除了旧的井田制和分封制,确立了新的封建土地私有制,加强了君主专制,中央集权,推动了秦国率先迅速实现了封建化,引领时代潮流,从而为百年后灭六国统一天下建立统一多民族封建国家奠定了基础,对后世影响深远。

三、借鉴:以史为鉴,指导现实

教师活动:以史为鉴,可以知兴衰。展示材料四,要求学生思考两千多年前的春秋战国时期的大变革对今天的现实有何指导作用。

材料四:当今世界处于百年未有之大变局……改革开放是我们党在新的历史条件下带领人民进行的新的伟大革命,是决定当代中国命运的关键抉择……也是决定实现"两个一百年"奋斗目标、实现中华民族伟大复兴的关键一招……只有坚定不移全面深化改革……中国特色社会主义伟大事业才能永葆青春,不断从胜利走向新的胜利。——习近平

学生活动:面对当今世界的变化,我们应该进一步深化改革开放。

教师活动:当今世界面临着百年未有之大变局,变局同时蕴含机遇与挑战,这和两千多年前的春秋战国时期何其相似。我们应抓住机遇,应对挑战,进一步深化改革开放,为实现中华民族的伟大复兴而努力奋斗。

【总结反思】

思想政治教育与传统文化教育二者本来就是水乳交融的关系,所以本课程将价值塑造与知识传授融会贯通于整个教学过程。

通过对春秋战国时期社会变化的学习,学生应该能够理解变法的必然性,能够通过史料客观、理性地分析评价商鞅变法的积极作用和消极影响,并能够做出历史反思,从历史中吸取经验和教训,更全面深刻地分析、理解现实问题,以史为鉴,指导现实。课程思政使历史教育活起来,发挥了历史教育立德树人的功能。

保税物流："一带一路"

教师信息： 马骏　**职称：** 副教授　**学历：** 硕士
研究方向： 供应链与国际贸易
授课专业： 国际商务
课程类别： 理实一体化课程
课程性质： 职业技术技能课

第一部分　设计思路

一、本次设计的课程思政目标

结合课程教学内容融入社会主义现代化和中华民族伟大复兴总任务；中国特色社会主义道路自信、理论自信、制度自信、文化自信；新时代中国外交教育。

通过分析"一带一路"倡议对于全球化和国际合作的重要性，引导学生形成正确的世界观和价值观，理解新时代中国外交。

通过探讨"一带一路"倡议对于实现中国梦和推动中国特色社会主义发展的意义，促使学生树立正确的社会主义理想信念，明确社会主义现代化和中华民族伟大复兴总任务。

通过讲述"一带一路"倡议中的创新实践，激发学生的爱国主义情怀和创新精神，坚定中国特色社会主义道路自信、制度自信。

分析"一带一路"倡议中企业和个人的社会责任，强化学生的社会公德认识，坚定中国特色社会主义理论自信、文化自信。

二、课程思政教学设计内容

1. 课前：课程思政引入

介绍"一带一路"倡议的背景、目标及其对国内外发展的影响，同时引入习近平新时代中国特色社会主义思想、国际合作与全球化等思政要素，引发学生的兴趣和思考，理解新时代中国外交。

2. 课中：课程思政贯穿授课过程

（1）分析"一带一路"倡议如何展现了中国对全球化的认识和参与，及其对实现中国梦的推动作用，使学生明确社会主义现代化和中华民族伟大复兴总任务。

（2）通过案例分析，展示"一带一路"倡议中的创新实践和中华文化的传播，使学生坚定中国特色社会主义道路自信、制度自信。

（3）通过课堂活动（制作海报）进一步坚定中国特色社会主义道路自信、制度自信。同时，引发学生对中国特色社会主义理论自信、文化自信的思考。

（4）分析中国企业在"一带一路"倡议中的社会责任和职业道德的体现，使学生坚定中国特色社会主义理论自信、文化自信。

（5）通过课堂活动（"一带一路"——企业责任的多面体验）进一步坚定中国特色社会主义道路自信、理论自信、制度自信、文化自信。

3. 课末：课程思政总结反思

通过小组讨论、作业、测试或项目展示等方式，评估学生对课程思政目标的理解和掌握程度。根据学生的反馈和学习效果，总结本次课程的思政教学效果，反思教学方法和内容，为下次教学做出相应的调整和改进奠定基础。

第二部分　案例描述

"一带一路"

一、引入思政问题

通过分析"一带一路"倡议对于全球化和国际合作的重要性，引导学生形成正确的世界观和价值观，理解新时代中国外交。

"一带一路"倡议是习近平主席于2013年在访问哈萨克斯坦和印度尼西亚期间首次提出的，随后由中国总理李克强在对亚洲和欧洲的国事访问中进一步推广。该倡议的目标是构建统一的大市场，充分利用国际和国内市场，通过文化交流和融合，增强成员国之间的相互理解和信任，从而形成资本流入、人才流动和技术数据库的创新模式。"一带一路"倡议主要关注基础设施投资、教育、建筑材料、铁路和公路、汽车、房地产、电网和钢铁等领域，旨在加速亚太地区、非洲和中东欧国家的经济增长。

"一带一路"倡议主要包括两个组成部分：陆上的"丝绸之路经济带"和海上的"21世纪海上丝绸之路"。陆上丝绸之路重点在于通过中亚地区的道路和铁路交通建设，连接中国和西方地区的历史贸易路线。而海上丝绸之路则主要通过东南亚、南亚、中东和非洲的海上路线，实现地区间的连接。通过包括港口、摩天大楼、铁路、道路、桥梁、机场、水坝、铁路隧道等在内的基础设施建设，"一带一路"倡议期望促进区域间的经济交流和合作，以及参与国的经济繁荣。

引发学生思考：

（1）"一带一路"倡议是中国在全球化和国际合作背景下提出的重要国际合作框架，也是中国特色社会主义现代化建设的重要组成部分。

（2）"一带一路"倡议体现了中国特色社会主义的外交理念，即共同发展和互利共赢。通过推动国际合作，中国不仅能促进自身的经济发展，也能为参与国家带来发展机遇，共同推动构建人类命运共同体。

二、探讨"一带一路"倡议的意义

思政点融入：通过探讨"一带一路"倡议对于实现中国梦和推动中国特色社会主义发展的意义，促使学生树立正确的社会主义理想信念，明确社会主义现代化和中华民族伟大复兴总任务。

1. 全球化的推动

"一带一路"倡议为全球化提供了新的动力和框架。通过推动基础设施建设、贸易和投资便利化，以及人文交流，中国与沿线国家的合作有助于构建更为紧密的全球经济联系，促进全球化健康发展。

2. 国际合作的实践

"一带一路"倡议是实现国际合作、推动共同发展的重要平台。通过这个倡议，中国可以与世界各国分享发展经验，解决共同面临的挑战，增强多边合作和全球治理体系的效能。2023年上半年，中欧班列累计开行8 641列，发送货物93.6万标箱（见图1、图2）。

图1　中老铁路

图2　中欧班列

3. 推动中国的现代化建设

"一带一路"倡议也为中国的现代化建设提供了重要资源和国际合作机会。通过外向型经济战略，中国可以吸引国际资本和技术，加快自身现代化进程，同时也为世界经济的发展做出贡献。

以四川为例，2013年至2022年，四川对共建"一带一路"国家进出口规模从1 535.3亿元扩大到3 788.7亿元，年均增长10.9%。十年间，四川对共建国家进出口保持两位数的年均增速，高出同期全国对共建国家进出口平均增速3.9个百分点（见图3）。

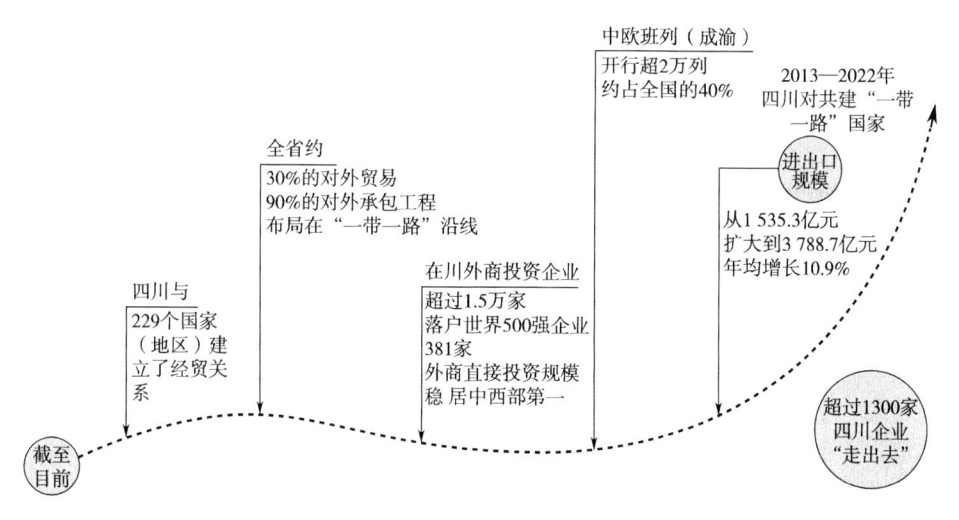

图3　四川与"一带一路"

4. 文化交流与理解

"一带一路"倡议促进了中国与沿线国家的文化交流，有助于增进相互理解和友好关系，为实现长期和平与共同发展奠定了良好的社会基础。

三、创新实践案例：清洁能源合作助力打造绿色丝绸之路

思政点融入：通过创新实践案例激发学生的爱国主义情怀和创新精神，坚定中国特色社会主义道路自信、制度自信。

中国的"绿色丝绸之路"倡议是"一带一路"倡议的一个创新实践案例。近年来，一系列清洁能源合作项目顺利展开，一批光伏发电站、风力发电站、水电站相继在共建"一带一路"国家和地区投入运营，为各国民众带来源源不断的清洁能源。通过"绿色丝绸之路"，中国展示了如何通过国际合作推进清洁能源技术的发展和应用，为实现全球可持续发展目标做出了贡献。

四、课堂活动：海报制作

思政点融入：通过活动，进一步坚定中国特色社会主义道路自信、制度自信。同时，引发对中国特色社会主义理论自信、文化自信的思考。

邀请学生绘制他们心目中的"绿色丝绸之路"和清洁能源合作的海报，展示清洁能源合作是如何帮助城市、国家和世界变得更加绿色的。让学生分享他们通过这些活动学到了什么，以及他们对"绿色丝绸之路"和清洁能源合作发展有什么新的理解。

五、中国企业的表现

思政点融入：通过探讨中国企业的表现，强化学生的社会公德意识，坚定中国特色社会主义理论自信、文化自信。

中国的一些大型企业在"一带一路"建设中展现了其社会责任和职业道德。例如，中国石化、中国大唐、中国华电等企业在海外项目中，不仅促进了中国与"一带一路"沿线国家的经济合作，也为社会发展做出了贡献。

以中国石化为例，中国石化发布了首个《助力"一带一路"十年履责报告》，总结了"一带一路"倡议下在四大领域的贡献：能源合作、环境保护、文化融合、增进福祉。该公司利用其能源技术优势，与共建国家开展多领域深层次合作，推进高质量发展。其在能源全产业链务实合作方面取得了显著成绩，如执行314个石油工程项目和113个炼化工程项目。在环保方面，中国石化遵守环保规定，通过多种措施提升环境管控能力，并在厄瓜多尔、乌干达和沙特等

国实践绿色低碳理念。在文化交融方面，中国石化推动跨文化交流，优先雇用本地员工，提供超过 75 100 个就业岗位。在增进福祉方面，中国石化参与当地基础设施建设和公益事业，如为肯尼亚建设便捷干净的取水管线（见图4），通过建设海米斯阿哈德桥项目（见图5）为沙特缓解交通压力。

图4 肯尼亚便捷干净的取水管线

图5 沙特海米斯阿哈德桥

六、课堂活动："一带一路"——企业责任的多面体验

思政点融入：通过活动进一步坚定中国特色社会主义道路自信、理论自信、制度自信、文化自信。

让学生通过角色扮演活动，理解中国石化在"一带一路"建设中的社会责任和职业道德表现，以及其对全球社会经济发展的贡献。将学生分为若干小组，每组 4~5 人。为每个小组分配不同的角色卡片，让他们在小组内部确定各自的角色。教师简要介绍中国石化在"一带一路"建设中的某个项目（例如能源合作项目），并为每组提供相关的项目信息资料。学生阅读资料，理解各自的角色，并准备如何在即将进行的角色扮演活动中展示他们的角色。在模拟的项目会议中，每个角色的代表需要表达他们对项目的看法和建议，以及如何看待中国石化在该项目中的责任和贡献。

【总结反思】

要求学生以小组为单位，撰写关于"一带一路"倡议的分析报告，评估其对课程思政目标的理解和掌握。收集学生对本次课程的反馈，了解思政教学的效果和影响。根据学生的学习效果和反馈，本次课程使学生明确了社会主义现代化和中华民族伟大复兴总任务，坚定了中国特色社会主义道路自信、理论自信、制度自信、文化自信，理解了新时代中国外交。

存在的问题：思政教育是一个循序渐进的过程，需要在后续的课程中反复训练，并鼓励学生在其他活动中不断实践。

文史概论：书愤

教师信息： 左文燕　**职称：** 副教授　**学历：** 硕士
研究方向： 语言文学、教育教学
授课专业： 文史概论
课程类别： 理论课
课程性质： 公共基础课

第一部分　设计思路

一、本次设计的课程思政目标

通过本次课学习知人论世的诗歌鉴赏方法，了解陆游和其诗歌创作的背景，理解诗歌主旨。学习陆游强烈的爱国精神和伟大的人格魅力。理解陆游等爱国志士壮志难酬、年华空老、有心报国、无路请缨的悲愤情怀。树爱国之情，立报国之志，增强做中国人的"志气、骨气、底气"，把自己的体能训练、理论学习和实训生活等与祖国的前途、民族的命运紧密联系在一起，扎根人民，奉献国家，为实现中华民族伟大复兴的中国梦奉献青春。

二、课程思政教学设计内容

1. 课前：课程思政引入

创设情境，引入新课。2016年2月，艺术家阎肃当选中央电视台感动中国2015年度人物。他的颁奖词为："铁马秋风，战地黄花，楼船夜雪，边关冷月，这是一个战士的风花雪月。唱红岩，唱蓝天，你一生都在唱，你的心一直和人民相连。是一滴水，你要把自己溶入大海；是一树梅，你要让自己开在悬崖。一个兵，一条路，一颗心，一面旗。"阎肃是大家非常熟悉的军旅艺术家，以他的故事引入，可以振奋学生士气、吸引学生注意、提升学生学习兴趣。

2. 课中：课程思政贯穿授课过程

习近平总书记说："历史深刻表明，爱国主义自古以来就流淌在中华民族血脉之中，去不掉，打不破，灭不了，是中国人民和中华民族维护民族独立和民族尊严的强大精神动力，只要高举爱国主义的伟大旗帜，中国人民和中华民族就能在改造中国、改造世界的拼搏中迸发出排山倒海的历史伟力！"陆游是爱国诗人的代表，他的诗作《书愤》体现了强烈的爱国主义情感。在授课过程中以"爱国主义"统率整个课堂和教学材料，充分调动学生情感。这首诗是陆游"一生感情（爱国）经历的艺术概括"，首先通过诵读体会诗歌蕴含的作者的情感，然后理解诗歌内容，披文入情，探讨作者因何事而"愤"，梁启超为什么称赞陆游是"亘古男儿一放翁"。在此基础上，引出张桂梅校长、习近平总书记和建党100周年庆祝大会上的共青团员和少先队员代表，再结合自己的士官生生活，学习、训练实际，谈如何不负时代，不负韶华，不负党和人民的殷切期望。

3. 课末：课程思政总结反思

总结评价，拓展强化。陆游把毕生的追求与国家的命运融为一体，具有深厚的爱国主义情怀。新时代的青年要传承爱国主义，弘扬民族精神，共筑中国梦。

第二部分 案例描述

书愤

【思政导入】

习近平总书记说："新时代中国青年要听党话、跟党走，胸怀忧国忧民之心、爱国爱民之情，不断奉献祖国、奉献人民，以一生的真情投入、一辈子的顽强奋斗来体现爱国主义情怀，让爱国主义的伟大旗帜始终在心中高高飘扬！"艺术家阎肃的"风花雪月"体现了革命乐观主义精神和深厚的爱国主义情怀。他的作品里饱含着对兵、对民的深情，对党、对祖国的热爱。

一、情境激趣

艺术家阎肃在文艺工作座谈会上发言时说，我们军人也有风花雪月，风是"铁马秋风"、花是"战地黄花"、雪是"楼船夜雪"、月是"边关冷月"。就是这种肝胆、这种魂魄教会我跟着走、往前行。习近平总书记听后幽默地说:"我赞同阎肃同志的风花雪月。"

提问:想一想、说一说阎肃所说的"铁马秋风""战地黄花""楼船夜雪""边关冷月"分别出自什么作品?

明确:"铁马秋风""楼船夜雪"都出自爱国诗人陆游的诗作《书愤》。今天我们就来学习这首诗。

思政点融入:爱国之情是再朴素不过的情感,强国之志是再基本不过的抱负,报国之行是再自然不过的选择。正如阎肃所说的:"我觉得每个人好好地耕耘自己的一亩三分地,不怨天尤人,也不要过分地想这想那,做好每个人本分的事情,种好一亩三分地,多长粮食,就对得起这个时代了。"阎肃笔写时代,心系祖国,为讴歌主旋律、汇聚正能量、繁荣发展社会主义文艺事业和先进军事文化做出了突出贡献。

二、作者简介

陆游,字务观,号放翁。南宋著名爱国诗人。他一贯坚持抗金主张,怀着"一身报国有万死"的牺牲精神,决心"扫胡尘""靖国难"。在政治斗争中,他屡遭朝廷投降派的排挤、打击,但是他始终不渝地坚持自己的理想。嘉定二年(1209年),85岁的陆游怀着"死前恨不见中原"的遗恨离开人世。陆游诗歌的突出特点是"多豪丽语,言征伐恢复事"。今天我们所要学习的《书愤》就是一个鲜明的例子。

陆游生活在金兵入侵、中原沦陷的时代,而南宋政权偏安江南、不思北伐。陆游主张抗金,触犯了投降派的利益,所以一再遭到打击排斥,多次被罢官。这首有名的七律作于宋孝宗淳熙十三年(1186年),此时陆游已61岁,在山阴闲居了6年,"扫胡尘""靖国难"的志向眼看就要化为泡影,在悲愤失望中他挥毫写下这首诗,抒发了自己报国无门、壮志难酬、虚度年华的满腔激愤。

思政点融入:"国家不幸诗家幸",每当国家危亡之际,爱国主义主题总会在诗坛上大放异彩。陆游继承了这种爱国主义传统,并把它发挥到世人难以企及的高度。爱国主义已经融入了他的整个生命,成为他诗歌的灵魂。

三、朗读诗歌

通过朗读初步体味诗的意境,获得感性认识,加强对文章主旨和内容的理解。

1. 学生试读

学生试着读课文，考虑语调、语速及感情基调，将疑难之处标出。

2. 听名家朗诵范读

多媒体播放方明朗诵的这首诗，让学生与自己之前的试读对比，找出自己的不足。

3. 学生朗读

明确："早岁那知世事艰"中的"那"读上声调，"那知"重读。"中原北望气如山"中"山"读升调，读出高山巍巍耸立之势。"楼船夜雪瓜洲渡，铁马秋风大散关"语速稍快，语调激昂，显其豪壮。"塞上长城空自许，镜中衰鬓已先斑"句中"空"要重读，"已先斑"处读降调，整句语调低沉，显其沉郁。"出师一表真名世，千载谁堪伯仲间"中"真名世""谁堪"重读，结句降调。

思政点融入：诗歌是诗人情感的表达，通过诵读体会作者的爱国情感。

四、鉴赏诗歌

1. 解题

书愤：书写悲愤之情。

题目为《书愤》，作者因何事而"愤"呢？观看视频《百家讲坛之陆游的身世》，结合诗人生平进行分析。

2. 首联

早岁那知世事艰，中原北望气如山。

诗人年轻时血气方刚，天真烂漫，哪里知道会因为坚持北伐而遭受种种刁难、排挤和压迫，经历无数辛酸与坎坷。诗人北望中原，立下抗金救国、收复中原的宏图大志，豪气如山，而颔联两句正是"气如山"的具体表现。

提问：有资料认为"中原北望气如山"的"气如山"是"北望被金兵占领的大好河山，心中的郁愤堆积如山"之意。你同意"气愤堆积如山"这一说法吗？

明确：当时诗人亲临抗金战争的第一线，北望中原，收复故土的豪情壮志，坚定如山。当英雄无用武之地时，他只能回到金戈铁马的记忆之中。首联表现出诗人的无奈与心酸。

首联"书"早年恢复中原之志。

3. 颔联

楼船夜雪瓜洲渡，铁马秋风大散关。

383

颔联将诗人的恢复之志具体化，集中描写宋军在瓜州、大散关两地英勇抗金的战斗情景。

（1）内容上，它写出了当时战场上勇猛进攻、奋力抗敌时的壮阔场面。"楼船""铁马"形象地概括了水陆两路大军进攻敌人的壮丽场面。"瓜洲渡"击退金兵的进犯，"大散关"失而复得，这表明南宋人民有力量保卫自己的国土。辉煌的过去恰与眼前"有心杀贼，无力回天"的情境形成鲜明对比。

（2）结构上，颔联用的都是名词。颔联这些意象的叠加，省略了相关的动词，体现了诗歌的精练性和含蓄性。诗人用"楼船夜雪""铁马秋风"，形象地概括了两次战斗的胜利，具体记叙当年戍守御敌之事，写得英姿飒爽，气概不凡。颔联名词意象两两相合，勾勒出两幅开阔、盛大的战争画面，表达诗人渴望建功立业的雄心壮志。

提问：名词意象叠加的例子还有什么？

明确："枯藤老树昏鸦，小桥流水人家，古道西风瘦马。"（马致远《天净沙·秋思》）三句由九个名词组合而成，渲染出一幅凄凉萧瑟的气象，表现诗人悲凉孤寂的心境。

"今宵酒醒何处？杨柳岸晓风残月。"（柳永《雨霖铃》）诗人把杨柳岸、晓风、残月艺术地排列在一起，表面上是写景，但情寓其中，用美好的自然景物，反衬诗人的空虚寂寞之感。

（3）艺术手法上使用了列锦。列锦是中国古典诗歌中特殊的修辞方式，全句以名词或名词短语组成，里面没有动词或形容词谓语，却同样能起到写景抒情、叙事述怀的效果。"楼船夜雪瓜洲渡，铁马秋风大散关"就是通过列锦手法，不用一个动词，却境界全出，饱含着浓厚的战地气氛和高昂的战斗情绪。

颔联"书"两次抗金胜利之役。

4. 颈联

塞上长城空自许，镜中衰鬓已先斑。

"塞上长城"用刘宋名将檀道济的典故来明志。《南史·檀道济传》载，宋文帝要杀名将檀道济，檀大怒道："乃坏汝万里长城"，比喻能守边的将领。陆游用刘宋名将檀道济典明志，以塞上长城自许，可见其少时之磅礴大气：捍卫国家，扬威边地，舍我其谁？可如今大志落空、壮志难酬、请缨无路。着一"空"字，沉痛之极。祖国山河依然破碎，广大人民依然受难，揽镜自照，已是衰鬓先斑、岁月蹉跎、年华空老。着一"已"字，悲凉之至。

颈联"书"年事已高、壮志未酬之情。

5. 尾联

出师一表真名世，千载谁堪伯仲间。

南宋王朝偏安一隅，主张北伐和反对北伐两种声音一直都在对抗。陆游是主张北伐收复失地的主战派，却一直受到压制。诸葛亮出兵伐魏前曾写了一篇《出师表》，表达了自己"奖率三军，北定中原""兴复汉室，还于旧都"的坚强决心。诗人对诸葛亮无限仰慕，并以之自勉。诸葛亮坚持北伐，虽"出师未捷身先死"，但终归名满天下，"长使英雄泪满襟"。千载而下，有谁可与之相提并论呢？"千载谁堪伯仲间"，一个反问句抒发了因奸臣当道、壮士报国无门而生的难言之悲哀。诗人通过诸葛亮的典故，追慕先贤的业绩，表明自己的爱国热情至老不移，渴望效法诸葛亮，施展抱负。

尾联"书"敬仰诸葛亮、渴望建功立业之愿。

6. 小结

这首诗的首联、颔联回顾往事，抒写渴望北伐的英雄气概；颈联、尾联回到现实，抒发报国无门的愤慨。这首诗通过对比、用典等写作手法意境开阔，感情沉郁，气韵浑厚。

思政点融入：这首诗是陆游"一生感情（爱国）经历的艺术概括"，表达了年华空老、报国无门、壮志难酬的悲愤之情，抒发了强烈的爱国主义情怀。

五、感悟诗歌

梁启超称赞陆游是"亘古男儿一放翁"。在这里，"男儿"不光表明性别，更是向世人昭示着陆游的爱国之情、责任感和使命感。中华民族有无数的真男儿，他们像陆游一样都有一颗赤子之心，都有强烈的爱国之情、社会责任感和历史使命感。

"燃灯校长"张桂梅说："只要我还有一口气，我就要站在讲台上，倾尽全力，奉献所有，九死亦无悔！"

建党100周年庆祝大会上，共青团员和少先队员代表慷慨献词，发出了"奋斗正青春，青春献给党。请党放心，强国有我"的青春誓言。

作为士官生，我们应该怎么做、做什么来报效祖国？上次课我们布置了一项作业，让大家拍一个小视频谈一谈自己的想法，并且把作业上传到学习通。现在我们来分享同学们的作业。

学生作业视频1：冬练三九夏练三伏，我们每天都要进行体能训练、养成训练等，强身健体，锻造钢铁般的意志，培养吃苦耐劳、枕戈待旦的军人精神,为中华民族的伟大复兴保驾护航。

学生作业视频2:通过不断的学习,掌握本领、提高素质,践行社会主义核心价值观,坚定为党为国为民的政治信念。

学生作业视频3:天下大事必做于细,在实训中,我一丝不苟,严谨细致,精益求精,培养工匠精神,做合格的社会主义事业的建设者和接班人。

明确:从这些作业中,我们能够深切感受到他们以实现中华民族伟大复兴为己任的强烈责任感。征途漫漫,唯有奋斗。让我们树爱国之情,立报国之志,增强做中国人的"志气、骨气、底气",不负时代,不负韶华,不负党和人民的殷切期望。

思政点融入:习近平总书记说,"对每一个中国人来说,爱国是本分,也是职责,是心之所系、情之所归。对新时代中国青年来说,热爱祖国是立身之本、成才之基。"爱国,不能停留在口号上。学生要把自己的体能训练、理论学习和实训生活等与祖国的前途、民族的命运紧密联系在一起,扎根人民,奉献国家。

六、诵读诗歌

"诗言志。"诗歌是情感的载体,而诵读是我们与诗人沟通的最佳方式。通过诗人简介、鉴赏诗歌和分享作业,学生对这首诗的情感有了更深层次的理解,诵读时我们要把诗人的悲愤、豪迈之情表现出来。

思政点融入:诗歌是诗人情感的表达,通过诵读再次理解、感悟作者的爱国情感。

七、课堂总结

陆游少年时就立下志向:"上马击狂胡,下马草军书。"他始终不渝地坚持自己的理想,把毕生的追求与国家的命运融为一体,体现了深厚的爱国主义情怀。传承爱国主义,弘扬民族精神,共筑中国梦,这也是我们士官生的责任与担当。

思政点融入:爱国,是人世间最深层、最持久的情感。中华民族的爱国主义精神,有着深厚的历史、文化和情感积淀,已成为流淌在中华儿女血液里的精神基因。作为士官生,我们更要时时想到国家,处处想到人民,为实现中华民族伟大复兴的中国梦奉献青春。

八、布置作业

阅读下面词句,比较其相同点。

(1) 岳飞《小重山》：白首为功名，旧山松竹老，阻归程。欲将心事付瑶琴，知音少，弦断有谁听？

(2) 陆游《诉衷情》：胡未灭，鬓先秋，泪空流。此身谁料，心在天山，身老沧州。

(3) 辛弃疾《破阵子》：了却君王天下事，赢得生前身后名，可怜白发生！

思政点融入：这三位诗（词）人的境遇相似，他们报国无门、请缨无路、壮志难酬、年华空老。这也是那个时代所有有志抗金救国、收复中原的志士们共同的悲剧。但即使身处困境，他们依然不改收复中原之志，依然具有强烈的爱国之情。

【总结反思】

习近平总书记说："爱国主义是中华民族精神的核心。爱国主义精神深深植根于中华民族心中，是中华民族的精神基因，维系着华夏大地上各个民族的团结统一，激励着一代又一代中华儿女为祖国发展繁荣而不懈奋斗。"将爱国主义教育贯穿《书愤》整个授课过程，提高了课程思政的实效性。一是内化于心。以学生为主体，通过创设情境、提问、朗读、讨论、发言等，在生成性的学习过程中，促进学生积极思考和主动学习、自主学习，发挥学生潜能，提高课堂效率，使爱国主义深植于学生内心。二是外化于行。学生拍摄视频，谈谈作为士官生应该怎么做、做什么来报效祖国。他们在生活、学习、工作中大力弘扬伟大爱国主义精神，把实现中华民族伟大复兴的中国梦作为当代爱国主义的鲜明主题，为实现中华民族伟大复兴的中国梦踔厉奋发、笃行不怠。

游戏概念设计：
游戏自然场景元素树的设计

教师信息：王睿　**职称**：讲师　**学历**：本科
研究方向：动画、游戏美术
授课专业：游戏艺术设计
课程类别：理实一体化课程
课程性质：职业技术技能课

第一部分　设计思路

一、本次设计的课程思政目标

本次课重点是树的结构和绘制方法，树的沙盘图的行业绘制标准。难点在于设计出符合游戏设定，具有独特风格的树。思政目标是以具有趣味性和科普性的植物基础知识和文化内涵，引导学生认识自然，了解植物在人类文明发展中的贡献，思考人类在大自然中的角色，建立生态文明意识。生态文明的核心是人与自然和谐相处，营造敬畏自然、热爱自然、保护自然的良好氛围，激励学生积极参与、独立思考，培养学生的观察能力、审美能力、设计能力，提升学生的综合素养。

二、课程思政教学设计内容

1. 课前：课程思政引入

课前通过学习通布置课前作业，让学生观察生活中常见树木，搜索或拍摄树木照片，按树的种类发到讨论区。引导学生认识自然，了解植物，营造热爱自然、保护自然的氛围，培养学生的观察力、设计素材的收集能力。

播放《地球脉动2》节选视频，思政导入具有趣味性和科普性的植物基础知识和文化内涵，引导学生认识自然，思考人类在大自然中的角色，建立生态文明意识，生态文明的核心是人与自然和谐相处，通过观看纪录片营造敬畏自然、热爱自然、保护自然的良好氛围。

2. 课中：课程思政贯穿授课过程

通过学习树的结构及基本画法，思政融入设计思维的培养，培养学生归纳概括形体的能力，能够把自然中的树，运用归纳概括形体方法，用画面语言体现。

通过学习游戏中树的设计方法，思政融入审美素养的培养，在游戏、动画中为了展现某种设计风格，夸大植物生长趋势和表现的张力，形成独特的设计风格。

通过学习1+X游戏美术中级标准及样题分析，思政融入游戏场景原画行业考察标准和出图规范。

通过布置任务完成夏日繁茂大树的沙盘图，锻炼学生结合设定要求，有明确指向性地选取素材，运用树的设计方法，完成设计训练。

3. 课末：课程思政总结反思

游戏自然元素场景原画设计源于自然，不同地域树木种类不同，不同季节树木的样貌不同。课后学生需要扩充关于植物的科普知识，提升设计审美素养。完成课后拓展训练——设计夏日海滩植物小景的沙盘。在设计游戏自然场景的同时，拓展植物的知识，感受自然之美，强化生态文明、保护自然的意识。

第二部分　案例描述

游戏自然场景元素树的设计

一、播放视频，导入生态文明教育

播放《地球脉动2》第三季丛林节选视频（见图1），影片展现一棵参天大树的生长过程，蕨类、无花果和兰科植物，寄生在树枝上，近千种植物在一棵树上济济一堂，形成立体生态空间，这里有九成的动物在树上度过一生。和学生探讨自然和动物与人和谐相处的关系。思政导入具有趣味性和科普性的植物基础知识，引导学生认识自然，了解植物在人类文明发展中的贡献，探讨人类在大自然中的角色，生态文明的核心是人与自然和谐相处，通过观看纪录片营造敬畏自然、热爱自然、保护自然的良好氛围。

图1 《地球脉动2》视频

二、课程学习内容导入

本课程学习自然元素场景树的绘制。学习的重点是树的结构及基本画法和原画绘图规范。难点是设计出满足游戏设定，具有独特风格的树。

好的设计源于对周边植物的观察，源于素材的积累和审美素养的提升。鼓励学生从外出游玩的照片，关于自然环境和植物的纪录片，以及相关书籍去学习了解，收集参考素材。学生通过观察自然、收集素材，建立关注自然、关注自然生态、热爱自然、与自然和谐相处的理念。

查看学习通的课前作业，展示学生收集的树的素材。

三、知识点一：树的结构及基本画法

1. 树的基本结构（见图2）

树由根、干、枝、叶四部分组成，根、干、枝、叶重叠伸展构成树木复杂的体面关系。在表现树木立体感、真实感时，着重抓住树干、树叶最明显的重叠部分表现。

2. 树的基本画法（重点）

（1）树干的画法：树干的生长趋势和特征是绘制的表现重点（见图3）。

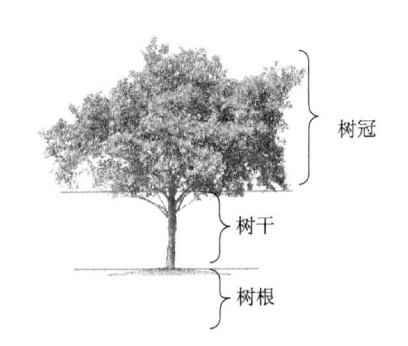

图2 树的结构图

图 3 树干的画法

（2）树冠的画法：绘制时不可仅局限于单个树叶，要将树叶放在整体树冠的体积结构中观察，表现树叶相互掩映构成的体积感（见图4）。需要依据树叶在整个空间中的体积关系，有虚有实，有详有略，区别处理，避免因平均对待而出现画面呆板、缺少趣味性等问题。

方法：树冠可以归纳概括为几个球体的组合，教师示范。

图4 树的绘制案例

思政点融入：通过设计思维的引导，培养学生归纳概括形体的能力，能够把自然中的树，运用归纳概括形体方法，用画面语言体现。

任务一：根据树的绘制案例，运用概括的方法，板绘速涂，完成树的绘制，教师演示绘画，学生完成案例绘制。作业上传学习通。

四、知识点二：游戏中树的设计方法（难点）

1. 注重生长的趋势和韵律的表现

设问：如图5所示，哪种树更具有生命力，生长的趋势更有张力？

图5 对比如何选取素材

在选择参考图时，避免选图5左侧的树，而图5右侧的树来自动画《疯狂原始人》中的植物设计，具有明显生长趋势。

选择参考图推荐：可以选择盆景（见图6），经过修饰，生长的趋势很有韵律。

图6 盆景图片

思政点融入：培养学生的审美意识，在游戏、动画中为了展现某种风格，夸大植物生长趋势的张力，形成独特的设计风格。

2. 成组搭配时注意主次、高低、间距

无论是单棵树的设计，还是成组植物的设计，搭配都要注意主次、高低、间距。下面运用动画《疯狂原始人》的原画设计（见图7）举例说明。

图7 图片选择动画《疯狂原始人》原画设计

（1）单棵树的设计。

主：突出表现画面视觉中心。

次：起到平衡画面、承托主体的作用（见图8）。

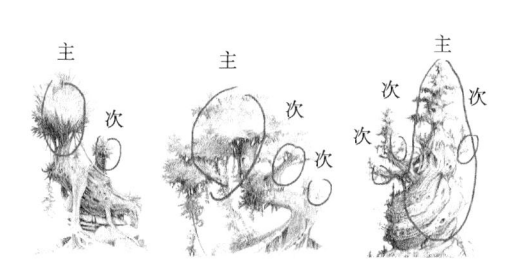

图8 单棵树的主次设计

高低变化：增加画面层次（见图9）。

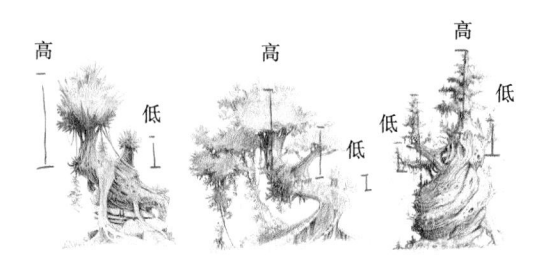

图 9　单棵树的高低变化设计

间距：有前后关系，体现空间前后关系和画面层次，左右间距关系体现画面的疏密关系和节奏（见图10）。

图 10　单棵树的间距变化设计

（2）成组植物表现。

案例1选自原画师高许阳作品《魔法森林公寓》。

主次：图中"主"是画面主体，"次"为次要内容，主体区域的位置及占比（见图11），凸显了画面的视觉中心。

图 11　成组植物表现主次分析

高低：画面主体树的高度、树屋的几个部分的高度、前面低矮草苔藓形成高低错落的层次关系（见图12）。

间距：主体树和次要表现的两棵树，树倾斜形成间距变化，树屋各部分占比大小不同，紧密安排在一起，三棵树的树干形成疏密的对比（见图13）。

图12　成组植物表现高低变化分析 　　图13　成组植物表现间距变化分析

案例2选自《原神》游戏场景（见图14）。

图14　《原神》游戏场景截图

设问：画面中的植物，有成组出现的，有独立存在的，画面是如何运用主次、高低、间距来搭配的？

思政点融入：通过案例1，让学生分析案例2，起到举一反三的作用，锻炼学生运用设计规律分析画面的能力，提升学生的审美能力。

任务二：要求学生通过网络收集3幅优秀自然场景原画，分析植物设计和搭配规律的运用，以WORD的形式上传学习通，巩固加深对主次、高低、间距搭配的理解和运用。

五、知识点三：融入 1+X 游戏美术中级标准（重点）

融入游戏场景原画行业考察标准（见图 15）。

图 15　游戏美术数字绘画中级考点分析

1+X 游戏美术中级考题出现过树的沙盘设计，树的沙盘考核点在于，沙盘 45 度地面网格的绘制符合行业标准，树的基本结构，树冠的归纳概括的表现，光影关系的表现、色彩的和谐，加分项是设计。

任务三：根据树的沙盘图例，设计一棵夏日繁茂的大树。

思政点融入：通过树的沙盘设计训练，锻炼学生结合设定要求，有明确指向性地选取素材，运用树的设计方法，完成设计训练。

参考范例见图 16。

图 16　原画师作品范例

六、课后拓展训练：设计夏日海滩植物小景的沙盘

思政点融入：在设计场景的同时，拓展植物的知识，感受自然之美，强化生态文明、保护自然的意识。

案例见图 17。

图 17 原画师徐拯作品

【总结反思】

游戏自然元素场景原画设计源于自然，不同地域树木种类不同，不同季节树木的样貌不同。课后学生需要扩充关于植物的科普知识，提升设计审美素养。引导学生认识自然，感受自然美景，思考人类与自然的关系。习近平总书记在主持十九届中共中央政治局第二十九次集体学习时强调"生态环境保护和经济发展是辩证统一、相辅相成的，建设生态文明、推动绿色低碳循环发展，不仅可以满足人民日益增长的优美生态环境需要，而且可以推动实现更高质量、更有效率、更加公平、更可持续、更为安全的发展，走出一条生产发展、生活富裕、生态良好的文明发展道路"。建立生态文明的意识，生态文明的核心是人与自然和谐相处。

电力电子技术：初识电力电子技术

教师信息： 张丽荣　**职称：** 副教授　**学历：** 博士
研究方向： 电气自动化、新能源发电
授课专业： 电气自动化技术专业
课程类别： 理实一体化课程
课程性质： 职业技术技能课

第一部分　设计思路

一、本次设计的课程思政目标

本次课的课程思政教学设计侧重于认识观层面，目标是推动习近平新时代中国特色社会主义思想进教案、进课堂、进师生头脑，引导学生为实现社会主义现代化和中华民族伟大复兴总任务而奋斗。

二、课程思政教学设计内容

1. 课前：课程思政引入

课前，教师通过超星学习通平台推送预习任务，让学生回顾我国成功举办北京冬奥会的历程，提升学生民族自豪感，激发学生爱国主义情感。

2. 课中：课程思政贯穿授课过程

课程讲授过程中，通过信息化、案例分析等手段，将课程思政融入电力电子技术的内涵、发展史与应用、研究内容等任务中，围绕"绿色环保、技能报国、科学创新"的思政主线，让学生清楚意识到要坚定拥护中国共产党的领导和我国社会主义制度，担当起民族复兴的大任，注重培养严谨认真的工作态度，弘扬科学精神、创新精神，在习近平生态文明思想指引下，为建设美丽中国贡献力量。

3. 课末：课程思政总结反思

本次方案设计共在6个教学环节中融入课程思政内容，课程思政点侧重

于学生认识观层面的引领，推动习近平生态文明思想进课堂、进师生头脑，落实立德树人，培养学生正确的价值观。

第二部分 案例描述

初识电力电子技术

2022年9月22日，国家主席习近平在第75届联合国大会上向世界庄严宣布，中国力争2030年前实现碳达峰，2060年前实现碳中和。碳达峰与碳中和（简称"双碳"目标）是中国作为一个负责任的大国在应对全球气候变暖，构建人类命运共同体方面的庄严承诺。大力发展新能源发电是实现"双碳"目标的有效途径。

本次课以电力电子技术助力冬奥会实现绿电全覆盖为切入点，根据就业岗位对电气施工人员的职业能力要求，培养学生树立绿色环保意识、技能报国意识，以及对科学永无止境的探索精神。

一、课前任务

教师通过超星学习通平台推送预习任务，要求学生观看视频《从"双奥之城"再出发，奋斗的征途没有终点，山海远阔，未来已来》。中国为世界奉献了一届精彩纷呈的奥运盛会，向世人展现了中国人民积极向上的精神和力量，书写了奥林匹克运动新的传奇。

思政点融入：通过以上任务，使学生产生民族自豪感、自信心，增强爱国主义情怀。

二、课前准备阶段

教师组织学生做好课前准备工作，遵守实训室纪律。具体要求如图1所示。

思政点融入：让学生树立遵规守纪和良好的社会公德意识，养成良好的工作和学习习惯。

三、课程引入阶段

观看《习近平生态文明思想和中国向世界做出的应对气候变化的庄严

图 1　课前准备

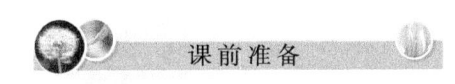

课前准备
1. 请正确佩戴口罩，保护安全距离
2. 请将水杯、食品放到实训室外窗台上
3. 请勿大声喧哗、嬉闹、聚集
4. 学习通签到

承诺》视频，介绍北京冬奥会、杭州亚运会全部场馆实现绿电全覆盖（如图 2 所示），这在奥运历史上和亚运历史上均属首次，是中国承诺实现"双碳"的具体行动之一，也是服务生态文明建设的具体实践。承诺的实现离不开强大科技实力的支撑，这门课所学的电力电子技术就是保障运动会赛区 100% 清洁电力的关键技术之一，由此引出本次课程任务，让学生明白学之所用。

图 2　课程引入

思政点融入：学生通过观看视频、图片、教师讲解"双碳"承诺，增强民族自豪感、自信心、爱国主义情怀，为中国实现"双碳"目标贡献力量，建设美丽中国，共建人类命运共同体。

四、新课讲授阶段

1. 理解电力电子技术的内涵

教师通过案例分析讲解中国实现"双碳"目标的重要举措，强调要构建以新能源为主体的新型电力系统。讲授电力电子技术与信息电子技术的异同点，电力电子技术的定义、分支以及与相关学科的关系。

思政点融入：通过此教学活动，引导学生分析"双碳"目标下分布式电源、分布式储能、数据中心、直流负荷的增多对配电网的架构形态、运行方式、运行管理模式带来巨大挑战。学生要掌握专业技能，树立技能报国意识，以应对解决发展中面临的问题，为国家和社会做出贡献。

2. 把握电力电子技术的发展史与应用

教师播放视频《中国特高压输电技术成全球独有专利》（见图 3），进而介绍电力电子技术的发展史及其广泛应用，引导学生思考电力电子技术的重要意义。

图 3　中国特高压输电技术成全球独有专利

思政点融入：通过此教学活动，增强学生民族自豪感和爱国情怀，使学生意识到只有掌握扎实的专业技能、不断地钻研和创新，才能使我国进入科技强国之林，实现社会主义现代化和中华民族伟大复兴。

3. 认识电力电子技术的研究内容

通过观看《中国 IGBT 芯片自研成功》视频（见图 4），学生了解到为解决中国芯片技术的"卡脖子现象"，中国科学家和技术人员付出辛苦努力，全面提升了中国芯片技术的创新能力和竞争力。进而讲解电力电子技术的研究内容包括电力电子器件、电力变换电路和控制技术。

思政点融入：通过介绍中国自行研制电力电子器件 IGBT 的历程，向中国科学家致敬！由此激发学生热爱祖国、热爱科学的情感，鼓励学生致力于我国半导体事业，勇于承担社会责任，吾辈当自强！

图 4　中国 IGBT 芯片自研成功

五、任务总结阶段

1. 任务总结
师生一起总结本次课的重点内容。

2. 作业布置
(1) 课后交流讨论电力电子技术对于我国建设美丽中国的重要意义。
(2) 完成下次课的预习任务。

思政点融入：通过任务总结，培养学生独立思考意识，进一步让学生树立绿色环保意识、技能报国精神和科学创新精神。

六、整理实训室阶段

整理工具、工位，清扫场地等。整理实训室的具体要求如图 5 所示。

下课前
1. 请整理好实训设备和实训工具，认真填写使用记录
2. 请将自己周围卫生清理干净，垃圾自行带走，桌椅摆放整齐，椅子放到桌下
3. 课后，值日生消毒、关窗、关灯、断电、锁门

图 5　整理实训室的要求

思政点融入：培养学生劳动精神、环保意识、工匠精神，养成良好的工

作、生活习惯和职业道德。

【总结反思】

本次教学设计共在 6 个教学环节中融入课程思政内容，课程思政点侧重于对学生认识观层面的引领，同时推动习近平生态文明思想进校园、进课堂、进教材、进师生头脑。整个教学过程中贯穿"绿色环保、技能报国、科学创新"的思政主线，为实现中国"双碳"目标、建设美丽中国、实现中国式现代化培养具有创新思维和科学精神的技术人才。

大学英语2：Unit 6 Setting Smart Goals

教师信息：刘颖　**职称**：讲师　**学历**：硕士
研究方向：高职英语教育
授课专业：航空专业群
课程类别：理论课
课程性质：公共基础课

第一部分　设计思路

一、本次设计的课程思政目标

习近平总书记在党的二十大报告结尾部分殷切寄语青年："青年强，则国家强。当代中国青年生逢其时，施展才干的舞台无比广阔，实现梦想的前景无比光明。全党要把青年工作作为战略性工作来抓，用党的科学理论武装青年，用党的初心使命感召青年，做青年朋友的知心人、青年工作的热心人、青年群众的引路人。广大青年要坚定不移听党话、跟党走，怀抱梦想又脚踏实地，敢想敢为又善作善成，立志做有理想、敢担当、能吃苦、肯奋斗的新时代好青年，让青春在全面建设社会主义现代化国家的火热实践中绽放绚丽之花。"

本次课通过撰写"写给未来自己的信"，引导青年学生深刻领悟习近平新时代中国特色社会主义思想的内涵，将个人发展目标融入全面建设社会主义现代化国家的火热实践中，增强航空报国、"强国有我"的青春担当。

二、课程思政教学设计内容

1. 课前：课程思政引入

教师以"钱学森：致陈叔通先生"和"志愿军战士宋阿毛的绝笔信"引入，提问学生从两封信件中可以读出什么样的精神和品质。

钱学森信中写道："无一日、一时、一刻不思归国参加伟大的建设高潮……惟以在可能范围内努力思考学问，以备他日归国之用。"志愿军战士的绝笔信中写道："我爱亲人和祖国，更爱我的荣誉，我是一名光荣的志愿军战士。冰雪啊，我不屈服于你，哪怕是冻死，我也要高傲的（地）耸立在我的阵地上……"可以让学生感受到钱老积极以所学报效祖国、投身社会主义建设的热情和真挚的爱国之情；志愿军战士不忘爱民爱国的初心、牢记保家卫国的使命和担当，和革命先辈们以身报国的拳拳爱国之心，进而初步感知"新时代的中国青年要以实现中华民族伟大复兴为己任"，中华民族伟大复兴中国梦的实现离不开一代代青年的接续奋斗。

2. 课中：课程思政贯穿授课过程

以 *A letter to My Future Self* 写作为线，串联写作前准备、课内写作、互评互学等课堂活动，通过启发提问、课内讨论、写作互评等从以下方面进行课程思政融入：

（1）通过提问 *What kind of person do you want to be? What do you think life will be like for you?*，启发学生思考有意义的人生应该是将个人理想的实现与中华民族复兴伟业紧密相连，"有责任有担当，青春才会闪光"。

（2）通过写作前头脑风暴考虑可以从哪些方面给未来的自己寄语，引入新时代共青团员"五个模范"的标准和要求："要做理想远大、信念坚定的模范""要做刻苦学习、锐意创新的模范""要做敢于斗争、善于斗争的模范""要做艰苦奋斗、无私奉献的模范""要做崇德向善、严守纪律的模范"，引导学生不囿于"小我""私利"，立志高远、志向远大、勤学苦练、打磨技能、报效国家，培养具有正确思想观念、健康人格、强烈的社会责任感，能为社会有所贡献的社会主义"四有"新人。

（3）通过课内写作，学生撰写"写给未来自己的信"将"以实现中华民族伟大复兴为己任"外化为文字表述。通过写作互评活动，学生阅读他人文章并提出修改完善建议，在相互评阅中再次感悟当代青年志向远大与国家的繁荣发展息息相关，青年学生应坚定理想、勤于学习、加强修养，不断地增长知识、锤炼品格、增长才干、练就本领。

3. 课末：课程思政总结反思

未来是什么样子的？从小我们就对未来充满了美好的憧憬。

通过本次课"写给未来自己的信"写作活动，引导学生思考职业院校青年大学生的未来应该与国家的繁荣发展同呼吸共命运，青年学子要珍惜时间、增长才干、锤炼品格、练就本领，在未来用所学技能报效祖国。学生通过讨论、写作等活动明白了祖国的发展和强大、中华民族伟大复兴的中国梦的实现都离不开一代代青年的接续奋斗，新时代的中国青年要以实现中华民族伟大复兴为己任。

第二部分　案例描述

Unit 6 Setting Smart Goals

一、导入——阅读并思考（read and think）

教师用信件图片引出本次课的主题和任务——"写给未来自己的信"，指导学生阅读信件、交流信件内容并回答下列问题：

（1）Who write these two letters? Do you know their stories?（谁写了这两封信，你能介绍他们的故事吗？）

（2）What is/are the most impressive words/sentences from these letters?（两封信中让你印象最深刻的是什么？）

（3）What can we learn from these letters?（从两封信中，我们能学到什么？）

学生回答问题前，教师补充讲解两封信的背景：第一封信是抗美援朝战争期间参与了长津湖战役的志愿军战士宋阿毛的绝笔信；第二封信是1955年钱老从美国写给陈叔通先生的。这一时期的新中国刚刚成立，内外交困，外需御强敌、内需谋发展，而这两个方面都需要当时中国青年展其才、抛头颅、洒热血，中国才能逐步实现从站起来到富起来的转变。

通过对两封信的阅读讨论，使学生明白"歌以咏志"，信件同样是表达情感和内心的途径。从信件中我们可以看到志愿军战士对祖国赤诚的、深沉的爱，也可以感受到钱学森积极以所学报效祖国、投身社会主义建设的热情和真挚的爱国之情，两者都是我们青年学生学习的榜样。

二、写作前准备

1. 信件结构、语言准备（structure & language preparation）

教师再次明确任务"写给未来自己的信"，复习回顾信件格式，讲解学习Most of all, I really hope that..., That's what I've always dreamed of..., I just want to remind you that... 等有用句型。

（PPT 展示） Useful language：

By the time you read this, you'll be... years old.

How are things?

I hope you'll be a hard-working...

I'm sure you'll have some cute children/ a beautiful wife/ a successful business.

Are you enjoying life in the countryside?

I hope you are happy/ successful.

I just want to remind you that...

在反复操练句式结构的过程中让学生明白，撰写出一篇结构合理、语言准确的信件并不能一蹴而就，需要从词句、语篇结构入手，逐一学习、操练。

思政点融入：青年学生要立大志、成大事，首先需要脚踏实地、打磨技能。

2. 信件内容准备（content preparation）

学生分成 4 人一组进行头脑风暴，思考问题 "What do you think life will be like for you in the future?" 并从教育（education）、职业（career）、人际关系（relationship）、财务（finances）、生活方式（lifestyle）、家庭（home）等方面展开深入讨论，列出写作提纲。

学生完成讨论后在班级利用海报、思维导图进行观点的分享展示。

教师点评并再次启发提问：

（1）Can we fulfill our personal dreams merely on our own?（我们能仅仅依靠个人就实现自己的梦想吗？）

（2）What are the possible conditions for the fulfillment of your personal dreams?（实现个人的梦想还需要什么其他的条件呢？）

由此引发学生思考个人在职业、生活、家庭等方面的梦想都与国家、社会的发展息息相关，让学生不囿于"小我""私利"，立志高远、志向远大。

（3）Watch the video clip about C919, and think about the first two letters, any other aspects could we write about in our letter to our future selves?（观看"C919 中国的大飞机梦"视频片段，回顾宋阿毛和钱学森的两封信，我们还可以从哪些方面去给未来的自己写信？）

教师播放"C919 中国的大飞机梦"视频片段，学生结合宋、钱两人的信件，再次思考个人成长、专业学习与国家发展的关系。C919 大飞机的研发、试飞到适航取证，离不开一代代飞机人的拼搏努力、无私奉献。作为航空学院学生，我们未来职业（career）的实现是与国家的繁荣发展一脉相承、息息相关的。中国的大飞机梦道阻且长，需要青年机务的接续奋斗；中国从富起来到强起来的伟大飞跃需要我们的持续拼搏。

在回答问题的过程中，教师通过学生的回答进行引导，让学生明白青年学子要以实现中华民族伟大复兴为己任，这一伟大中国梦的实现需要他们"要做理想远大、信念坚定的模范""要做刻苦学习、锐意创新的模范""要做敢于斗争、善于斗争的模范""要做艰苦奋斗、无私奉献的模范""要做崇德向善、严守纪律的模范"。青年强，国家才会强。

三、"写给未来自己的信"信件写作

结合讨论和本次课所学内容，独立完成信件撰写，将"以实现中华民族伟大复兴为己任"外化为文字表述，并准备互评。

四、写作互评

完成写作后，学生两两一组利用表1进行互改互评。通过阅读和评价，相互学习提高。

表1 互评表

评分项	得分（0~20分）
Value: He/ She puts his/her personal dreams into the rejuvenation of our country. 价值观：能将个人梦想融入国家复兴伟业中。	
Content: Effectively uses all relevant information, including outside sources; Provide logical and specific details and support. 内容：能有效运用各种相关信息，包括外部资源；能提供有逻辑、具体的细节和支撑。	
Organization: Clearly & consistently organizes ideas; Links ideas with smooth and effective transitions. 结构：能清晰、连贯地组织观点；能流畅、有效地使用连接词衔接上下文意。	
Vocabulary: Vocabulary is sufficient to be understood in most settings and words are used with their correct meaning. 词汇：词汇表达丰富且准确。	
Grammar: The writer writes with no obvious incorrect grammar. 语法：作者写作中没有明显的语法错误。	

通过习作阅读、改错、评价，学生深入理解"写给未来自己的信"中个人发展与国家复兴的必然关系和深刻意蕴，深刻领悟习近平新时代中国特色社会主义思想的内涵，将个人发展目标融入全面建设社会主义现代化国家的火热实践中，增强航空报国、"强国有我"的青春担当。

【总结反思】

本次课以"写给未来自己的信"的写作为主线，通过先辈信件、"C919中国的大飞机梦"视频片段等载体和阅读、讨论、头脑风暴、启发提问等活动形式，带领学生领悟习近平新时代中国特色社会主义思想中"明确坚持和发展中国特色社会主义，总任务是实现社会主义现代化和中华民族伟大复兴，在全面建成小康社会的基础上，分两步走，在本世纪中叶建成富强民主文明和谐美丽的社会主义现代化强国，以中国式现代化推进中华民族伟大复兴"的深刻内涵。在教学过程中巧妙融入习近平总书记的"青年观"，引导青年学子将个人发展目标融入全面建设社会主义现代化国家的火热实践中，用不懈的奋斗绽放青春的光彩。